간디 자서전

*일러두기

이 책은 가독성을 위하여 **각주를 미주**로 하였습니다.

원서명은 'An Autobiography', 'History of Satyagraha in South Africa'입니다.

비폭력 무저항으로 인도의 독립운동을 이끈
정신적 지도자 간디의 위대한 생애

간디 자서전

간디 지음 | 박선경·박현석 옮김

동해출판

어린 시절(7세)의 간디.

간디(14세)와 형(좌).

간디(왼쪽)와 중학교 친구 셰이크 메타브.

런던 대학 시절의 간디.

보어 전쟁에 참가한 간디.

보어 전쟁에 참여한 간디.

남아프리카 변호사 시절의 간디.

아내와 세 아들, 그리고 조카.

간디와 아내 카스투르바.

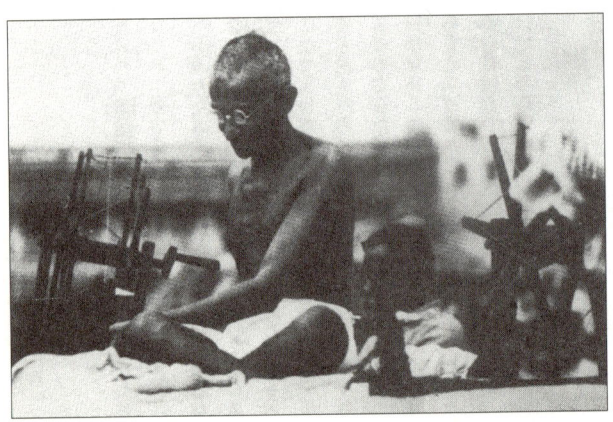

실을 잣고 있는 간디.

사탸그라하 운동을 전개하고 있는 남아프리카의 인도인 거주민들.

간디의 지도로 사탸그라하의 투쟁에 참가한 남아프리카의 인도인 계약 노동자.

간디의 입국을 저지하기 위해 집회를 벌이고 있는 남아프리카의 백인들.

사탸그라하 운동 중의 간디.

네루에게 보낸 간디의 편지.

연설 중인 간디.

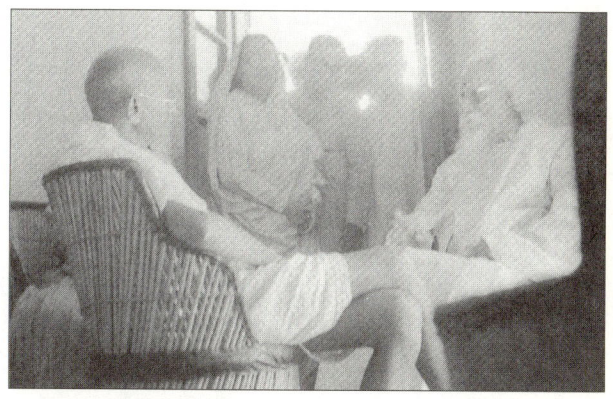

시인 타고르와 함께.

회의파 간부들과 회의하고 있는 간디.

염세 반대운동을 전개하고 있는 간디.

간디가 건설한 아슈람(도장)의 모습.

인도 귀국 직후의 간디와 아내.

요하네스버그의 간디 사무소. 가운데가 간디, 왼쪽 끝이 폴라크.

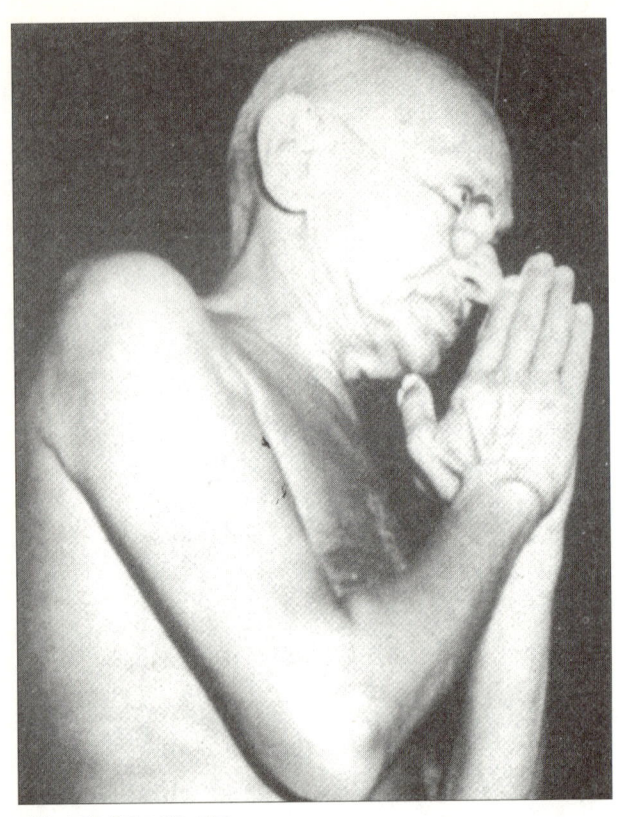

아침 기도를 올리고 있는 간디.

저녁 기도를 올리고 있는 간디.

간디의 운동이 유럽인에게 준 충격을 나타낸 『남아프리카 저널』의 풍자 삽화.

방적공장의 노동자들과 함께.

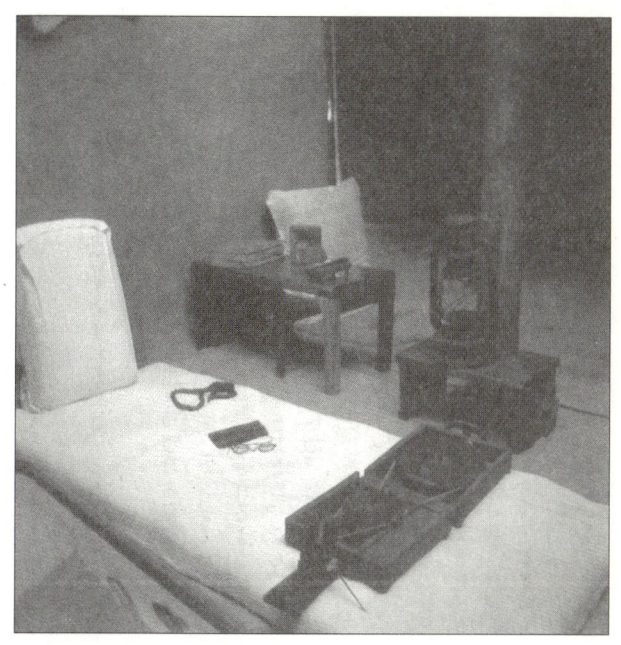

암살 당시 간디가 지니고 있던 물건들.

침묵의 날에 메모로 의사를 주고받고 있는 간디.

■ 머리말

내 몇몇 동지들로부터 간절한 요청이 있었기에 나는 자서전을 쓰는 것에 동의했다. 내가 쓰기 시작해서 채 한 페이지도 마치지 못했을 때 봄베이에서 소동이 일어났다[1]. 그리고 일은 그대로 중단할 수밖에 없는 형국이 되었다. 그 후 일련의 사건들이 일어났고 그 결과 나는 예라브다 형무소에 투옥되어버렸다.

나와 함께 수감되어 있던 사람 중 하나였던 스리자트[2] 제람다스로부터 다른 일은 전부 그만두고 자서전을 써달라는 부탁을 받았다. 나는, 무엇을 연구할 예정[3]인지 이미 결정해둔 것이 있었기 때문에 그 연구가 끝날 때까지 다른 것을 할 생각은 없다고 대답해두었다. 만약 내가 예라브다 형무소에서 형기를 전부[4] 채웠다면 자서전까지도 완성할 수 있었을 것이다. 하지만 그것이 완성되기 1년 전에 나는 방면되었다.

이번에는 스와미 아난드[5]가 같은 제안을 반복해서 해왔다. 나는

『남아프리카에서의 불복종운동』을 막 마친 참이었기에, 『나바지반』지[6]를 위해서 자서전 집필을 수락하는 것도 괜찮겠다는 생각이 들었다. 스와미는 신문과는 별도로 한 권의 책으로 출판할 수 있도록 써달라고 했다. 하지만 내게는 시간적 여유가 없었기 때문에 1주일에 한 장 정도밖에 쓸 수가 없었다. 그러나 『나바지반』지를 위해서 매주 무엇인가를 쓰지 않으면 안 되었다. 그것을 자서전으로 엮으면 되지 않겠는가? 스와미도 이 제안에 찬성해주었다. 그래서 나는 드디어 일에 착수하게 되었다.

그런데 신앙심 깊은 친구 중 하나가 이것에 대해서 의문을 품고 나의 '침묵의 날'[7]에 그것을 밝혔다.

그가 물었다.

"자네는 어째서 그 모험을 시작해야겠다고 생각한 거지? 자서전을 쓰는 것은 서양 특유의 풍습일세. 서양의 감화를 받은 자들을 제외하면 동양에는 자서전을 쓴 사람이 아무도 없다는 것은 잘 알려진 사실일세. 그런데 자네는 대체 무엇을 쓰겠다는 건가? 예를 들어서 자네가 오늘 원리라고 생각했던 것을 내일 버려버린다면, 그리고 자네가 오늘 계획했던 것을 내일 수정해버린다면, 이야기나 글로 표현한 자네 말의 권위에 따라서 행동했던 사람들은 그야말로 속은 것이라고 말할 수 있지 않겠나? 자서전 같은 건, 어쨌든 지금은 쓰지 않는 편이 좋지 않겠나?"

그의 말에 대해서는 생각을 해보지 않을 수 없었다. 그러나 나는 '본격적인 자서전을 쓰겠다.'는 생각을 품고 있었던 것은 아니었다. 나는 그저 내가 행해왔던 여러 가지 진실에 관한 실험에 대해서 이야기를 해보려 했던 것일 뿐이었다. 그리고 나의 생애는 이 실험들에 의해서만 이루어진 것이니, 그것에 대해 이야기를 하려면 자서전의 형식을 빌릴 수밖에 없다는 것은 틀림없는 사실이었다. 그리고 가령 그 한 페이지 한 페이지가 전부 진실에 관한 실험의 이야기들로 가득 메워진다 할지라도 나는 그다지 신경 쓰지 않을 것이다. 이 모든 실험들에 관련된 이야기가 독자들에게 도움이 되지 않을 리도 없을 것이라고 나는 믿고 있다. 어쨌든 남몰래 내심 그렇게 생각하고 있다.

정치 분야에서의 내 실험[8]은 지금, 인도뿐만 아니라 어느 정도 '문명화된' 세계에도 알려지고 있는 중이다. 내게 있어서 그것은 그다지 귀중하고 가치 있는 것은 아니다. 따라서 그들 실험에 의해서 내게 주어진 '마하트마[9]'라는 칭호는 한층 더 가치가 없는 것이다. 그 칭호는 때때로 나를 괴롭혔다. 그리고 그것이 나를 기쁘게 했던 적은 한순간도 기억에 남아 있지 않다.

하지만 나는 정신 분야에서 행했던 나의 실험에 대해서는 꼭 이야기해두고 싶다. 왜냐하면 그것은 나 자신만이 알고 있는 것이기 때문이다. 그리고 그 실험을 통해 정치 분야의 활동에서 내가 사용해 온 힘을 이끌어 냈던 것이다. 만약 실험이 참으로 정신적인 것이었다면 자화자찬이 섞여들 여지가 있을 리 없을 것이다. 그것은 내게 겸허만을 더해줄 뿐이다. 지난날을 숙고하고 회고하면 할수록 더욱 확실히 나의 한계를 느끼게 되는 것이다.

내가 끝내 이루어야겠다고 생각하고 있는 것 — 지난 30년 동안[10] 이루어내려고 노력했으며 절망해왔던 것은 자기완성, 신을 뵙는 것, 인간 해탈(모크샤)에 도달하는 것[11]이다. 이 목표를 따라서 나는 살아왔고, 움직였고, 나의 존재가 있는 것이다. 이야기하고 글을 쓰는 방법에 의한 나의 모든 행위와, 정치 분야에서의 나의 모든 모험은 같은 목표를 향하고 있는 것이다.

하지만 나는 한 사람에게 가능한 일은 모든 사람에게도 가능하다고 믿고 있다. 따라서 나의 실험은 밀실에서 행해진 것이 아니라 공개적으로 행해졌다. 그리고 나는 그것 때문에 실험의 정신적 가치가 감소했다고는 생각하지 않는다. 세상에는 개인과 그 창조자만이 알고 있는 것이 몇 가지 있으며, 그것은 틀림없이 타인에게 전달 불가능한 것이다. 내가 지금부터 이야기하려고 하는 실험들은 그러한 것들이 아니다. 그것은 어디까지나 정신적인 것이다. 혹은, 도덕적인 것이라고 말하는 편이 좋을지도 모르겠다. 왜냐하면 종교의 본질은 도덕성에 있으니.

종교적인 일이라고는 하지만 이 이야기 속에 있는 것은 아이들이나 노인들도 이해할 수 있는 일들뿐일 것이다. 만약 내가 감정에 좌우되지 않고 겸허한 정신으로 그 이야기들을 할 수만 있다면 많은 다른 실험자들은 그 안에서 전진을 위한 양식을 발견할 수 있을 것이다. 이 실험들 속에서 어떤 완전함과 같은 것을 요구한다는 것은, 내게는 상상도 할 수 없는 일이다. 내가 실험에서 요구하는 것은 과학자가 요구하는 것과 같은 것이다. 그는 굉장한 정확함, 숙고 그리고 세심함과 치밀함으로 실험을 행하지만 그가 얻은 결론에 최종적인 결정을 요구하지 않을 뿐만 아니라 그 결론에 대해서 늘 공평한 마음을 유지하고 있다. 나는 지금까지 깊은 자기 성찰을 계속해왔으며, 철저하게 나 자신을 조사해왔다. 모든 심리적 장면을 검토하고, 그리고 분석해왔다. 그렇지만 그렇게 해서 얻은 결론도, 이제 이것으로 결정되었다거나 이것은 틀림없다고 주장할 수 있는 것도 도저히 아니다. 하지만 나는 딱 한 가지는 말해두고 싶다. 그것은 다음과 같은 말이다.

즉, 내게는 그것이 절대로 옳다고 여겨지며 한동안은 최종적인 것이라고도 생각된다는 점이다.

그렇지 않았다면 내가 그것을 토대로 행동했을 리 없기 때문이다. 하지만 나는 한 걸음 옮길 때마다 받아들일 것인지 물리칠 것인지를 선택해왔다. 그리고 그 선택에 따라서 행동으로 옮겼다. 나의 행위가 나의 이성과 감정을 만족시켜주는 한, 나는 그 결론을 원형 그대로 확고하게 지켜나가지 않으면 안 된다.

만약 내가 단지 학리적인 원칙만을 논할 생각이었다면 당연히 자서전 같은 것은 계획하지도 말았어야 했을 것이다. 하지만 나의 의도는 이들 원칙을 실험적으로 이렇게 저렇게 응용해본 것을 이야기하려는 것에 있었다. 그래서 나는 지금부터 써내려갈 글에 '진리를 나의 실험 대상으로 하여'라는 부제목을 단 것이다.

물론 이 속에는 비폭력, 독신생활 그리고 진실과는 성질을 달리하는 여러 가지 원칙에 대한 실험도 포함될 것이다. 하지만 내 생각으로는, 진실이야말로 다른 수많은 원칙을 그 안에 포함하고 있는 대원칙이다. 그 진실은 말을 사용하는 데 있어서의 성실함일 뿐만 아니라, 생각하는 데 있어서의 성실함이기도 하다. 그리고 우리의 진실에 관한 상대적인 관념일 뿐만 아니라 절대적인 진실, 영원한 원칙, 즉 신이기도 한 것이다.

이 세상에는 신에 관한 정의들이 헤아릴 수도 없이 많다. 신이 나타나는 모습이 무수히 많기 때문이다. 그것들은 놀라움과 경외로 나를 채우며, 또한 단번에 압도한다. 하지만 나는 신을 진실로만 예배한다. 나는 아직 신을 발견하는 데까지는 이르지 못했으며 지금도 찾고 있다. 이 탐구를 위해서는 내게 가장 중요한 것이라도 희생할 각오를 하고 있다. 설령 그 희생이 내 목숨이라 할지라도 기꺼이 그것을 희생할 것이다.

하지만 내가 이 절대적인 진실을 터득하지 못하는 한, 그 이전까지는 상대적인 진실이라고 생각하는 것을 고집하지 않을 수 없다. 그동안에는 이 상대적인 진실을 내 이정표로 삼고, 방패로 삼지 않으면 안 된다. 이 길은 직선으로 좁고, 면도기의 날처럼 예리하게 깎여 있지만 내게 있어서는 그 길이 가장 가깝고 간단한 것이었다. 내가 범한 '히말라야의 오산'[12] 만 해도 내가 이 길을 엄중하게 지키고 있었기 때문에 아주 조그만 일처럼 생각되었다. 왜냐하면 이 길이 비탄에 잠기려는 나를 구해주었으며, 나는 빛의 인도를 받아서 전진해 나갔기 때문이다.

앞으로 나아가는 동안에 나는 때때로 절대적 진실, 신을 희미하게나마 볼 수가 있었다. 그리고 내 위에는 신만이 실재하고 있으며, 다른 모든 것은 실재하는 것이 아니라는 신념을 나날이 더 키워갈 수 있었다. 이 신념이 어떻게 자라왔는지, 희망하는 자는 그것을 알아두기 바란다. 그리고 만약 가능하다면 나의 실험을 그들에게 나눠주고, 또한 나의 신념까지도 나눠주고 싶다고 생각하고 있다. 거기에 더해서 나는, 내게 가능한 일은 어린아이에게도 가능한 일이라는 신념을 갖게 되었다. 나는 그렇게 말할 수 있는 합당한 이유를 가지고 있다.

진실 탐구를 위한 수단은 어려운 것이지만, 또한 간단한 것이기도 하다. 그것은 오만한 사람들은 도저히 할 수 없는 것처럼 보인다. 하지만 사심 없는 어린아이들에게는 곧 가능한 일처럼 여겨진다. 무릇 진실을 탐구하는 자는 진개(塵芥)보다도 더 겸손해야 한다. 사람들은 진개를 그 발밑에 두고 짓밟는다. 하지만 진실을 탐구하는 자는 그 진개에게조차도 짓밟힐 만큼 겸손해야 한다. 그럴 때만이, 그리고 그렇게 되었을 때 비로소 그는 진실을 언뜻 볼 수 있을 것이다. 바시슈타와 바슈바미트라 사이에서 행해졌던 대화[13]는 이 사실을 아주 명확하게 보여주고 있다. 기독교와 이슬람교도 또한 이 사실을 확증해주고 있다.

내가 지금까지 쓴 글 속에서 독자가 어떤 오만함 같은 것을 느꼈다면, 나의 탐구 속에 무엇인가 올바르지 않은 부분이 있는 것이 아닐까, 그리고 내가 본 반짝임도 신기루에 불과한 것이 아닐까, 라고 독자는 생각할 것임에 틀림없다. 나와 같은 범인은 사라져도 상관없다. 하지만 진실은 승리해야만 한다. 나처럼 많은 과오를 범한 인간을 판단하기 위해서, 진실의 기준을 조금이라도 깎아내려서는 안 된다.

나는 다음의 각 장 속에 흩어져 있는 충고를 그 누구도 권위 있는 것이라고 보지 말았으면 하는 바람이며, 또 그렇게 기원한다. 내가 이야기하는 실험은 전부 예증이라고 봐야만 한다. 그리고 그것에 비춰가면서 각자가 자신의 성향과 능력에 따라서 자신의 실험을 실행해나가면 되는 것이다. 이처럼 범위를 한정해두면 이 예중이 실제적인 도움이 될 것이라고 나는 믿고 있다. 왜냐하면 나는 추한 것을 이야기할 경우에도 무엇 하나 숨기거나 변명할 생각은 없기 때문이다.

나는 독자들 앞에 나의 결점과 과오를 전부 드러내고 싶다. 내가 의도하고 있는 것은 사탸그라하학[14]에 비춰가며 실험을 이야기하는 것이지, 내가 얼마나 선량한지를 이야기하는 것이 아니다. 가능한 한 엄격하고 성실하게 나 자신을 판단할 수 있도록 노력해야겠다. 나는 타인들도 또한 그랬으면 하는 바람이다.

그러한 기준 위에 서서 나 자신을 측정하면서, 나는 외치지 않으면 안 된다.

'나처럼 건방지고

비천한 자 있을까

창조주를 저버린 나

나는 그렇게 불신의 무리가 되었다'

왜냐하면 내 생명의 한 호흡, 한 호흡을 주재하고 계시며 나 자신을 낳아주신 신, 그 신으로부터 내가 여전히 멀리 떨어져 있다는 사실은 나의 끊임없는 고뇌의 씨앗이기 때문이다. 이처럼 나를 신에게서 멀리 떼어놓은 것이 마음속에 깃들어 있는 사악한 욕정이라는 사실은 나도 잘 알고 있다. 하지만 거기서 벗어날 수 없는 것이다.

이제 이쯤에서 붓을 놓아야겠다. 다음 장에서부터 실제의 이야기를 다루기로 하겠다.

1925년 11월 26일

사바르마티 아슈람[15]에서

M. K. 간디

차례

화보 · 4
머리말 · 25

제1부

출생과 부모님 · 43
학생 시절 · 47
결혼 · 56
우정의 비극 · 60
도둑질과 속죄 · 70
아버지의 병과 죽음 · 75
종교를 엿보다 · 79
영국행 준비 · 83
배 안에서 · 89

제2부

런던에서 · 97
영국 신사를 따라서 · 103
몇 가지 변화 · 108
내성적인 성격, 내 마음의 방패 · 114
허위의 독(毒) · 118
종교에 가까이 · 126
인도로 돌아오다 · 130
생활의 시작 · 138
최초의 타격 · 142

제3부

남아프리카에 도착 • 151
프리토리아로 • 154
프리토리아에서의 첫날 • 166
기독교와의 접촉 • 169
인도인 문제 • 176
소송사건 • 182
사람이 제안하고, 신이 처리한다 • 185
나탈 인도인회의 • 188
3파운드 세 • 192
인도에서 • 195

제4부

남아프리카에 도달한 폭풍 • 203
아이들의 교육과 간호 • 213
간소한 생활 • 216
회상과 참회 • 219
보어 전쟁 • 222
위생 개량 • 226
고가의 선물 • 229
회의파와의 첫 만남 • 235
로드 커즌의 접견 • 242
봄베이에서 • 245
다시 남아프리카로 • 251

제5부

기타에 대한 연구 · 259
『인디안 오피니언』지 · 263
신비한 매력을 지닌 책 · 267
피닉스 농원 · 271
가족 · 275
줄루 족의 반란 · 280
브라마차리아 · 284
카스투르바의 용기 · 288
가정에서의 사탸그라하 · 293
자기억제를 목표로 · 297
법정에 대한 회상 · 304

제6부

사탸그라하의 기원 · 311
투옥 · 314
습격 · 320
사탸그라하의 재개 · 326
톨스토이 농장 · 329
여자들도 투쟁에 참가 · 334
노동자의 행렬 · 340
대행진 · 345
사탸그라하의 승리 · 355
대전에 참가 · 360

제7부

푸나에서 • 365
산티니케탄에서 • 370
삼등 객차 승객의 비애 • 373
도장의 건설 • 378
인디고의 염료 • 384
불살생에 직면하여 • 390
철회된 소송 • 395
마을으로 들어가다 • 401
제거된 오염 • 405
노동자와 접촉하며 • 408
단식 • 413
케다 사탸그라하 • 417
'파 도둑' • 420
케다 사탸그라하의 종말 • 424

제8부

신병 모집 운동 • 429
죽음 일보직전 • 437
롤럿 법 • 444
그 기념할 만한 주일 • 449
히말라야의 오산 • 460
『나바지반』지와 『영 인디아』지 • 464
킬라파트는 암소 보호에 반대하는가? • 468

암리차르 회의파 연차대회 • 474

제9부

카디의 탄생 • 485
유익한 대화 • 493
만조 • 498
나그푸르에서 • 504
작별의 인사 • 507

미주 • 513
연보 • 568

제1부

출생과 부모님

우탐찬드 간디, 통상 오타 간디라고 불리던 우리 할아버지는 높은 식견을 가졌던 분이셨음에 틀림없다. 포르반다르 국[16]의 수상[17]이었던 할아버지는 집안문제 때문에 포르반다르를 떠나 주나가드 국에 몸을 의탁했다. 할아버지는 거기서 나와브[18]에게 인사를 할 때 왼손을 사용[19]했다. 누구나 알 수 있을 만큼 확실히 눈에 띄는 이 무례함을 보고 이상히 여겨 그 이유를 물었다. 그랬더니,

"오른손은 이미 포르반다르에 바쳤기 때문에."

라는 할아버지의 대답이 돌아왔다.

오타 간디는 처음 아내와 사별했기 때문에 두 번 결혼했다. 전처와의 사이에 네 아들이, 후처와의 사이에 두 아들이 있었다. 그 여섯 형제들 중 다섯 번째가 카람찬드 간디, 통상 카바 간디라고 불렸다. 그리고 여섯 번째가 툴시다스 간디였다. 할아버지의 뒤를 이어 두 분 모두 포르반다르 국의 수상이 되었다. 카바 간디가 나의 아버지다.

카바 간디는 모든 아내를 먼저 여의고 차례차례로 네 번 결혼을 했다. 마지막 아내인 파트리바이에게서 딸 하나와 아들 셋을 얻었는데, 나는 그 막내였다.

우리 아버지는 문중의 경애의 대상이었다. 성실하고 용감하고 관대했다. 하지만 성격이 급했다. 그의 토후국에 대한 충성은 매우 유명했다. 정치주재관보인 영국인이 그의 주군인 라지코트 타코레 사헵에게 모욕적인 말을 하자 그는 자리에서 일어나 반박을 가했다. 화가 난 주재관보는 카바 간디에게 사죄를 요구했다. 그가 사죄를 하려 들지 않자 유치장에 넣어버렸다. 하지만 카바 간디가 끝내 항복하지 않자 그 주재관은 혀를 내두르며 결국에는 그를 석방하라는 명을 내렸다.

우리 아버지에게는 부를 쌓으려는 생각이 조금도 없었다. 우리에게 남겨진 재산은 극히 적었다.

그는 경험을 통해서 배운 것 외에는 학문을 닦지 못했다. 잘 해야, 5학년[20] 수준 정도의 구자라트어 교과서 정도는 읽을 수 있었을지도 모르겠다. 역사와 지리에 관한 지식은 없었다. 하지만 실무 경험이 풍부했던 그는, 아주 복잡하게 얽힌 문제를 풀거나 많은 사람들을 다루는 데 있어서는 대단한 수완을 발휘했다. 종교상의 교양은 낮았다. 하지만 때때로 사원을 참배하기도 하고, 일반 힌두교도들만큼은 설교를 들었기 때문에 일반적인 종교적 수양은 갖추고 있었다. 말년에는 일가와 친분이 있던 학식 있는 한 브라만[21]의 권유로 기타[22]를 암송하기 시작했다. 그리고 예배 시간이 되면 그 안의 문구를 소리 내어 외우는 것이 그의 일과가 되었다.

어머니에 대한 기억 중에서 가장 선명한 인상을 남기고 있는 것은 청순함이다. 그녀는 신앙심이 매우 깊었다. 매일 기도를 마치기 전에는 식사를 하지 않았다. 바이슈나바 파[23]의 하벨리[24]에 참배를 가는 것은 그녀의 일과 중 하나였다. 아무리 기억을 더듬어봐도 그녀가 차투르마스[25]를 게을리 했던 모습은 떠오르지 않는다. 그녀는 가장 지키기 어려운 맹세를 하고 주저함 없이 그것을 지켰다. 병도 맹세를 게을리 하는 구실이 되지는 못했다. 나는 그녀가 찬드라야나[26]의 맹세를 지키던 중에 갑자기 병에 걸린 것을 기억하고 있다. 하지만 병에 걸려서도 근행을 그만두려 하지 않았다. 두세 번 연속해서 단식을 하는 것쯤, 그녀에게는 그리 대수로운 일도 아니었다. 차투르마스 기간 중에는 하루에 한 끼만 먹는 것이 그녀의 관습이었다. 그녀는 그것만으로는 만족하지 못하고 어떤 차투르마스 기간 동안에는 하루 걸러 하루씩 단식을 했다. 또 다른 차투르마스 기간에는 태양을 보기 전에는 음식물을 입에 대지 않겠다고 맹세했다. 그럴 때면 어린 우리들은 문 밖에 서서 해님이 모습을 드러내면 어머니에게 알려주려고 하늘을 응시하며 기다리고 있었다. 누구나 잘 알고 있는 바와 같이 우기가 한창일 때는 해님이 안으로 들어가 모습을 보이지 않을 때가 자주 있었다. 그랬기 때문에 해님이 갑자기 모습을 드러내면 단걸음에 집 안으로 달려 들어가 그녀에게 그 사실을 알리곤 했다. 그녀는 자신의 눈으로 해님을 보려고 서둘러 밖으로 나갔다. 그러면 변덕스러운 해님은 그동안 모습을 감추어버렸다.

"괜찮아."

그녀는 아무렇지도 않다는 듯이 말했다.

"신께서 오늘은 먹지 말라고 말씀하시는 거야."

그리고 그녀는 평소와 다름없이 일을 시작했다.

우리 어머니는 상식이 매우 풍부한 사람이었다. 그녀는 자신의 나라에 관해서라면 무엇이든 잘 알고 있었다. 토후를 섬기는 여자들은 그녀의 박식함을 높이 평가하고 있었다. 나는 어린이에게만 주어진 특권을 사용하여 종종 그녀와 함께 토후의 저택에 가곤 했었다. 거기서 미망인이 되신, 토후 사코레 사헵의 어머니를 상대로 그녀가 재미있다는 듯이 여러 가지 이야기를 나누었던 것을 기억하고 있다.

학생 시절

나는 포르반다르에서 어린 시절을 보냈다. 나는 학교에 들어갔던 때의 일을 기억하고 있다. 구구단을 외우는 데 상당히 고생을 했다. 그 당시의 일에 대해서는, 다른 아이들과 함께 우리 선생님을 온갖 별명으로 부르는 것을 배웠다는 것 이외에는 무엇 하나 기억하고 있지 못하다. 이 사실은 내가 지능의 발달이 늦었으며, 내 기억력이 떨어진다는 점을 명백하게 보여주고 있는 듯하다.

아버지가 라자스타니크 가의 가신이 되었기 때문에 포르반다르에서 라지코트[27]로 옮겼을 때, 나는 일곱 살 정도 되었을 것이다. 나는 그곳의 초등학교에 들어갔다. 그 무렵의 일은, 선생님의 이름과 그 외에도 선생님의 사소한 것까지 뚜렷하게 기억하고 있다. 거기서도 포르반다르 시절과 마찬가지로 나의 공부에 대해서는 특별히 기술할 만한 것이 거의 없었다. 나는 간신히 평범한 아동이 될 수 있었던 것이다. 얼마 뒤, 나는 그 학교에서 근교에 있는 학교로 옮겼고 거기서 고등학교[28]에 들어갔다. 당시 나는 12살이었다. 그 짧은 기간 중 나는 선생님에게도 그리고 친구들에게도 거짓말을 한 적이 단 한 번도 없었다. 매우 내성적인 성격이었기 때문에 그 누구와의 교제도 늘 피하고 있었다. 책과 공부만이 나의 동반자였다. 시작 종소리와 함께 등교했으며, 학교가 파하면 곧바로 집으로 달려왔다. —그것이 나날의 습관이었다. 나는 글자 그대로 뛰어서 집에 왔다. 왜냐하면 다른 사람들과 얘기할 마음이 생기지 않았기 때문이다. 나는 누군가에게 놀림이나 받지 않을까, 걱정을 하고 있었던 것이었다.

고등학교 1학년 때, 시험을 보는 중에 어떤 사건이 일어났다. 그것은 적어둘 만한 가치가 있는 사건이었다. 시학관[20]인 자일스 씨가 시찰을 나온 것이었다. 그는 우리에게 5개의 단어를 받아쓰기 시험문제로 냈다. 그 문제 중에 케틀(kettle)이라는 단어가 있었다. 나는 철자를 잘못 쓰고 말았다. 선생님이 구두 끝으로 나를 찔러서 일깨워주려 했다. 하지만 내가 그것을 깨달을 리가 없었다. 옆 학생의 석판을 보고 철자를 베끼라고 선생님이 신호를 보내고 있었다고는 꿈에도 생각지 못한 일이었다. 왜냐하면 선생님이 거기에 있는 것은 커닝을 감시하기 위해서, 라고만 생각하고 있었기 때문에. 그렇게 해서 나를 제외한 다른 학생들 전부는 모든 단어를 정확하게 쓸 수 있었다. 아둔한 것은 나뿐이었다. 선생님은 나중에 나의 그 아둔함을 일깨워주려 했지만 헛수고였다. 결국 나는 '커닝'을 배우지 못한 채 졸업을 했다.

그런 일이 있었지만 선생님에 대한 나의 존경심은 조금도 줄어들지 않았다. 나는 선천적으로 윗사람의 잘못에 대해서는 장님이었다. 나중에는 나도 그 선생님의 결점을 여러 가지로 알게 되었다. 하지만 그에 대한 존경심에는 조금도 변화가 없었다. 왜냐하면 윗사람의 행동에는 아무런 토도 달지 않고 그 명령에 따르는 습관이 몸에 배었기 때문이었다.

그 무렵, 내가 곧잘 떠올리곤 하는 사건이 두 가지 일어났다. 나는 늘 그날의 공부를 마치기 전에는 교과서 이외의 다른 것은 그 무엇도 읽으려 하지 않았다. 나는 선생님의 성화를 듣는 것을 좋아하지 않았으며, 또 그와 마찬가지로 선생님을 속이는 것도 좋아하지 않았다. 그랬기 때문에 나는 무엇보다도 먼저 공부를 끝냈다. 물론 가끔은 마음이 잿밥에 가 있었던 적도 있었다. 그런 상태였기 때문에 공부가 뜻대로 끝나지 않을 때면 그 외의 읽을거리 같은 건 눈에 들어오지도 않았다.

그런데 어쩐 일이었는지 아버지가 사다 놓으신 책 한 권이 내 눈에 들어왔다. 『슈라바나 피트리바그티 나타카(효자 슈라바나 극)[30]』라는 책이었다. 나는 정신없이 읽었다. 바로 그 무렵, 종이인형극단이 우리 마을을 찾아왔다. 내가 본 종이인형극의 그림 속에 슈라바나가 앞이 안 보이는 부모님을 포대기로 업고 순례에 나서는 장면이 있었다. 이 책과 이 그림은 내 마음에 지울 수 없는 인상을 남겼다. '여기에 네가 배워야 할 본보기가 있다.'고 나는 마음속으로 생각했다. 시체가 되어버린 슈라바나를 붙들고 비탄에 잠겨 있는 부모님의 모습은 아직도 나의 기억 속에 생생하게 남아 있다. 꺼져들어갈 것 같은 선율은 내 가슴을 격렬하게 감동시켰다. 그리고 나는 아버지가 사주신 손풍금으로 그 멜로디를 연주해 보았다.

이와 거의 비슷한 일이 또 다른 연극에 의해서도 일어났다. 역시 그 무렵의 일이었다. 나는 아버지에게 부탁해서 한 극단이 공연하는 종이인형극을 보러 가도 좋다는 허락을 받았다. 그 연극— 『하리슈찬드라[31]』—에 나는 완전히 사로잡혀버리고 말았다. 그러나 그렇게 자주 종이 인형극을 볼 기회가 내게 주어졌던 것은 아니었다. 도저히 참을 수가 없어서 나는 몇 번이고 내 자신이 하리슈찬드라를 연기해보곤 했다. '모든 사람들이 하리슈찬드라처럼 진실해지지 못하는 것은 어째서일까? 나는 밤낮없이 그 질문을 내 자신에게 던졌다. 진실을 따르는 일, 하리슈찬드라가 끝까지 참고 견딘 수많은 시련들을 나도 참고 견디어내고 싶다는 생각에 사로잡혔고 그것이 하나의 이상이 되었다. 나는 하리슈찬드라의 이야기를 글자 그대로 믿었다. 그것을 생각하며 나는 눈물을 흘렸다. 지금은 나의 상식이, 하리슈찬드라가 역사상의 인물일 리 없지 않느냐고 가르쳐주고 있다. 그럼에도 불구하고 내게 있어서 하리슈찬드라와 슈라바나는 여전히 살아 있는 실재(實在)이다. 그리고 지금 다시 이들 극본을 읽는다면 틀림없이 옛날과 같은 감동을 느끼게 될 것이다.

고등학교 시절의 나는 열등생으로 보이지는 않았다. 나는 늘 선생님들로부터 사랑을 받았다. 학업의 성취도와 품행에 대한 통신문을 매해 부모님에게 보내는 것이 관행이었다. 나는 단 한 번도 나쁜 점수를 받은 적이 없었다. 2학년을 마칠 때는 상까지 받았다. 5학년과 6학년 때에는 각각 4루피와 10루피의 장학금을 받았다. 이와 같은 좋은 성적은 나의 노력에 의한 것이 아니라 행운에 의한 것이었다. 왜냐하면 장학금제도가 모든 학생들에게 개방되어 있었던 것이 아니라 카티아와르 지방의 소라트[32] 현 출신자 중, 성적이 좋은 몇몇 학생들을 위해서 제정된 것이었기 때문이다. 그리고 그 무렵, 한 반에 사오십 명 정도 되는 학생들 속에 소라트 출신 학생은 그렇게 많지가 않았다.

내 자신의 기억에 의하면 나는 스스로에게 능력이 있다고는 생각지 않았다. 상금과 장학금을 받을 때마다 늘 스스로도 의외라고 생각했다. 하지만 나의 행동에는 조금도 방심하지 않고 늘 신경을 쓰고 있었다. 제 아무리 사소한 과실이라도 그것을 깨달으면 내 눈에서는 눈물이 뚝뚝 흘러내렸다. 야단맞을 만한 일을 했다거나, 선생님에게 야단맞을 것 같다는 것은 내게 견딜 수 없는 일이었다. 한번은 체벌을 받았다. 그 벌은 내가 저지른 행동에 대한 당연한 대가였기 때문에 나는 벌 자체는 그다지 마음에 두지 않았다. 당시 나는 쏟아지고 쏟아지는 눈물을 참을 수가 없었다. 그것은 내가 1학년인가 2학년 때의 일이었다.

7학년 때도 비슷한 사건이 또 일어났다. 당시의 교장선생님은 도람지 에둘지 기미라는 분이었다. 그는 예절을 중히 여기는 꼼꼼한 사람이자 선량한 교사로서 학생들 사이에서도 좋은 평판을 얻고 있었다. 그는 고학년 학생들에게 체조와 크리켓 경기를 정규 수업으로 가르쳤다. 나는 두 개 모두 좋아하지 않았다. 수업으로 편성되기 전까지 나는 크리켓이나 축구를 단 한 번도 연습한 적이 없었다.

이처럼 그런 것들을 가까이 하지 않았던 이유 중 하나에는, 내가 유별나게 수줍음을 많이 타는 성격이었다는 점도 있었다. 지금은 그것이 잘못된 행동이었다고 생각한다. 당시 나는, 체조 같은 것은 교육과 전혀 관계가 없는 것이라는 잘못된 생각을 가지고 있었다. 지금의 나는, 교육 과정 속에서 체육도 지식을 기르는 것과 똑같은 지위를 점해야 한다는 생각을 갖게 되었다.

연습을 하지는 않았지만 몸은 나쁘지 않았다는 사실을 말해두고 싶다. 그것은 여러 가지 책을 통해서 오랜 시간 동안 문 밖을 산책하는 것이 좋다는 사실을 배웠고, 그 충고에 따라서 산책을 거르지 않는 습관을 들였기 때문이었다. 이 습관은 지금도 여전히 가지고 있다. 이 산책 덕분에 상당히 튼튼한 체격을 얻을 수 있었다.

내가 체조를 싫어했던 것은, 아버지를 극진히 간호하고 싶다는 소망에서였다. 학교가 파하면 나는 바로 서둘러서 집으로 돌아와 아버지를 보살펴드렸다. 그런데 연습이 필수가 되었기 때문에 그때부터는 보살펴드릴 수가 없었다. 나는 기미 교장선생님께 아버지를 잘 보살펴드릴 수 있도록 체조를 빼주셨으면 좋겠다고 부탁했다. 하지만 그는 내 말을 받아주지 않았다. 그래서 사건이 일어났다. 어느 토요일이었다. 오전에 등교를 했다가 오후 4시에 체조를 위해서 다시 학교에 가지 않으면 안 되었다. 시계를 가지고 있지 않았던 나는 구름에 속고 말았다. 내가 학교에 도착했을 때는 이미 학생들 전부가 돌아가버리고 난 뒤였다. 그 이튿날 출석부를 점검하던 기미 교장선생님은 내 이름에 '결석'이라는 표시가 붙어 있는 것을 발견했다. 결석한 이유를 묻는 그에게 나는 있는 그대로의 사실을 말했다. 그는 나의 말을 믿을 수 없다며 1안나[33]였는지, 2안나였는지(얼마였는지 지금은 도저히 생각이 나지 않는다) 벌금을 내라고 명령했다.

내가 거짓말을 했다! 견딜 수 없이 괴로운 사실이었다. 어떻게 해야 나의 결백함을 밝힐 수 있을까? 아무런 방법도 없었다. 나는 괴로움에 몸부림치며 커다란 소리로 울음을 터뜨렸다. 진실한 사람은 또한 아주 세심한 사람이어야만 한다는 사실을 나는 깨달았다. 학교생활 중에서 신중함을 잃었던 적은 이때가 처음이자 마지막이었다.

어쨌든 연습을 게을리 했다는 사실이 내게는 나쁜 영향을 주지는 않았지만, 나는 또 한 가지 게을리 한 일이 있었기 때문에 지금도 그에 대한 벌을 받고 있다. 나는 학습의 숙달 정도는 교육에 있어서 그다지 중요한 것이 아니라는 생각을 가지고 있었다. 그런 생각을 어디에서 배운 것인지 도저히 기억이 나지 않는다.

내 학생 시절의 기억 중에서 여기에 기록하고 싶은 것이 두 가지 더 있다.

나는 나의 결혼 때문에 1년을 손해봤다. 선생님은 내게 학년을 뛰어넘어 손해를 만회하라고 말씀해주셨다. —공부를 잘하는 학생들에게 흔히 주어지는 특권이었다. 그래서 나는 3학년을 겨우 6개월 만에 마치고 여름방학 전에 행해진 시험에 응해 4학년으로 진급했다. 그런데 4학년부터는 대부분의 과목의 수업에서 영어가 사용되었다. 나는 어쩔 줄을 몰랐다. 특히 신규 과목인 기하(幾何)에는 두 손을 다 들고 말았다. 그런데 그것을 영어로 해야 했기 때문에 더욱 어려웠다. 선생님께서는 아주 친절하게 가르쳐주셨지만 나는 도저히 따라갈 수가 없었다. 때로는 실망에 빠져서 다시 3학년으로 돌아갈까도 생각했다. 2년분의 공부를 1년만에 해내겠다는 것은 너무나도 허황된 꿈이었다는 느낌이 들었다. 하지만 그것은 나의 불명예일 뿐만 아니라 선생님의 불명예이기도 했다. 왜냐하면 나의 노력하는 모습을 보고 그는 내게 진급을 권한 것이었기 때문이었다.

그와 같은 이중의 불명예가 나를 망설이게 했다. 하지만 열심히 노력하여 유클리드 기하학의 제13명제[34]에 다다른 순간, 갑자기 그 학과가 아주 단순한 것이라는 사실을 깨닫게 되었다. 인간의 추리력의 순수하고 간단한 응용을 요구하고 있을 뿐인 학과가 어려울 리가 없었다. 그 순간부터 기하학은 쉽고 재미있는 것이 되었다.

그런데 산스크리트어[35]는 더욱 괴로운 학과였다. 기하학은 암기할 필요가 없었지만 산스크리트어는 모든 것을 암기하지 않으면 안 된다는 생각이 들었다. 이 과목도 역시 5학년부터 시작되었다.

6학년이 된 지 얼마 지나지 않아서 완전히 의욕을 잃고 말았다. 선생님은 굉장한 주입식 교육을 하는 사람으로, 지나친 열정을 가지고 있었기 때문에 학생들에게 강요를 한다는 느낌을 주었다.

산스크리트어 선생님과 페르시아어 선생님 사이에는 경쟁의식과도 같은 것이 있었다. 페르시아어 선생님은 관대했다. 학생들은, 페르시아어는 아주 쉽고, 페르시아어 선생님은 아주 좋은 선생님으로 학생들을 생각해준다는 이야기를 서로 주고받곤 했다.

그 '쉽다.'는 말에 끌려서 어느 날, 페르시아어 수업에 출석을 해보았다. 산스크리트어 선생님은 슬퍼했다. 그리고 나를 불러서 이렇게 말했다.

"너는 바이슈나바 파에 속한 아버지의 아들이라는 사실을 잊은 거냐? 자기 종파의 말을 배우고 싶지 않은 거냐? 어려웠다면 왜 나를 찾아오지 않았느냐? 나는 최선을 다해서 너희들에게 산스크리트어를 가르치려 하고 있다. 공부를 하다보면 재미있어서 참을 수 없다고 생각되는 부분이 아주 많다는 걸 알게 될 거야. 용기를 잃어서는 안 된다. 산스크리트어 수업에 다시 나오길 바란다."

이 인정미 넘치는 말에 내가 한 일을 부끄럽게 생각했다. 나는 선생님의 애정을 무시할 수가 없었다. 지금 나는 감사의 마음으로 크리슈나샨카르 판댜 선생님을 떠올린다. 왜냐하면 당시 산스크리트어를 배워 얼마간 알게 되었는데 만약 그때 배우지 않았다면 성전[36]에 흥미를 갖기는 어려웠을 것이다. 실제로 나는 그 언어를 좀 더 많이 외우지 않았던 것을 후회하고 있다. 그 후부터 나는, 힌두의 소년 소녀라면 누구나 반드시 산스크리트어를 충분히 습득할 필요가 있다는 사실을 깨닫게 되었다.

지금은 인도 고등교육의 전 교과 속에 지방어는 물론, 그 외에도 힌디어[37], 산스트리트어, 페르시아어, 아라비아어 및 영어를 반드시 넣어두어야 한다는 것이 나의 견해다. 이렇게 많이 늘어놓았다고 해서 놀랄 필요는 없다. 만약 우리의 교육이 좀 더 체계적인 것이 되어 학생들이 외국어로 수업을 해야만 하는 중압감에서 해방될 수만 있다면 이들 외국어를 전부 배워도 따분하기는커녕 오히려 아주 재미있는 것이 될 것이라고 나는 확신하고 있다. 하나의 언어를 과학적으로 습득하면 다른 언어를 습득하기는 비교적 쉬워지는 법이다.

결혼

　내가 13세라는 나이에 결혼했다는 사실을 여기에 적어두어야만 한다는 것은 괴로운 일이다. 지금 내가 돌보고 있는 비슷한 나이의 젊은이들을 바라보며, 그리고 나 자신의 결혼에 생각이 미치면 자신이 가엾다는 생각이 들며, 나와 같은 꼴을 당하지 않아도 되는 그들이 기꺼워진다. 이와 같은 비상식적 조혼을 좋은 것이라고 할 수 있는 도덕적 논거는 어디에서도 찾아볼 수가 없다.

　힌두교도에게 있어서 결혼은 결코 간단한 문제가 아니었다. 신랑, 신부의 부모님이 그것 때문에 몰락하는 경우도 종종 일어났다. 그들은 자산을 쏟아 부었으며 시간을 낭비했다. 의장과 장식품을 갖추고 피로연 비용을 짜내는 등 결혼 준비를 위해서 몇 개월이나 시간을 들였다. 모든 사람들이 음식 접시의 숫자나 그 메뉴에 있어서 다른 집을 능가하는 것을 준비하려 했다. 그리고 결혼식 날이 되면 좋은 목소리든 나쁜 목소리든 아랑곳하지 않고, 여자들은 목이 쉬어버릴 때까지, 혹은 병에 걸릴 때까지 노래를 불러 이웃의 평온함을 깨뜨렸다. 이웃에서도 광란에 빠진 사람들의 소란이나 축연에서 나오는 오물을 관대한 눈으로 봐주고 있다. 왜냐하면 얼마 지나지 않아서 그들도 역시 그와 같은 일을 하게 될 날이 올 것이라는 사실을 알고 있기 때문이다.

나는 결혼식이, 좋은 옷을 입고, 큰북을 울리고, 산해진미를 먹으며 낯선 아가씨와 함께 노는 것 이상의 의미를 지닌 것이라고는 생각지도 못했다. 우리는 점점 마음을 열어 서로 흉허물 없이 이야기를 주고받게 되었다. 우리는 동갑이었다. 하지만 내가 남편으로서의 위엄을 보여준 것은 그리 오래된 뒤의 일이 아니었다.

결혼했을 무렵에는 1파이세인지 1파이[38]인지(지금은 기억이 나지 않는다)의 가격으로 소책자가 여럿 발행되고 있었다. 거기에는 부부애, 근검 저축, 소아 결혼과 그 외의 여러 가지 문제에 대한 논의가 실려 있었다. 이들 중의 어떤 것을 발견하면 나는 늘 앞표지에서부터 뒤표지까지 꼼꼼하게 읽었다. 내게는, 싫어하는 것은 잊어버리지만 좋아하는 것은 실행해보는 버릇이 있었다. 그 소책자 속에 남편의 의무로써, 아내에 대해 평생 정조를 지켜야 한다는 내용이 있었다. 이 가르침은 내 마음속에 언제까지나 새겨져 있었다. 그리고 진실에 대한 정열은 나의 타고난 천성이었다. 따라서 내가 그녀에 대해서 부정하다는 것은 있을 수 없는 일이었다. 게다가 나는 아직 세상물정을 모르는 나이였기 때문에 부정을 저지를 기회가 거의 없었다.

하지만 정절을 지키라는 가르침은 난처한 결과를 가져다주기도 했다. 나는 마음속으로 생각했다.

'만약 내가 아내에 대한 정조를 맹세해야만 한다면, 그녀 역시도 내게 정조를 약속해야만 한다.'

이런 생각 때문에 나는 질투심 깊은 남편이 되었다.

내게는 아내의 헌신을 의심할 만한 이유가 하나도 없었다. 하지

간디 자서전 | 57

만 질투라는 것은 이유가 있어서 일어나는 것이 아니다. 나는 그녀의 동정을 하루 종일 감시하지 않으면 직성이 풀리지 않았다. 따라서 그녀는 나의 허락 없이는 어디에도 갈 수가 없었다. 이와 같은 일이 우리 사이에 어색함과 싸움의 씨앗을 뿌렸다.

제한을 가한다는 것은 일종의 감금과도 같은 것이다. 하지만 카스투르바는 그런 것을 그냥 되어가는 대로 말없이 지켜보고만 있는 그런 여자가 아니었다. 그녀는 나가고 싶은 시간에, 가고 싶은 데를 가겠다고 주장했다. 내가 더욱 제한을 가하자 그녀는 더욱 제멋대로 행동했다. 그리고 나는 더욱 많은 잔소리를 하게 되었다. 우리 어린 부부는 걸핏하면 서로 말도 하지 않는 사이가 되었다. 그녀가 나의 속박에 대해서 제멋대로 어떤 행동을 취하든 그녀에게는 조금도 죄가 없었다고 나는 생각한다. 천진난만한 소녀가 절에 참배를 가거나 친구의 방문을 금지 당하는데 어찌 입을 다물고 가만히 있을 수 있겠는가? 내가 그녀에게 어떤 제한을 가할 권리가 있었다면 그녀에게도 역시 같은 권리가 있었던 것 아니겠는가? 이제 진리는 명백하다. 하지만 그 당시의 나는 남편으로서의 위엄을 마음껏 부려보고 싶었던 것이다!

그렇다고 해서 독자들은 우리의 생활이 견딜 수 없이 불쾌한 것이었다고 생각해서는 안 된다. 왜냐하면 나의 잔소리는 전부 애정에 뿌리를 두고 있었기 때문이다. 나는 아내를 이상적인 아내로 만들겠다고 생각했다. 나의 강열한 소망은, 그녀의 생활을 깨끗한 것으로 바꾸고 싶다, 내가 배운 것을 가르쳐 그녀의 생활과 생각을 나의 생활과 생각에 일치시키고 싶다는 것이었다.

나는 카스투르바도 이와 같은 소망을 가지고 있었는지 어땠는지 알지 못한다. 그녀는 글을 읽거나 쓰지 못했다. 그녀는 선천적으로 단순하고 독립심이 강하고 인내심이 강했으며, 적어도 내게는 그다지 말을 많이 하지 않았다. 그녀는 자신이 문맹이라는 사실에 신경을 쓰지 않았으며, 나의 공부가 그녀를 자극하여 같은 모험에 나서게 했던 일은 떠오르지 않는다.

우정의 비극

고등학교 시절의 내게는 소수의 친구들밖에 없었다. 그 중에 서로 사귄 시기는 달랐지만 진정한 친구라고 부를 수 있는 친구가 둘[39] 있었다. 이들 우정 중 하나는 오래 지속되지 않았다. 하지만 내가 그 친구를 저버린 것은 결코 아니었다. 그가 내게서 멀어져 간 것이었다. 그것은 내가 또 다른 친구와 교제를 시작했기 때문이었다. 또 다른 우정은, 나는 인생의 비극 중 하나로 여기고 있지만, 오랫동안 계속되었다. 나는 종교개혁자의 정신으로 우정을 맺었다.

그 친구는 원래 우리 형의 친구였다. 그는 동급생이었다. 나는 그의 좋지 않은 점을 알고 있었다. 하지만 나는 그를 성실한 친구라고 생각했다. 우리 어머니, 큰형 그리고 아내는 내게 나쁜 친구를 두었다고 충고를 해주었다. 내게는 자부심이 있었기 때문에 아내의 충고에는 고압적인 자세로 나갔다. 하지만 어머니와 큰형의 의견을 거스를 생각은 없었다. 그래도 나는 그들에게 변명을 하며 이렇게 말했다.

"말씀하신 대로 그에게 결점이 있다는 사실은 저도 알고 있습니다. 하지만 그에게도 좋은 점이 있다는 사실은 모르고 계신 듯합니다. 제가 그와 사귀고 있는 것은 그를 바꿔야겠다고 생각했기 때문으로, 그는 저를 나쁜 쪽으로 인도할 수 없을 겁니다. 만약 그가 자신의 생활을 개선한다면 그는 훌륭한 인물이 될 겁니다. 저에 대해서는 걱정하지 않으셔도 됩니다."

이런 말을 듣고 그들이 진심으로 납득했으리라고는 나도 생각지 않는다. 하지만 그들은 나의 말에 고개를 끄덕이며 내 뜻대로 하게 내버려두었다.

나중에서야 나는 잘못 생각하고 있었다는 사실을 깨달았다. 개혁자는 개혁해봐야겠다고 생각하는 상대방과 너무 친밀해져서는 안 된다. 참된 우정은 영혼과 영혼의 일치로 그런 세계는 아주 드물게 발견할 수 있는 것이다. 비슷한 성질을 가진 자들 사이에서만 그 이름에 합당한, 오래 지속되는 우정이 태어나는 것이다. 친구는 서로에게 영향을 준다. 따라서 우정에는 개혁을 받아들일 만한 여지가 매우 적다. 다른 것을 전혀 받아들이지 않는 친밀함은 피하는 편이 좋다는 것이 나의 견해가 되었다.

왜냐하면, 인간은 선을 받아들이기보다는 악에 물들기 쉽기 때문이다. 따라서 신을 반려자로 삼아야겠다고 생각한 사람은 고독을 지키거나, 혹은 전 세계를 반려자로 삼을 수밖에 없다. 내가 잘못한 것일지도 모르지만, 친밀한 우정을 기르려 했던 나의 노력은 실패로 돌아가고 말았다.

내가 그 친구와 처음으로 알게 되었을 때, '개혁[40]'의 풍조가 라지코트 국을 뒤덮고 있었다. 그는 우리 선생님들 중에 남 몰래 소고기를 먹고 술을 마시는 사람이 많다고 내게 알려주었다. 그는 라지코트에서 유명한 사람들의 이름을 여럿 들면서 그들도 그런 선생님들과 한패라고 말했다. 그 중에는 고등학교 학생들도 몇몇 섞여 있다고 들려주었다.

나는 놀랐다. 그리고 마음이 아팠다. 친구에게 그 이유를 묻자 그는 이렇게 대답했다.

"우리는 소고기를 먹지 않잖아? 그래서 약한 거야. 영국인들이 우리를 지배할 수 있는 건 그들이 고기를 먹기 때문이야. 내가 이렇게 다부진 것도, 달리기를 잘 하는 것도 전부 고기를 먹기 때문이지. 고기를 먹으면 거칠거칠 돋아나는 부스럼이나 종기도 나질 않아. 나더라도 바로 없어져. 우리 선생님이나 훌륭한 사람들 중에서도 고기를 먹는 사람들은 머리가 좋아. 그 사람들은 효과가 있다는 걸 알고 있어. 너도 한 번 먹어보지 않을래? 백문이 불여일견이야. 얼마나 힘이 솟아나는지 한번 해봐."

이런 고기를 먹어보라는 권유가 한 번에 끝난 것은 아니었다. 이들 권유는 친구가 나를 설득하려고 오랫동안 기회가 있을 때마다 내게 시도한 치밀한 논증의 대략에 지나지 않는다. 우리 큰형은 이미 오래 전에 함락되었다. 그랬기 때문에 그는 친구의 편을 들었다. 나는 형과 친구에 비해서는 틀림없이 나약한 몸을 하고 있었다. 그들은 둘 모두 훨씬 더 씩씩하고 몸도 강해보였으며 용감했다.

그 멋진 친구는 내게 매우 매력적이었다. 그는 장거리를 달릴 수 있었으며 굉장히 빨리 달렸다. 그는 높이뛰기, 멀리뛰기의 명수이기도 했다. 그는 어떠한 체벌도 힘들이지 않고 받았다. 그는 종종 내게 자신의 뛰어난 실력을 펼쳐 보였다. 누구나 자신이 가지고 있지 못한 자질을 타인에게서 발견하면 부럽다고 생각하듯이 나도 그 친구의 뛰어난 자질이 부러웠다. 그리고 그처럼 되고 싶다는 간절한 소망을 품게 되었다. 나는 뛰어오르는 것도 달리는 것도 잘 하지 못했다. 나는 왜 그처럼 강해져서는 안 되는 것일까?

게다가 나는 겁쟁이였다. 나는 늘 도둑, 귀신 그리고 뱀에 대한 공포에 시달리고 있었다. 내가 밤에 집 밖으로 나가는 경우는 거의 없었다. 나는 어둠이 무서웠다. 새카만 어둠 속에서 잔다는 것은 상상도 못할 일이었다. 왜냐하면 어둠 속에서 귀신이 나타날 것 같다는 생각이 들면, 한쪽에서 도둑이 나오고 또 다른 쪽에서는 뱀이……, 그런 생각이 들었기 때문이다.

따라서 나는 방의 불을 끄고 잘 수가 없었다. 내 어찌 그와 같은 공포심을 옆에 누워 있는, 이제 어린아이가 아니라 어른이 되려 하고 있는 아내에게 밝힐 수 있었겠는가? 그녀가 나보다 용기가 있었던 것은 사실이다. 그리고 나는 그런 나를 부끄럽게 여겼다. 그녀는 뱀과 귀신을 두려워하지 않았다. 그녀는 어둠 속에서도 어디든지 갈 수 있었다. 내 친구는 내가 가지고 있는 이런 나약함을 전부 알고 있었다. 그는 내게, 그가 살아 있는 뱀을 맨손으로 잡았던 이야기, 도둑을 때려잡은 이야기 그리고 유령은 이 세상에 없다는 이야기를 해주었다. 그리고 이 모든 것은 육식을 한 결과라는 것은 말할 필요도 없다고.

우리 학교의 학생들 사이에서 구자라트의 민중시인 나르마드[41]가 지은 다음과 같은 노래가 유행했다.

'보라 거대한 영국인
난쟁이 인도인 패배자다

고기를 먹기 때문에
신장 놀랍게도 2미터'

이런저런 일들이 그에 상응하는 영향을 내게 주었다. 나는 지고 말았다. 고기를 먹어도 상관없다. 그러면 강해지고 대담해질 수 있다. 만약 모든 국민들이 고기를 먹는다면 영국인에게 이길 수도 있을 것이다. 내 속에서 이런 생각이 자라나기 시작했다.

그래서 어느 날 하루를, 실험을 시작하는 날로 정했다. 우리 부모님은 바이슈나바 파의 신심 깊은 신도였으며, 나는 부모님의 뜻을 소중히 여기는 아이였기 때문에 그 실험은 남 몰래 행하지 않을 수 없었다. 내가 고기를 먹었다는 사실이 알려지면 부모님은 그야말로 죽을 정도의 타격을 받을 것이다. 그 사실을 나는 알고 있었다. 그리고 진실을 사랑하고 있었기 때문에 나는 한층 더 세심하게 주의를 기울였다. 나는 육식을 하게 되면 부모님을 속여야 한다는 사실을 당시 모르고 있었다고는 말할 수 없다. 하지만 나의 마음은 '개혁' 쪽으로 쏠려 있었다. 그것은 미각을 즐기기 위한 것이 아니었다. 나는 그것이 특별히 맛있는 것이라는 사실은 알지 못했다.

나는 강해지고 싶다, 대담해지고 싶다고 생각했다. 동포들도 역시 그렇게 돼서 우리가 영국인에게 이겨 인도를 독립시킬 수 있게 되었으면 좋겠다고 생각했다. '스와라지'⁴²⁾ 라는 말을 나는 아직 듣지 못했다. 하지만 어떤 것이 자유를 의미하는 것인지 그것은 알고 있었다. '개혁'에 대한 열의는 나의 눈을 멀어버리게 하고 말았다. 그리고 비밀을 지킬 수 있다는 사실을 분명히 알고 있었기에 나는 그 일을 부모님 모르게 하기만 한다면 진실을 배반하는 일은 되지 않을 것이라고 스스로에게 들려주었다.

드디어 그날이 찾아왔다. 그날의 내 심리상태를 완벽하게 기술하기는 어렵다. 한편에는 '개혁'에 대한 정열과 인생의 중요한 출발점에 섰다는 새로운 기분이 있었다. 그리고 또 다른 한편에는 이렇게 중대한 일을 하는데 도둑처럼 숨어서 한다는 것에 대한 수치스러움이 있었다. 이 두 개 중 어떤 것이 나를 더 강하게 압박했는지, 어느 쪽이라고도 말할 수 없다. 우리는 인적 없는 곳을 찾아서 강변을 걸었다. 그리고 거기서 난생 처음으로 나는 고기라는 것을 보았다.

그리고 거기에는 빵집에서 사온 빵도 있었다. 양쪽 모두, 내게는 그다지 맛있는 음식이 아니었다. 산양 고기는 가죽을 씹는 것처럼 딱딱했다. 나는 도저히 그것을 먹을 수가 없었다. 화가 나기 시작했기에 먹는 것을 그만두었다.

그날 밤은 무척이나 무서웠다. 무서운 꿈에 시달렸다. 깜빡깜빡 잠이 들려고 할 때, 살아 있는 산양이 내 몸 속에서 메―, 메― 하고 우는 듯한 기분이 들었다. 그리고 가슴 가득 후회에 넘쳐 자리에서 벌떡 일어났다. 하지만 그때, 육식은 의무라는 생각이 들었기에 나는 어느 정도 기운을 회복할 수 있었다.

친구는 그렇게 쉽게 포기하는 사람이 아니었다. 그는 고기로 여러 가지 맛있는 음식을 만들기 시작했다. 그리고 그것을 먹음직스럽게 담았다. 게다가 먹는 장소도 강변의 인적이 없는 장소가 아니라 식당이 딸린 영빈관이었으며, 그것도 테이블 앞의 의자에 앉아서 먹는 것이었다. 그 모든 것을, 친구가 그곳의 주방장과 미리 얘기해서 준비한 것이었다.

그 미끼에 나는 그대로 걸려들고 말았다. 나는 빵을 싫어하는 마음을 극복했으며, 산양을 동정하는 마음을 깨끗이 버리고, 고기 자체는 어떨지 모르겠지만 고기 요리는 즐길 수 있게 되었다. 그런 일들이 거의 1년 동안 계속되었다. 하지만 고기 요리를 즐길 수 있었던 것은 전부 합쳐서 여섯 번도 되지 않았다. 왜냐하면 영빈관은 매일 열려 있는 것이 아니었기 때문이다.

뻔한 사실이지만, 돈이 많이 드는 사치스러운 고기 회식을 그렇게 자주 열 수는 없었다. 나는 돈이 없었기 때문에 이 '개혁'에 돈을 낼 수가 없었다. 따라서 늘 친구가 어떻게든 마련을 해야만 했다. 나는 그가 어디서 마련해 오는 것인지 알지 못했다. 하지만 그는 마련을 해왔다. 왜냐하면 그는 나를 육식가로 만드는 일에 열을 올리고 있었기 때문이었다. 하지만 그런 그의 재원에도 한계가 있었음에 틀림없었다. 그래서 그 호화로운 식사는 횟수를 줄여 가끔밖에 열 수 없게 되었다.

그처럼 호화로운 음식을 몰래 숨어서 먹은 날이면 언제나 집에 돌아와서는 저녁을 먹을 수가 없었다. 말 할 필요도 없이 어머니는 내게 식탁으로 와서 먹으라고 했으며, 왜 내가 먹으려 하지 않는지 그 이유를 알려고 하셨다. 나는 그녀에게 말했다.

"오늘은 입맛이 없어요. 배가 좀 아파서……"

이런 변명을 하면서 마음이 아프지 않은 것은 아니었다. 나는 거짓말을 하고 있다, 그것도 어머니에게 거짓말을 하고 있다는 사실을 의식했다. 그리고 아버지 어머니가, 내가 육식가가 되었다는 사실을 알면 얼마나 커다란 충격을 입게 될지, 그것도 잘 알고 있었다. 그런 의식들 때문에 내 마음은 찢어지는 듯했다.

그래서 나는 마음속으로 이렇게 생각했다.

'고기를 먹는 것은 중요한 일이며, 또한 국가적으로 식생활을 '개선'하는 것도 중요한 일이지만, 그렇다 해도 아버지와 어머니를 속이거나 거짓말을 하는 것은 육식을 하지 않는 것보다도 더욱 좋지 않은 일이다. 그들이 이 세상을 떠나 내가 자유의 몸이 되었을 때 떳떳하게 고기를 먹자. 그날이 올 때까지는 참자.'

이 결의를 친구에게 밝혔다. 그리고 그 이후부터 나는 육식을 하지 않았다. 부모님은 두 아들이 육식가가 됐었다는 사실을 끝내 알지 못하셨다.

자신의 부모님에게 거짓말을 하지 않겠다는 순수한 바람으로 나는 고기를 끊었다. 하지만 나는 친구와의 교제는 끊지 않았다. 친구를 개혁하겠다는 나의 정열이 재앙을 불렀다는 사실을 지금은 확실하게 알고 있다. 하지만 나는 처음부터 끝까지 그 사실을 전혀 깨닫지 못했다.

그 친구가 나를 아내에 대한 부정으로 인도했다. 하지만 위기일발의 순간에서 벗어날 수가 있었다. 한번은 그가 나를 매춘부에게로 데려간 적이 있었다. 그는 필요한 것들을 가르쳐준 뒤 나를 들여보냈다. 모든 준비는 갖춰져 있었다. 돈도 이미 지불한 상태였다. 나는 죄의 아가리에 발을 들여놓으려 했다. 하지만 신은 헤아릴 수 없는 자비심으로 나를 나 자신에게서부터 지켜주셨다. 그 마굴에 들어선 나의 눈은 거의 보이지 않았으며 혀는 움직이려 하지 않았다. 나는 나의 남성에 상처를 받았다는 느낌이 들었다. 그리고 부끄러움 때문에 쥐구멍에라도 들어가고 싶은 심정이었다. 하지만 신께서 구해주신 것에 대해서 나는 끊임없이 감사를 드렸다.

나와 아내와의 싸움에는 여러 가지 이유가 있었지만, 이 친구와의 교제가 그중 하나였다는 것은 틀림없는 사실이다.

나는 성실한 남편인 동시에 질투심 많은 남편이기도 했다. 그리고 그 친구는 아내에 대한 나의 의혹에 자꾸만 부채질을 해댔다. 나는 그의 말을 진실이라 여기고 한 번도 의심을 해본 적이 없었다. 그리고 그의 말을 그대로 받아들이고 그에 따라 행동하여 아내를 괴롭힌 폭력이라는 깊은 죄에 대해서 나 자신을 용서할 수가 없다. 그와 같은 고통을 참아낼 수 있는 것은 틀림없이 힌두의 아내들뿐일 것이다. 그것이 내가 부인을 관용의 화신이라고 여기고 있는 이유다.

고용인인 경우, 억울한 의심을 받게 되었다면 미련 없이 일자리를 떠날 것이다. 아들이 그런 일을 당한다면 아버지의 집에서 떠나버릴 것이다. 그리고 친구라면 절교를 해버릴 것이다. 만약 그녀가 남편을 의심하게 되었다 할지라도 그녀는 말없이 참을 것이다. 하지만 남편이 그녀를 의심한다면 그녀는 파멸할 것이다. 그녀는 어디로 피하면 좋단 말인가? 힌두의 아내는 법정에 호소하여 이혼을 요구할 수가 없다. 그녀에게 법률은 도움이 되지 않는다. 나는 그런 절망의 늪으로 아내를 내몰았다는 사실을 결코 잊을 수 없으며, 용서할 수도 없다.

의심에서 오는 해독(害毒)은 내가 아힘사[43]의 모든 함축을 남김없이 이해하게 되었을 때에야 비로소 뿌리째 뽑혀버리고 말았다. 그 때 나는 브라마차리아[44]의 영광을 접하고 아내는 남편의 노비가 아니라 그의 반려이자 조력자 그리고 기쁨과 슬픔도 모두 절반으로 나누는 친구—남편과 마찬가지로 자유롭게 그녀 자신이 걸어갈 길을 선택할 수 있는—라는 사실을 깨달았다. 나는 의심과 그릇된 추측으로 가득했던 그 암흑의 나날을 떠올릴 때마다 어리석고 남녀관계에 서툴렀던 나 자신에 몸서리가 쳐지며, 또한 친구에 대한 무분별한 헌신을 후회하는 마음이 든다.

도둑질과 속죄

 이 육식의 시대, 그러니까 내가 결혼하기 조금 전에서부터 결혼 직후까지 내가 저질렀던 몇 가지 실수에 대해서 더 기록해두지 않으면 안 된다.
 친척 중 한 명과 나는 담배 피우는 것을 좋아하게 되었다. 담배를 피우면 뭔가 좋은 점이 있었던 것도 아니었으며, 궐련의 냄새가 특별히 좋았던 것도 아니었다. 우리는 입으로 연기를 둥그렇게 만들면 틀림없이 재미있을 것이라고 아주 쉽게 생각했던 것에 지나지 않았다. 연기를 뿜어내는 버릇이 있는 큰아버지가 계셨다. 우리는 그가 담배 피우는 것을 보고 꼭 그의 흉내를 내보고 싶다고 생각했다. 하지만 돈이 없었다. 그래서 우리가 시작한 것은 큰아버지가 던져버린 궐련의 꽁초를 몰래 줍는 것이었다.
 그렇다고 해서 꽁초가 늘 손에 들어오는 것은 아니었다. 그리고 꽁초는 하나같이 연기를 많이 내지는 않았다. 그래서 우리는 인도의 궐련을 사기 위해 하인이 모아놓은 동전을 몰래 훔치기 시작했다. 그런데 훔친 돈을 어디에 감춰두느냐가 문제였다. 물론 우리는 어른들 앞에서 담배를 피우지는 않았다. 우리는 그 훔친 동전으로 두어 주 동안은 버틸 수 있었다. 그러는 동안에 어떤 식물의 줄기에는 구멍이 많이 나 있는데 궐련처럼 연기를 피울 수 있다는 소리가 우리의 귀에 들려왔다. 우리는 그 식물을 손에 넣어 담배처럼 피우기 시작했다.

하지만 그것만으로는 도저히 만족할 수 없었다. 우리는 독립하고 싶다는 마음이 강해지기 시작했다. 무슨 일이든 윗사람의 허락을 얻어야 한다는 사실은 견디기 어려운 일이었다. 결국 모든 일에 싫증이 난 우리는 자살을 하기로 결심했다.

하지만 우리는 어떻게 해야 자살을 할 수 있을지? 어디서 독극물을 손에 넣을 수 있는 건지? 다투라[45]의 씨앗에 독성이 있다는 소리를 들었다. 우리는 그 씨앗을 찾아 숲으로 가서 그것을 찾아냈다. 땅거미가 질 무렵이 가장 좋은 시각이라고 생각했다. 우리는 케타트지 사원으로 가서 등명(燈明)을 밝히고 손을 모아 빌었다[46]. 그런 다음 인적이 없는 곳을 찾아 나섰다. 하지만 우리에게는 용기가 없었다. 바로 죽지 않으면 어떻게 하지? 자살해서 얻는 게 뭐란 말인가? 독립은 할 수 없지만 참는 것 정도는 할 수 있지 않을까? 그래도 우리는 두어 개의 씨앗을 삼켰다. 더 이상은 먹을 수가 없었다. 우리 두 사람은 죽는 것이 두려웠다. 그래서 이번에는 람디 사원으로 가서 마음을 진정시키고 자살할 생각을 버리기로 결정했다.

자살한다는 것은 자살을 떠올리는 것만큼 그렇게 쉬운 일이 아니라는 사실을 나는 깨달았다. 그 이후부터, 누군가가 자살을 하겠다고 말하는 것을 들어도 나는 조금도, 아니 전혀 동요하지 않게 되었다.

결국 자살을 하겠다는 생각을 떠올린 것을 계기로 우리 두 사람은 궐련 꽁초를 피우거나 그를 위해서 하인의 돈을 몰래 훔치는 버릇에 작별을 고했다.

나는 어른이 돼서 단 한 번도 담배를 피워야겠다고 생각한 적이 없었으며 담배를 피우는 습관은 야만, 불결, 유해하다고 늘 생각하며 지금에까지 이르렀다. 나는 전 세계에 걸쳐서 왜 이렇게 많은 사람들이 흡연을 하는 것인지 그 이유를 모르겠다. 나는 담배를 피우는 사람들로 가득한 기차로는 도저히 여행을 할 수가 없다. 숨이 막힐 것만 같다.

그런데 그 도둑질보다 훨씬 더 본격적인 도둑질을 그로부터 얼마 지나지 않아서 하게 되었다. 내가 동전을 몰래 훔쳤던 것은 열두어 살 때쯤, 혹은 조금 더 전이었을지도 모르겠다. 다른 도둑질을 한 것은 열다섯 살 때였다. 나는 고기를 먹었던 형의 팔찌에서 금 조각을 훔쳐냈다. 그 형은 25루피 정도 되는 빚을 지고 있었다. 그는 팔에 순금 팔찌를 끼고 있었다. 그 팔찌에서 금을 조금 떼어내는 것은 어려운 일이 아니었다. 그래서 형 대신 내가 그것을 멋지게 떼어냈다. 그리고 빚을 청산했다.

하지만 그 일로 인해서 나는 참을 수 없는 기분이 들었다. 나는 두 번 다시 도둑질을 하지 않겠다고 맹세했다. 그리고 아버지께 고백해야겠다고 결심했다. 하지만 내게는 그것을 밝힐 용기가 없었다. 아버지에게 맞는 것이 두려웠던 게 아니다. 아니, 아버지가 우리들 중 누군가를 때린 적은 단 한 번도 없었다. 나는 나 때문에 아버지가 마음 아파하시는 게 아닐까 그것이 두려웠던 것이다. 어쨌든 나는 위험을 감수해야 한다, 깨끗이 참회를 하지 않는 한 마음이 맑아질 리 없다고 생각하게 되었다. 결국 나는 참회를 글로 써서 그것을 아버지에게 보여드리고 아버지에게 용서를 빌기로 결심했다. 나는 그것을 한 장의 종이에 적어서 내 손으로 직접 아버지께 전해드렸다. 그 글에는 내가 범한 죄에 대한 참회만을 적어놓은 것이 아니었다. 그에 대한 응분의 벌을 내려달라고 했던 것이다. 그리고 마지막 부분에서 나의 죄 때문에 아버지가 아버지 스스로를 벌하지 말라고 부탁했다. 그리고 나는 앞으로 절대 도둑질을 하지 않겠다고 스스로에게 맹세했다.

참회문을 아버지에게 건네줄 때 나는 떨고 있었다. 당시 아버지는 치질 때문에 침상에 누워 계셨다. 아버지의 침상은 그저 나무를 깎아서 만든 것이었다. 나는 아버지에게 종이를 건네준 뒤 침대를 마주보고 앉았다.

아버지는 그것을 전부 읽으셨다. 진주 알갱이가 뺨을 타고 흘러내려 그 종이를 적셨다. 일순 아버지는 눈을 감고 무엇인가를 생각하시더니 그 종이를 찢어버리셨다. 아버지는 자리에서 일어나 그것을 읽으셨다. 아버지는 원래대로 자리에 누우셨다. 나도 역시 소리 내서 울었다. 나는 아버지 속의 갈등을 잘 알 수 있었다. 내가 그림을 그릴 수만 있었다면 그때의 광경을 처음부터 끝까지 하나의 그림으로 그릴 수도 있었을 것이다. 그것은 아직도 내 마음속에 생생하게 남아 있다.

그 사랑의 진주 알갱이 덕분에 내 마음은 시원해졌다. 그리고 나의 죄를 씻어주었다. 그것은 이와 같은 사랑을 체험해본 사람만이 알 수 있는 것이다. 찬가 중에도 다음과 같은 것이 있다.

'자비의 화살에 맞아본 자만이
자비의 힘을 안다'

내게 있어서 이것은 불살생에 대한 산교육이었다. 당시에는 그 속에서 아버지의 사랑 외에는 그 무엇도 읽어낼 수가 없었다. 하지만 이제 와서 보니 그것이야말로 참된 불살생이었다는 사실을 알게 되었다. 이와 같은 불살생이 커져서 만물을 포용하게 되면 그것은 그것과 접하는 것 모두를 변화시켜버린다. 그 힘은 끝이라는 것을 모른다.

이처럼 숭고한 관용은 아버지의 타고난 성품이 아니었다. 아버지는 화를 내실 것이다, 엄격한 말을 하실 것이다, 그리고 당신의 이마를 두드리실 것이라고 나는 상상했다. 그런데 아버지는 이상할 정도로 매우 온화하셨다. 그것은 내가 진심으로 참회를 했기 때문이라고 믿는다.

두 번 다시는 실수를 범하지 않겠다는 맹세와 하나가 된 마음속 참회가, 그것을 받을 권리가 있는 사람 앞에서 행해지면 그것은 개전(改悛)의 가장 순결한 형태가 된다. 나의 참회 이후, 아버지는 내 일로는 조금도 걱정을 하지 않게 되었다. 그리고 아버지는 나에 대해서 측량할 수 없는 애정을 보이셨다.

아버지의 병과 죽음

지금부터 이야기하려는 내용은 내가 열여섯 살 때의 일이다. 아버지는 치질 때문에 병상에 누워 계셨다. 어머니, 나이 든 하인 그리고 내가 주로 아버지를 보살펴드렸다. 간호하는 일이 내게는 맞았다. 상처를 치료하고 약을 먹이고 집에서 약을 만들어야 할 때는 언제나 그 약을 조합하는 것이 주요한 일이었다. 매일 밤 나는 아버지의 다리를 주물러드렸다. 그리고 아버지가 됐다고 하시거나, 혹은 잠이 드신 뒤에야 비로소 물러났다. 나는 기꺼이 그 봉사를 했다. 한 번도 그 일을 게을리 한 기억이 없다. 일상의 의무를 마친 뒤 내게 주어지는 자유시간은 전부 학교에 가는 일과 아버지를 간호하는 일에 바쳐졌다. 그의 허락이 있거나, 혹은 그의 기분이 좋을 때만 나는 저녁 산책을 나갔다.

그 무렵 아내는 임신을 했다. 지금 생각해보면 그 일은 내게 있어서 이중의 치욕이었다. 하나의 치욕은, 아직 학생인 동안에는 절제를 했어야만 했는데 그렇게 하지 않았다는 것이다. 그리고 두 번째 치욕은, 그 육욕이 공부라는 내가 의무로 여겼던 것, 그리고 어렸을 때부터 슈라바나[47]를 이상으로 삼고 보다 커다란 의무로 여기고 있었던 것, 즉 부모님에 대한 효까지도 밀어냈다는 점이다.

아버지의 용태는 날이 갈수록 점점 더 나빠져갈 뿐이었다. 『아유르 베다』의 의사[48]가 그들의 온갖 연고를 써보았다. 하킴[49]은 그들의 고약을, 그리고 마을 의사는 그들 집에 내려오는 비약을 써보았다. 영국인 외과의사도 여러 가지로 손을 써주었다. 그는 최후의 수단으로 외과수술을 하도록 권했다. 그런데 집안의 주치의가 이의를 제기했다. 그는 아버지와 같이 나이 많은 사람에게 외과수술을 하는 것에 반대했다. 그 의사는 유능하고 고명했기 때문에 그의 의견이 우위를 점했다. 수술은 하지 않기로 했다. 그 대신 사들인 수많은 약도 전혀 효과를 보이지 않았다.

아버지는 점점 약해지셨다. 결국에는 용변도 침상에서 보라는 말을 듣게까지 되었다. 하지만 끝까지 침상에서 보기를 싫어하셨기 때문에 늘 무리를 해가며 방에 서서 용변을 보셨다. 몸을 깨끗이 해야 한다는 바이슈나바 파의 규율은 그만큼 절대적인 것이었다.

그러한 청결함이 꼭 필요하다는 것은 의심할 여지도 없는 사실이다. 그리고 서양 의술은, 목욕을 포함한 그런 모든 일을 청결에 엄격하게 신경을 쓰면서도 환자에게는 조금의 불쾌감도 주지 않고 게다가 방바닥에는 자국하나 남기지 않고 침상에서 할 수 있다는 사실을 가르쳐준다. 그러한 청결함은 바이슈나바 파의 교의와 일치하는 것이라고 나는 생각하고 싶다. 하지만 침상에서 일어나려고 노력하시는 아버지의 모습이 당시의 내게는 그저 놀라웠을 뿐, 나는 감탄을 할 수밖에 없었다.

그 무시무시한 밤이었다. 오후 10시 반이나 11시쯤이었다. 나는 안마를 하고 있었다. 작은아버지가 나와 교대를 하자고 말씀하셨다. 나는 고맙다는 말을 남기고 바로 침실로 들어갔다. 아내는 귀여윈 얼굴로 깊이 잠들어 있었다. 하지만 내가 거기에 있는데 그녀가 어찌 잠을 잘 수 있겠는가? 나는 그녀를 흔들어 깨웠다. 그런데 그로부터 5, 6분쯤 뒤에 하인이 문을 두드렸다. 나와 그녀는 깜짝 놀라 자리에서 일어났다. 그가 말했다.

"일어나십시오. 아버님의 용태가 아주 좋지 않습니다."

물론 나는 아버지가 중태라는 사실을 알고 있었다. 그랬기 때문에 그 순간 '아주 좋지 않다.'는 말의 의미를 단번에 알아차릴 수 있었다. 나는 침대에서 벌떡 일어났다.

"어떻게 된 거야? 응?"

"아버님께서 돌아가셨습니다."

이렇게 해서 모든 것이 끝났다. 손을 모으는 것 외에 달리 손쓸 길이 없었다. 나는 진심으로 부끄러웠고, 그리고 슬펐다. 나는 아버지 방으로 달려갔다.

만약 수욕(獸慾)에 눈이 어두워지지만 않았다면 나는 아버지의 임종을 지키지 못했다며 한탄하지 않아도 되었을 것이라는 사실을 깨달았다. 그것은 내가 결코 지울 수도 잊을 수도 없는 오점이다.

늘 떠오르는 생각인데, 부모님에 대한 나의 성실함은 끝이 없는 것이어서 그것을 위해서라면 무슨 일이든 내팽개치기를 마다하지 않았다고는 하지만, 그것은 흔들리고 있었으며 용서할 수 없는 결함을 드러내고 만 것이다. 왜냐하면 그 순간에 나의 마음은 육욕의 포로가 되어 있었기 때문이다. 육욕의 족쇄에서 내가 해방되기까지는 오랜 시간이 걸렸다. 그리고 그것을 극복하기까지 나는 수많은 시련을 통과해야만 했다.

간디 자서전

나의 두 가지 치욕을 이야기한 이번 장을 마치면서 나는 아내에게서 태어난 귀여운 아기가 채 3, 4일도 지나지 않아서 숨을 거뒀다는 사실을 말해두고 싶다. 결혼한 모든 사람들이여, 나의 실례를 교훈으로 삼기 바란다.

종교를 엿보다

바이슈나바 종파의 가정에서 태어났기 때문에 나는 때때로 하벨리에 참배를 갔다. 하지만 거기에는 나의 가슴을 울리는 것이 없었다. 나는 그 번쩍이는 빛과 더덕더덕 현란한 장식이 마음에 들지 않았다. 그리고 거기서 여러 가지 부도덕한 일이 행해지고 있다는 소문도 수없이 들었다. 따라서 거기에는 완전히 흥미를 잃고 말았다. 나는 하벨리에서 그 무엇도 얻지 못했다.

거기서 얻지 못한 것을 나는 집에서 함께 사는 나이 든 유모에게서 얻었다. 나는 그녀의 나에 대한 애정을 아직도 기억하고 있다. 앞서 나는 산양과 귀신에 대한 두려움이 있었다고 말했다. 람바라는 이름을 가졌던 그녀가, 그런 공포심에는 '라마나마'[50] 를 외우는 것이 묘약이라고 가르쳐주었다. 나는 그녀의 묘약보다도 그녀를 더욱 믿었다. 그래서 나는 산양과 귀신에 대한 두려움을 떨치기 위해서 10대부터 '라마나마' 를 외우기 시작했다. 물론 그것은 오래 가지 않았다. 하지만 어렸을 때 뿌려진 좋은 씨앗은 헛되이 끝나지 않는 법이다. 지금 '라마나마' 가 내게는 떼려야 뗄 수 없는 묘약이 된 것은 그 마음 좋은 부인, 람바가 뿌려준 씨앗 덕분이라고 생각한다.

아버지는 병상에 드신 후에도 한동안은 포르반다르에 계셨다. 거기서 그는 저녁이 되면 반드시 『라마야나』를 들으셨다. 읽어주는 사람은 라마를 진심으로 깊이 믿는 사람이었다. 그는 낭랑한 목소리를 가진 사람이었다. 그는 도하스(대구)나 초파이스(사행시[50])를 읊었다. 그리고 그것에 대해서 설교를 했다. 그는 설교를 할 때 무심의 경지에 들어갔으며, 그러면 듣는 사람도 어느 틈엔가 거기에 빨려들어 버리고 마는 것이었다. 당시 나는 틀림없이 열세 살이었다. 하지만 그의 독송(讀誦)에 마음을 빼앗겼다는 사실을 뚜렷하게 기억하고 있다. 그것이 내가 『라마야나』에 깊이 경도하게 된 토대가 되었다. 지금 나는 툴시다스의 『라마야나[52]』를 모든 신앙문학 중 최고의 책으로 꼽고 있다.

라지코트에서 나는 힌두교의 모든 종파와 그 자매 종교에 대한 관용의 첫 토대를 만들었다. 왜냐하면 아버지와 어머니는 하벨리에도 참배를 했는가 하면, 마찬가지로 시바 종파[53]와 라마 종파[54]의 사원에도 참배를 했는데 거기에 우리 어린것들을 데리고 가기도 하고 따로 보내기도 했기 때문이다. 그리고 자이나교[55]의 수도자가 종종 아버지를 찾아와주었다. 그는 우리—자이나교도가 아닌—에게서 공양을 받는 등 그들의 길에서 벗어나는 행동까지 했다. 그들은 종교와 세상에 관한 여러 가지 일들에 대해서 아버지와 이야기를 나누었다.

그 외에도 아버지에게는 이슬람교도와 파르시교도 친구들이 있었다[56]. 그들은 그들 자신의 신앙에 대해서 아버지에게 이야기했다. 그러면 아버지는 언제나 존경심을 가지고, 때로는 흥미를 가지고 그들의 이야기에 빠져들었다. 아버지를 간호하고 있던 나는 그러한 자리에 함께 할 기회를 종종 얻었다. 이러한 일들이 하나가 되어 모든 신앙에 대한 관용을 내게 가르친 것이었다.

당시 기독교만이 유일한 예외였다[57]. 거기에 대해서 나는 일종의 혐오감을 품고 있었다. 거기에는 이유가 있었다. 당시 기독교의 목사들은 늘 고등학교 근처에 있는 네거리에서 설교를 했는데 힌두교와 힌두의 신들에게 비난의 화살을 퍼붓곤 했다. 나는 그것을 듣고 견딜 수가 없었다. 나는 딱 한 번 거기에 멈춰 서서 그들의 설교를 들은 적이 있었다. 하지만 그것으로 충분했으며, 두 번 다시 그런 경험을 반복하고 싶다는 생각은 들지 않았다.

같은 시기였을 것이다. 나는 이름 높은 힌두교도가 기독교로 개종했다는 이야기를 들었다. 세례를 받으면 그는 소고기를 먹고 알코올을 마셔야만 했다. 그리고 그는 인도의 것과는 다른 복장을 해야만 했다. 그리고 그 후에는 모자를 비롯한 유럽풍 의복을 갖춘 생활을 시작했다는 소문이 마을에 떠돌았다. 이러한 것들이 내 신경을 건드렸다. 사람에게 소고기를 먹이고, 알코올을 마시게 하고, 자기 자신의 의복을 바꾸게 하는 종교는 결코 그 이름에 값하는 종교가 아니라고 나는 생각했다. 그리고 그는 개종하자마자 바로 자기 조상의 종교, 자신의 습관과 자기 나라를 헐뜯기 시작했다는 이야기가 들려왔다.

이런저런 이유로 내 속에서는 기독교를 싫어하는 마음이 생겨났다.

그런데 내가 다른 종교에 대한 관용을 배운 것은 내가 살아 있는 신의 실재를 믿었기 때문이 아니었다. 하지만 어떤 한 가지 사실—덕은 모든 것의 토대다. 그리고 진실은 모든 덕의 실체를 이루는 것이라는 신념—이, 내 마음속에 깊이 뿌리를 내렸다. 진실은 나의 유일한 목표가 되었다. 그것은 날이 갈수록 장엄함을 더해가기 시작했다. 그리고 그것에 관한 나의 정의도 더욱 범위를 넓혀갔다.

구자라트의 한 교훈시[58]가 또한 나의 마음을 사로잡았다. 그 가르침—선으로 악을 갚으라—은 지도의 원리가 되었다. 나는 거기에 정열을 쏟아부었기에 거기에 대한 여러 가지 실험을 시작했다. 여기에 그 (내게 있어서는) 멋진 시의 몇 행을 인용해두기로 하겠다.

'한 잔의 물을 받거든
산해의 진미로 거기에 보답하라
다정하게 인사를 해오면
성심을 다해, 무릎을 꿇고 그것을 받아라
한 푼의 은혜를 받으면, 황금으로 갚아라
한 목숨을 구제받았다면, 한 목숨을 아끼지 말아라
아무리 조그만 봉사라 할지라도, 열 배로 갚아라
하지만 참으로 마음이 고귀한 사람은, 만인을 한 사람으로 알고
악을 갚기에 선을 베풀며, 이것을 기뻐한다'

영국행 준비

우리 집 사람들은 내가 대학 입학 자격시험에 합격하자 나를 대학에 넣어 공부를 계속 시키려 했다. 대학은 바우나가르와 봄베이에 있었다. 그런데 바우나가르 학교의 학비가 더 쌌기 때문에 거기로 가서 사말다스 대학에 들어가기로 방침을 정했다. 나는 출발했다. 하지만 당황스럽기 짝이 없었다. 모든 것이 어려웠다. 물론 흥미를 가지고 있기는 했지만 나는 교수들의 강의를 따라갈 수가 없었다. 그들에게는 아무런 죄도 없었다. 그 대학의 교수들은 일류라는 평을 듣고 있었다. 하지만 내게는 넘지 못할 산이었다. 한 학기를 마치고 나는 집으로 돌아왔다.

우리는 머리가 좋고 아는 것이 많은 브라만, 마브지 다베와 친분을 맺고 있었으며 집안의 여러 가지 문제를 그와 상의하곤 했다. 그는 우리 아버지가 돌아가신 뒤에도 변함없이 우리 일가와 왕래를 계속했다. 방학기간에 그가 우리를 방문한 적이 있었다. 어머니, 형들과 이야기를 나누다 그는 내 공부에 대해서 묻기 시작했다. 내가 사말다스 대학에 갔다는 얘기를 듣고 그가 말했다.

"세상이 변했어. 그러니까 너희들은 제대로 된 교육을 받지 않으면 너희 아버지처럼 높은 자리(가지)[59]에는 앉지 못할 거야. 마침 이 아이가 아직 공부를 하고 있다니 이 아이가 높은 자리에 앉을 수 있도록 해야 할 거야. 이 아이가 석사 학위를 받기까지 4, 5년은 걸릴 거야. 그리고 잘해 봐야 1개월에 60루피 정도 받는 자리에 앉는 게 고작이겠지. 수상까지는 오를 수도 없어. 만약 우리 아들과 마찬가지로 이 아이가 법과를 목표로 삼는다면 더 오랜 시간이 걸릴 거야. 그때가 되면 수상을 노리는 법률가들이 득시글거릴 거야. 그보다는 이 아이를 영국으로 보내는 게 어떻겠어? 얼마 전에 영국에서 돌아온 변호사가 있었는데 정말 굉장한 생활을 하더군. 수상은 그에게 댈 것도 아니야. 나는 너희들에게 모한다스를 올해 꼭 영국으로 보내라고 권하고 싶어. 내 아들인 케발람의 지인들이 영국에 많이 있어. 아들이 소개장을 써줄 거야. 그러면 모한다스는 거기서도 편하게 지낼 수 있어."

조시자—우리는 평소 마브지 다베 노인을 그렇게 불렀다—는 아주 자신 있다는 얼굴로 나를 바라보았다. 그리고 물었다.

"여기서 공부하느니 영국으로 가보지 않겠느냐?"

내게 있어서 그보다 더 기쁜 일도 없었다. 나는 어려운 공부에 겁을 먹고 있었다. 그래서 나는 그 제안을 덥석 받아들이고 빨리 갈 수 있다면 좋겠다고 말했다. 큰형은 이래저래 여러 가지 걱정을 했다. 나를 영국으로 보낼 돈을 어떻게 마련하면 좋을지, 나처럼 어린것을 믿고 혼자서 외국으로 보내도 괜찮은 것인지 등.

어머니는 굉장히 망설이셨다. 그녀는 나와 헤어지는 것을 생각하기조차 싫었던 것이다. 그녀는 사소한 질문들을 늘어놓기 시작했다. 누군가가 영국에 가면 청년은 몹쓸 사람이 된다고 말했던 것이다. 그리고 누군가는, 그들은 고기를 먹는다고 말했다. 그리고 또 다른 한 사람이 그들은 술 없는 생활은 하지 않는다고 말했던 것이다.

"이런 것들은 어떻게 생각하니?"

그녀가 내게 물었다. 나는 말했다.

"어머니는 저를 못 믿으시겠어요? 저는 어머니께 거짓말 같은 건 하지 않아요. 그런 것에는 절대 손을 대지 않겠다고 맹세하겠어요. 그런 게 걱정이라면 조시지가 내게 가라고 권했겠어요?"

그녀가 말했다.

"물론 나는 너를 믿는다. 하지만 먼 이국땅에 있는 너를 어떻게 신용하면 좋단 말이냐? 나는 생각만 해도 아득해서 어떻게 해야 좋을지 모르겠구나. 베차르지 스와미를 한번 찾아가봐야겠다."

베차르지 스와미는 모드 바니아 출신이었다[60]. 하지만 지금은 자이나교의 승려가 되어 있었다. 그 역시도 조시지와 마찬가지로 우리 집안의 여러 가지 일에 대해서 상의를 해주었다. 그는 내 편을 들어주었다. 그리고 이렇게 말했다.

"제가 아드님에게 엄숙한 맹세를 세 가지 하도록 하겠습니다. 그런 다음 보내면 될 겁니다."

그 앞에서 나는 술, 여자와 고기에 접하지 않겠다고 굳게 맹세했다. 그것을 마치자 어머니의 허락이 떨어졌다.

고등학교에서는 나를 위한 송별회를 열어주었다. 젊은이가 영국으로 가는 것은, 라지코트에서는 그리 흔한 일이 아니었다. 나는 감사의 말을 두어 장 써두었다. 그런데 막상 그 시간이 닥치자 더듬거려서 거의 아무 말도 하지 못했다. 감사의 말을 읽으려고 자리에서 일어났을 때, 머리가 얼마나 어지럽고 전신이 얼마나 떨렸는지 나는 잘 기억하고 있다.

 어머니의 허락을 얻고 축복을 받은 나는 기쁜 마음으로 봄베이를 향해 출발했다. 아내와 생후 2, 3개월 된 갓난아기를 뒤에 남겨두고. 그런데 봄베이에 도착하자 친구들이 형에게, 6월과 7월의 인도양은 거칠다고 말하며, 이번은 나의 첫 항해이니 9월까지 출발을 미루는 것이 좋다고 설득했다.

 그러는 동안에 나와 같은 카스트 사람들이 나의 외국행을 놓고 소란을 피우기 시작했다. 카스트의 총회가 열렸고, 나는 거기에 출석하라는 부름을 받았다. 나는 거기에 가보았다. 갑자기 어디서 그런 용기가 났는지 나도 알 수가 없다. 무엇도 두려워하지 않고, 조금의 망설임도 없이 나는 모임에 나갔다. 셰드[61]—카스트의 우두머리로 내게는 먼 친척이 되며, 아버지와는 상당히 마음을 터놓고 지내던 사이였다—가 나를 향해 입을 열었다.

 "카스트의 의견에 의하면 영국으로 가겠다는 자네의 뜻에는 타당성이 결여되어 있어. 우리의 종교는 바다 여행을 금하고 있어. 그리고 우리는 우리의 종교를 더럽히지 않고는 그 나라에서 생활할 수 없다는 얘기도 들었네. 유럽 사람과 함께 먹고 마셔야만 하네!"

 그에 대해서 나는 이렇게 대답했다.

 "영국에 가는 것이 우리 종교의 교의에 반한다고는 조금도 생각지 않습니다. 저는 학문을 닦기 위해서 그 나라에 가려는 것입니다. 그리고 저는 이미 어머니 앞에서, 당신들이 가장 걱정하고 있는 세 가지에는 접하지 않겠다고 엄숙하게 약속했습니다. 그 맹세로 저는 충분히 안전하다고 생각합니다."

셰드가 말을 가로막았다.

"하지만, 분명히 말해두겠는데 그 나라에서는 우리 종교를 끝까지 지킬 수 없어. 자네는 자네 아버지와 내가 어떤 사이였는지 알고 있겠지? 그러니 자네는 내 충고에 따르는 게 좋아."

나는 말했다.

"두 분의 관계는 잘 알고 있습니다. 그리고 셰드는 저의 윗사람입니다. 하지만 이 문제에 대해서 저는 더 이상 어쩔 수가 없습니다. 저는 영국으로 가겠다는 결심을 바꿀 수 없습니다. 박학하신 브라만으로 아버지의 친구이자 여러 가지 일들을 상의해주시는 분께서는 제 영국행을 반대하지 않으셨습니다. 그리고 어머니와 형님도 역시 허락을 해주셨습니다."

"그렇다면 자네는 카스트의 규율을 어기겠다는 말인가?"

"저는 정말로 어쩔 수 없습니다. 이 문제에 카스트가 간섭해서는 안 된다고 생각합니다."

이 한마디가 셰드를 격분하게 만들었다. 그는 나를 꾸짖었다. 나는 가만히 앉아 있었다. 거기서 셰드는 그의 명령을 읽어 내려갔다.

"이 소년은, 금일부터 카스트에서 추방된 자로 취급하도록 한다. 그에게 원조의 손길을 내민 사람, 배웅을 위해 부두에 나가는 사람에게는 전원 1루피 4안나의 벌금을 부과한다."

그 명령은 내게 아무런 의미도 없는 것이었다. 그 후 나는 셰드에게 인사하고 그 자리를 떠났다. 하지만 형님이 그것을 어떻게 받아들일지 나는 잘 알 수가 없었다. 다행스럽게도 그는 동요하는 모습을 보이지 않았다. 그리고 셰드의 명령과는 관계없이 가도 좋다고 허락했다는 사실을 서면으로 확실하게 해주었다.

친구들이 나를 위해서 주나가드 출신의 변호사[20] 실리 트리안바크라이 마즈무다르와 같은 선실의 침대를 잡아주었다. 그리고 그들은 그에게 나를 소개시켜주었다. 그는 나이가 지긋하고 경험이 풍부하며 세상 물정에 밝은 사람이었다. 나는 아직 세상 물정 모르는 열여덟 풋내기였다. 실리 마즈무다르는 친구들에게 나에 대해서는 걱정할 필요 없다고 말해주었다.

드디어 나는 봄베이 항을 떠났다. 9월 4일이었다.

배 안에서

나는 영어 회화에 전혀 익숙하지 않았다. 그런데 실리 마즈무다르를 제외하면, 이등 선실의 승객은 모두 영국인들이었다. 나는 그들과 이야기를 나눌 수가 없었다. 왜냐하면 그들이 나와 이야기를 하러 다가와도 내가 그들의 말을 알아들을 수 없었기 때문이었다. 그리고 내가 알아들었을 때도 답을 할 수가 없었다. 나는 말을 하기 전에 머릿속으로 한마디, 한마디를 떠올려보아야만 했다. 나는 나이프와 포크 사용법을 몰랐으며, 메뉴에 있는 어떤 요리에 고기가 들어 있지 않은 것인지 사람들에게 물어볼 만큼 대담하지도 못했다.

따라서 나는 식당에서 식사를 한 적은 한 번도 없었으며, 늘 선실에서 식사를 했다. 그랬기 때문에 먹을 것이라고는 내가 가져온 단 음식과 과일이 대부분이었다. 실리 마즈무다르에게는 아무런 문제도 없었다. 그리고 그는 누구와도 친하게 지냈다. 그는 갑판으로 나가 자유롭고 활달하게 돌아다녔다. 하지만 나는 하루 종일 선실에만 숨어 있었다. 그저 인적이 드물 때에만 주저주저 하며 갑판 위로 올라갔다.

실리 마즈무다르는 늘 내게, 다른 승객들과 만나 가벼운 마음으로 이야기를 나눠보라고 권했다. 그는 내게 변호사는 말을 잘해야 한다고 했다. 그리고 그가 변호사를 하며 겪은 경험을 내게 들려주었다. 그는 내게, 영어로 이야기할 수 있는 기회는 가능한 한 하나도 놓치지 말 것, 그리고 외국인이 잘못하는 것은 절대로 피할 수 없는 일이니 그들의 잘못에 신경을 쓰지 말 것을 충고해주었다. 하지만 나는 내 자신의 내성적인 성격을 도저히 극복할 수가 없었다.

한 영국인 승객이 내게 친절을 베풀어서 나를 그들의 대화 속에 끌어들였다. 그는 나보다 나이가 많았다. 그는 내게 음식에 관한 것, 직업에 관한 것, 어디로 가는지, 어째서 그렇게 내성적인지 등 여러 가지를 물어왔다. 그리고 그는 식당에 나오라고 권했다. 우리가 홍해를 지날 때쯤이었다. 그는 고기를 먹지 않겠다는 맹세를 지키고 있다는 사실을 알고는 웃었다. 그리고 우정에 넘치는 목소리로 이렇게 말했다.

"지금까지는 그래도 상관없었겠지만 비스케 만에 들어서면 자네는 결심을 바꾸지 않으면 안 될 거야. 게다가 영국은 아주 추워서 고기를 먹지 않으면 살아갈 수 없을지도 몰라."

"하지만 저는 고기를 먹지 않아도 거기서 살아갈 수 있다는 소리를 들었는데요."

내가 말했다. 그가 다시 말을 이었다.

"그건 거짓말이야. 내가 알고 있는 한 그곳에 고기를 먹지 않는 사람은 단 한 명도 없어. 나는 자네에게 술을 마시라고까지는 하지 않겠네. 물론 나는 마시지만. 그러나 자네도 고기를 먹어야 한다고 생각해. 고기를 먹지 않으면 자네는 살아갈 수 없을 테니까."

"친절한 충고에 감사드립니다. 하지만 저는 어머니에게 고기를 먹지 않겠다고 엄숙하게 약속했습니다. 따라서 저는 먹으려고 하지 않을 것입니다. 만약 고기를 먹지 않고 살아갈 수 없다면, 그곳에서 살아남기 위해서 고기를 먹기보다는 당장에 인도로 돌아가고 말겠습니다."

우리는 비스케 만에 들어섰다. 하지만 고기를 먹고 싶다, 술을 마시고 싶다는 생각은 조금도 들지 않았다. 우리는 사우샘프턴에 도착했다. 내 기억이 맞는다면 토요일이었다. 배에서 나는 검은 옷을 입고 있었다. 친구들이 마련해 준, 하얀 플란넬로 만든 옷이 있었지만 그것은 상륙할 때 입으려고 특별히 간수해두었다. 뭍에 오를 때는 하얀 옷을 입는 것이 좋을 것이라고 나는 전부터 생각하고 있었다. 그래서 나는 하얀 플란넬로 만든 옷으로 갈아입고 상륙했다.

때는 9월 말이었다. 거기서 그런 복장을 하고 있는 것은 나밖에 없다는 사실을 깨달았다. 하지만 내 짐은 열쇠까지 포함해서 전부 그린들레이 회사의 대리점에 맡겨버렸다. 다른 대부분의 사람들이 그렇게 하기에 나도 따라서 그렇게 처리한 것이었다.

나는 소개장을 네 장 가지고 있었다. P.J. 메타 박사 앞으로 보내는 것, 실리 달파트람 슈클라에게 보내는 것, 란지트 신지 전하에게 보내는 것 그리고 다다바이 나오로지[68]에게 보내는 것이었다. 배 안에서 누군가가, 런던에서는 빅토리아 호텔에서 묵는 것이 좋다고 가르쳐주었다. 실리 마즈무다와 나는 그 말에 따라서 거기로 갔다. 나 혼자만 하얀 옷을 입고 있다는 창피함 때문에 나는 견딜 수가 없었다. 그리고 호텔에 도착했을 때, 일요일이기 때

간디 자서전 | 91

문에 그린들레이 회사에서 짐을 받아올 수 없다는 말을 듣고 나는 크게 분개했다.

나는 사우샘프턴에서 메타 박사에게 전보를 보내 놨기 때문에 그날 저녁 8시경에 그를 방문했다. 그는 따뜻하게 나를 맞아주었다. 그의 얼굴은 나의 플란넬 옷을 보고 미소 짓고 있었다. 그와 이야기를 나누던 중에 나는 별 생각 없이 그의 실크해트(Silk hat)를 집어들었다. 그리고 그것이 얼마나 부드러운지를 알아보기 위해서 실크의 결과는 반대로 쓰다듬었더니[64] 보푸라기가 생기고 말았다. 메타 박사는 내가 하는 행동을 화가 난다는 듯이 바라보다가 나의 행동을 말렸다. 하지만 이미 상해버린 뒤였다. 이 일은 내게 장래의 교훈이 되었다. 내게 있어서 그것은 유럽의 에티켓 레슨 제1장이었다. 메타 박사가 유머를 섞어가며 에티켓에 대해 자세하게 설명해줬다. 그는 말했다.

"다른 사람의 물건에 손을 대서는 안 돼. 우리는 인도에서 흔히들 하고 있지만, 처음 알게 된 사람에게는 많은 것을 물어서도 안 돼. 큰소리로 얘기하지 않도록 하고. 그들과 이야기할 때는 인도에서 흔히 하는 것처럼 '서(Sir)'라고 불러서는 안 돼. 하녀나 하인들만이 그들의 주인을 그렇게 부르거든."

그 외에도 여러 가지를 가르쳐주었다. 그리고 그는 호텔에서의 생활은 돈이 많이 드니 개인 가정에서 함께 사는 게 좋을 것이라고 충고해주었다. 우리는 월요일에 다시 생각해보기로 했다.

실리 마즈무다르와 나는 호텔 비용을 알아보기로 했다. 그것은 역시 돈이 드는 일이었다. 그런데 몰타 섬에서 같은 배에 탄 신도인[65] 중에서 실리 마즈무다르와 친하게 지내던 사람이 있었다. 그는 런던에 처음 온 것이 아니었기 때문에 우리를 위해서 방을 찾아주었다. 우리는 거기에 동의했다. 그리고 월요일에 짐을 찾자마자 바로 호텔 숙박료를 내고 신도 지방 출신의 친구가 빌려준 방으로 갔다.

우리의 호텔 숙박료가 3파운드였다는 데는 놀라지 않을 수 없었다. 그런데 그렇게 비싼 호텔 비용에도 불구하고 나는 거의 굶어죽을 판이었다. 왜냐하면 나는 맛있는 것을 조금도 먹을 수 없었기 때문이었다. 나는 어떤 한 가지 음식이 마음에 들지 않으면 다른 음식을 주문했다. 그리고 양쪽 모두에 거의 같은 값을 지불해야만 했다. 사실 그때까지 나는 봄베이에서 가져온 음식에 의지하고 있었다.

나는 새로운 방으로 옮긴 뒤에도 전혀 안정을 되찾지 못했다. 우리 집, 우리나라에 대한 생각이 늘 내 머릿속에서 떠나질 않았다. 어머니의 애정이 나를 힘들게 했다. 밤이 되면 눈물이 뺨을 타고 흘러내렸다. 그리고 가정이 가져다주는 온갖 즐거움이 떠올라 도저히 잠을 잘 수가 없었다. 나의 가라앉은 기분을 누군가에게 풀어달라고 할 수도 없었다. 설사 그렇게 할 수 있었다 할지라도 그것이 내게 무슨 소용이겠는가? 나는 그 무엇도 나를 안정시킬 수 없다는 사실을 깨달았다. 사람들, 그들의 풍습 그리고 그들의 주거조차도 ―모든 것이 낯선 것들 뿐이었다. 영국의 에티켓에 대해서 나는 완전히 신참이었기 때문에 하루 종일 신경을 써야만 했다. 그리고 채식주의자[66]의 맹세 때문에 불편을 겪어야 했다. 내가 먹을 수 있는 음식은 소금기가 없어서 맛이 없었다. 그렇게 해서 나는 스킬라와 카리브디스[67] 사이에 껴 있는 나를 보게 되었다. 나는 영국 생활을 견딜 수가 없었다. 하지만 인도로 돌아가야겠다고는 꿈에도 생각지 않았다. 일단 이곳에 온 이상, 앞으로 3년 동안은 헤쳐나가야 한다고 나의 마음속에서 외치는 소리가 들려왔다.

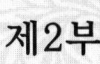

제2부

런던에서

메타 박사는 월요일에 빅토리아 호텔로 갔다. 나를 만날 수 있을 것이라고 생각했기 때문이었다. 그는 우리가 호텔에서 나왔다는 사실을 알게 되었다. 그는 새로운 주거지의 주소를 물어 우리의 하숙집까지 찾아와주었다. 메타 박사는 우리의 방과 계약조건을 살펴봐주었다. 그러니 찬성할 수 없다며 머리를 옆으로 흔들었다. 그가 말했다.

"여기는 안 되겠어. 우리가 영국에 온 것은 공부보다도 영국의 생활풍습에 대한 경험을 쌓기 위해서야. 그리고 그것을 위해서 자네는 일반 가정에서 생활해볼 필요가 있어. 우선은 자네가 그런 생활을 하기 전에 한동안은 보고 배우는 편이 좋겠지. 내가 자네를 그럴 수 있을 만한 곳으로 데려다주겠네."

나는 그 제안을 기꺼이 받아들여 그 친구라는 사람의 방으로 이사를 했다. 그 사람은 아주 친절해서 여러 가지로 나를 보살펴주었다. 그는 나를 친동생처럼 대해주며 영국의 습관, 예절을 가르쳐주었다. 그리고 영어회화에 익숙해지도록 해주었다. 하지만 나의 식사가 귀찮은 문젯거리로 대두되었다. 소금이나 양념을 사용하지 않고 만든 삶은 야채를 나는 좀처럼 먹을 수가 없었다.

하숙집 아주머니는 내게 무엇을 만들어주어야 할지 걱정을 하지 않을 수 없었다. 우리는 아침으로 오트밀 죽을 먹었다. 그것을 먹으면 배가 꽤 든든했다. 하지만 점심과 저녁에는 고픈 배를 움켜쥐어야만 했다. 그 친구는 내게 고기를 먹으라고 끊임없이 설득했다. 하지만 나는 늘 나의 맹세를 말한 뒤 이후부터는 입을 다물어버리곤 했다. 점심과 저녁에는 시금치와 빵 그리고 잼이 나왔다. 나는 대식가였고 위는 튼튼했다. 하지만 나는 빵을 두어 조각 이상 달라고 하는 것은 좋지 않은 일이라고 생각했기에 그렇게 하지 않았다. 게다가 점심과 저녁에는 우유가 나오지 않았다.

어느 날, 그 친구는 나의 이런 행동에 정나미가 떨어졌는지 이렇게 말했다.

"네가 나의 친동생이었다면 나는 벌써 너를 돌려보냈을 거야. 학식이 없는 어머니 앞이나 이곳의 사정을 모르는 곳에서 한 맹세에 얼마나 큰 가치가 있다는 거지? 그건 맹세라고 할 수 없어. 그건 법률로는 맹세라고 인정받을 수 없는 거야. 그런 약속을 지키는 건 그야말로 미신이야. 이것 봐, 아무리 몸부림 쳐봐야 여기서는 아무런 득도 되지 않아. 자네는 예전에 고기를 먹어봤더니 맛있었다고 고백했어. 자네는 그것이 조금도 필요하지 않은 곳에서 그것을 했어. 그리고 절대로 필요한 곳에서는 그것을 하지 않아. 정말 답답한 노릇이로군."

하지만 나는 조금도 흔들리지 않았다.

그 친구는 밤낮으로 자신의 주장을 펼쳤다. 하지만 나는 한없는 부정으로 그와 맞섰다. 그가 자신의 주장을 펼치면 펼칠수록 나는 더욱 비타협적이 되었다. 나는 매일 신의 가호를 빌며 지켜달라고 했다. 나는 신에 대한 관념 같은 것을 가지고 있지 못했다. 성실함이 작용한 것이었다. 선량한 유모 람바가 씨앗을 뿌려주었던 성실함이었다.

어느 날, 그 친구가 내게 벤담의 『공리주의 이론』을 읽어주기 시작했다. 나는 난처하지 않을 수 없었다. 그 용어는 이해하기에 너무나도 어려운 것이었다. 그는 그것을 해석하기 시작했다. 내가 말했다.

"제발 그만 하세요. 저는 그렇게 어려운 말은 잘 모릅니다. 고기를 먹는 것이 중요하다는 것은 저도 인정합니다. 하지만 그렇다고 해서 약속을 어길 수는 없습니다. 저는 그것에 대해서 논의할 마음이 없습니다. 당신과 논의를 해봐야 저는 당신과 맞설 수 없습니다. 그러니까 저를 바보라고 생각해도 좋고, 고집쟁이라고 생각해도 좋으니 그냥 내 마음대로 하게 내버려두십시오. 저는 당신의 애정에 감사하고 있으며, 당신이 내가 잘되기를 바란다는 것도 잘 알고 있습니다. 하지만 어쩔 수 없는 일입니다. 맹세는 맹셉니다. 그것을 깰 수는 없습니다."

그 친구는 놀라며 내 얼굴을 바라보았다. 그는 책을 덮으며 말했다.

"알았네. 이제 나도 더 이상 얘기하지 않겠네."

나는 감사의 말을 건넸다. 그는 두 번 다시 그 문제를 들어 논의하지 않았다. 하지만 나에 대한 그의 걱정이 사라진 것은 아니었다. 그는 담배를 피우고 술을 마셨다. 하지만 그는 내게 그것을 권하지는 않았다. 실제로는 이 두 가지를 가까이하지 말라고 내게 말해주었다. 그의 유일한 걱정거리는 고기를 먹지 않아서 내 몸이 약해지지나 않을까, 그 때문에 영국에서 편안하게 생활하지 못하는 것이 아닐까 하는 것이었다.

이것이 내가 영국을 보고 배우기 위해 보낸 일 개월 동안의 모습이었다. 그 친구의 집은 리치몬드에 있었다. 따라서 런던에 갈 수 있었던 것은 일주일에 한 번이나 두 번 정도로, 그 이외에는 갈 수가 없었다. 그래서 메타 박사와 실리 달파트람 슈클라는 나를 어딘가의 가정집에 맡기기로 했다. 실리 슈클라는 웨스트 켄싱턴에 있는 앵글로 인디안의 집을 떠올렸다. 그리고 나를 거기서 묵게 했다. 부인은 미망인이었다. 나는 맹세에 관한 것을 그녀에게 들려주었다. 그 노부인은 잘 보살펴주겠다고 약속했다.

그래서 나는 그 집에서 머물기로 했다. 여기서도 고픈 배를 움켜쥐어야 했던 것은 마찬가지였다. 집에서 단 음식과 그 외의 식료품을 보냈다고 했는데, 아직 아무것도 도착하지 않았다. 나오는 음식은 하나 같이 맛이 없었다. 노부인은 매일 내게 음식이 입에 맞느냐고 물었다. 하지만 그녀가 무엇을 할 수 있었겠는가? 나는 여전히 부끄러움을 많이 타는 성격을 버리지 못해 좀 더 많이 달라고는 말을 할 수가 없었다. 그녀에게는 딸이 두 명 있었다. 그녀들은 내게 커다란 조각이나, 아니면 빵을 두 조각 집으라고 말했다. 하지만 딸들은 빵 한 롤이 아니면 내 배가 차지 않는다는 사실을 조금도 알지 못했던 것이다.

그런데 드디어 발밑이 밝아지기 시작했다. 나는 아직 정상적인 공부를 시작하지 않았다. 나는 실링 슈클라의 도움으로 신문 훑어보기를 막 시작했다. 인도에서 나는 그때까지 신문을 읽어본 적이 없었다. 거기서 나는 규칙적으로 읽음으로 해서 신문에 대한 애착심을 양성하는 데 성공했다. 나는 언제나 『데일리 뉴스』, 『데일리 텔레그래프』, 그리고 『더 팰맬 가제트』[68]를 죽 훑어보았다. 그것은 채 한 시간도 걸리지 않았다. 그래서 나는 여기저기를 돌아다니기 시작했다.

나는 야채식 식당을 찾아나섰다. 주인 아주머니께서 내게 그런 장소가 있다는 소리를 한 적이 있었다. 나는 하루에 10마일[69]에서 12마일 정도를 터벅터벅 걸었다. 대중식당에 들어가 배가 터지도록 빵을 먹었다. 하지만 그래도 만족할 수 없었다. 이렇게 걸어다니다가 나는 파링턴 가에서 야채식 식당을 한 채 발견했다. 그것을 본 순간 나의 가슴은, 어린아이가 갖고 싶어서 견딜 수 없었던 것을 손에 넣었을 때 느끼는 기쁨으로 넘쳐났다. 나는 안으로 들어가기 전에 입구 가까이에 있는 유리문 속에 책이 몇 권 판매용으로 놓여 있다는 사실을 깨달았다. 나는 그 중의 한 권, 솔트의 『채식주의를 호소함』을 바라보았다. 나는 1실링을 주고 그 책을 샀다. 그리고 바로 식당으로 들어갔다. 영국에 도착한 이후 처음으로 그곳에서 배불리 식사를 할 수 있었다. 드디어 신께서 나를 구하신 것이었다.

나는 솔트의 책을 처음부터 끝까지 읽었다. 그리고 강한 인상을 받았다. 이 책을 읽기 시작한 날부터 나는 스스로 채식주의자가 되었다는 사실을 주장하고 싶다. 나는 어머니 앞에서 맹세를 한 날을 축복했다. 그 맹세를 한 날 이후로 계속해서 진실와 맹세를 위해서 고기를 멀리해왔다. 하지만 한편으로는, 모든 인도 사람들이 육식가가 되었으면 좋겠다고 바라고 있었다. 그리고 언젠가 나도 자유 의지로, 그리고 떳떳하게 그 중 한 사람이 될 것, 그리고

간디자서전 | 101

다른 사람을 그 방침의 동지로 받아들이고 싶다는 소망을 가지고 있었다.

지금 나는 채식주의를 선택하기로 했다. 그리고 그것을 전파하는 것이 나의 사명이 되었다.

영국 신사를 따라서

그러는 동안에도 친구는 끊임없이 나를 배려해주었다. 어느 날, 그는 나를 데리고 연극을 보러 갔다. 막이 오르기 전에 우리는 레스토랑 홀버른에서 함께 저녁을 먹을 예정이었다. 친구는 계획적으로 나를 그 식당으로 데려간 것이었다. 내성적이니 질문 같은 건 하지 않을 것이라는 생각을 갖고 있었음에 틀림없었다. 아주 많은 사람들이 참석한 만찬이었다.

친구와 나는 하나의 식탁을 사이에 두고 마주 앉았다. 가장 처음 나온 요리는 수프였다. 나는 어떤 재료로 만든 수프인지 의심스러웠다. 하지만 그것을 친구에게 묻지는 않았다. 나는 웨이터를 불렀다. 내 친구가 그런 나의 동작을 눈치 챘다. 그리고 식탁 너머에서 매서운 눈빛으로 왜 그러는지를 물었다. 매우 당황스러웠지만 나는 그에게 이 수프가 야채수프인지를 물어볼 생각이었다고 말했다. 그가 강한 어조로 말했다.

"자네는 무신경해서 상류사회에는 어울리지 않아. 만약 자네가 예절바르게 행동할 수 없다면 여기서 나가주길 바라네. 어디 다른 식당에서 식사를 한 뒤 문 밖에서 기다려주기 바라네."

그래서 나는 마치 기다렸다는 듯이 밖으로 나와버렸다. 가까이에 야채요리 식당이 하나 있었다. 하지만 문을 열지 않았다. 그래서 그날 저녁, 나는 아무것도 먹질 못했다. 나는 친구와 함께 연극을 관람했다. 하지만 그는 내가 불러일으킨 뜻밖의 사건에 대해서는 한마디도 하지 않았다. 물론 나 역시 한마디도 하지 않았다.

우리 두 사람 사이의 싸움은 이것이 마지막이었다. 그것은 우리의 관계에 아무런 영향도 주지 않았다. 나는 친구가 우정 때문에 나를 위해서 여러 가지로 노력해주었다는 사실을 이해할 수 있었고, 또한 고마움을 느끼고 있었다. 그리고 그에 대한 존경심은 서로의 사상과 행동이 달랐던 만큼 더욱 커져만 갔다.

하지만 나는 그가 마음을 놓을 수 있도록, 무례함을 버리고 품위를 갖췄다. 그리고 나의 채식주의를 보완하기 위해 예의바른 사회에 적합한 사람이 되기 위한 재능을 연마할 것을 그에게 약속하기로 결심했다. 그리고 그 목적을 달성하기 위해서 나는 영국 신사가 되겠다는, 말도 안 되는 계획을 세웠다.

내가 입고 있던, 봄베이에서 맞춘 양복은 영국 사회에 어울리지 않는다고 생각했다. 그래서 나는 아미 앤 네이비 백화점에서 양복을 새로 맞췄다. 그리고 19실링이나 하는—당시로서는 어마어마하게 비싼 값—중산모를 샀다. 나는 거기에 만족하지 않고 10파운드나 들여서 런던 유행의 중심가인 본드 가에서 야회복을 맞췄다. 그리고 나는 선량하고 씀씀이가 큰 형으로부터 이중의 금사슬로 된 시곗줄을 받았다. 맞춤이 아닌 넥타이를 매는 것도 예법에 어긋나는 것이었다. 그래서 스스로 넥타이 매는 법을 익혔다.

인도에 있었을 때, 거울은 사치품이었기 때문에 집에 드나드는 이발사가 내 머리를 깎는 날만 사용할 수 있었다. 그래서 나는 넥타이를 매고 머리를 단정하게 가르기 위해 자신을 커다란 거울에 비춰가며 매일 10분씩이나 시간을 보냈다. 나의 머리카락은 결코 부드러운 편이 아니었다. 그랬기 때문에 매일 빗을 들고 머리를 단정하게 하기 위해 고생을 했다. 모자를 쓰거나 벗을 때마다 기계적으로 손이 머리 위로 올라가 머리카락을 쓰다듬었다. 그 외에도 상류사회 사람들과 함께 있을 때면 때때로 같은 동작을 반복해야 하는, 문명 개화된 손의 습관에 대해서는 말할 필요도 없을 것이다.

그것만 가지고는 뭔가 부족한 것 같은 생각이 들어 나는 주의력을 영국 신사가 되기 위해 필요하다고 생각되는 그 외의 모든 점들에게로 돌렸다. 나는 댄스, 프랑스어 그리고 웅변술을 배울 필요가 있다는 말을 들었다. 프랑스어는 이웃나라의 국어일 뿐만 아니라, 내가 한번쯤은 여행해 보고 싶다고 생각하고 있는 대륙[70]의 '공통어'이기도 했다. 나는 교습소에 들어가서 댄스 교습을 받기로 결심하고 3개월분의 요금으로 3파운드를 냈다. 나는 3주일 동안 다니면서 6번 정도 교습을 받았을 것이다.

그런데 리듬에 맞춰서 몸을 움직이는 것은 내게 쉬운 일이 아니었다. 나는 피아노에 맞춰서 움직일 수 없었기 때문에 박자를 맞출 수가 없었다. 그렇다면 나는 어떻게 하면 좋을까? 쥐를 내쫓기 위해서 고양이를 기르고 고양이에게 우유를 먹이기 위해서 암소를, 그리고 암소를 돌보기 위해서 사람을, 이라는 옛날얘기 속의 선인과 다를 바 없는 일이었다.

나의 욕망도 선인의 일가처럼 점점 불어만 갔다. 나는 서양음악에 익숙해지기 위해서 바이올린 켜는 법을 배워야겠다고 생각했다. 그래서 나는 바이올린에 3파운드와 그 외의 요금을 약간 투자했다. 나는 웅변술도 배워야겠다고 생각하고 역시 선생님을 찾기 시작했다. 그리고 그에게 사례금으로 1기니[70]를 냈다. 그가 교과서로 벨의 『표준 웅변법』을 추천했기에 나는 그것을 구입했다. 그리고 나는 피트의 연설부터 시작했다.

그런데 벨 씨가 내 귀에 대고 경종을 울려주었다. 그래서 나는 눈을 떴다.

나는 자신에게 이렇게 말했다. 나는 일생을 영국에서 살아야 하는 게 아니다. 그렇다면 웅변술을 배워 어디에 쓰겠다는 것인가? 그리고 댄스가 어찌 나를 신사로 만들어주겠는가? 바이올린은 인도에서도 배울 수 있었다. 나는 학생이다. 나의 공부를 위해 노력해야만 한다. 나는 법조계에 들어갈 수 있도록 자격증을 따야 한다. 나의 성격이 나를 신사로 만들어주면, 그러면 되는 것이다. 그렇지 않다면 나는 야심을 버리는 편이 좋을 것이다.

이러한 생각이 내게서 떠나지 않았다. 그래서 나는 그런 생각들을 편지에 적어 웅변 선생님에게 보냈다. 그리고 그에게 앞으로의 교습에서 나를 빼달라고 부탁했다. 나는 아직 두 번인가 세 번밖에 교습을 받지 않았다.

나는 같은 뜻의 편지를 댄스 선생님에게 보내고 바이올린 선생님은 직접 찾아가서, 값은 얼마를 받아도 상관없으니 바이올린을 처분해줬으면 좋겠다고 의뢰했다. 그녀는 내게 다소 호의적이었다. 그래서 나는 그녀에게 내가 잘못된 이상을 쫓고 있었다는 사실을 깨달았다는 얘기를 했다. 그녀는 완전히 새로운 결심을 한 나를 격려해주었다.

이와 같은 방황이 계속된 것은 겨우 3개월에 지나지 않았다. 그 후에도 오랫동안 몸가짐에 신경을 썼다. 하지만 그 이후 나는 한 사람의 대학생이 되었다.

몇 가지 변화

내가 댄스 등에 손을 댔다고 해서 내 일생 중에 방탕했던 한 시기가 있었다고는 생각하지 말았으면 좋겠다. 당시에도 내가 빈틈없는 생활을 했다는 사실을 독자들도 눈치 챘을 것이다. 방황의 시기는 어느 정도의 자기반성에 의해서 구제받지 않은 것도 아니고 나의 지출도 주의 깊은 계산 뒤에 이루어졌다.

나는 자신의 삶에 엄격한 주의를 기울이기를 게을리 하지 않았기 때문에 절약의 중요함을 알았다. 그래서 나는 이제부터 한 가정 속에서 함께 생활하는 것을 그만두고 그 대신 독자적인 채산으로 방을 빌리기로 했다. 그리고 내가 시작하는 일에 따라서 어디에라도 가볍게 옮겨 새로운 경험을 쌓을 수 있도록 하기로 했다.

방은 직장에서 내 걸음으로 30분 정도면 갈 수 있고, 그래서 교통비도 들지 않을 만한 곳을 택했다. 그때까지 나는 어디를 갈 때나 늘 어떤 교통수단을 이용했다. 그랬기 때문에 산책을 위한 시간을 따로 만들어야만 했다. 이와 같은 방법은 산책과 절약을 겸할 수 있었다. 그러니까, 교통비를 절약할 수 있었으며 하루에 8마일에서 10마일을 산책할 수 있었기 때문이었다.

내가 영국에서 머무는 동안 계속 아무런 병도 없이 안전하게 지낼 수 있었던 것은 주로 이 장시간의 산책이라는 습관 덕분이었다.

이렇게 해서 나는 침실용으로 한 칸, 거실용으로 한 칸이 하나로 이어진 방을 빌렸다.

여기까지가 2단계였고 3단계는 그 이후부터였다.

이들 변화로 지출비를 절반으로 줄었다. 그렇다면 나는 시간을 어떤 식으로 이용했을까? 나는 변호사 시험을 위해서는 그렇게 많이 공부할 필요가 없다는 사실을 알게 되었다. 따라서 나는 시간에 쫓기고 있다는 느낌은 들지 않았다. 내가 영어에 약하다는 점, 그것이 늘 떨칠 수 없는 나의 걱정거리였다. 나는 그저 변호사 자격증만 딸 것이 아니라, 수사학상의 학위도 꼭 따고 싶다고 생각하게 되었다. 나는 옥스퍼드나 캠브리지 대학의 강의 과정에 대해 문의하기도 하고 친구 두어 명과 상의를 해보기도 했다. 그리고 만약 내가 이들 대학에 다니는 길을 택한다면 내가 준비한 것보다도 훨씬 더 많은 비용이 들며 오랫동안 영국에 머물러야 한다는 사실을 알게 되었다. 친구 중 한 명은, 만약 내가 정말로 어려운 시험에 합격했다는 만족감을 얻고 싶다면 런던 대학의 입학시험에 합격하면 될 것이라고 제언해주었다. 그러기 위해서는 상당한 노력이 필요했으며, 나의 일반교양에 대한 지식은 너무나도 부족했다. 단, 예정 이외의 지출비는 그리 대단한 것이 아니었다. 나는 그 제안에 찬성했다. 하지만 강의 요목을 보고 나는 놀라지 않을 수 없었다. 정규 과정 안에 라틴어와 현대어 한 가지가 들어 있었다! 어떻게 해야 라틴어를 습득할 수 있을까? 하지만 친구는 강경하게 나를 설득했다. 라틴어는 변호사에게 있어서 매우 중요한 것이다, 라틴어에 대한 지식을 가지고 있으면 법률서를 이해하는 데 커다란 도움이 된다, 그리고 로마법에 대한 논문 중에는 전문이 라틴어로 기록된 것이 있다, 그리고 라틴어에 대한 지식은 영어를 잘하는 데도 도움이 된다는 말들에 마음이 끌려서 나는 아무리 어려워도 라틴어를 배우겠다고 결심했다. 나는 이미 프랑스어를 공부하기 시작했었다. 나는 프랑스어도 현대어라고 생각했다. 나는 사설 입시학원에 들어갔다. 입학시험은 6개월에 한 번씩 있었다. 내게 남은 시간이라고는 5개월밖에 없었다.

그것은 내게 불가능에 가까운 과제였다. 그래서 한때 영국 신사가 되기를 희망했던 지원자가 스스로의 의지로 방향을 바꿔 성실한 학생이 되었다. 나는 내 자신을 위한 상세한 예정표를 만들었다. 하지만 나의 지능으로 보나 기억력으로 보나 주어진 시간 안에 다른 모든 과목과 함께 라틴어와 프랑스어에 도전할 정도의 힘은 없었다. 그 결과 나의 라틴어는 낙제였다. 나는 슬펐지만 실망까지는 하지 않았다. 나는 라틴어에 흥미를 갖기 시작했으며 내 프랑스어는 다시 한 번 시험을 치르면 한층 더 좋은 성적을 얻을 것이라고 생각했다. 그리고 과학 중에서는 새로운 과목을 선택해야겠다고 생각했다. 내가 선택한 과학 과목은 화학이었다. 화학은 실험이 부족했기 때문에 매력적이지는 않았지만 흥미진진한 공부가 될 줄로 알았다. 그것은 인도에서는 정규 과목 중 하나였기 때문이었다. 그래서 나는 런던대학 입시에서 그것을 선택했었다. 하지만 이번에는 화학대신에 열학과 광학을 선택하기로 했다. 그 과목은 쉽다는 얘기를 들었고 실제로 내게도 쉽게 느껴졌다.

두 번째 시험을 위한 준비와 함께 나는 생활을 한층 더 간소화

하기에 노력했다. 나의 생활방식은 여전히 우리 가족들의 많지 않은 수입과는 어울리지 않는 것이었다. 내가 정기적으로 돈을 부쳐달라고 하면 그것에 늘 넓은 마음으로 응해주는 형님의 분투를 생각할 때마다 내 가슴은 한없이 아팠다. 나는 한 달에 8파운드에서 15파운드나 사용하고 있는 사람들의 대부분은 장학금 혜택을 받고 있다는 사실을 알게 되었다. 내 눈앞에는 훨씬 더 간소한 생활의 표본이 있었다. 나는 나보다 검소하게 살아가고 있는 가난한 학생들을 여럿 만났다. 그 중 한 명은 1주일에 2실링 하는 슬럼가의 방에서 살며, 록하트의 싸구려 코코아 룸에서 한 끼에 2펜스 하는 코코아와 빵으로 생활하고 있었다. 당장에 그를 따라하자는 생각은 들지 않았다. 하지만 나는 방 두 개를 하나로 줄이고 식사 중 몇 번은 스스로 만들어 먹을 정도는 틀림없이 할 수 있을 것이라고 생각했다. 그렇게 하면 한 달에 4파운드에서 5파운드는 절약할 수 있을 것 같았다. 그리고 나는 간소한 생활에 대한 책을 찾아냈다. 나는 두 칸이 달린 방에서 나와 한 칸짜리 방을 얻었다. 그 대신에 스토브를 들여놨다. 그리고 아침밥을 지어먹기 시작했다. 밥이라고 해봐야 오트밀 죽을 만들고 코코아를 타기 위해 물을 끓이는 것이 전부였기 때문에 겨우 20분도 걸리지 않았다. 점심은 밖에서 먹었고 저녁은 집에서 빵과 코코아를 먹었다. 이러한 노력 끝에 나는 하루 1실링 3펜스로 생활하는 데 성공했다. 그리고 이때는 공부에 전념하던 때였다. 간소한 생활 덕분에 나는 시간을 굉장히 절약할 수 있었다. 그리고 나는 시험에 합격했다.

  이러한 생활 때문에 나의 생활 자체가 어딘지 황량한 것이 되지 않았을까 하는 생각은 하지 말기 바란다. 그와는 반대로 변화는 내 생활의 내적인 것과 외적인 것의 조화를 만들어냈다. 그리고 그것은 우리 집의 수입에 한층 더 어울리는 것이었다. 나의 생활은 틀림없이 성실함을 한층 더해갔고, 나의 영혼은 끝없는 기쁨을 느꼈다.

내가 생활비를 절약하여 생활방식을 변경한 지 얼마 지나지 않아서, 혹은 그 전이었을지도 모르겠지만 나는 식사를 개량하기 시작했다. 나는 고향에서 보내주는 단 음식과 양념을 그만 사용하기로 했다. 마음에 변화가 일어난 이후부터는 양념에 대한 기호가 엷어져가기 시작했다. 그리고 그때부터는, 리치몬드에서는 맛이 없었던 양념을 가미하지 않고 삶은 시금치를 맛있게 먹었다. 이와 같은 몇몇 경험을 통해서 참된 미각은 혀가 아니라, 기분이라는 사실을 배울 수 있었다.

물론 절약에 신경을 쓰는 것은 내게는 늘 필요한 것이었다. 그 무렵, 홍차와 커피를 유해하다고 보고 코코아를 애용하자는 여론이 강하게 일었었다. 그래서 나는 인간은 몸에 힘이 되는 음식만을 먹으면 된다고 믿고 있었기 때문에 홍차와 커피를 마시지 않고 대신 코코아를 마셨다.

주요한 실험과 병행해서 조그만 실험을 몇 가지 했다. 예를 들자면 어떤 때는 전분식을 먹지 않기로 해보기도 했고, 다른 때는 빵과 과일만을 먹으며 생활해보기도 하고, 또 다른 때에는 치즈, 우유 그리고 계란으로 생활해보기도 했다.

그 마지막 실험에 대해서 잠깐 얘기해두고 싶다. 그것은 2주일도 계속되지 못했다. 전분이 없는 식사를 장려하는 개혁가는 달걀을 추켜세우면서 달걀은 고기와는 다르다고 말했다. 틀림없이 달

갈을 먹어도 생물에게는 해를 주지 않았다. 나는 그 설을 옳다고 여기고 나의 맹세를 무시한 채 달걀을 먹었다. 하지만 그 과오는 아주 짧은 한순간에 지나지 않았다. 나는 맹세에 새로운 해석을 더해서는 안 되는 것이었다. 내게는 맹세를 선서한 어머니의 해석만이 중요한 것이었다. 그녀의 정의에 의하면 달걀은 고기 속에 포함된다는 사실을 나는 알고 있었다. 그리고 나는 그 맹세의 참된 중요성을 깨닫자마자 달걀을 먹는 것과 그와 비슷한 실험을 중단해버렸다.

영국에서의 나의 실험은 절약과 보건이라는 견지에서 행해졌다. 그 문제의 종교적 측면은 내가 남아프리카로 가, 그곳에서 격렬한 실험을 거듭하기까지는 생각하지 않았던 문제였다. 그것에 대해서는 나중에 이야기하기로 하겠다.

채식주의 초보자에게서 흔히 볼 수 있는 열정에 넘쳐서 나는 내 지구인 베이스워터에서 채식 클럽을 시작하기로 결심했다. 나는 그곳에 살고 있는 에드윈 아놀드 경[72]에게 부회장을 맡아달라고 청했다. 잡지 『채식주의자』의 주필인 올드필드 박사가 회장이 되었다. 나는 사무 서기가 되었다. 클럽은 한동안 순조롭게 운영되었다. 하지만 2, 3개월 후에 해산되고 말았다. 왜냐하면 일정 기간마다 이사를 하는 습관대로 내가 그곳을 떠나버렸기 때문이었다.

하지만 그 짧은 기간에 끝나버린 소박한 경험을 통해서 나는 조그맣지만 협회 등을 조직해서 운영하는 데 필요한 훈련을 조금은 익힐 수 있었다.

내성적인 성격, 내 마음의 방패

나는 채식주의협회의 이사회에 선출되었다. 거기서 개최하는 모임에는 반드시 출석하게 되었다. 하지만 나는 늘 입이 무거워져서 제대로 말을 할 수가 없었다.

올드필드 박사가 예전에 내게 이렇게 말했다.

"자네, 내게는 얘기를 잘하지 않나? 그런데 대체 왜 이사회의 자리에 나가기만 하면 입을 다물어버리는 거지? 자네는 수벌일세."

나는 이 놀림을 옳은 말이라고 생각했다. 일벌은 늘 바쁘다. 수벌은 완전 게으름뱅이다. 이들의 모임에서 다른 사람들은 그들의 의견을 각각 발표하는데 내가 입을 다물고 앉아 있는 것은 적잖이 기묘한 일이었다. 내가 말을 해야겠다고 생각하지 않았던 것은 아니었다. 하지만 나는 어떤 식으로 표현을 해야 좋은 건지 몰랐던 것이다. 다른 이사들은 모두 나보다 훨씬 더 여러 가지 사정에 밝은 것처럼 보였다. 그리고 내가 용기를 내서 말을 하려고 하면 새로운 문제로 옮아가는 경우가 종종 있었다. 그런 일들이 오랫동안 계속되었다.

나는 영국에 머무는 동안 늘 내성적인 성격을 떨치지 못했다.

나는 사람을 찾아간 곳에서도, 여섯 명이나 그보다 더 많은 사람들이 있으면 입을 다물어버리고 말았다.

　영국에서 연설을 해야겠다고 마지막으로 생각한 것은 내가 귀국하기 전날 밤이었다. 나는 채식주의자 친구들을 앞서 말한 적이 있는 레스토랑 홀버른으로 초대했다. 나는 스스로 이렇게 다짐했다.

　'채식요리를 채식요리점에서 먹는 것은 당연한 일이다. 채식요리점이 아니라고 해도 채식요리를 먹지 못하라는 법은 없다.'

　그래서 나는 홀버른의 지배인과 상의하여 채식요리만으로 차려진 식사를 준비하도록 했다. 채식주의자들은 이 새로운 실험을 아주 기뻐하며 환영해주었다. 모든 향연은 향락을 의미한다. 하지만 서양 사람들은 그것을 하나의 예술로까지 승화시킨 것이다. 그것은 커다란 갈채, 음악 그리고 연설로 매우 활기찬 것이 된다. 내가 열려고 했던 조그만 연회에도 그것과 같은 여흥이 따라붙었다. 따라서 연설도 행해졌다. 나는 세심한 주의를 기울여가면서 짧은 문장으로 이루어진 연설문을 작성했다. 그랬는데도 나는 첫 문장에서 더 이상 앞으로 나아가지 못했다.

　나는 예전에 영국의 애디슨 하원의원이, 하원에서 처음으로 연설을 했을 때 '나는 생각한다.'라는 문구로 시작하여 세 번에 걸쳐서 '나는 생각한다.'를 반복한 뒤 더 이상 연설을 이어나가지 못하자, 한 익살맞은 의원이 자리에서 일어나 '의원님은 세 번이나 생각했지만 아무것도 없었다.'고 말했다는 이야기를 읽은 적이 있었다. 나는 그 일화를 제재로 해서 재미있는 연설을 하려고 생각했었다. 나는 그 이야기로 연설을 시작했고 거기서 멈춰 서버리고 말았다. 나는 내가 해야 할 말을 까맣게 잊어버리고 말았다. 재미있는 연설을 하려다 나 자신을 웃음거리로 만들어버렸다.

"여러분, 친절하게도 제 초대에 응해주셔서 대단히 감사합니다."

나는 이렇게 말한 뒤 그대로 자리에 앉아버리고 말았다.

내가 이 내성적인 성격을 극복할 수 있었던 것은 남아프리카에 간 뒤였는데 그때도 내성적인 성격을 완전히 억누를 수 있었던 것은 아니었다. 즉흥적으로 이야기를 꺼낸다는 것은 내게는 불가능한 일이었다. 나는 처음 보는 청중 앞에 나가야만 할 때는 늘 꽁무니를 빼며 가능한 한 연설을 피했다. 때로는 웃음거리가 된 적도 있었지만 그 외에 나의 체질적인 수줍음은 결코 불편한 것이 아니었다고 말할 수 있을 것이다. 사실 그와는 반대로 그것은 내게 편리한 것이었다는 사실을 알고 있다. 연설할 때의 망설임은 나를 난처하게 만드는 것이라고 예전에는 생각했었지만 지금은 기쁨이 되었다. 그것의 가장 커다란 은혜는, 그것 덕분에 생각을 억제하는 습관이 생겼다는 것이다.

경험에 의해서 나는 침묵이야말로 진실의 신봉자에 대한 정신 수양의 일부라는 사실을 알게 되었다.

의식적으로 그러는 것인지 무의식적으로 그러는 것인지와는 상관없이 진실을 과장하거나, 억누르거나, 혹은 수식하려는 버릇은 인간의 타고난 약점을 이루는 것 중 하나다. 그것을 극복하는 데 필요한 것이 바로 침묵이다. 과묵한 사람이 연설 중에 생각 없이 말하는 경우는 거의 없다. 그는 한마디, 한마디를 검토한다. 우리는 입을 다물고 있을 수 없는 사람이 헤아릴 수도 없이 많다는 사실을 알고 있다. 그러한 발언이 전부 이 세상에 어떤 득을 가져다 준다고는 도저히 말할 수 없다. 그것은 커다란 시간 낭비다. 사실을 말하자면 나의 수줍음은 나의 방패였던 것이다. 나는 그 덕분에 크게 성장할 수 있었다. 그것은 진실을 구별해내는 데 내게 도움이 되어주었다.

허위의 독(毒)

지금으로부터 40년 전까지만 해도 영국에 와 있던 인도인 학생은 비교적 소수에 불과했다. 그들은 이미 결혼을 했어도 대부분은 독신인 척했다. 영국의 대학생들은 모두 독신자들이었다. 공부와 결혼생활은 양립할 수 없는 것이라고 여겨지고 있다. 따라서 영국에 온 인도 청년들은 부끄러워서 그들이 결혼했다는 사실을 고백할 마음이 생기지 않았던 것이다. 그리고 또 한 가지, 독신자인 척하게 되는 이유가 있었다. 그것은 사실이 밝혀지면 청년들은 그들이 묵고 있는 집의 젊은 아가씨들과 산책을 하거나 장난을 치지 못하게 되기 때문이었다. 장난을 치거나 하는 것, 특별한 사심은 없는 행동이었다. 개중에는 그것을 권하는 부모님도 있었다. 젊은 남자와 젊은 아가씨가 그런 식으로 교제를 하는 것은, 젊은 남자라면 누구나 곧 자신의 상대를 골라야 한다는 견지에서 보자면 필요한 일이기도 할 것이다.

하지만 인도의 청년이 영국에 와서 그와 같은 관계에 탐닉한다면, 그것은 영국 청년에게는 매우 자연스러운 일일지 몰라도 그들에게는, 지금까지도 종종 그런 일이 있었던 것처럼 비참한 결과를 맞이하게 될 위험이 있다. 우리 청년들이 유혹에 져서, 영국 청년들이라면 순수한 마음에서 그랬다고 할 수도 있지만 그들에게는 부도덕한 교제가 되기 때문에 허위의 생활에 들어가는 것을 나는 봤다. 나 역시도 그런 폐습의 포로가 되었다. 내게는 아내가 있었으며, 한 아이의 아버지이기도 했지만 아무런 망설임도 없이 독신자 행세를 했다. 하지만 위선자였기 때문에 조금도 유쾌하지 않았다.

내가 벤트너[73]에 갔을 때 묵었던 곳과 같은 가정에서는 그 집 딸이 같이 살게 된 사람을 산책에 데려가는 것이 아주 당연한 일처럼 여겨지고 있었다. 내가 묵고 있던 집의 딸이 하루는 나를 데리고 벤트너 시내에 가까이 있는 한 아름다운 언덕으로 갔다. 나의 걸음은 느린 편이 아니었다. 하지만 나의 상대는 그것보다 더 걸음걸이가 빨랐다. 그녀는 나를 끌다시피 앞장서서 가며 끊임없이 말을 해댔다. 나는 그녀의 이야기에 대해서 때로는 '네'라거나 '아니오'라거나 대부분은 '그렇군요. 정말 아름답습니다.'라고 조그만 목소리로 맞장구를 쳤다. 그녀가 작은 새처럼 폴짝폴짝 뛰며 걸어가고 있을 때, 나는 언제 집으로 돌아갈 수 있을지 걱정을 하고 있었다. 그렇게 해서 우리는 언덕 위로 올라섰다. 이번에는 내려가는 것이 문제였다. 굽이 높은 부츠를 신고 있었음에도 그 활발한 스물다섯 살의 아가씨는 쏜살처럼 언덕을 달려 내려갔다. 나는 벌겋게 상기된 얼굴로 아주 고생스럽게 언덕을 내려갔다.

그녀는 산기슭에 서서 웃으면서 나를 격려했고 '자, 제가 당겨 드릴까요?'라고 말했다. 나는 왜 그렇게도 겁쟁이였을까? 고생고생을 하면서, 때로는 엉금엉금 기기도 하면서 간신히 산기슭에 도착했다. 그녀는 '잘했어요.'라고 커다란 소리로 말하며 웃었다.

그런데 그녀가 웃을수록 나의 수줍음은 더해만 갔다.

그런데 나는 어디를 가나 탈 없이 그냥 넘어간 적이 없었다. 그것은 신께서 나를 허위의 독에서 벗어나게 하려고 하셨기 때문이다. 한번은 벤트너와 비슷한 또 다른 해수욕장인 브라이턴에 간 적이 있었다. 벤트너에 가기 전의 일이었다. 나는 그곳의 호텔에서 소박한 차림의 한 노부인을 알게 되었다. 메뉴의 요리들이 전부 프랑스어로 적혀 있었기 때문에 나는 그것을 읽을 수가 없었다. 나는 그 노부인과 같은 테이블에 앉았다. 그녀는 내가 외국인으로 난처해하고 있다는 사실을 알고는 바로 말을 걸어주었다. 그녀가 말했다.

"보아하니 외국 분 같군요. 뭐 어려운 일이라도 있나요? 어째서 주문을 하지 않는 거죠?"

나는 메뉴를 한 글자, 한 글자 읽고 웨이터에게 요리의 재료를 확인하려 했었다. 그러던 참에 노부인이 이렇게 말을 걸어준 것이었다. 나는 그녀에게 감사의 말을 한 뒤, 프랑스어를 모르기 때문에 요리 중 어떤 것이 야채요리인지 알 수 없어서 어려움을 겪고 있다는 말을 했다.

"한번 볼까요? 제가 메뉴를 설명해드릴게요. 그러면 무엇을 드셔야 할지 알 수 있을 거예요."

나는 그녀에게 감사하다고 하면서 그녀가 하자는 대로 했다. 이렇게 해서 하나의 만남이 시작되었다. 그것이 발전하여 우정이 되었고, 내가 영국에 체류하는 동안, 그리고 그 후에도 계속해서 관계를 맺게 되었다. 그녀는 내게 런던의 자기 집 주소를 알려주며 매주 일요일 자신의 집으로 와서 식사를 하자고 초대해주었다. 그리고 다른 기회에도 초대해주어 나의 수줍음 정벌에 도움을 주기도 하고, 내게 젊은 아가씨를 소개해주기도 하고, 나를 그녀들의 대화에 끼어주기도 했다. 특히 그러한 대화의 상대가 되었던 것은 그녀와 함께 살고 있는 젊은 아가씨였다. 그리고 곧잘 우리 둘만 대화를 하곤 했다.

처음 내게는 그 모든 일이 아주 고통스러운 일이었다. 나는 무슨 말을 해야 좋을지 몰랐으며 농담 한마디 할 수 없었다. 하지만 그녀가 내게 기회를 만들어주었다. 나는 대화하는 법을 익히기 시작했다. 얼마 지나지 않아서 일요일이 기다려지기 시작했고, 젊은 친구와의 대화가 즐거워졌다.

노부인은 나날이 자신의 그물을 넓혀갔다. 그녀는 우리의 대화에 관심을 가지고 있었다. 그녀가 우리에 대한 어떤 계획을 가지고 있다는 점을 확실하게 알 수 있었다.

나는 당황했다. 속으로 이렇게 생각했다.

'그 선량한 부인에게 미리 내가 기혼자라는 사실을 밝혀두었으면 좋았을 걸! 그녀가 처음부터 우리를 연결시킬 마음을 갖고 있었던 건 아닐 거야. 어쨌든 바로잡기에 아직 그렇게 늦지는 않았어. 만약 내가 진실을 밝히면, 나는 이보다 더 비참해지는 것에서부터 구원을 얻을 수 있을지 몰라.'

나는 이와 같은 생각을 염두에 두고 대략 다음과 같은 내용을 편지에 적어 그녀에게 보냈다.

'브라이턴에서 우리가 만난 뒤로 당신이 제게 보여준 친절에 진심으로 감사드립니다. 당신은 친어머니처럼 저를 돌봐주셨습니다. 그리고 당신은 좋은 인연을 찾아주어야겠다고 생각하시고 그릴 목적으로 제게 젊은 아가씨들을 소개해주셨습니다. 사태가 더 이상 진전되기 전에 저는 그 따뜻한 온정에 어울리지 않는 사람이라는 점을 당신에게 고백하지 않을 수 없습니다. 저는 댁을 찾아가기 시작했을 때부터 이미 결혼한 사람이라는 사실을 밝혔어야 했습니다. 영국에 있는 인도인 학생들은 자신이 결혼했다는 사실을 숨긴다는 사실을 알고 저도 그들을 따라했던 것입니다. 지금 저는 그래서는 안 된다는 사실을 깨달았습니다. 그리고 저는 어렸을 때 결혼을 했고 한 남자아이의 아버지라는 사실을 덧붙여야겠습니다. 저는 그렇게도 오랜 시간 동안 이 사실을 당신에게 밝히지 않았다는 사실을 후회하고 있습니다. 하지만 오늘 신께서 진실을 밝힐 용기를 제게 주셨다는 사실에 감사하고 있습니다. 감히 용서해달라고 말씀드려도 되겠습니까?

친절하게도 당신께서 소개시켜주신 아가씨에 대해서는 결코 예의에 벗어나는 행동을 하지 않았다는 사실을 분명하게 말씀드릴 수 있습니다. 저는 저의 한계를 잘 알고 있습니다. 당신은 제가 결혼했다는 사실을 모르셨습니다. 그랬기 때문에 우리 두 사람이 인연을 맺기를 바랐던 것은 참으로 당연한 일입니다. 일을 현재 상황보다 더 진전시키지 않기 위해서 저는 당신에게 진실을 말씀드려야만 합니다.

이 편지를 받아 보시고 만약 당신이 저를 당신의 호의에 합당하지 않는 사람이라고 생각하신다 할지라도 저는 그것을 결코 부당한 일이라고는 생각지 않을 것이라는 점을 분명히 말씀드리겠습니다. 당신은 친절과 배려로 영원히 계속될 감사의 부채 밑에 저를 놓으셨습니다. 만약 앞으로도 당신이 저를 물리치지 않으시고 당신의 호의—그것을 위해서 저는 어떤 고통도 감수할 것입니다— 그것에 합당한 사람이라고 봐주신다면 저는 커다란 기쁨으로 알겠으며, 그것을 한층 더 커다란 당신의 친절로 받아들이겠습니다.'

이 편지를 내가 단숨에 써내려간 것이 아니라는 사실을 독자는 알아주셨으면 한다. 나는 우선 초안을 작성했고 그것을 몇 번이고 고쳐썼다. 어쨌든 그것으로 나를 무겁게 짓누르고 있던 중압감이 사라졌다. 거의 한시도 지체하지 않고 그녀로부터 대략 다음과 같은 답장이 도착했다

'저는 당신의 솔직한 편지를 받게 되어 매우 기쁩니다. 우리 두 사람은 매우 기뻐서 진심으로 흐뭇해하면서 말했습니다. 당신이 말씀하신, 진실하지 못했던 당신은 용서를 받아야 합니다. 어쨌든 당신이 저희에게 실정을 알려주신 것은 매우 적절한 판단이었습니다. 제 초대는 여전히 유효하며 저희는 일요일에 당신의 방문을 기다리고 있겠습니다. 그리고 당신으로부터 조혼에 관한 자세한 이야기를 들으며 당신 이야기로 웃을 수 있기를 즐거운 마음으로 기다리겠습니다. 이번 사건이 우리의 우정에 아무런 영향도 주지 않았다는 사실을 당신에게 확실히 말해둘 필요가 있을까요?

이렇게 해서 나는 허위의 독에서 나 자신을 깨끗이 씻어냈다. 그리고 그 이후부터 나는 필요에 따라서 늘 결혼했다는 사실을 조금도 망설이지 않고 이야기했다.

내 기억이 정확하다면 영국에 체재했던 마지막 해, 그러니까 1890년에 포츠머스에서 채식주의자 대회가 열렸는데 거기에 인도인 친구와 내가 초대를 받아 참석했었다. 포츠머스는 수많은 해

군 인구를 보유한 항구도시였다. 거기에는 별로 좋지 못한 소문이 떠돌고 있는 부인, 실제로 매춘은 하고 있지 않지만 상당히 풍기 문란한 부인이 살고 있는 집들이 많았다. 우리는 그런 집들 중 한 군데서 묵게 되었다. 물론 접대위원회에서는 그런 사실을 전혀 모르고 있었다.

우리는 저녁에 대회에서 돌아왔다. 저녁식사를 마치고 우리는 브리지 게임을 하기 위해 한자리에 모였다. 그 자리에, 영국에서는 상류 가정에서도 관례가 되어버린 것처럼 그 집의 안주인이 가세했다. 카드놀이를 즐기는 사람들은, 너무나도 당연한 일이지만, 악의 없는 농담을 주고받는 법이다. 여기서도 친구와 부인은 결국 음란한 농담까지 주고받기 시작했다. 나는 친구가 그 방면의 도사라는 사실을 알지 못했다. 나 역시도 분위기에 사로잡혀 그들 사이에 끼어들었다. 내가 한계를 뛰어넘어서 카드고 게임이고 전부 잊어버리게 되었을 때, 신께서 그 쾌활한 친구의 입을 빌어 축복의 훈계를 내리셨다.

"악령이 들었다, 어서 도망가, 어서."

나는 부끄러워졌다. 나는 충고를 깨닫고 마음속으로 친구에게 감사를 했다. 나는 어머께 맹세했던 것을 떠올리고 그 자리를 피했다. 나는 부들부들 덜덜 떨며, 심장이 울리는 것을 느끼며, 추격의 손길에서 벗어난 사냥감이 되어, 내 방으로 돌아왔다.

당시 나는 종교와 신의 본질, 그리고 신이 우리 속에서 어떤 식으로 작용하는지 등에 대해서는 알지 못했다. 그 순간에는 신이 도와주신 것이라는 사실을 단지 막연하게 이해할 수 있었을 뿐이었다. 모든 시련의 순간에 신은 나를 구원해주셨다. 희망이 완전히 사라졌을 때도 내가 알 수 없는 어딘가에서 도움의 손길을 내밀어주셨다. 기원, 예배, 기도 등은 미신이 아니다. 그것들은 먹거나, 마시거나, 앉거나, 걷거나 하는 것보다 더욱 현실적인 행위인 것이다. 그것들만이 현실의 것이며 그 외의 모든 것은 비현실이라고 말해도 과언은 아닐 것이다.

종교에 가까이

내가 영국에서 생활한 지 2년째가 거의 끝나갈 무렵, 나는 두 접신론[74]자를 알게 되었다. 두 사람은 형제로, 모두 미혼이었다. 그들은 내게 기타에 대해서 가르쳐주었다. 그들은 에드윈 아놀드 경이 기타를 영어로 번역한 『천상의 노래』를 읽으며 토론을 하고 있었다. 그들이 함께 원전을 읽자고 제안했다. 나는 망설였다. 나는 산스크리트어로도 구자라트어로도 기타를 읽은 적이 없었기 때문이었다. 나는 간신히 그들에게 실은 기타를 읽은 적이 없다는 사실, 하지만 그것을 그들과 함께 읽어보고 싶다는 사실, 그리고 산스크리트어에 대한 나의 지식은 그리 대단하지는 않지만 번역의 어느 부분이 의미를 잘못 해석했는지를 지적할 수 있을 정도로 원전을 이해할 수 있는 힘을 가지고 있다고 생각한다는 사실 등을 이야기했다. 나는 기타를 그들과 함께 읽기 시작했다. 제2장 속의 다음과 같은 구절이 내 마음에 깊은 감명을 주었다.

―사람이 만약
그 관능의 대상에 집착하면, 대상의 매력 스스로 솟아나고
매력에서 욕망이 생겨나고, 욕망은 곧 격렬한 정열의 불꽃으로

타오르고, 정열은 무분별의 씨앗을, 깃들게 하기에 이른다.
 이렇게 추억—전부 덧없는—에 높은 뜻은 사라지고, 마음은 메마르며, 결국에는 지조, 심정, 신명 모두를 잃게 될 것이다.

 그 울림은 아직도 내 귓가에 남아 있다. 내게 있어서 그 책은 세상에서 가장 귀중한 것으로 여겨졌다. 그날 받은 감명은 날이 갈수록 더욱 깊어졌다. 지금 나는 그것을 진실한 지식을 얻기 위한 가장 뛰어난 책이라고 생각하고 있다. 그것은 나의 기분이 좋지 않을 때 측량할 수 없는 도움을 내게 주었다.
 그 형제는 또 에드윈 아놀드 경의 『아시아의 빛』을 내게 권했다. 그때까지 나는, 아놀드는 『천상의 노래』만을 번역한 줄 알았다. 그래서 나는 『바가바드 기타』 때보다도 더욱 커다란 흥미를 가지고 그것을 읽었다. 일단 읽기 시작하자 나는 그것을 손에서 놓을 수가 없었다. 그리고 어느 날, 그들은 나를 블라바츠키 로지[75]에 데려가주었다. 그리고 나를 마담 블라바츠키와 베젠트 부인[76]에게 소개를 해주었다. 베젠트 부인은 그때 마침 접신협회에 막 가입했을 때였다. 그래서 나는 그녀의 개종문제를 둘러싼 논의를 커다란 관심을 가지고 들었다. 친구들은 그 협회에 들어오라고 내게 권유했다. 하지만 나는 정중하게 거절하며 이렇게 말했다.
 "저는 아직 저의 종교에도 미숙하기 때문에 어느 종교 단체에도 들어가고 싶지 않습니다."
 나는 형제들이 강력하게 권해서 마담 블라바츠키의 『접신술 안내』를 읽은 것을 기억하고 있다. 그 책은 내게 힌두주의를 논한 책을 읽고 싶다는 기분을 들게 했다. 그리고 힌두주의는 미신투성이라고 떠들어댔던 기독교 선교사들의 견해가 잘못된 것이었음을 알게 해주었다.

그 무렵, 나는 채식주의자들만이 살고 있는 숙소에서 맨체스터 출신의 선량한 기독교도를 만났다. 그는 내게 기독교에 대해서 가르쳐주었다. 나는 그에게 라지코트에서의 일을 이야기식으로 들려주었다. 그것을 들은 그는 안타까워했다. 그가 말했다.

"나는 채식주의자야. 나는 술을 마시지 않아. 고기를 먹고 술을 마시는 기독교도는 헤아릴 수도 없이 많지. 그것은 틀림없는 사실이지만, 육식도 음주도 성전에 의해서 명령된 것은 아니야. 성경을 한번 읽어보기 바라네."

나는 그의 권유를 받아들였다. 그는 내게 성경 한 권을 가져다주었다. 나는 그것을 읽기 시작했다. 하지만 구약은 통독할 수가 없었다. 나는 「창세기」를 읽었다. 그리고 그 다음 장을 읽을 때가 되면 늘 잠이 왔다. 하지만 그것을 전부 읽고 싶다는 생각에서 커다란 고통을 느끼며, 그리고 조금도 흥미를 갖지 못한 채, 더구나 의미도 모르는 채 그 외의 장을 계속해서 읽었다. 나는 『민수기』는 별로 마음에 들지 않았다.

그런데 신약에서는 다른 감명을 받을 수 있었다. '산상수훈[77]'은 아주 특별한 것이었다. 거기에는 내 가슴을 울리는 무엇인가가 있었다. 나는 그것을 기타와 비교해보았다.

'나는 너희에게 이르노니 악한 자를 대적하지 마라. 누구든지 네 오른편 뺨을 치거든 왼편도 돌려 대며, 또 너를 고발하여 속옷을 가지고자 하는 자에게 겉옷까지도 가지게 하며'

이 구절은 나를 한없이 기쁘게 했으며, 샤마르 바트의 다음과 같은 구절을 떠올리게 했다.

 '한 잔의 물을 받거든 산해의 진미로 거기에 보답하라.'

 나의 젊은 마음은 기타나 『아시아의 빛』의 가르침과 '산상수훈'의 가르침을 하나로 엮어보려 시도했다. 내게 있어서 자기 포기야말로 가장 강한 호소력을 가진 종교의 최고 형식이었다.

 종교에 대한 나의 접근은 이것 이상 이루어지지는 않았다. 하지만 나는 종교와 관계된 책을 좀 더 많이 통독해야 하며, 주요한 종교에는 모두 통달해야겠다는 생각을 마음에 새기게 되었다[28].

인도로 돌아오다

 지금까지 나는 왜 영국에 갔는지 그 목적, 즉 변호사 면허를 따는 것에 대해서는 아무런 말도 하지 않았다. 그것에 대해서 잠깐 얘기하기로 하겠다.

 영국에서는 학생이 정식으로 변호사 면허를 받으려면 두 가지 조건을 충족할 필요가 있었다[79]. 소정의 학기 수를 출석할 것, 즉 약 3년간에 상당하는 12학기에 출석할 것과 학과시험에 합격하는 것이었다. 소정의 학기 수를 채운다는 것은 학기를 먹고 마시며 지내는 것, 즉 한 학기에 약 24번 정도의 회식이 행해졌는데 그 중 적어도 6번은 출석을 하는 것을 말한다. 음식이라는 것은 실제의 음식을 말하는 것이 아니다. 정해진 시간에 보고를 하고 다른 시간에도 회식이 끝날 때까지 그 자리에 남아 있는 것을 말하는 것이다.

 학과는 즐거웠다. 변호사는 '회식 변호사'라는 장난스러운 이름으로 알려져 있었다. 시험은 사실상 가치가 없는 것이라는 사실을 모두가 알고 있었다. 내가 다녔을 때는 로마법과 습관법[80] 두 과목의 시험이 있었다. 시험문제는 쉬웠으며 시험관은 관대했다. 로마법 시험의 합격률은 95%였으며, 최종시험의 합격률도 75%

가 넘었다. 낙제할 염려는 없었다. 그리고 시험은 1년에 한 번이 아니라 네 번이나 행해졌다. 조금도 어렵다고는 생각되지 않았다.

나는 시험에 합격하여 1891년 6월 10일에 변호사 면허를 취득했다. 그리고 11일부터 고등법원에 등록되었다. 이튿날인 12일에 나는 고국을 향해서 출발했다.

나의 공부에는 진전이 있었지만, 자신감 부족과 겁 많은 성격은 고쳐지질 않았다. 나는 변호사를 할 자격이 내게는 없다고 생각했다.

변호사 면허를 취득하는 것은 간단히 끝났다. 하지만 법정에서 실제로 변호를 하는 것은 어려운 일이었다. 나는 법규를 배웠다. 하지만 법률사무는 습득하지 못했다. 그리고 인도법에 대해서는 전혀 배운 것이 없었다. 나는 힌두법 및 이슬람법에 대한 지식은 전혀 가지고 있지 않았다. 고소장을 쓰는 법조차도 배우지 못했다. 그랬기 때문에 뭐가 뭔지 도무지 알 수가 없었다.

페로제샤 메타 경[80]이 법정에서 사자와 같이 당당하게 변호했다는 얘기를 들은 적이 있었다. 그는 그런 솜씨를 영국에서 닦은 것일까 하는 생각이 들었다. 그와 같이 법률에 대한 날카로운 감각을 갖는다는 것은 내게는 도저히 불가능한 일이었다. 과연 이 직업을 통해서 내가 밥벌이를 할 수 있을지 내심 걱정이 되었다.

나는 법률을 공부하는 동안 이와 같은 의문과 걱정에 시달렸다. 나는 그러한 괴로움을 친구들에게 가만히 털어놓았다. 그들 중 한 명이 그렇다면 다다바이 나오로지의 의견을 들어보라고 제안했다. 내가 영국에 갔을 때 다다바이 나오로지에게 보내는 소개장을 받아왔다는 사실은 이미 기술한 적이 있다. 그때까지 나는 소개장을 사용하지 않았었다. 나 같은 녀석이 만나러 가서 그처럼 위대한 사람을 번거롭게 할 권리는 없다고 생각했기 때문이었다.

그의 연설이 있을 때면 나는 늘 연설을 들으러 갔었다. 강당 한 구석에서 귀를 기울여 그의 연설을 들었다. 그리고 나의 눈과 귀를 충분히 만족시킨 뒤에 집으로 돌아왔다. 그는 학생들과 뜻 깊은 접촉을 갖기 위해서 협회를 하나 만들었다. 나는 협회의 모임에 빠지지 않고 참석했다. 그리고 다다바이가 학생들을 잘 돌봐주고 있다는 사실, 그에 대해서 학생들이 존경심을 품고 있다는 사실에 마음이 편안해지곤 했다. 어느 날, 나는 용기를 내어 소개장을 그에게 내밀었다. 그가 말했다.

"자네가 오고 싶을 때 언제라도 찾아와서 내 의견을 들도록 하게."

하지만 나는 그의 제의를 이용하지 않았다. 아주 급한 일이 아닌 이상, 그를 번거롭게 하는 것은 좋지 않은 일이라고 생각했다. 그래서 나는 고민을 다다바이와 상의해보라는 친구의 권유를 받아들이지 않았다.

내게 프레드릭 핀커트 씨를 만나보라고 권유한 사람이 있었는데 같은 친구였는지 다른 사람이었는지는 기억이 나지 않는다.

핀커트 씨는 보수당원이었다. 하지만 그의 인도에 대한 사랑은 이기적인 것이 아닌 순수한 것이었다. 많은 학생들이 그에게 조언을 구하러 찾아갔었다. 그래서 나도 그에게 만나줄 것을 청했다. 그는 허락해주었다. 나는 지금도 그 만남을 기억하고 있다. 그는 나를 친구처럼 맞아주었다. 그는 나의 비관주의를 듣고 그냥 웃어넘겼다. 그가 말했다.

"자네는 모든 사람들이 페로제샤 메타가 되어야 한다고 생각하는 건가? 페로제샤 메타나 바드루딘[82]은 백에 하나 있을까 말까 한 사람들이야. 걱정 말게. 평범한 변호사가 되는 데는 특별한 재주가 필요한 게 아니니까. 평범한 정직함과 근면함으로도 그럭저럭 살아갈 수 있네. 모든 사건이 그렇게 복잡하기만 한 것도 아니야. 이번에는 자네가 얼마나 책을 읽고 있는지를 들려주게나."

내가 읽은 얼마 되지 않는 책들을 그에게 이야기하자, 내 기분 탓인지, 그의 얼굴에 다소 실망의 빛이 감도는 듯했다. 하지만 그것은 한순간에 지나지 않았다. 그는 곧 얼굴에 즐겁다는 듯한 미소를 지으며 이렇게 말했다.

"자네가 무얼 걱정하는 건지 잘 알겠네. 자네는 아직 독서량이 부족해. 자네에게는 변호사의 필수조건인 세상 지식이 없어. 자네는 인도의 역사를 읽지 않았지? 변호사는 인간의 성질을 깨닫고 있어야만 해. 사람의 얼굴을 보고 그 사람의 성격을 읽어낼 수 있어야만 해. 그리고 인도의 역사를 알아둘 필요가 있어. 이건 법률사무와는 관계가 없는 것이지만 그래도 자네는 거기에 대한 지식을 꼭 가지고 있어야만 하네. 그리고 자네는 케이와 맬러슨의 『1857년 반란의 역사[83]』를 읽지 않은 것 같군. 바로 구하도록 하게. 그리고 인간의 성질을 이해하는 데 도움이 되는 책을 두 권 더 읽도록 하게."

그 두 권이란 인상학에 관한 레베이터와 셈멜페니크의 저술이었다. 이튿날 레베이터의 책을 샀다. 셈멜페니크의 책은 서점에 없었다. 나는 레베이터의 책에서 새로운 지식을 얻지는 못했다. 그리고 영국에서는 케이와 맬러슨의 책을 읽지 못했다.

하지만 기회가 있으면 가장 먼저 읽을 생각이었기 때문에 남아프리카에서 그것을 읽을 수 있었다.

이렇게 절망과 함께 희망의 조그만 싹을 품은 채 나는 아샘 호에서 내려 봄베이에 상륙했다.

6월과 7월에 아라비아 해가 거칠어지는 것은 매해 늘 있는 일이었다. 바다는 아덴에서부터 줄곧 거칠었다. 승객 중에서 배 멀미를 하지 않는 사람은 거의 없었다. 오직 나 혼자만 별 탈이 없었다. 갑판에 서서 거친 파도를 바라보기도 하고, 파도 때문에 일어나는 물보라를 즐기기도 했다.

이와 같은 외부 세계의 폭풍이 내 마음을 상징하고 있는 것 같다는 느낌이 들었다. 하지만 외부의 폭풍에 대해 평정을 유지할 수 있었으니 내부의 폭풍에 대해서도 그럴 수 있을 것이라고 생각했다.

큰형님께서 봄베이의 부두까지 나를 맞으러 나와주었다. 나는 이미 메타 박사와 그의 형제들과 아주 친한 사이가 되어 있었다. 그래서 메타 박사가 나를 자신의 집에서 재우고 싶다고 끈질기게 말했기 때문에 우리는 그곳으로 갔다. 이렇게 영국에서 시작된 교우는 인도에서도 계속되었다. 그리고 양 집안의 영원한 우정으로까지 발전했다.

나는 어머니를 만나고 싶은 마음으로 가득했다. 형님은 어머니의 죽음을 내게 알리지 않았다. 어머니는 내가 영국에 있는 동안에 돌아가셨던 것이다. 형님은 이국땅에 있는 내게 충격을 줘서는 안 된다고 생각했던 것이다. 그럼에도 불구하고 그 소식은 내게 커다란 충격이었다. 나의 슬픔은 아버지가 돌아가셨을 때보다 더욱 컸다. 내가 가슴 속에서 그리고 있던 희망의 대부분이 산산이 부서지고 말았다. 하지만 슬픔을 함부로 표현하지는 않았다. 나는 솟아나는 눈물까지 참았다. 그리고 아무 일도 없었던 것처럼 생활을 시작했다.

메타 박사는 내게 친구 몇 명을 소개해주었다. 그 중에 그의 형인 실리 레바샹카르 자그지반이 있었다. 그 사람과 나는 평생 친분을 맺는 관계가 되었다. 하지만 내가 특별히 이야기하고 싶은 것은, 메타 박사의 형의 양아들로 레바샹카르 자그지반이라는 이름의 보석상회의 공동 출자인인 레이찬드, 혹은 라지찬드라라는 사람을 소개 받은 일이다. 당시 그는 스물다섯 살도 되지 않았었다. 하지만 나는 처음 만났을 때부터, 그가 위대한 성격과 학식을 가진 사람이라는 사실을 알 수 있었다. 내가 감탄한 것은 그가 경전에 정통해 있다는 사실, 흠잡을 데 없는 성격을 가지고 있다는 사실, 자기실현(신을 뵙는 것)이라는 목표에 불타오르는 정열을 쏟아 붓고 있다는 사실 때문이었는데 이런 사실들을 나는 나중에서야 알게 됐다. 나는 그가 자기실현을 위해서 살아가고 있다는 사실을 알게 되었다.

그는 다이아몬드와 진주의 감정가였다. 복잡한 상업상의 문제도 그는 간단하게 처리했다. 하지만 그런 문제들은 무엇 하나 그의 생활의 중심을 이루지 못했다. 생활의 중심은 신을 만나고 싶다는 열렬한 소망이었다. 그는 일이 끝나면 바로 종교서나 일지를 펼쳤다. 그의 저작이 상당히 많이 공개되었는데 그것은 대부분 그 일지를 인쇄한 것이었다. 장사에 관한 수많은 이야기를 마치고 나면 바로 내면에 숨어 있는 정신에 대해서 기록하기 시작하는 사람은 틀림없이 장사꾼은 아니다. 참된 진실을 추구하는 사람이다.

그를 나와 연결 지은 것은 장사나 그 외의 이기적인 관계가 아니었다. 당시 나는 신출내기 변호사에 지나지 않았다. 그런데도 그는 나를 만나기만 하면 언제나 진지한 종교적 이야기를 내게 건네곤 했다. 당시 나는 길을 찾기에 여념이 없었다. 그리고 종교상의 논의에는 조금도 흥미를 가지고 있지 않았지만, 그의 이야기에 매료되어버리고 말았다. 그 이후로 나는 수많은 종교 지도자와 선도자들을 만났다. 나는 여러 가지 신앙의 지도자들을 만나려고 했다. 하지만 그 중에서도 레이찬드 바이와 같은 인상을 내게 준 사람은 아무도 없었다.

그런데 그에 대한 나의 존경심에도 불구하고 나의 마음속에서는 그를 나의 교사로 받아들일 수가 없었다. 교사의 자리는 비어 있다. 그리고 나의 탐구는 계속되고 있다.

나는 교사에 대한 힌두교의 가르침을 믿으며 정신적 실현(자기실현과 같다)에 있어서 교사가 담당하는 몫의 중요성도 믿고 있다. 나는 참된 지식은 교사 없이 얻을 수 없다는 교의 속에 많은 진리가 포함되어 있다고 생각한다. 세속적인 부분에 있어서는 불완전한 지도자라 할지라도 임무를 수행할 수 있을 것이다. 하지만 정신적인 부분에서는 그렇지가 않다. 완전한 구도자만이 교사의 자리에 앉을 수 있다. 따라서 완전을 목표로 끊임없이 노력할 뿐이다. 왜냐하면 그에 값하는 사람만이 교사의 자리를 얻을 수 있기 때문이다. 완전함을 소망하며 무한의 노력을 기울이는 것은 인간만의 특권이다. 그에 합당한 보답은 있다. 그 이외의 것은 신의 손 안에 있다.

내 생애에 깊은 인상을 남겼을 뿐만 아니라 나를 사로잡은 사람은 지금까지 세 명이 있었다. 살아 있는 교제를 나눈 레이찬드 바이, 『신의 나라는 네 안에 있다』의 톨스토이[84] 그리고 『최후의 사람에게』의 러스킨[85]이다.

생활의 시작

내 해외여행을 둘러싸고 내가 속한 카스트 사이에서 일었던 폭풍은 아직도 거칠게 불어대고 있었다. 카스트는 두 파로 나뉘었다. 그 중 하나는 나를 곧바로 카스트에 재가입시켰지만 다른 한 파는 여전히 나를 제적한 채였다. 나는 가입을 거부하고 있는 일파에게 부탁을 하고 싶은 마음도 없었고 그 파의 우두머리 중 누구에게도 반감을 가지고 있지 않았다. 그들 중 몇몇은 나를 까닭 없이 미워했다. 하지만 나는 세심하게 신경을 써서 그들의 감정에 상처를 줄 만한 행동은 하지 않았다. 나는 카스트의 제적 규약을 완벽하게 지켰다. 그 규약에 의하면 내 친척은 누구나, 장인이나 장모, 누이나 의형제까지도 나를 환대해서는 안 되었다. 그리고 나는 그들의 집에서는 물조차도 마실 수 없었다. 그들은 그와 같은 금지에 걸리지 않도록 은밀하게 준비를 하고 있었다. 하지만 공개된 자리에서 하지 않는 행동을 은밀하게 하는 것은 내 천성에 맞지 않는 것이었다.

내가 행동을 조심했기 때문에 한 번도 카스트에서 귀찮은 일을 당하지 않고 지낼 수 있었다. 아니, 나를 여전히 제외시키고 있던 일파에 속한 대부분의 사람들에게도 호의와 관대함 이외의 것을 품게 한 적은 없었다. 그들은 일을 하고 있는 나를 도와주었다. 그들은 내가 카스트의 일원처럼 행동하기를 바라지 않았다. 이 모든 것이 전부 무저항의 결과였다는 것이 나의 확신이다. 나를 카스트에 가입시켜달라고 운동을 했다면, 카스트를 한층 더 여러 갈래로 분열시키려 했다면, 같은 카스트 사람들을 도발했다면 그들은 틀림없이 보복을 가해왔을 것이다. 그랬다면 폭풍을 잠재우기는커녕 나는 영국에서 돌아오자마자 폭풍이 일어난 소동의 중심에 놓여 아마도 허위의 대열에 합류했을 것이다.

라지코트에서 개업을 한다면 틀림없이 웃음거리가 되고 말 것이었다. 나는 인도에서 자격을 취득한 변호사들만큼의 지식도 가지고 있지 못했다. 그런데도 그들보다 열 배나 많은 보수를 기대하고 있었다. 어떤 소송 의뢰인이라 할지라도 나와 계약을 맺을 정도로 멍청한 사람은 없을 것이다. 그리고 만약 그런 사람이 있다면 나의 무지에 오만불손함과 거짓말이 가세해서, 내가 이 세상에서 짊어지고 있는 짐이 무게를 더하게 될 것이다.

친구들은 내게 한동안 봄베이로 가서, 고등법원에서 경험을 쌓기도 하고 인도법을 공부하기도 하고 내가 어떤 소송사건을 다룰 수 있는지 시험해보기도 하라고 권해주었다. 나는 그 권고를 받아들여 봄베이로 가보았다. 하지만 봄베이에서의 생활은 5, 6개월 이상 계속되지 못했다. 점점 불어만 가는 지출비를 감당할 만한 수입이 없었기 때문이었다. 그 무렵 나는 한 마미바이[86]의 소송을 맡게 되었다. 그것은 '조그만 소송사건'이었다. 나는,

"자네는 소개를 해준 사람에게 얼마간 사례를 해야 한다."는 말을 들었다. 나는 바로 거절했다. 나는 사례는 하지 않았지만

그래도 마미바이의 사건은 맡기로 했다. 그것은 간단한 사건이었다. 나는 보수로 30루피를 청구했다. 그 사건은 하루면 끝날 일이었다.

그것이 소법정에서의 내 데뷔전이었다. 나는 변호인으로 출정하여 원고 측 증인을 반대심문 해야만 했다. 나는 자리에서 일어났다. 그런데 온몸이 떨려왔다. 내 머리는 어질어질했으며 법정 전체가 흔들리는 것 같은 기분이 들었다. 나는 심문해야 할 내용이 하나도 머리에 떠오르지 않았다. 재판관은 틀림없이 나를 비웃었을 것이다. 그리고 변호사도 의심할 여지없이 그 광경을 즐기고 있었을 것이다. 그러나 나는 심문을 할 수가 없었다. 나는 자리에 앉아 대리인에게 이렇게 말했다.

"나는 이 사건을 맡을 수 없게 되었습니다. 파텔에게 의뢰하도록 하십시오. 그러면 요금은 내가 그쪽으로 보내도록 하겠습니다."

파텔 씨는 51루피에 그 사건을 넘겨받았다. 그에게 있어서 이 사건은 어린애 장난과도 같은 것이었다는 사실은 말할 필요도 없을 것이다.

나는 법정에서 서둘러 나왔다. 나의 소송 의뢰인이 이겼는지 졌는지 결과가 날 때까지 기다리지 않았다. 나는 나 자신이 부끄러웠다. 그리고 내게 용기가 생겨서 사건을 처리할 수 있게 될 때까지 새로운 사건은 맡지 않기로 굳게 결심했다. 그리고 나는 교사 자리를 알아보면 좋을 것이라고 생각했다. 영어에 대한 나의 지식은 충분했다. 그리고 나는 어딘가의 학교에서 입학시험을 준비하는 소년에게 영어를 가르쳤더라면 좋았을 것이다. 그랬으면 나는 지출비의 일부를 벌 수 있었을 것이다. 어느 날 나는 신문에서 '영어교사 한 명 모집. 조건 하루 한 시간 수업, 봉급 75루피.'라는 광고를 발견했다. 한 유명한 고등학교에서 낸 광고였다. 나는 응모했다. 그리고 면접을 하게 되었다. 나는 씩씩하게 그곳으로 갔다. 하지만 내가 그 학교 졸업생이 아니라는 사실을 알자 교장은 안타깝다는 듯이 거절했다.

"하지만 저는 제2 외국어로 라틴어를 공부해서 런던 대학의 입학시험에 합격하기도 했습니다."

"그래요? 하지만 우리에게 필요한 건 졸업생입니다."

어떻게 해볼 도리가 없었다. 나는 풀이 죽어서 두 손을 비볐다. 형님 역시도 매우 걱정을 해주었다. 우리 두 사람은 이 이상 봄베이에서 돈을 쓰는 것은 쓸데없는 일이라는 결론에 도달했다.

낙담한 나는 봄베이를 떠나 라지코트로 돌아왔다. 나는 거기에다 사무소를 차렸다. 거기서 나는 무난하게 일을 처리해 나갔다. 신청서나 진정서를 대필해주면 월 평균 300루피가 손에 들어왔다. 그와 같은 일을 할 수 있었던 것은 자신의 능력 때문이 아니라 오히려 연줄 때문이었다. 왜냐하면 형님의 친구가 안정된 업무를 가지고 있었기 때문이었다. 실제로 중요하거나, 그가 봐서 중요하다고 생각되는 신청서 등은 전부 유명한 법정변호사[37]에게 넘어갔다. 내가 맡은 것은 가난한 의뢰인을 위한 신청서를 대필하는 것이었다.

최초의 타격

형님은 포르반다르의 고 라나 사헵이 토후의 자리에 오르기 전에 비서 겸 고문으로 있었다. 그리고 바로 그 무렵 잘못된 보고를 했다는 비난의 화살이 형님의 머리 위로 쏟아졌다. 사건은 형님에게 악의를 품고 있는 정치 이사관[88]에게로 넘어갔다. 그런데 영국에 있을 때 나는 그 사람과 서로 알고 지냈었다. 그리고 그는 나와 상당히 친밀했다고 할 수 있었다. 형님은 내가 이 일에 개입해서 그 우정에 기대어 자신을 위해서 변호해 정치 이사관의 악의를 해소하기에 노력해야 한다고 생각했다. 나는 처음부터 그런 사고방식이 마음에 들지 않았다. 나는 영국에서 잠깐 맺은 관계 같은 걸 이용해서는 안 된다고 생각했다. 만약 형님에게 정말로 과실이 있다면 내 권고가 무슨 도움이 되겠는가? 그리고 죄가 없다면 형님은 적절한 수속을 밟아서 청원을 해야만 하는 것이다. 그리고 자신의 무죄를 확신하고 결과를 기다리기만 하면 되는 것이다. 그렇게 하라고 권하자 형님은 속이 뒤틀린 모양이었다. 형님이 말했다.

"네가 카티아와르의 사정을 몰라서 그런다. 그리고 너는 아직 세상이라는 걸 몰라. 지금 의지할 수 있는 건 오직 연줄뿐이야. 형을 위해서 네가 알고 있는 관리에게 힘껏 변호를 할 수 있으면서도 의무를 피하다니, 동생인 너답지 않다."

나는 거부할 수 없었다. 그래서 나는 자신의 의지를 거스른 채 관리가 있는 곳으로 갔다. 나는 그에게 다가갈 자격이 없다는 사실을 알고 있었으며, 내 자존심에 상처를 입을 것이라는 사실도 잘 알고 있었다. 그래도 나는 면담 약속을 잡아서 그를 찾아갔다. 나는 그에게 오랜만이라는 인사를 했다. 하지만 카티아와르에서는 영국에 있을 때와 태도가 다르다는 것을 깨달을 수 있었다. 휴가를 얻어 귀국한 관리와 근무 중에 있는 관리가 얼마나 다른 사람인지를 처음으로 깨달았다. 정치 이사관은 나를 기억하고 있었다. 내가 오랜만이라는 인사를 하자 그는 경직된 느낌이었다.

'설마 나와의 교우관계를 이용하러 온 건 아니겠지? 그렇지?'

마치 이렇게 말하고 싶다는 듯한 표정이었으며, 그것이 얼굴의 움직임에 생생하게 나타났다. 그것을 모르는 척하고 본론으로 들어갔다. 사히브[80]는 화를 냈다.

"자네 형은 음모가야. 나는 자네부터로도 아무런 말도 듣고 싶지 않아. 바쁘단 말이야. 자네 형에게 무슨 할 말이 있다면 정당한 경로를 통해서 신청하라고 하게."

그것으로 그의 답을 알 수 있었으며 어찌 보면 당연한 결과라고 할 수 있을 것이다. 하지만 이기심이라는 것은 참으로 무모한 것이다. 나는 이야기를 계속했다. 사히브가 자리에서 일어나 말했다.

"그만 돌아가게."

"그러지 마시고 제 말을 끝까지 들어보십시오."

나는 이렇게 말했다. 그러자 그는 한층 더 화를 냈다. 그는 심부름하는 사람을 불러서 나를 문까지 안내해주라고 명령했다. 그래도 내가 망설이고 있자 심부름하는 사람이 들어왔다. 그는 내 양 어깨에 손을 얹어 나를 방 밖으로 밀어냈다.

사히브는 자리에서 떠났다. 심부름하는 사람도 그 뒤를 따라갔다. 그리고 나는 잔뜩 화가 나서 돌아섰다. 나는 서둘러 다음과 같은 뜻이 담긴 메모를 적어 사히브에게 전했다.

'저는 사히브에게 모욕을 당했습니다. 사히브는 심부름꾼을 시켜서 제게 폭행을 가했습니다. 만약 사죄하지 않는다면 저는 사히브를 고소하겠습니다.'

그의 호위병이 바로 답장을 가지고 왔다.

'귀하야말로 제게 무례를 범했습니다. 저는 귀하에게 나가달라고 요구했고 귀하는 나가지 않았습니다. 저는 심부름꾼에게 명령해서 문까지 안내해드리라고 할 수 밖에 달리 방법이 없었습니다. 그가 귀하에게 사무실 밖으로 나가달라고 요구해도 귀하는 그렇게 하지 않았습니다. 그랬기 때문에 그는 귀하를 보내드리기 위해서 조금 힘을 썼습니다. 귀하가 고소를 하든지 말든지 그것은 귀하의 자유입니다.'

그 답장을 주머니에 넣고 나는 힘없이 집으로 돌아왔다. 그리고 형님에게 모든 사실을 털어놓았다. 그것을 들은 형님은 마음 아파했다. 하지만 나를 어떻게 위로해야 할지 알지 못했다. 형님의 친구인 변호사에게 이야기를 해보았다. 왜냐하면 나는 사히브를 고소하려면 어떻게 해야 하는지 알 수 없었기 때문이었다. 그때 마침 페로제샤 메타 경이 어떤 사건 때문에 봄베이에서 라지코트로

와 있었다. 하지만 나 같은 풋내기 변호사가 어찌 그와의 면담을 요청할 수 있었겠는가? 그래서 나는 그와 만나기로 약속이 되어 있는 변호사를 통해서 내 사건의 조사서를 그에게 전달해달라고 했다. 그리고 그에게 의견을 물었다.

그가 말했다.

"간디에게 전해주게. 이런 일은 대부분의 변호사들이 신물이 날 정도로 경험하고 있는 일이다. 그는 영국에서 돌아온 지 얼마 되지 않았고, 너무 혈기왕성해. 그는 아직 영국 관리를 몰라. 만약 그가 여기서 조금이라도 수입을 얻으며 편안한 생활을 하고 싶다면 메모를 찢고 모욕을 참아야 할 거야. 사히브를 고소한다 해도 그에게는 아무런 득도 되질 않아. 오히려 자신을 파멸시키게 될 뿐이야. 그는 아직 인생을 몰라."

내게 있어서 이 충고는 독극물에도 뒤지지 않을 만큼 씁쓸한 것이었다. 하지만 그것을 받아들이지 않을 수 없었다. 나는 모욕을 참았다. 하지만 그것으로 얻은 것도 있었다.

'앞으로 나는 두 번 다시 그와 같은 허위의 장소에 들어가지 않겠다. 두 번 다시 우정을 이런 식으로 이용하지 않겠다.'

나는 이렇게 결심했다. 그리고 그 이후로 나는 그 결의를 깨는 죄를 범한 적이 한 번도 없었다. 이 타격 때문에 내 인생 행로에 변화가 일어났다.

그 관리를 찾아간 것은 틀림없는 나의 실수였다. 하지만 그의 성급함과 난폭하게 화를 낸 태도는 나의 실수를 고려한다 할지라도 도를 넘어선 것이었다. 물러가라는 명령도 정상적인 것이 아니었다. 하지만 당연히도 내 일의 대부분은 그의 법정에서 행해지는

간디자서전 | 145

것이었다. 나는 그와 도저히 화해를 할 수가 없었다. 나는 그의 비위를 맞춰줄 생각은 조금도 없었다. 사실 한때는 그를 고소할 마음까지 품고 있었기 때문에 나는 그대로 입을 다물어버리고 싶지는 않았다.

그러는 동안 나는 우리나라에서 일어나는 시시껄렁한 몇몇 정쟁을 알게 되었다. 카티아와르 지방은 조그만 토후국이 모여 있는 곳이기 때문에 자연스럽게 정쟁이 치열한 곳이었다. 나라와 나라 간의 시시한 음모, 관리들의 권력투쟁이 밥 먹듯이 벌어졌다. 토후들은 늘 다른 사람들 뜻대로 움직였으며 아첨하는 말에 귀를 기울였다. 심지어는 사히브의 부하들에게까지 아첨을 하곤 했다. 그리고 사히브의 재판소 서기는 그의 주인 이상이었다. 왜냐하면 재판소 서기는 주인의 눈, 귀 그리고 통역이었기 때문이었다. 재판소 서기의 뜻은 곧 법률이었다. 그리고 그의 수입은 사히브보다도 늘 많다는 소문이었다. 그것은 어쩌면 과장된 얘기였을지도 모른다. 하지만 그가 급여 이상의 생활을 하고 있었던 것만은 틀림없는 사실이었다.

그런 분위기는 내게 불리한 것처럼 여겨졌다. 그리고 어떻게 해야 해를 입지 않을 수 있을지를 나는 늘 생각했다.

나는 완전히 기운을 잃었다. 형님도 그것을 확실하게 느낄 수 있었던 듯했다. 만약 내가 어떤 직업을 갖게 되면 이 책동의 세계에서 탈출할 수 있을 것이라고 두 사람은 생각했다. 하지만 책동 없이 오를 수 있는 대신 자리나 재판관 자리는 생각할 수도 없는 것이었다. 사히브와의 싸움이 나의 실무를 방해했다.

나는 마음이 편하지 않았다.

바로 그때 포르반다르 출신 메만[30] 사람의 한 상회에서 형님 앞으로 다음과 같이 사람을 구한다는 편지가 왔다.

"저희는 남아프리카에서 사업을 하고 있는 사람들입니다. 그곳에서는 커다란 상회입니다. 그런데 지금 남아프리카의 재판소에 소송사건을 제기한 상태입니다. 저희가 청구한 손해배상금액은 4만 파운드입니다. 그것은 오랫동안 계속되어 왔습니다. 저희는 예전에 유능한 변호사에게 일을 의뢰한 적도 있었습니다. 만약 귀하의 아우님을 그곳으로 보내주신다면 저희에게도 힘이 될 것이며, 아우님께도 도움이 될 것으로 생각됩니다. 아우님이라면 저희보다도 더 좋은 지혜를 빌려주실 수 있을 것입니다. 그리고 아우님도 남아프리카라는 신천지를 체험하시며 새로운 지기도 여럿 얻을 수 있는 기회를 갖게 될 것입니다."

나는 물었다.

"얼마나 일을 하게 될까요? 그리고 보수는 어느 정도 될까요?"

"일 년은 걸리지 않을 겁니다. 저희는 귀하에게 귀국 시의 일등 선실 요금을 포함하여 총 105파운드를 지급하겠습니다."

이건 변호사로 가는 게 아니라 한 회사의 고용인으로 가는 것이었다. 하지만 나는 어쨌든 인도를 떠나고 싶었다. 새로운 나라를 볼 수 있고 새로운 경험을 할 수 있는 기회라는 매력도 있었다. 그리고 형님에게 105파운드를 부쳐서 일가의 가계에 도움을 줄 수도 있었다.

나는 몸값을 올리려 하지도 않고 그 조건 그대로 얘기를 매듭지은 뒤, 바로 남아프리카로 갈 준비를 시작했다.

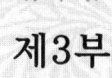

제3부

남아프리카에 도착

나탈의 항구는 더반인데 그곳은 통상 나탈 항이라고 불렸다. 압둘라 셰드가 그곳까지 나를 마중 나와 주었다. 배가 선착장에 닿았다. 나는 마중 나온 사람들이 그들의 친구를 찾으려 배 위로 올라오는 것을 가만히 바라보았다. 거기서 나는 인도인들이 그다지 존경받고 있지 못하다는 사실을 알게 되었다. 나는 압둘라 셰드를 알고 있는 사람들이 그에게 보이는 태도, 동작 속에 무례한 부분이 있다는 것을 놓치지 않았다. 그리고 그것이 나를 괴롭게 했다. 압둘라 셰드는 그런 것에 익숙해져 있었다. 사람들이 나를 바라보는 시선 속에는 확실히 느낄 수 있는 호기심과 함께 그것이 있었다. 나의 복장 때문에 나는 다른 인도 사람과는 다르게 보였다. 나는 프록코트를 입고 있었으며 머리에는 벵골 푸그리[91] 모양을 한 터번을 쓰고 있었다.

나는 회사 건물 안으로 들어가 나를 위해 준비해둔 방으로 안내되었다. 압둘라 셰드의 바로 옆이었다. 그는 내가 어떤 사람인지 알지 못했다. 나 역시도 그가 어떤 사람인지 알지 못했다. 그는 그의 형제가 내게 들려 보낸 소개 서류를 읽었다. 그리고 조금 당황하는 듯한 눈빛이었다. 그는 형제가 흰 코끼리[92] 한 마리를 보냈다고 생각했다. 그는 나의 복장이나 생활양식[93]이 유럽 사람들처럼 돈이 드는 것이라고 생각했던 것이다.

당장 내가 해야 할 특별한 일은 없었다. 그들의 소송사건은 트란스발에서 진행되고 있었다. 지금 당장 나를 그곳으로 파견한다고 해봐야 아무런 도움도 되지 않았다. 그리고 그는 나의 능력과 정직함을 어떻게 평가하고 있었을까? 그는 경계하는 마음에서 나를 프리토리아로 보내지 않았다. 사건의 피고는 프리토리아에 있었다. 그리고 그가 모르는 사이에 나를 매수하려 들지도 모르는 일이었다. 하지만 문제의 사건과 관련된 일을 내게 맡기지 못하겠다면 대체 어떤 일을 내게 맡길 수 있단 말인가? 왜냐하면 그 외의 일은 전부 그의 사무원들이 아주 잘 처리하고 있었기 때문이었다. 사무원들에게 실수가 있으면 배상을 청구했다. 만약 내가 실수를 저지른다면 그와 마찬가지로 배상을 청구할 수 있을까? 따라서 사건과 관련된 일을 내게 맡기지 못하겠다면 나를 그들 안에 둘 필요는 없었다.

압둘라는 글을 몰랐다. 하지만 그는 풍부한 경험을 가지고 있었다. 그는 날카로운 지력을 가지고 있었으며 자신도 그것을 의식하고 있었다. 이곳에 와서 대화를 나눌 수 있을 정도의 영어는 충분히 습득했다. 그것이 그에게 도움이 되어 그는 은행의 지배인이나 유럽 상인 등과 교섭을 할 때도, 혹은 자신의 생각을 그의 고문에게 설명할 때도, 그의 업무 전부를 척척 처리해나갔다. 인도인들은 그를 매우 존경하고 있었다. 당시 그의 상회는 인도인 회사 중에서도 가장 크거나 혹은 큰 것들 중 하나였다.

내가 도착한 지 2, 3일 정도 지나서 그는 나를 더반의 재판소로 데려가 그곳을 안내해주었다. 거기서 그는 두어 명을 내게 소개시켜준 뒤, 그의 고문변호사 옆에 나를 앉혔다. 그러는 동안 가만히 나를 지켜보고 있던 재판장이 드디어 입을 열어 터번을 벗어달라고 내게 요구했다. 나는 그럴 수 없다고 말한 뒤 그대로 재판소에서 나왔다.

거기서도 역시 그런 이유로 발생한 싸움이 나를 기다리고 있었다.

나는 그 일을 신문에 투서해서 내가 법정에서 터번을 벗지 않은 것에 대한 변명을 했다. 이 문제는 신문지상에서 커다란 논의거리가 되었다. 신문은 나를 '환영받지 못할 방문자'라고 표현했다. 이렇게 해서 그 사건은 내가 그곳에 도착한 지 2, 3일도 지나지 않아서 남아프리카 전역에 생각지도 않았던 광고를, 나를 위해서 해주었다. 나를 지지하는 사람도 몇몇 있었지만, 지방에는 나의 무모함을 격렬하게 비판하는 사람도 있었다. 나의 터번은 남아프리카에서의 체류가 끝날 때까지 내게서 떨어지지 않았다.

프리토리아로

변호사로부터 회사 앞으로 편지가 왔다. 거기에는 재판 준비를 시작해야 하니 압둘라 셰드 자신이 프리토리아로 오든지 대리인을 보내라고 적혀 있었다. 압둘라 셰드는 그 편지를 읽어 달라고 내게 건네주더니 프리토리아까지 가줄 수 있겠느냐고 물었다. 나는 말했다.

"당신에게서 사건에 대한 얘기를 듣기 전에는 어떤 대답도 드릴 수 없습니다. 지금 저는 그곳에서 무엇을 해야 하는지 감도 잡지 못하고 있습니다."

그러자 그는 서기를 불러서 사건을 내게 설명하게 했다.

도착한 지 7일인가 8일이 지나서 나는 더반을 떠났다. 나를 위해서 일등 차에 자리를 마련해주었다. 침대가 필요한 사람은 5실링을 더 내는 것이 이 나라의 관례였다. 압둘라 셰드는 무슨 일이 있어도 침대를 얻어야 한다고 강하게 주장했다. 하지만 완고함과 자부심과 5실링을 절약하기 위해서 나는 그것을 거절했다. 압둘라 셰드가 내게 주의를 환기시키기 위해 말했다.

"잠깐 기다려봐요. 여기는 인도와 다른 나라예요. 다행히 우리는 돈이라면 넘쳐날 정도로 가지고 있어요. 당신이 필요하다고 생각되면 무엇이든 아끼지 말고 쓰세요."

나는 고맙다고 말한 뒤, 너무 신경 쓰지 말라고 부탁했다.

기차는 오후 9시경이 되어서야 나탈 주의 주도인 마리츠버그에 도착했다. 침대는 늘 이 역에서 준비를 했다. 차량 승무원이 와서 침대가 필요하냐고 물었다. 나는 말했다.

"아니, 하나 가지고 있네."

그는 가버렸다. 그런데 다음으로 한 승객이 다가왔다. 그리고 나를 빤히 쳐다봤다. 그는 내가 '유색' 인종이라는 사실을 알았다. 그 사실이 그의 기분을 상하게 했다. 그는 밖으로 나가 역무원을 한두 명 데리고 들어왔다. 그들은 모두 입을 다물고 있었다. 그러자 또 다른 역무원 한 명이 내게 다가와 말했다.

"이리 와. 자네는 화물칸에 타도록 해."

내가 말했다.

"하지만 나는 일등칸의 표를 가지고 있소."

다른 한 명이 역무원의 말을 거들며 나섰다.

"그런 건 아무래도 상관없어. 너는 화물칸으로 가야 한다고 말하고 있는 거야."

"들어보게. 나는 더반에서 이 객차로 여행을 해도 좋다는 허락을 얻었어. 그러니까 무슨 일이 있어도 나는 이 객차로 갈 거요."

역무원이 말했다.

"야, 이거 안 되겠군. 당장 이 객차에서 나가. 그렇게 하지 않으면 경찰을 불러다 너를 내쫓겠어."

"당신 마음대로 하시오. 내 발로는 절대 걸어나갈 수 없으니."

경찰이 왔다. 그는 나의 팔을 잡아 밖으로 밀어냈다. 그리고 짐도 역시 내팽개쳤다. 나는 다른 객차로 옮길 수 없다고 했다. 그리고 기차는 출발했다. 나는 대합실까지 가서 자리에 앉았다. 나는 손가방은 가지고 있었지만 다른 커다란 짐은 내던져진 그대로였다. 그것은 역에서 보관을 해주었다[94].

겨울이었다. 남아프리카 고원의 겨울은 추위가 혹독했다. 마리츠버그는 위도가 높기 때문에 추위가 뼈에 사무치는 듯한 느낌이었다. 외투는 커다란 짐 속에 있었다. 또 모욕을 당하는 게 아닐까 하는 생각이 들어 그것을 가져다달라고 하지 못했다. 그래서 나는 앉은 채로 벌벌 떨었다. 대합실에는 등불이 없었다.

한밤중이 되어 들어온 승객 한 명이 내게 말을 걸고 싶어 하는 듯했다. 하지만 나는 말할 기분이 아니었다.

나는 의무에 대해서 생각하기 시작했다. 나는 권리를 위해서 싸워야 하는 걸까? 아니면 인도로 돌아가야 하는 걸까? 그도 아니면 모욕 같은 것에는 신경 쓰지 말고 이대로 프리토리아로 가서 사건을 마무리 짓고 인도로 돌아가야 하는 걸까? 내가 책무를 다하지 않고 인도로 도망치듯 돌아간다면 그야 말로 비겁한 행동이다. 내가 당한 어려움은 피상적인 것에 지나지 않았다. ―인종차별이라는 뿌리 깊은 병[95] 중 하나에 지나지 않았다. 가능하다면 나는 이 병을 근절해야 하며 그것 때문에 겪게 되는 고통은 감수해야만 한다. 부정에 대한 보상도 나는 단지 인종차별을 제거하는 데 필요한 범위에 한해서만 취급해야 한다.

그래서 나는 프리토리아로 가는 다음 열차에 오르기로 했다.

이튿날 아침, 나는 철도회사의 총지배인에게 장문의 전보를 보냈다. 그리고 압둘라 셰드에게도 통보를 했다. 압둘라 셰드는 바로 총지배인과 면담을 해주었다. 총지배인은 역 당국자의 처치는 정당한 것이라고 말하고, 그렇지만 내가 목적지에 안전하게 도착할 수 있도록 조치를 취하라고 역장에게 말했다고 압둘라 셰드에게 알렸다. 압둘라 셰드는 마리츠버그에 살고 있는 인도인과 그 외의 다른 곳에 살고 있는 친구들에게 전보로, 내가 있는 곳으로 가서 좀 돌봐주라는 부탁을 했다. 상인들은 역까지 마중을 나와 주었다. 그리고 그들 자신이 겪어온 고통을 들려주기도 하고, 혹은 이번 사건과 같은 것은 결코 드문 일이 아니라며 나를 위로해 주었다.

그들은 또, 일등이나 이등 객차로 여행하는 인도인은 역무원이나 백인 승객에게 반드시 천대를 받게 된다고 얘기해주었다. 이렇게 그들의 슬픈 이야기를 듣고 있는 동안 그 날이 지나가버리고 말았다. 저녁에 기차가 도착했다. 거기에는 침대가 예약되어 있었다. 나는 더반에서 예약을 거절한 적이 있는 침대를 이번에는 마리츠버그에서 돈을 주고 마련했다.

이튿날 아침, 기차는 찰스타운에 도착했다. 당시 찰스버그와 요하네스버그 사이에는 철도가 없었으며, 그저 역마차가 있을 뿐이었다. 그것은 도중에 밤이 되자 스탠더튼에 정차했다. 나는 그 역마차의 표를 가지고 있었다. 나는 마리츠버그에서 만 하루를 묶여 있었지만 표는 그 효력을 잃지 않았다. 그리고 압둘라 셰드가 찰스타운에 있는 역마차 출장소에 전보를 보내놓은 상태였다.

하지만 출장소에서는 나를 다음 마차에 태우기 위한 구실을 찾고 있었다. 그는 내가 그곳의 사정에 밝지 못하다는 사실을 알고 이렇게 말했다.

"당신 표는 효력을 잃었습니다."

나는 마땅히 해야 할 대답을 했다. 그는 좌석이 부족해서 그렇게 말했던 것이 아니었다. 그 이유는 전혀 다른 곳에 있었다. 승객은 마차 안에 태우지 않으면 안 되었다. 하지만 그들은 나를 '쿨리[96]'로 생각했으며, 또한 이국인의 모습을 하고 있었기 때문에 나를 백인과 함께 태우지 않는 것이 타당할 것이라고 '리더'는 생각한 것이었다. '리더'란 역마차의 차장을 맡고 있는 백인을 일컫는 말이다.

마부석의 양편에 자리가 있었다. 리더는 그중 한 곳에 앉도록 되어 있었다. 하지만 그날은 그가 마차의 안쪽 자리에 앉고 그의 자리를 내게 내주었다. 그것은 완벽한 부정이었으며 모욕이기도 했다. 하지만 나는 그것을 참아야 한다고 생각했다. 나는 마차 안의 자리를 달라고 고집을 부리지 않았다. 만약 내가 항의를 한다면 역마차는 나를 태우지 않고 출발해버릴 것이다. 그렇게 되면 다시 한 번 손해를 보게 된다. 그리고 다음 날에는 어떤 일이 일어날지 하늘만이 알고 있을 것이다. 그래서 나는 화가 났지만 아무 말 없이 마부 옆자리에 앉았다.

마차는 3시쯤에 파르데콥에 도착했다. 거기서 리더가 지금까지 내가 앉아 있던 곳에 자신이 앉고 싶다고 말했다. 담배를 피우고 싶었거나 혹은 신선한 공기를 마시고 싶었던 것일지도 모르겠다. 그는 마부가 앉았던 곳에서 더러운 천 조각을 꺼내 그것을 발판 위에 깔더니 나를 향해 말했다.

"사미[97], 너는 여기에 앉아. 내가 마부 옆에 앉을 테니까."

이 모욕에는 더 이상 참을 수가 없었다. 두려움에 떨면서 나는 그에게 말했다.

"처음부터 나를 여기에 앉힌 건 바로 당신이야. 나는 원래 마차 안의 자리를 잡았어. 나는 그 모욕을 참아왔어. 그런데 이번에는 밖에 앉고 싶은 건지 담배를 피우고 싶은 건지는 모르겠지만 나를 당신 발밑에 앉히려 하고 있어. 난 그럴 수 없어. 마차 안에 앉겠어."

내가 열심히 이 말을 하고 있는데 그 남자가 내게로 다가와서 손바닥으로 내 두 귀를 쉴 새 없이 때려대기 시작했다. 그는 내 팔을 잡아 나를 쓰러뜨리려 했다. 나는 마부석의 놋쇠로 만든 난간에 매달려 손목이 끊어져도 놓지 않겠다고 결심했다. 수많은 승객들이 그 모습을 지켜보고 있었다. 그 남자는 나를 욕하기도 하고, 잡아끌기도 하고, 때리기도 했다. 그래도 나는 꼼짝하지 않았다. 그는 힘이 셌고 나는 약했다. 승객 중 몇몇이 나를 불쌍하게 여겨 큰 소리로 말했다.

"이봐, 그를 놔줘. 그를 때려서는 안 돼. 그는 잘못이 없다고. 그가 옳단 말이야. 그가 거기에 있을 수 없다면 내 자리에 앉히도록 해."

그 남자는 '상관하지 마.'라고 소리쳤다. 하지만 그는 기세가 사그라졌는지 때리기를 그만두었다. 그는 팔을 놓고 나를 향해 한바탕 욕을 늘어놓았다. 그리고 그는 마부 옆의 또 다른 자리에 앉아 있던 호텐토트 인 하인에게 발판으로 와서 앉으라고 명한 뒤, 그렇게 해서 생긴 빈자리에 앉았다.

승객들이 각자 자리로 돌아갔다. 그리고 출발을 알리는 피리소리가 울리자 마차는 달리기 시작했다. 나의 심장은 터질듯이 고동치고 있었다. 나는 살아서 목적지에 도착할 수 있을지 걱정이 되기 시작했다. 그 남자는 때때로 나를 향해 분노의 눈길을 던졌다. 그리고 내게 손가락질하며 말했다.

"조심해. 스탠더튼에 도착하기만 해봐. 내가 어떻게 할 건지 똑똑히 보여줄 테니."

나는 한마디도 못하고 앉아서 신의 가호를 빌었다. 저녁이 되어 우리는 스탠더튼에 도착했다. 몇몇 인도인들의 얼굴이 보였기에 나는 안도하며 가슴을 쓸어내렸다. 내가 마차에서 내리자 그 친구들이 말했다.

"저희는 당신을 맞으러 왔습니다. 자, 이사 셰드의 가게로 모시겠습니다. 다다 압둘라®의 전보가 도착해 있습니다."

나는 감사의 말을 전했다. 그리고 우리는 함께 셰드 이사 하지 수마르의 가게로 갔다. 셰드의 가족과 사무원들이 내 주위로 몰려들었다. 나는 지금까지 있었던 일들을 그들에게 전부 들려주었다. 그것을 들은 그들은 나를 가엾게 여겼으며, 그들이 맛봐야 했던 쓰라린 경험을 여러 가지로 들려주며 위로를 해주었다.

나는 역마차 회사의 지배인에게 모든 사실을 알려야겠다고 생각하고 있었던 일을 하나도 남김없이 있는 그대로 적은 편지를 그에게 보냈다. 그리고 그의 부하가 떠들어댄 협박에 주의를 환기시켰다. 또한 내일 아침 출발할 때는 다른 승객과 함께 역마차 안의 자리에 나를 앉히겠다는 확약을 해달라고 요구했다. 그에 대해서 지배인은 다음과 같은 답을 보내왔다.

"스탠더튼부터는 다른 관계자가 좀 더 커다란 마차로 갈 것입니다. 귀하가 불만을 품고 계시는 사람은 내일 거기에 없을 것입니다. 그리고 귀하에게는 다른 승객들과 같은 자리를 마련해 드리도록 하겠습니다."

그것으로 나는 마음이 조금 풀어졌다.

물론 나는 폭행을 가한 남자를 고소할 생각은 없었다. 따라서 폭행에 관한 얘기는 이쯤에서 끝내기로 하겠다.

그 이튿날 오전, 이사 셰드 가게 사람이 나를 마차까지 데려다 주었다. 나는 좋은 자리에 앉아서 별 탈 없이 그날 밤 요하네스버그에 도착했다.

스탠더튼은 조그만 마을이었지만 요하네스버그는 대도시였다. 압둘라 셰드는 요하네스버그에도 전보를 보내놓았고, 또 내게도 그곳에 있는 무하마드 카삼 카무르딘 상회의 이름과 주소를 알려주었다. 상회의 사람이 나를 맞으러 역까지 나와주었다. 하지만 나는 그를 찾지 못했으며 그도 나를 알아보지 못했다. 그래서 나는 호텔에 묵기로 했다. 나는 몇몇 호텔의 이름을 알고 있었다. 마차에 탄 나는 그랜드 내셔널 호텔에 데려다달라고 말했다. 나는 지배인에게 가서 방을 달라고 했다. 그는 한동안 나를 뚫어져라 바라보았다. 그리고 정중하게 다음과 같이 말한 뒤, 다른 곳으로 가보라며 인사를 했다.

"죄송합니다만 지금은 빈 방이 없습니다."

그래서 나는 마부에게 무하마드 카삼 카무르딘의 가게까지 데려다달라고 했다. 셰드 압둘라 가니가 거기서 내가 오기를 기다리고 있었다. 그리고 따뜻하게 나를 맞아주었다. 내가 호텔에서 겪었던 일을 들려주자 그는 너털웃음을 터뜨렸다.

"정말로 호텔에서 묵을 수 있으리라고 생각하셨습니까?"

그가 말했다. 내가 되물었다.

"왜 안 된다는 거죠?"

그가 말했다.

"여기서 2, 3일 지내다보면 아시게 될 겁니다. 저희가 이런 나라에 와서 사는 건 그저 돈을 벌기 위해서입니다. 모욕쯤은 얼마든지 참을 수 있습니다. 그렇기 때문에 이 나라에 있을 수 있는 겁니다."

이렇게 말한 뒤 그는 인도인이 남아프리카에서 맛보고 있는 수많은 괴로움과 고통에 대해서 들려주었다.

셰드 압둘라 가니에 대해서는 후에 다시 기술하기로 하겠다.

그가 말했다.

"당신 같은 사람에게 이 나라는 어울리지 않습니다. 맞아, 내일 프리토리아로 출발하시죠? 그렇다면 당신은 삼등 객차로 가셔야 할 겁니다. 트란스발의 상황은 나탈보다 훨씬 더 좋지 않습니다. 인도인에게 일등이나 이등 객차의 표는 팔지 않습니다."

"당신들은 그 문제에 그다지 힘을 쏟지 않았군요."

"저희는 대표를 뽑아서 교섭을 해본 적도 있었습니다. 하지만 솔직히 말씀드리자면 저희들도 대부분은 일등이나 이등 객차를 타고 싶어 하지 않습니다."

나는 철도의 모든 규칙을 가져다 읽었다. 거기에는 빠져나갈 구멍이 있었다. 오래된 트란스발의 법률용어는 완전히 엉망이거나 실제에 맞지 않았다. 철도 규칙의 용어는 그것보다 더욱 형편없었다.

나는 셰드에게 말했다.

"저는 일등 객차로 가고 싶습니다. 그럴 수 없다면 프리토리아까지는 마차로 가도록 하겠습니다. 겨우 37마일밖에 되지 않으니까요."

셰드 압둘라 가니는 그러면 시간과 돈이 더 많이 든다며 내 마음을 돌려보려 했다. 하지만 결국에는 일등 객차로 여행하겠다는 나의 안에 찬성을 하고 말았다. 그래서 우리는 역장 앞으로 서면을 보냈다. 그리고 나는 서면 속에 가능한 한 빨리 프리토리아에 가고 싶다는 것, 답을 기다리고 있을 시간이 없기 때문에 역에서 직접 대답을 듣겠다는 것, 그리고 나는 꼭 일등칸의 표를 손에 넣고 싶다는 것 등을 적었다. 대답을 직접 듣고 싶다고 한 이면에는 물론 하나의 목적이 숨겨져 있었다. 만약 역장이 서면으로 답을 한다면 그는 틀림없이 '불가'라는 답을 할 것이었다. 그가 '쿨리 변호사'[99]를 상상하고 있었다면 더욱 그렇다. 그래서 나는 흠잡을 데 없는 영국풍 복장을 하고 그의 앞에 나타나 대화로 설득을 해서 가능하다면 일등칸 객차의 표를 건네주도록 할 생각이었다. 그래서 나는 플록코트에 넥타이를 맨 모습으로 역장을 찾아가서 대금으로 소블린 금화[100] 하나를 매표소에 놓으며 일등칸 객차표를 달라고 말했다.

그가 물었다.

"당신이 편지를 보낸 사람입니까?"

"그렇습니다. 제게 표를 주신다면 정말 고맙겠습니다. 저는 오늘 중으로 프리토리아에 들어가야 합니다."

역장이 미소 지으며 가엾다는 듯이 말했다.

"저는 트란스발 사람이 아닙니다. 저는 네덜란드 사람입니다.

저는 당신의 기분을 잘 알고 있으며, 또 당신 뜻에도 동의합니다. 저도 당신에게 표를 드리고 싶습니다. 하지만 한 가지 조건이 있습니다. 만약 차장이 당신에게 삼등 객차로 옮겨달라고 요구하더라도 저를 사건에 끌어들이지 않았으면 좋겠습니다. 다시 말하자면 철도회사를 상대로 소송을 일으키지 말았으면 좋겠다는 말입니다. 무사한 여행이 되기를 빌겠습니다. 저는 당신을 신사라고 생각하고 있습니다."

이렇게 말한 그는 표를 팔아주었다. 나는 그에게 감사의 말을 건넨 뒤, 그의 말대로 하겠다고 약속했다.

셰드 압둘라 가니는 역까지 와서 나를 배웅해주었다. 그는 일의 경과에 놀라며 기뻐했다. 하지만 내게 충고하기를 잊지 않았다.

"당신이 무사히 프리토리아에 도착하기를 기원합니다. 과연 차장이 당신을 일등 객차에 그냥 내버려둘지 그게 걱정입니다. 그리고 설령 차장이 그냥 내버려둔다 할지라도 승객들이 그렇게 내버려두지는 않을 겁니다."

나는 일등 객차 안의 내 자리에 앉았다. 드디어 기차가 출발했다. 저미스턴에서 차장이 검표를 위해 들어왔다. 그는 내가 거기에 있는 것을 보고 버럭 화를 냈다. 그리고 나를 향해서 삼등 객차로 옮기라고 손가락으로 가리켰다. 나는 그에게 가지고 있던 일등 객차표를 내밀었다.

"그런 건 아무래도 상관없어. 삼등 객차로 가."

그가 말했다.

차 안에는 영국인 한 사람이 함께 타고 있었을 뿐이었다. 그는 차장을 나무랐다.

"자네는 저분을 괴롭혀서 뭐 어쩌겠다는 건가? 저분은 일등 객차표를 가지고 있잖나? 나는 저분과 함께 가도 아무렇지도 않아."
그가 나를 향해 말했다.
"그 자리에서 편안하게 여행하십시오."
차장이 투덜대며 말했다.
"쿨리와 함께 여행하고 싶다면 그렇게 하십시오."
그리고 가버렸다.
밤 8시경, 기차는 프리토리아에 도착했다.

프리토리아에서의 첫날

 나는 다다 압둘라의 고문변호사의 대리인으로서 누군가가 프리토리아 역까지 마중을 나올 것이라고 기대하고 있었다. 인도인은 단 한 사람도 마중을 나오지 않을 것이라는 사실을 나는 잘 알고 있었다. 왜냐하면 나는 특별히 인도인의 집에 묵겠다고 약속을 해두지 않았기 때문이었다. 그런데 고문변호사는 아무도 사람을 보내주지 않았다. 나중에야 내가 일요일에 도착했기 때문에 사정이 여의치 않아서 아무도 보낼 수 없었던 것이라는 사실을 알게 되었다. 나는 어떻게 해야 좋을지 몰랐다. 그리고 어느 호텔에서도 나를 재워주지 않을 것이라고 생각했기 때문에 어디로 가야 하는 건지 알 수가 없었다.

 1893년경의 프리토리아 역은 1914년의 그것과 전혀 다른 것이었다. 불이 들어오기는 했지만 어두웠다. 손님도 많지 않았다. 나는 다른 승객들을 먼저 내보냈다. 그리고 집표원이 완전히 할 일이 없어지면 바로 그에게 표를 건네주며 나를 어딘가 조그만 호텔이나 내가 묵을 수 있을 만한 다른 곳으로 데려다달라고 부탁해볼 생각이었다. 그렇지 않으면 나는 역에서 하룻밤 묵어도 상관없다고 생각했다. 사실 나는 그 일을 집표원에게 묻기가 싫었다. 왜냐하면 나는 모욕을 당하는 게 아닐까 걱정이 되었기 때문이었다.

역에서 승객의 모습이 완전히 사라지고 말았다. 나는 표를 집표원에게 건네주며 질문을 시작했다. 그는 정중하게 대답해주었지만 내게는 그다지 도움이 되어주지는 못했다. 그런데 옆에 서 있던 미국 흑인이 우리의 얘기에 끼어들었다.

"당신은 이곳에 처음 오신 것 같군요. 친구도 없는 것 같고요. 저를 따라오시면 조그만 호텔에 모셔다 드리겠습니다. 그곳의 주인은 미국인인데 저와 잘 알고 지내는 사람입니다. 그 사람이라면 당신을 재워줄 겁니다."

나는 그의 말이 전혀 의심스럽지 않은 것은 아니었다. 하지만 나는 감사의 말을 건넨 뒤, 그의 제안을 받아들였다. 그는 나를 존스턴즈 패밀리 호텔로 데려갔다. 그는 존스턴 씨를 한쪽으로 불러서 이야기했다. 그러자 존스턴 씨는 그날 밤에는 묵게 해주겠다고 했다. 단, 내 방에서 식사를 해야 한다는 조건이 붙었다.

그가 말했다.

"안심하세요. 저는 인종에 대한 편견을 가진 사람이 아닙니다. 하지만 저희 호텔의 손님들은 전부 유럽인들뿐입니다. 따라서 제가 당신에게 식당에서의 식사를 허락하면 손님 중에는 화를 내며 나가버릴 사람이 있을지도 모릅니다."

내가 말했다.

"오늘 밤만이라도 묵게 해주셔서 감사합니다. 이제는 저도 이곳의 사정에 조금은 익숙해졌습니다. 그리고 저는 당신의 사정도 알고 있습니다. 제 방에서 식사를 하라는 조건은 조금도 마음에 걸리지 않습니다. 내일이 되면 제게도 다른 방도가 생길 겁니다."

나는 방으로 안내되었다. 거기 앉아 저녁을 기다리면서 조용히 생각에 잠겼다. 나는 완전히 혼자였기 때문이었다. 나는 급사가 바로 식사를 가져올 것이라고 생각했다. 그런데 존스턴 씨가 얼굴을 내밀었다. 그가 말했다.

"이곳에서 식사를 하라고 해서 정말 죄송합니다. 사실은 다른 손님들께 당신에 대한 이야기를 하고 당신이 식당에서 식사를 해도 상관없느냐고 여쭤봤습니다. 모두 상관없다고 말씀하셨습니다. 그리고 모두들 당신이 원하는 만큼 얼마든지 오래 묵어도 상관없다고 말씀하셨습니다. 그러니 괜찮으시다면 식당으로 오십시오. 그리고 당신이 원하는 만큼 얼마든지 머물기 바랍니다."

나는 감사의 말을 건네고 식당으로 가서 마음껏 식사를 했다.

기독교도와의 접촉

이튿날 아침, 나는 고문변호사인 A. W. 베이커 씨를 방문했다. 그에 대해서는 압둘라 셰드로부터 얼마간 설명을 들었다. 그랬기 때문에 그가 나를 따뜻하게 맞아들여도 나는 그것을 조금도 이상하게 생각하지 않았다. 그는 아주 따뜻하게 환대해주며 친절하게 여러 가지를 물었다. 나는 내 자신에 대해서 소개를 했다. 그것을 들은 그가 말했다.

"여기에 법정변호사로서의 당신에게 부탁할 만한 일은 없습니다. 왜냐하면 저희는 상담을 해주는 실력 있는 사람을 고용했기 때문입니다. 이번 사건은 장기화된 귀찮은 재판이 되어버리고 말았습니다. 따라서 당신이 협력해 주셨으면 하는 것은 필요한 정보를 모아주는 것 정도입니다. 그러니 저 대신에 의뢰인과의 정보 연락에 힘을 써주셔야 할 겁니다. 앞으로 저는 지금까지 제가 그에게서 받았던 정보를 전부 당신을 통해서 듣도록 하겠습니다. 그러는 편이 좋을 것 같습니다. 저는 아직 당신이 묵을 방을 구하지 않았습니다. 당신이 오신 후에 구하는 편이 좋을 것이라고 생각했기 때문입니다. 이곳의 인종차별은 무시무시할 정도입니다. 그렇기 때문에 당신과 같은 사람을 위해서 방을 구하는 숙사를 찾는 것은 굉장히 힘든 일입니다. 그런데 한 가난한 부인을 찾아낼 수 있었습니다. 빵집 여주인인데 그녀라면 당신에게 방을 빌려줄 겁니다. 그러면 수입이 늘어날 테니까요. 그녀의 집에 가보겠습니까?'

그리고 그는 나를 그녀의 집으로 데려갔다. 그는 나에 대해서 다른 사람에게 들리지 않도록 그녀와 이야기를 나눴다. 그녀는 일주일 35실링에 내게 방을 빌려주기로 했다.

베이커 씨는 고문변호사를 하는 외에도 충실한 평신도로 설교도 하고 있었다. 그는 여전히 생존해 있으며, 이미 변호사직에서 물러나 오직 기독교 전도 사업에 전념하고 있다. 그는 아무런 불편 없이 생활하고 있으며 아직도 나와 편지를 주고받는다. 그가 보내는 편지에서 그는 늘 한 가지 문제만을 다루는데, 여러 가지 견지에서 기독교가 뛰어나다는 점을 설명하고 있다. 그리고 유일한 신의 아들, 인류의 구원자로서 예수가 받아들여지지 않는 한 영원한 평화는 발견할 수 없을 것이라고 주장하고 있다.

처음 만나서 이야기할 때부터 베이커 씨는 나의 종교적 견해에 대해서 물었다. 나는 그에게 말했다.

"저는 태어났을 때부터 힌두교도였습니다. 하지만 저는 힌두교에 대해서 잘 알지 못하며, 다른 종교에 대해서는 더욱 알지 못합니다. 실제로 저는 제 입장이 무엇인지, 제 종교심이 어떤 것이며 어떤 것이어야 하는지를 모릅니다. 저는 우리 종교에 대해서, 그리고 다른 종교에 대해서도 가능한 한 신중하게 연구하고 싶습니다."

내 말을 들은 베이커 씨는 기뻐했다. 그리고 말했다.

"저는 남아프리카 전도회의 간사 중 한 명입니다. 저는 자비로 교회를 하나 지어 거기서 정기적으로 설교를 하고 있습니다. 저는 인종에 대한 편견을 조금도 가지고 있지 않습니다. 제게는 협력자가 몇 명 있습니다. 그리고 저희는 매일 오후 1시에, 5, 6분에 지나지 않지만, 모여서 평화와 광명을 기원하는 기도를 올립니다. 당신도 거기에 참석해주셨으면 기쁘겠습니다. 당신께 제 협력자들을 소개해드리겠습니다. 그들은 당신을 만나게 된 것을 기뻐할 겁니다. 당신도 그들과의 만남이 마음에 드실 겁니다."

나는 베이커 씨에게 감사의 말은 건넨 뒤, 가능한 한 빠지지 않고 매일 1시의 기도에 참석하겠다고 약속했다.

이튿날 오후 1시에 나는 베이커 씨 댁으로 가서 기도 모임에 참석했다. 거기서 나는 해리스 여사, 갭 여사, 코츠 씨와 그 외의 사람들을 소개받았다. 해리스 및 갭 두 여사는 모두 나이 든 독신 여성이었다. 코츠 씨는 퀘이커 파[101] 교도였다. 두 여자는 함께 살고 있었다. 그리고 그들은 일요일마다 그녀들의 집에서 열리는 4시의 차 모임에 정식 초대장을 보내주었다. 일요일에 우리들이 만나면, 나는 늘 일주일간에 걸친 나의 종교일기를 코츠 씨에게 보여주고, 내가 읽은 책과 그 책이 내게 준 인상에 대해서 그와 이야기를 나누었다. 코츠 씨는 모든 것을 숨김없이 털어놓는 충실한 청년이었다. 우리는 종종 함께 산책을 나가곤 했다. 그리고 그는 나를 다른 기독교도 친구의 집에 데려가주었다. 우리가 친밀함을 더해감에 따라서 그는 자신이 직접 고른 책을 내게 건네주곤 했다. 결국 그런 책들로 내 책장이 가득 차버리고 말았다. 1893년에 나는 그런 종류의 책들을 많이 읽을 수 있었다.

간디 자서전 | 171

그는 내게 아주 친밀한 정을 품고 있었다. 그는 툴라시[102]로 만들어진, 바이슈나바 파의 목걸이가 내 목에 걸려 있는 것을 발견했다. 그는 그것을 미신이라 생각하고 그것 때문에 마음 아파했다.

"그런 미신은 자네에게 어울리지 않아요. 자, 그 목걸이를 떼도록 합시다."

"아니, 그럴 수 없어요. 이건 어머니에게서 받은 신성한 선물입니다."

"그렇다면 당신은 그걸 믿습니까?"

"저는 특별히 이것의 신비한 의미를 알고 있는 게 아닙니다. 제가 이걸 하지 않는다고 해서 벌을 받게 되리라고는 생각지 않습니다. 하지만 충분히 납득할 수 있는 이유가 아니라면 이 목걸이를 버릴 수는 없습니다. 이건 어머니가 그 사랑으로, 나의 행복에 도움이 될 것이라는 신념을 갖고 제 목에 걸어주신 것입니다. 시간이 흐름에 따라서 점점 닳아서 저절로 끊어질 겁니다. 그렇게 돼도 저는 새로운 걸 손에 넣으려 하지 않을 겁니다. 하지만 이 목걸이를 일부러 끊어버릴 수는 없습니다."

코츠 씨는 나의 설명을 받아들이려 하지 않았다. 그는 나의 종교에 대해서 조금의 존경심도 가지고 있지 않았기 때문이었다. 그는 늘 나를 무지의 심연에서 건져내려 했다. 다른 종교가 어떤 진리를 포함하고 있는지 없는지, 그것과는 상관없이 본질적 진리를 대표하는 기독교 정신을 받아들이지 않는 한 나에게 구원은 있을 수 없다는 사실, 예수 그리스도의 중재 없이는 그 외의 어떤 방법으로도 내게서 죄를 씻어낼 수 없다는 사실 그리고 제아무리 선행을 쌓아도 소용없는 일이라는 사실을 내게 이해시키려 했다.

　베이커 씨는 나의 장래에 대해서 여러 가지로 신경을 써주었다. 그는 나를 웰링턴의 집회에 데려가주었다. 집회는 3일간 계속되었다. 나는 거기에 참석한 사람들의 성실함을 이해할 수 있었으며 또한 감탄하기도 했다. 하지만 나의 신앙─나의 종교를 바꿔야 할 만한 이유는 발견하지 못했다. 단지 기독교도가 되는 것만으로 내가 천국에 갈 수 있고 구원을 얻을 수 있다는 말을 그대로 믿을 수는 없었다. 그 사실을 내가 선량한 기독교도 친구들에게 솔직히 털어놓자 그들은 충격을 받았다. 하지만 그 외에는 달리 방법이 없었다.

　예수 그리스도가 자신의 죽음으로 인해, 그리고 자신의 피흘림으로 인해 전 세계의 죄를 속죄했다는 사실을 글자 그대로 믿는 것을 내 이성은 허락하지 않았다. 비유로써는 그 안에 얼마간의 진실이 있을지도 몰랐다. 그리고 기독교 정신에 의하면 인간만이 영혼을 가지고 있으며, 그 외의 생물들은 영혼을 가지고 있지 않기 때문에 죽으면 그것은 완전히 소멸하게 된다고 했다. 그러나 내가 가지고 있는 견해는 그것과 정반대되는 것이었다. 나는 그리스도를 순교자, 희생을 체현한 자, 그리고 신성한 교사로 받아들일 수 있었다. 하지만 고금을 통해서 가장 완전한 인간으로는 받아들일 수 없었다.

　기독교도들의 경건한 생활은 다른 신앙을 가진 사람들의 생활이 부여해주지 못했던 것과 마찬가지로 내게 아무것도 부여해주지 못했다. 나는 예전에 기독교도들 사이에서 일어났다던 개혁과 같은 것을 다른 종교를 믿는 신자들의 생활 속에서도 발견했던 것이다. 철학적으로 말하자면, 기독교의 모든 원리 속에는 무엇 하나 특이한 점이 없었다. 희생이라는 점에서 말하자면 힌두교도들이 기독교들을 훨씬 앞지르고 있었다.

이처럼 나는 기독교를 완전무결한, 혹은 가장 위대한 종교라고는 생각지 않았지만, 그렇다고 해서 내가 힌두교를 완전무결하고 위대한 종교라고 믿고 있는 것도 아니다. 힌두교의 모든 결점을 나는 지나치다 싶을 정도로 잘 알고 있다. 만약 아웃카스트가 힌두주의의 일부라고 한다면 그것은 부패한 부분이거나, 혹은 무용지물이라고 할 수밖에 없다. 나는 수많은 종교와 카스트[103]의 존재 이유를 모르겠다. 『베다』[104]가 신으로부터 받은 말이라는 것이 무슨 의미란 말인가? 그것이 신의 영감에 의해 기록된 것이라면 성경도 코란도 그렇지 않은가?

나는 나의 고민을 편지로 써서 레이찬드 바이에게 보냈다. 그리고 나는 인도 종교의 권위자들에게도 편지를 보냈고, 그들로부터도 답장을 받았다. 레이찬드 바이의 편지로 나는 얼마간 안정을 되찾을 수 있었다. 그는 나에게 인내하며 힌두주의를 좀 더 깊이 파헤쳐 연구할 것을 요구했다. 그 편지에는 다음과 같은 의미의 내용이 한 구절 적혀 있었다.

'그 문제를 냉정하게 생각해봐도, 힌두주의처럼 미묘하고 심오한 사상, 그 영혼의 관조 혹은 그 자비는 다른 어떤 종교에서도 찾아볼 수 없는 것이라고 나는 믿고 있다.'

기독교도 친구들이 나를 개종시키려고 열을 올리고 있었던 것처럼 이슬람교도 친구들도 그에 못지않게 열심이었다. 압둘라 셰드는 이슬람교를 연구하라고 나를 끊임없이 설득했다. 나는 세일이 번역한 코란을 사다 읽기 시작했다. 그리고 나는 이슬람교에 대해 기술한 다른 책을 손에 넣었다.

   나는 영국에 있는 기독교도 친구들과도 편지를 주고받았다. 그 중 한 명이 내게 에드워드 메이틀랜드를 소개해주었다. 나는 그와 편지를 주고받기 시작했다. 그는 내게 『완전한 길』이라는 책을 보내주었다. 그 책은 그와 안나 킹스포드의 공동저서였다. 이 책은 현재의 기독교 신앙을 부정하는 내용이었다. 그리고 그는 내게 또 다른 책 한 권, 『성경의 신 해석』을 보내주었다. 나는 두 가지 모두 마음에 들었다. 그는 힌두주의에 찬성하고 있는 듯이 보였다. 톨스토이의 『신의 나라는 네 안에 있다』를 읽고 나는 감동에 휩싸여 버렸다. 그것은 내게 영원히 지울 수 없는 깊은 인상을 주었다[05]. 나는 기독교도 친구들의 뜻에 반하는 길을 가게 되었지만 그들이 내 마음속의 종교적 탐구심을 일깨워준 은혜는 평생 잊을 수 없을 것이다. 나는 언제나 그들과의 교우를 떠올릴 것이다.

인도인 문제

 셰드 테브 하지 칸 무하마드는, 프리토리아에서 나탈의 다다 압둘라가 차지하고 있는 것과 같은 지위에 있었다. 그의 지도 없이 공식적인 운동은 무엇 하나 행해지지 않았다. 나는 프리토리아에 도착한 지 일주일도 지나지 않아서 그와 친해졌고, 프리토리아에 있는 인도인을 전부 만나보고 싶다는 나의 계획을 그에게 말했다. 나는 그곳의 인도인이 처한 상태를 연구하고 싶다는 희망을 밝히고 나의 활동을 도와달라고 부탁했다. 그는 흔쾌히 활동을 도와주겠다고 약속했다.
 첫 번째 조치로 우선 나는 프리토리아에 살고 있는 모든 인도인이 참가하는 집회를 열어 그들에게 트란스발에 있는 인도인들의 사정을 이야기해주기로 했다. 나는 인도의 이주민들이 겪고 있는 어려움에 대해 관계당국에 진정을 넣기 위한 협회를 한번 결성해보는 것이 어떻겠냐고 제안을 했다. 그리고 나의 시간과 노력을 가능한 한 많이 제공하고 싶다고 말했다. 내 기억에 의하면 이와 같은 종류의 모임을 주 1회, 혹은 월 1회였는지도 모르겠지만, 어쨌든 열기로 결의했다. 이것은 상당히 규칙적으로 개최되었다. 그리고 그때마다 자유로운 의견 교환이 이루어졌다. 그 결과 프리토리아에서 나를 모르는 인도인, 내가 개인적인 사정을 파악하고 있지 못한 인도인은 한 명도 없게 되었다.

이 일이 이번에는 나를 프리토리아의 영국 판무관 제이코버스 드 웨트 씨에게 접근하게 만들었다. 그는 인도인들에게 동정심을 가지고 있었다. 하지만 그는 아주 조그만 세력밖에 가지고 있지 않은 사람이었다. 어쨌든 그는 최선을 다해서 우리를 돕겠다고 약속했으며, 내가 만나고 싶을 때면 자신은 상관없으니 언제라도 찾아오라고 했다.

다음으로 나는 철도 당국과 연락을 취했다. 그리고 그들에게, 그들 자신의 규칙에 비춰봐도 여행 불가능자라며 인도인을 괴롭히는 것은 부당한 일이 아닌가 하고 물었다.

나는 예의에 어긋나지 않는 복장을 한 인도인이라면 일, 이등칸의 객차표를 발매하겠다는 뜻의 답을 들었다. 그것만으로는 완전히 안심할 수 없었다. 왜냐하면 예의에 어긋나지 않는 복장을 하고 있느냐 하는 것에 대한 판단은 역장의 재량에 달려 있었기 때문이었다. 영국 판무관은 인도인 문제를 다루고 있는 몇몇 신문을 내게 보여주었다. 셰드 테브도 역시 같은 신문을 내게로 가져왔다. 신문을 읽고 나는 인도인들이 오렌지 자유국에서 얼마나 참혹하게 내쫓겼는지[106]를 알게 되었다.

내가 프리토리아에서 머문 시간은 얼마 되지 않았지만 그것을 계기로 나는 트란스발과 오렌지 자유국에서의 인도인의 사회적, 경제적, 정치적 상태를 깊이 연구해볼 수 있었다. 나는 이 연구가 후에 측량할 수 없을 정도로 커다란 도움이 되리라고는 조금도 생각지 못했었다. 왜냐하면 당시 나는 연말이 되기 전이나 그보다 빨리 귀국할 생각이었기 때문이었다. 물론 소송사건이 연내에 끝나야 가능한 일이었지만. 하지만 신의 뜻은 다른 곳에 있었다.

트란스발과 오렌지 자유국에서의 인도인의 상태가 어떤 것이었는지, 도저히 여기서는 자세히 얘기할 수가 없다. 그것에 대한 자세한 사정을 알고 싶은 사람은 내 저서인 『남아프리카에서의 불복종운동』을 읽어보길 바란다.

트란스발에 들어가는 모든 인도인은 입국료로 인두세[107] 3파운드씩을 내야 한다는 것이 1886년 개정법에 규정되어 있었다. 토지 소유도 그들을 위해서 지정된 지역 외에서는 토지를 소유할 수 없었다. 그리고 그것도 실제로는 소유라고 할 수 없는 것이었다. 그들에게는 아무런 특권도 주어지지 않았다. 이와 같은 것들은 모두 아시아인에 관한 특별법에 바탕을 두고 결정된 것들이었다. 또한 아시아인에 대해서는 유색 인종에 관한 여러 가지 규제가 적용되었다.

그 유색인종법에 의하면 인도인은 백인용 보도를 걸을 수 없었다. 그리고 오후 9시가 넘으면 통행증 없이는 문밖을 나다닐 수가 없었다. 나는 코츠 씨와 함께 밤에 산책을 곧잘 하곤 했다. 그럴 때 우리가 10시 이전에 귀가하는 일은 아주 드물었다.

"만약 경찰에게 발각되어 내가 잡혀가면 어떻게 하지?"

정작 본인인 나보다도 코츠 씨가 그 일을 더 걱정했다. 그는 자신의 하인인 흑인에게 통행증을 내줄 필요가 있었다. 하지만 그는 내게 통행증을 내줄 수가 없었다. 하인에게 그것을 발행할 수 있는 것은 그 하인의 주인뿐이었다. 설사 내가 그것을 발행해주기를 바랐다 할지라도, 그리고 코츠 씨에게 그럴 뜻이 있었다 할지라도 그는 그럴 수가 없었다. 왜냐하면 그것은 부정행위였기 때문이었다.

그래서 코츠 씨였는지 그의 친구 중 누구였는지가 나를 주 검사인 클라우스 박사에게로 데려갔다. 우리는 같은 법학원 출신 법정 변호사라는 사실을 알게 되었다. 오후 9시 이후에도 외출을 할 수 있도록 통행증을 발급해달라는 나의 요청은, 그에게는 조금 벅찬 일이었다. 그는 동정은 한다고 말했다. 그는 나를 위해서 통행증을 발급하는 대신 내게 한 통의 글을 써주었다. 그것은 경찰의 간섭 없이 언제든지 밖을 돌아다녀도 좋다는 것이었다. 이후부터 나는 외출할 때면 늘 그 글을 가지고 다녔다. 나는 그것을 한 번도 사용하지는 않았지만 그것은 단지 우연에 지나지 않았다.

나는 오히려 보도 사용에 관한 규제 법칙 때문에 어려움을 겪게 되었다. 나는 늘 프레지던트 가를 지나서 넓은 들판으로 산책을 나갔다. 크루거 대통령[108]의 집이 그 거리에 접해 있었다. 매우 검소하고 소박한 건물로 정원도 없이, 이웃집과도 구별이 가지 않을 정도였다.

문 앞에 경비를 하는 경찰이 서 있었기 때문에 그 건물이 어떤 관리의 집이라는 사실을 알 수 있을 뿐이었다. 나는 거의 대부분 보도를 따라서 그 경찰 앞을 지나다녔다. 그때까지는 아무런 사고도 없었으며 방해하는 사람도 없었다.

그런데 그 경찰들은 때때로 교대를 했다. 어느 날, 그 경찰 중 한 명이 내게 한마디 주의도 없이, 보도에서 내려서라는 말도 없이, 갑자기 나를 걷어차 도로 위에 쓰러뜨렸다. 나는 불의의 일격을 받은 셈이었다. 내가 왜 그러느냐고 막 따지려고 하는데, 마침 그때 코츠 씨가 말을 타고 그곳으로 와서 커다란 소리로 나를 불렀다. 그리고 이렇게 말했다.

"간디 씨. 저는 처음부터 끝까지 모든 일을 다 봤습니다. 당신이 이 남자를 고소할 생각이라면 저는 기꺼이 법정에서 증인이 되겠습니다. 이런 폭력을 당하다니, 정말 안됐습니다."

내가 말했다.

"걱정해주셔서 감사합니다. 하지만 이 사람에게는 무슨 상관이 있겠습니까? 그에게 유색인종은 전부 똑같습니다. 그는 틀림없이 흑인에게도 제게 한 것 같은 행동을 하고 있을 겁니다. 저는 무슨 일이든 개인적인 일로는 재판을 갖지 않기로 했습니다. 그러니까 이번에도 그를 고소할 생각은 없습니다."

코츠 씨가 말했다.

"정말 당신다운 말입니다. 하지만 이런 녀석들에게 교훈을 줄 필요가 있다고는 생각지 않으십니까?"

그런 다음 그는 경찰을 불러 야단을 쳤다. 무슨 얘기를 하는 건지 나는 알 수가 없었다. 왜냐하면 그 경찰은 보어인으로 네덜란드어를 사용했기 때문이었다. 그는 그럴 필요가 없음에도 불구하고 내게 사과를 했다. 나는 이미 그를 용서하고 있었다.

하지만 나는 두 번 다시 그 거리를 지나지 않기로 했다. 그 남자 대신 다른 남자가 서 있을 것이다. 그리고 전에 있었던 사건은 알지도 못한 채 똑같은 행동을 할지도 모를 일이었다. 뭐가 좋다고 일부러 한 번 더 걷어차일 필요가 있겠는가? 그래서 나는 다른 길을 산책로로 삼았다.

나는, 남아프리카라는 나라는 자존심이 강한 인도인이 올 만한 나라가 아니라는 사실을 알게 되었다. 그리고 나의 마음은 날이 갈수록, 어떻게 해야 이러한 현상을 개선할 수 있을지에 대한 생각으로 가득 차게 되었다.

소송사건

나는 다다 압둘라의 소송사건에 대한 사실을 조사해보고 압둘라의 입장이 상당히 확고하기 때문에 법은 반드시 그의 편이 될 것이라는 사실을 알게 되었다[109]. 하지만 이 이상 소송이 길어지면 원고와 피고 모두 파산을 하게 된다는 사실도 함께 알게 되었다. 이 두 사람은 친척 사이였으며, 그것도 같은 도시 출신이었다. 소송이 얼마나 계속 될지 아무도 알 수 없는 일이었다. 만약 법정에서 결판이 날 때까지 계속 싸울 생각이라면 그야말로 끝도 없이 계속 이어질 것이며 쌍방 모두에게 아무런 득도 되지 않을 것이다. 따라서 두 당사자는 모두 어떻게 해서든 사건을 빨리 종결짓고 싶어 했다.

나는 셰드 테브와 교섭해서 중재를 요구해보기도 하고 권유해보기도 했다. 그리고 나의 충고에 따르는 것이 좋을 것이라고도 말했다. 나는 그에게 만약 쌍방 모두가 신뢰할 수 없는 중재인을 지명 받게 된다면 사건은 바로 종지부를 찍게 될 것이라고 말했다. 변호사를 고용하는 비용이 급격하게 불어나, 이 소송을 의뢰한 두 사람 모두 대상이기는 했지만 그들의 전 재산을 간단히 먹어치우기에 충분했기 때문이었다. 그들의 머릿속에는 소송사건으로 가득했기 때문에 다른 일을 할 여유조차 없었다. 그러는 동안에도 서로에 대한 반감은 더욱 깊어갈 뿐이었다.

나는 이 직업에 정나미가 떨어질 것 같았다. 쌍방에게 고용된 고문변호사로서 자신의 소송 의뢰인을 이기게 하기 위해서 여러 가지 법률을 이리저리 만지작거려야만 했다. 그리고 나는 승소자라 할지라도 결코 비용 전부를 되찾을 수는 없을 것이라는 사실을 처음으로 알게 되었다. 재판소 보수 내규에 의해서 당사자간의 비용에는, 일정한 비용 표준이라는 것이 허용되고 있었다. 게다가 고문변호사와 의뢰인 사이에서 실제로 드는 비용이 그것보다도 훨씬 더 비쌌다. 나는 그것을 도저히 참을 수가 없었다. 나는 당사자들을 화해하도록 하고 그들을 하나로 묶는 것이 내가 해야 할 일이라고 생각했다. 나는 어떻게 해서든 화해를 시키려고 온 신경을 집중했다. 드디어 셰드 테브의 동의를 얻어낼 수 있었다. 중재인이 지명되었고, 그의 앞에서 사건에 대한 변론이 진행되어 다다 압둘라의 승소로 매듭지어졌다.

그러나 나는 그것만으로는 만족할 수 없었다. 만약 내 소송 의뢰인이 판정액을 즉각 지불하라고 청구할 경우, 셰드 압둘라에게는 그럴 만한 돈이 없었다. 그런데 남아프리카에 있는 포르반다르 출신 메만 사람들 사이에는 파산을 하느니 죽음을 택하라는 불문율이 있었다. 셰드 테브에게는 거의 3만 7천 파운드나 되는 금액과 재판비용을 단번에 지불할 만한 능력이 없었다. 하지만 그는 그 금액을 1루피도 남기지 않고 깨끗하게 지불하겠다고 했다. 그러면서도 그는 파산 선고만은 면하고 싶어 했다. 남은 방법은 오직 한 가지밖에 없었다. 즉, 다다 압둘라가, 몇 번에 나눠서 지불해도 좋다고 그에게 관용을 베푸는 일이었다. 그는 좀처럼 동의하지 않았다. 하지만 결국에는 셰드 테브에게 아주 오랜 기간에 걸쳐서, 매해 조금씩 갚아도 좋다는 허락을 내주었다. 그처럼 몇 번에 나눠서 돈을 받도록 양보하게 하는 것이 쌍방을 중재에 동의하도록 하는 것보다 내게는 훨씬 더 어려운 일이었다. 하지만 그 결과에는 쌍방이 모두 기뻐했다. 그리고 쌍방에 대한 세상의 평은 예전보다도 훨씬 더 좋아졌다. 나는 한없이 기뻤다. 거기서 나는 참된 법의 실천이 어떤 것인지를 배울 수 있었다. 인간성의 좋은 측면을 발견하고, 인간의 마음속으로 들어가는 법을 익힐 수 있었다. 나는 법률가의 참된 임무가, 서로 어긋나버린 사건 당사자들을 결합시키는 데 있다는 사실을 깨달았다. 이 교훈이 잊을 수 없을 정도로 깊은 인상을 내게 심어주었기 때문에, 나는 그 후부터 20년 동안 변호사 일을 해왔는데 그 대부분을 수많은 소송사건의 자주적인 화해를 강구하는 쪽아왔다. 나는 그것 때문에 잃은 것은 없었다. 단 한 푼의 돈도, 그리고 내 영혼에 있어서도.

사람이 제안하고 신이 처리한다

재판사건이 매듭지어졌기 때문에 나는 더 이상 프리토리아에 머물 이유가 없어졌다. 그래서 나는 더반으로 돌아가 귀국할 준비를 시작했다. 하지만 압둘라 셰드는 송별회도 없이 나를 떠나보낼 사람이 아니었다. 그는 시드넘[110]에서 나를 위해 송별회를 열어주었다.

그곳에서 꼬박 하루를 지내자는 제안이었다. 나는 몇몇 신문을 구해 한 장 한 장 넘겨가다가 그 중 한 면의 구석에 '인도인의 선거권문제'라는 제목의 짧은 평이 실려 있는 것을 문득 발견했다. 그것은 당시 입법의회에 제출되어 있는 한 법안에 대해 언급한 것이었다. 그 법안이란 나탈 주 입법의회 의원을 선출할 권리를 인도인에게서 빼앗을 것을 제안한 것이었다.

나는 이 법안에 대해서는 아무런 얘기도 듣질 못했었다. 송별회에 모인 다른 손님들도 마찬가지였다.

나는 그 일에 대해서 압둘라 셰드에게 물어보았다. 그가 말했다. "저희가 그런 걸 어찌 알겠습니까? 저희가 알고 있는 건 저희 장사에 관계된 일들뿐입니다."

나는 이제 막 귀국할 참이었다. 그 일로 내 마음속에 어떤 생각이 스치고 지나갔는지, 그것을 밝히기가 망설여졌다. 나는 압둘라 셰드에게 간단하게 얘기했다.

"이 법안이 통과되어 법률이 되면 우리의 입장은 아주 어려워지고 맙니다. 이것으로 우리의 관에 첫 번째 못이 박히고 만 셈입니다. 그것은 우리 자존심의 뿌리에 일격을 가한 것입니다."

손님들은 우리의 대화를 열심히 듣고 있었다. 그들 중 한 명이 말했다.

"어떻게 하면 좋을지 들려주십시오. 당신이 이번 배로 돌아가시지 마시고 한 달만 더 머물러주시기 바랍니다. 그러면 당신이 지도하시는 대로 우리는 싸우겠습니다."

다른 사람들도 모두 그 말에 고개를 끄덕였다.

나는 마음속으로 싸움에 대한 윤곽을 그려보았다. 나는 선거인 명부에 올라 있는 사람들의 이름을 확인했다. 그리고 1개월 더 머물기로 결심했다.

신은 이렇게 해서 남아프리카에서의 내 생활의 기초를 마련해주셨으며, 민족의 자존심을 위한 전투의 씨앗을 뿌리셨다.

우리는 제일 먼저 입법의회 의장에게 전보를 쳐서 법안의 심의를 뒤로 미룰 것을 요청했다. 같은 취지의 전보가 주의 수상에게도 보내졌다.

주 의회에 제출할 청원서가 기안되었고, 나는 온갖 고생을 다해가며 그 기안에 임했다. 나는 이 사항에 대해서 손에 넣은 모든 문헌을 남김없이 독파했다. 청원서에 14일 동안 일만 명이 서명을 해주었다. 주 전체를 통틀어서 그만한 숫자의 서명을 받아낸다는 것은 그리 쉬운 일이 아니었다. 사람들이 이런 일에는 완전히 문외한이었다는 점을 감안한다면 얼마나 어려운 일이었는지 쉽게 알 수 있을 것이다. 서명자가 이번 청원에 대해서 완전하게 이해하지 못한다면 단 한 명이라도 서명을 받아서는 안 되다고 결정되었기 때문에 이 일에는 그만큼 진심으로 일할 수 있는 사람을 뽑아야만 했다.

마을 사람들은 드문드문 멀리 떨어져 살고 있었다. 이 일은 활발한 많은 사람들이 그들의 온 마음을 거기에 쏟아 부어야만 비로소 신속하게 행해질 수 있는 것이었다. 그런데 그들은 그 일을 해냈다.

드디어 청원서가 제출되었다. 일천 장의 사본이 인쇄되었고, 회람되었고, 배포되었다. 이것이 인도인 일반 대중에게 나탈의 현상을 알리는 첫 번째 계기가 되었다. 나는 그 사본을 내가 알고 있는 모든 신문사와 정치평론가에게 보냈다.

『더 타임스 인디아[111]』지는 청원운동에 관한 사설을 게재, 그 안에서 인도인의 요구를 강력하게 지원한다고 표명했다. 사본은 영국의 각 정당을 대변하는 잡지와 정치평론가에게도 보내졌다. 런던의 『더 타임스[112]』지는 우리의 요구를 지지해주었다. 이렇게 해서 우리는 법안의 기각에 대한 희망을 품게 되었다.

나는 이제 와서 나탈을 떠날 수 없게 되어버렸다. 인도인 친구들이 사방으로 나를 둘러쌌다. 그리고 나탈에 영원히 머물러달라고 요구해왔다.

그렇게 해서 나는 나탈에 눌러앉게 되었다.

나탈 인도인회의

선거권 박탈 법안에 대한 청원서를 제출하는 것만으로는 충분하다고 할 수 없었다. 식민지 최고 담당관을 움직이려면 끊임없는 선전이 필요했다. 이 목적을 달성하기 위해서는 상설 조직을 구성할 필요가 있다는 생각이 들었다. 그래서 나는 압둘라 셰드와 그 외의 친구들과 의논을 했다. 그리고 우리는 상설적인 대중 조직을 만들기로 결정했다. 이렇게 해서 5월 22일에 나탈 인도인회의[113]가 탄생했다.

나탈 인도인회의에 남아프리카 태생 인도인과 회사 사무원들은 회원으로 참가를 해왔지만 일용직 육체노동자, 계약 농업노동자는 아직도 그 울타리 밖에 머물고 있었다. 회의는 아직 그들의 것이 되지 못했다. 그들에게 기금을 기부하거나 입회를 해서 소속될 수 있을 만한 여유가 있을 리 없었다. 인도인회의는 우리가 먼저 그들에게 봉사를 해야만 비로소 그들을 다가오게 할 수 있었다. 인도인회의도 나도 실제로는 준비를 하고 있지 않았는데, 하나의 계기가 우리를 찾아왔다. 내가 내 일을 시작한 지 아직 서너 달도 지나지 않았을 때였다. 인도인회의도 아직 요람기에서 벗어나지 못했다.

어느 날 너덜너덜 찢어진 옷을 입고, 손에는 모자를 들고, 앞니 두 개가 부러진 채, 입에서는 피가 흐르고 있는 타밀 인[114]이 부들부들 떨고 몸으로 흐느끼며 내 앞에 나타났다. 그는 주인에게 처참할 정도로 맞은 것이었다. 내 사무실의 서기가 그와 고향이 같은 타밀인이었기 때문에 나는 그 서기를 통해서 그에 대한 이야기를 자세하게 들을 수 있었다. 발라순다람—이것이 방문자의 이름이었다—은 더반의 저명한 유럽 인 밑에서 계약 노동자로 일하고 있었다. 주인이 어떤 일을 계기로 그에게 화를 내기 시작했고 자제심까지 잃어버려 발라순다람의 이 두 개가 부러질 정도로 심하게 때렸다는 것이었다.

나는 우선 그를 의사에게로 데리고 갔다. 당시에는 백인 의사밖에 없었다. 나는 발라순다람이 입은 상처의 증상에 대한 의사의 증명서를 써달라고 했다. 나는 증명서를 들고 그 자리에서 당장 치안판사[115]에게로 부상자를 데리고 가서 증명서를 건네줬다. 그것을 읽고 치안판사는 크게 화를 내며 고용주에게 소환장을 보냈다.

나는 고용주에게 벌을 내려야 한다고는 조금도 생각지 않았다. 그저 발라순다람을 그에게서 해방시켜주고 싶었을 뿐이었다. 나는 계약 노동에 관한 법률을 읽었다. 그것에 의하면, 만약 평범한 하인이라면 그가 이유 없이 직무에서 이탈한 경우 고용주는 그를 민사법정에 고소할 수 있었다. 그런데 계약 노동자의 경우는 얘기가 전혀 달라져서, 같은 상황이라 할지라도 그는 형사법정에 고소되어 유죄판결을 받아 투옥되게 되어 있었다. 바로 이것이, 윌리엄 헌터 경[116]이 계약 노동 제도를 노예제도와 다를 바 없는 죄악이라고 부른 이유였다. 노예와 마찬가지로 계약 노동자는 고용주의 재산에 지나지 않았다.

발라순다람을 해방시킬 수 있는 방법은 두 가지밖에 없었다. 그 하나는 계약 노동자 감독관에게 그의 계약을 취소하도록 하거나, 그를 다른 고용주에게 보내는 것이었다. 또 다른 하나는 발라순다람의 고용주에게 그를 해방시키도록 하는 것이었다. 나는 고용주를 찾아가 말했다.

"저는 당신을 고소해 벌을 받게 할 생각은 없습니다. 당신 설마 저 사람을 때린 적이 없다고 말씀하지는 않으시겠죠? 만약 당신이 노동계약서를 다른 사람에게 양도하겠다고만 해준다면 저는 그것으로 만족합니다."

그는 아주 간단히 내 말에 동의했다. 그래서 나는 감독관을 만나 얘기했다. 그 역시도 내가 새로운 고용주를 찾아준다는 조건을 붙여 동의를 해주었다.

그런 다음 나는 고용주를 찾기 시작했다. 인도인은 계약 노동자를 고용할 수 없었기 때문에 고용주는 유럽인이어야만 했다. 그 무렵 나는 두어 명의 유럽인밖에 아는 사람이 없었다. 나는 그중 한 명에게 부탁을 하러 갔다. 그는 발라순다람을 맡아주는 등 아주 친절하게 대해줬다. 나는 그의 친절에 감사했다. 치안판사는 발라순다람의 고용주에게 유죄 판결을 내리고 그가 노동계약서를 다른 사람에게 양도할 것을 약속했다는 사실을 서류에 기록했다.

발라순다람 사건은 모든 계약 노동자에게 알려졌다. 그리고 나는 그들의 친구로 여겨지게 되었다. 나는 그것을 환영했다. 그 후부터는 약속이라도 한 듯 계약 노동자들이 내 사무실로 밀려들게 되었다. 그리고 나는 그 기회를 이용해서 그들의 기쁨과 슬픔을 배웠다.

발라순다람 사건에 대한 얘기는 멀리 마드라스까지 퍼져나갔다. 마드라스 주의 각지에서 계약을 맺고 나탈에 노동을 하러 와 있던 노동자들도 그들의 계약 노동자 친구들로부터 그 얘기를 듣고 알게 되었다.

사건 자체는 그다지 특별한 것도 아니었다. 하지만 그들의 편이 되어, 그들을 도와주고, 그들을 위해서 공적인 활동을 해주는 사람이 나탈에도 몇 명 생겼다는 사실은, 계약 노동자들에게는 기쁘고 놀라운 일이었으며 그들에게도 희망을 품게 하는 일이 되었다.

3파운드 세

1860년경, 나탈에 있던 유럽인은 거기에 사탕수수 재배에 적합한 땅이 많이 있다는 사실을 발견했지만 노동력 부족에 시달리고 있었다. 나탈의 줄루 족[117]은 그런 형태의 노동에 적절하지 않았기 때문에 외부에서 노동자를 들여오지 않는 한 사탕수수 재배나 설탕 정제는 불가능한 일이었다. 그래서 나탈 정부는 이 일을 인도 정부에 연락했고 그 결과 인도인 노동자 모집 허가를 얻어냈다. 이렇게 해서 모집에 응모한 사람들은 5년간 나탈에서 노동하겠다는 계약에 서명을 하게 되었다. 그리고 계약기간이 끝나면 자유롭게 정주해도 좋았으며 완전한 토지 소유권을 가질 수도 있었다. 이것이 그들이 던진 미끼였다.

인도인은 그들에게 기대하고 있던 것 이상을 제공했다. 그들은 야채를 대량으로 재배했다. 그들은 엄청난 양의 인도 야채를 가져다 그곳에서 재배해 더욱 싼값에 팔 수 있었다. 그리고 그들은 망고나무도 가져다 심었다. 그들의 사업은 농업에만 그치지 않았다. 그들은 상업 쪽에도 진출했다. 그들은 토지를 구입해서 건물을 지었다. 그들 중에는 노동자로 시작해서 토지와 가옥의 소유자가 된 사람들이 많았다. 그들에 이어 인도에서도 상인들이 찾아와 상업을 하면서 거기에 정주(定住)하게 되었다. 그 선두주자는 셰드 아부 바카르 아모드였다. 그는 곧 널리 사업을 전개하게 되었다.

그러자 백인 상인들이 당황하기 시작했다. 처음 인도인 노동자를 기꺼이 받아들였을 때 그들은 인도인의 상업적 수완을 염두에 두지 않았었다. 그들은 독립 농업자를 받아들일 수는 있었지만 상업의 경쟁자는 받아들일 수가 없었다.

이렇게 해서 인도인에 대한 반감의 씨앗이 뿌려졌다. 그 외에도 여러 가지 요소가 원인이 되어 씨앗을 키워나갔다. 이러한 반감이 입법을 통해 형태가 되어 나타난 것이 바로 선거권 박탈 법안과 계약 노동자 과세법안이었다. 그리고 이러한 입법과는 전혀 상관없이 여러 가지로 인도인을 괴롭히는 일들이 이미 시작되었던 것이다.

그중 처음으로 시작된 것은, 인도인 계약 노동자를 강제로 인도 본국에 돌려보내 거기서 계약기간을 마치게 하자는 안이었다. 인도 정부는 이 안을 수락하려 하지 않았다. 그러자 다음과 같은 제안을 했다.

1. 계약 노동자는 계약기간이 끝나는 대로 인도에 돌아갈 것. 그렇지 않으면,

2. 매 2년마다 새로운 계약에 서명하고, 계약을 갱신할 때마다 계약 노동량을 늘릴 것. 그렇지 않으면,

3. 인도 귀국, 혹은 계약 갱신을 거부할 경우 연간 25파운드의 세금을 납부할 것.

헨리 빈스 경과 메이슨 씨 등으로 구성된 대표단이 인도에 파견되어 인도 정부에게 이 안을 수락할 것을 요청했다. 당시 인도의

총독은 로드 엘긴[118]이었는데 그는 25파운드 과세는 승낙하지 않았지만 연간 3파운드의 인두세 과세에는 반대를 하지 않았다. 이것은 총독의 중대한 실책이라고 당시 나는 생각했다. 나는 지금도 그렇게 생각하고 있다. 한 가족을 네 명, 그러니까 남편, 아내 및 두 자녀로 보고 일가족이 1년에 합계 12파운드의 세금을 내야 한다는 것[119]은, 남편의 수입이 월평균 14실링 이상을 넘어본 적이 없는 가정의 경우라면 그야말로 살인적인 금액으로 세계 어디를 살펴봐도 그런 예는 찾아볼 수가 없었다.

우리는 과세에 대한 맹렬한 반대운동을 전개했다. 만약 우리 인도인 모두가 투쟁을 그만두거나 인도인회의가 반대운동을 포기하고 과세는 피할 수 없는 것이라며 굴복했다면 그 혐오스러운 세금은, 오늘날까지도 남아프리카의 인도인 및 전 인도의 영원한 치욕으로 인도인 계약 노동자들로부터 징수되고 있었을 것이다.

그날로 내가 남아프리카에서 머문 지 3년째가 되었다. 나는 인도인이라는 민족을 알게 되었고 그들도 역시 나를 알게 되었다. 1896년, 나도 이곳에 온 지 오래 되었으니 6개월 동안 인도에 다녀와도 되겠느냐고 모든 인도인들에게 물었다. 나는 변호사로서도 상당히 바쁜 시간을 보내고 있었으며, 내가 없으면 사람들이 어려움을 겪게 된다는 사실도 알고 있었다. 그래서 귀국하면 처자를 데리고 돌아와서 이곳에서 정주할 결심을 하고 있었다. 그리고 나는 귀국하면 인도에서 여론을 형성하기도 하고, 남아프리카 인도인에 대한 관심도 한층 더 높이는 등 공적인 활동도 얼마간을 할 수 있을 것이라고 생각했다.

인도에서

나는 봄베이에서 쉬지 않고 바로 라지코트로 갔다[20]. 그리고 남아프리카의 상황에 대한 팸플릿을 쓸 준비를 시작했다. 팸플릿을 써서 발행하기까지 약 1개월이 걸렸다. 그 표지가 초록색이었기 때문에 후에 '초록색 팸플릿'으로 알려지게 되었다. 거기서 나는 남아프리카 인도인의 상태를 일부러 부드러운 표현으로 묘사했다. 일만 부를 찍어서 인도 각 파의 신문과 지도자들에게도 빠짐없이 발송했다. 그것을 가장 먼저 논평한 것은 『파이오니아[21]』지였다. 그 논설의 요지는 로이터 통신사를 통해서 영국에 타전되었다. 그리고 그 요지의 요지가 런던의 로이터 본사로부터 나탈에 타전되었다. 그 전보는 기사로 하면 세 줄도 되지 않는 짧은 것이었다. 그것은 나탈에서 인도인이 당하고 있는 취급을 내 붓으로 묘사한 것의 축소판이었지만, 과장된 것이었지 내 말 그대로 전달된 것은 아니었다. 그것이 나탈에 미친 영향에 대해서는 뒤에서 이야기하기로 하겠다. 그러는 동안 유명한 신문은 전부 이 문제를 상세하게 논평했다.

그 팸플릿을 우편으로 발송하기까지, 그것은 그리 쉬운 일이 아니었다. 그리고 포장을 하는 데 사람을 고용했다면 비용도 상당히 들었을 것이다. 하지만 나는 아주 간단한 방법을 생각해냈다. 나는 동네 아이들을 전부 불러 모아 그들이 학교에 가지 않는 오전의 두어 시간 동안 도와줄 수 없겠느냐고 물었다. 그들은 기꺼이 도와주겠다고 했다. 나는 좋은 것이 있다며, 모아두었던 오래된 우표를 고마움의 표시로 나눠주었다. 그들은 눈 깜빡할 사이에 그 일을 마쳤다. 그것은 내가 어린아이들을 지원자로 모은 첫 번째 경험이었다. 그 조그만 친구들 중 두 명이 지금 나의 공동 작업자가 되었다.

나는 라지코트에서 팸플릿 제작으로 정신없이 바쁘던 중에, 급히 서둘러 봄베이에 다녀온 적이 한 번 있었다. 원래 나는 그 문제에 대해서 도시의 여론을 형성하고 싶었기 때문에 집회를 열고 싶다는 생각을 가지고 있었다. 그리고 내가 첫 번째 도시로 선택한 것이 봄베이였다. 우선 나는 라나데 판사와의 면담을 요청했다. 라나데 판사는 내 말에 진지하게 귀를 기울였다. 그리고 페로제샤 메타 경을 만나보는 것이 어떻겠냐고 권해주었다. 나는 그와 면담을 하게 되었다. 나는 일반 사람들이 그를 어떤 별명으로 부르는지 알고 있었기 때문에 그 앞에 서게 되면 주눅들게 될 것이라고 각오를 하고 있었다. 어쨌든 나는 '봄베이의 사자', '봄베이 주의 무관의 제왕'을 만나게 되었다. 하지만 제왕은 나를 위압하지 않았다. 그는 자애심 깊은 아버지가 다 자란 아들을 만나는 듯한 자세로 나를 만나주었다. 페로제샤 메타 경도 내 이야기에 열심히 귀를 기울여주었다. 나는 그에게 라나데 판사와 타브지를 만났다는 사실도 이야기했다. 그가 말했다.

"간디, 나는 틀림없이 자네를 돕기로 하겠네. 여기서 꼭 집회를 열어줬으면 해."

이렇게 말한 그는 비서인 문시 씨 쪽으로 얼굴을 돌려 그에게 집회 날짜를 잡아두라고 명령했다. 날이 결정되었다. 그리고 그는 내게 작별 인사를 했다.

그 집회는 코와스지 예항기르 경의 연구소 강당에서 열렸다. 나는 페로제샤 메타 경이 연설을 할 때면 언제나 강당이 사람들로 가득 차며, 주로 그의 연설을 들으려 하는 학생들로 입추의 여지가 없다는 사실을 들어 알고 있었다. 나는 아직 그와 같은 집회는 경험해본 적이 없었다. 페로제샤 메타 경은 내 연설이 아주 좋았다며 기뻐해주셨다. 나는 이보다 더한 행복도 없을 것이라고 생각했다[122].

페로제샤 경 덕분에 나는 편안하게 전진할 수 있었다. 그리고 봄베이에서 푸나로 갔다. 거기는 두 개의 파로 나뉘어 있었다. 나는 어떤 종류의 의견을 가진 사람이든, 모든 사람들로부터 도움을 얻고 싶다고 생각했다.

내가 가장 처음 만난 것은 로카만야 틸라크[123]였다. 그는 다음과 같이 말했다.

"당신이 각 당파로부터 원조를 받고 싶다고 생각한 것은 아주 지당한 일이라고 생각합니다. 남아프리카에 대한 문제를 놓고 의견에 차이가 있을 리가 없습니다. 하지만 당신은 어떤 당파에도 속하지 않은 사람을 이번 집회의 의장으로 삼아야만 합니다. 반다르카르 교수를 만나보도록 하십시오. 최근 그는 공식적인 운동에 전혀 관여하지 않습니다. 그러나 이 문제라면 그를 끌어낼 수 있을지도 모릅니다. 그를 만나서 그가 어떤 말을 할지 들어보고 싶습니다. 나도 힘껏 당신을 돕도록 하겠습니다. 당신이 편한 시간이라면 언제든지 만나도록 하겠습니다. 편하게 생각하세요."

이것이 나와 로카만야와의 첫 만남이었다. 그가 커다란 인망을 얻고 있는 비밀을 깨닫게 되었다.

다음으로 나는 고칼레[124]를 만났다. 나는 퍼거슨 대학에서 그를 만났다. 그는 나를 아주 친밀하게 맞아주었다. 그리고 그의 태도에 나는 곧 마음을 빼앗기고 말았다. 나는 그와도 처음 만나는 것이었다. 하지만 우리는 오랜만에 만난 친구 같은 느낌을 받았다. 페로제샤 경은 내게 히말라야 산 같은 사람이었다. 로카만야는 바다와 같은 존재였다. 고칼레는 갠지스 강의 흐름과도 같은 사람이었다. 그 성스러운 강에서 사람들은 목욕을 즐길 수 있다. 히말라야 산은 오르기 힘들다. 그리고 바다에는 간단히 배를 댈 수가 없다. 하지만 갠지스 강은 그 가슴으로 사람들을 품는다. 일엽편주, 그 위에 배를 띄우는 것은 기쁨이다. 고칼레는 학교 선생님이 입학 지원자를 자세하게 점검하듯이 나를 시험해보았다. 그는 내게, 누구에게 접근을 하면 좋을지 그리고 어떤 방법으로 그들에게 접근하면 좋을지를 가르쳐주었다. 그는 전에 행했던 내 연설문을 읽어보고 싶다고 말했다. 그는 대학을 한 바퀴 돌며 안내해주었고, 내가 편한 시간에 언제든지 만나주겠다고 약속했으며, 반다르카르 교수를 만난 뒤 그 결과를 알려달라고 했다. 그런 다음 미친 듯이 기뻐하고 있는 나를 배웅해주었다.

반다르카르 교수는 아버지와도 같은 따뜻함으로 나를 맞아주었다. 내가 그를 찾은 것은 낮 12시였다. 그런 시간에도 사람들을 찾아 바쁘게 돌아다니는 내 열정이, 그 나이 들어서도 피곤을 모르는 학자에게 좋은 인상을 심어준 듯했다. 그리고 이번 집회의 의장으로는 어느 당파에도 속해 있지 않은 사람을 앉히고 싶다고 내가 고집한 데 대해서 그는 아주 쉽게 승낙을 해주었다.

푸나에서 이처럼 학식이 많고 사심 없이 일하는 사람들의 도움으로 별 어려움 없이 소박하고 조그만 장소에서 집회를 열 수 있었다. 그리고 나는 기쁨에 넘쳐, 자신의 사명에 더욱 커다란 자신감을 얻게 되었다.

다음으로 나는 마드라스로 갔다. 거기는 열기로 소란스러웠다. 발라순다람 사건이 집회에 강한 인상을 부여했다. 나의 연설은 인쇄가 되었다. 내게 있어서 그것은 상당히 긴 것이었다. 그러나 청중들은 한 마디, 한 마디에 열심히 귀를 기울였다. 집회가 끝난 뒤, 평소와 다름없이 '초록색 팸플릿' 이 잘 팔렸다. 나는 2판으로 개정판을 일만 부 출판했다. 그것은 핫케이크처럼 팔려나갔다.

마드라스에서 캘커타로 갔다. 거기서 나는 더반에서 온 '의회 1월 개회, 급히 돌아오기 바람.' 이라는 전보를 받았다.

그래서 나는 신문에 글 한 편을 보내 왜 급히 캘커타를 떠나 봄베이로 가는지 그 이유를 설명했다. 그리고 캘커타를 출발하기 전에 다다 압둘라 회사의 봄베이 대리점으로 전보를 쳐서, 남아프리카로 가는 가장 빠른 배에 탈 수 있도록 손을 써달라고 부탁했다.

그때는 마침, 다다 압둘라가 기선 쿨랜드 호를 사들인 직후였다. 그리고 내게 꼭 그 배를 타라고 말하며, 나와 가족들을 무료로 데려다주겠다고 했다. 나는 그 청을 고맙게 받아들였다. 그리고 12월 초, 이번에는 아내와 두 아들, 미망인이 된 누이의 외아들[125]을 데리고 남아프리카로 두 번째 여행을 떠났다. 또 다른 한 척의

배인 나데리 호도 같은 시기에 더반을 향해서 출발했다. 이 두 배에 탄 승객의 숫자는 약 800명 정도였으며, 그 절반은 트란스발에 가기로 되어 있었다.

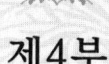

제4부

남아프리카에 도달한 폭풍

12월 18일경, 두 척의 배가 더반의 항구에 닻을 내렸다. 남아프리카에서는 엄격한 방역검사가 끝날 때까지는 어느 항구에서도 승객을 내려도 좋다는 허락을 내주지 않는다. 만약 승객 중에서 단 한 명이라도 전염병 환자가 발견되면 배 전체가 일정한 방역기간을 보내야만 했다. 우리가 출발했을 때, 봄베이에 페스트가 출현했었기 때문에 우리는 단기 방역기간을 보내야 하는 것이 아닐까 걱정을 했었다. 의사가 와서 우리를 검사했다. 그는 5일간의 격리를 명했다. 그의 의견에 의하면 페스트균은 발병하는 데 최대 23일이 걸리기 때문이었다. 그렇기 때문에 우리가 타고 온 배를 봄베이에서 출발한 날로부터 23일이 지날 때까지 격리한다는 명령을 내렸던 것이다. 그런데 그 기선을 격리시킨 배경에는 보건상의 이유 외에 또 다른 이유가 있었다.

더반에 살고 있는 백인들은, 인도인들을 본국으로 돌려보내라고 선동을 하고 있었다. 그리고 격리 명령을 내린 것도 그 선동 때문이었다. 다다 압둘라 회사로부터의 보고를 받았기 때문에 우리는 시내가 어떤 상태에 있는지 잘 알 수 있었다. 백인들은 매일 말도 되지 않는 집회를 열었다. 그들은 온갖 협박이 담긴 연설을 했다. 때로는 다다 압둘라의 회사에 유혹의 손길을 내밀기도 했다. 예를 들어서 기선 두 척을 인도로 돌려보내면 그에 따르는 손해를 회사에 지불하겠다고 하기도 했고, 혹은 그렇게 하지 않으면 장사를 계속할 수 없게 하겠다는 협박을 하기도 했다. 하지만 다다 압둘라 회사는 그런 협박에 겁을 먹지 않았다. 셰드 압둘라 하지 아담은 당시 회사의 공동경영자였다. 그는 어떻게 해서든 기선을 부두에 대고 승객들을 내리기로 결심했다. 그는 매일 자세하게 적은 통신을 내게 보내왔다. 지금은 고인이 되었지만 스리자트 만수클랄 나자루[126]가 당시 나를 만나려고 다행히도 더반에 와 있었다. 그는 유능하고 대담한 사람으로 인도인 거주자들의 지도에 나섰다. 변호사 로튼 씨도 그와 마찬가지로 두려움을 모르는 사람이었다. 그는 인도인 거주자에게 고용되어 있는 변호사였을 뿐만 아니라, 그들의 진실한 친구로서 백인 주민의 행동을 비난하며 여러 가지로 인도인 거주자들에게 충고를 해주었다.

이렇게 더반에서는 서로 힘의 균형이 맞지 않는 양자의 격투가 행해지고 있었다. 한쪽 편에는 소수의 가난한 인도인과 두어 명의 영국인 친구가 포진하고 있었다. 다른 한쪽 편에는 무기를 든, 교육을 받은 부유한 백인들이 늘어서 있었다. 그리고 그들은 주 정부의 원조를 등에 업고 있었다. 왜냐하면 나탈 주 정부는 공공연하게 그들을 돕고 있었기 때문이었다. 각료 중에서 가장 막대한 힘을 가지고 있었던 해리 에스콤[127] 씨는 공공연하게 그들의 집회에 얼굴을 내밀었다.

우리는 승객들을 위로하기 위해서 배 안에 여러 가지 유희시설을 마련했다. 나도 그들의 놀이에 가담했다. 하지만 나의 생각은 더반에서 진행되고 있는 싸움 속으로 달려갔다. 왜냐하면 참된 목표가 되었던 것은 바로 나였기 때문이었다. 나는 두 가지 점에서 불순하다는 공격을 받았다.

1. 인도로 돌아갔을 때 내가 이유 없는 비난을 나탈의 백인들에게 퍼부었다는 점.
2. 내가 기선 두 척에 인도인들을 가득 태우고 데려와 그들을 정주시키려는 것은 나탈을 인도인으로 가득 채우려는 속셈이다.

나는 내게 책임이 있다는 사실을 깨달았다. 나는 다다 압둘라 회사가 나 때문에 커다란 위기에 직면하게 되었고, 승객들의 생명이 위험에 노출되었다는 사실, 또 나와 함께 가족들을 데리고 왔기 때문에 그들 역시도 위험해졌다는 사실을 잘 알고 있었다.

하지만 나를 책망할 수 있는 사람은 아무도 없었다. 나는 나탈에 가자고 누구에게도 권한 적이 없었다. 내가 기선에 올랐을 때, 승객 중 아는 사람은 단 한 사람도 없었다. 그리고 친척 남녀 한 쌍을 제외하면 배 안에 있는 승객 수백 명 중 이름이나 고향을 아는 사람은 단 한 사람도 없었다. 인도에 머무는 동안, 나는 나탈의 백인에 대해 나탈에서 이미 발언했던 것이 아닌 말은 단 한마디도 하지 않았다. 게다가 내가 발언한 것은 이미 그것을 증명할 만한 충분한 증거가 있는 것들이었다.

날수는 좀처럼 지나가지 않았다.

23일째가 지나자 기선에 허가가 떨어져 항구 안으로 들어갔다. 그리고 승객을 내려도 좋다는 명령이 떨어졌다.

드디어 기선 두 척은 부두에 닿았고 승객들은 상륙을 시작했다. 그런데 에스콤 씨가 선장을 통해, 백인들이 나에 대해서 상당히 격앙되어 있기 때문에 나의 생명이 위험하니 내 가족과 나는 저녁이 되면 상륙하라고 제안했으며, 상륙하면 항만 감독관인 타텀 씨가 우리를 집까지 데려다 줄 것이라고 말했다. 선장은 그 말을 내게 전해주었다. 나는 그의 말대로 행동하기로 했다. 그런데 그로부터 채 30분도 지나지 않아서 로튼 씨가 선장을 찾아왔다. 그가 말했다.

"저는 간디 씨를 데려갔으면 합니다. 물론 그가 반대하지 않아야겠지만. 저는 에이전트 회사의 법률 고문으로서 당신에게, 당신이 에스콤 씨로부터 들은 말대로 할 필요는 없다는 사실을 밝힙니다."

그 후, 그는 내게로 와서 같은 내용의 말을 잠깐 했다.

"만약 당신만 괜찮다면, 간디 부인과 자제분들은 차에 태워 루스톰지[128] 씨 댁으로 데려가고 당신과 나는 걸어서 뒤따라가도록 하는 것이 어떻겠습니까? 저는 당신이 도둑처럼 어둠을 틈타 마을로 들어서기를 원치 않습니다. 당신이 위험에 처할 일은 없을 것이라고 생각합니다. 지금은 모든 것이 평온합니다. 백인들은 모두 흩어져 돌아갔습니다. 어쨌든 당신은 몰래 마을로 들어서서는 안 된다고 저는 생각합니다."

나는 바로 찬성했다. 아내와 아이들은 차를 타고 무사히 루스톰지 씨 댁으로 갔다. 나는 선장의 허가를 얻어 로튼 씨와 함께 상륙했다. 루스톰지 씨 댁은 부두에서 약 2마일 정도 떨어져 있었다.

우리가 상륙한 지 얼마 지나지 않아, 몇몇이서 함께 지나가던 젊은 사람들이 나를 보고,

"간디다, 간디다."라고 외쳤다. 6명 정도 되는 남자들이 나타나

함께 큰소리로 외쳤다. 로튼 씨는 사람들이 한꺼번에 몰려오는 게 아닐까 걱정이 되어 인력거를 불렀다. 나는 인력거에 타는 것을 아주 싫어했기 때문에 그것이 첫 번째 승차였다. 하지만 젊은이들은 나를 인력거에 태우려 하지 않았다. 사람들은 인력거꾼에게 죽고 싶냐며 으름장을 놓았다. 인력거꾼은 걸음아 나 살려라 도망을 쳤다. 우리가 걸어나감에 사람들이 점점 더 몰려들었고, 결국에는 앞으로 나아갈 수 없게 되어버리고 말았다. 그들은 우선 로튼 씨를 붙들어 우리를 서로 떼어놓았다. 그리고 그들은 내게 돌이나 쓰레기, 썩은 계란을 던졌다. 몇몇 사람들이 나의 터번을 찢어버렸다. 그러자 다른 사람들이 몽둥이를 들고 와서 나를 때리기도 하고 발로 차기도 했다. 완전히 녹초가 된 나는 어떤 집의 현관에 있는 난간에 기대어 잠시 숨을 돌리려고 했다. 그러나 그럴 수가 없었다. 그들이 내가 있는 곳으로 달려와서 나를 때려눕히기도 하고 몽둥이로 때리기도 했다. 바로 그때 내가 알고 지내던 경찰서장 부인이 우연히 그곳을 지나갔다.

부인은 용감하게 달려와서 그녀의 양산을 펼쳤다. 당시 태양빛은 뜨겁지 않았다. 그리고 군중과 나 사이로 뛰어들었다. 그것이 폭도들의 분노를 잠재웠다. 왜냐하면 알렉산더 부인에게 상처를 주지 않고 나를 때릴 수는 없었기 때문이었다.

그러는 동안 사건을 목격한 인도인 청년이 경찰서로 달려갔다. 경찰서장인 알렉산더 씨는, 한 무리의 부하들에게 나를 감싸 호위해서 경찰서까지 무사히 데려오라고 한 뒤 급히 현장으로 출동하게 했다. 그들은 곧 도착했다. 경찰서는 우리가 가는 길 중간에 있었다. 우리가 거기에 도착하자 서장은 경찰서로 피신하라고 권했다. 나는 감사의 말을 건네기는 했지만 그의 말은 거절했다. 내가 말했다.

"자신들의 잘못을 깨닫는다면 그들도 틀림없이 조용해질 것입니다. 저는 그들이 공정한 사람들이라고 믿고 있습니다."

나는 경찰관들의 보호를 받으며 더 이상 아무런 해도 입지 않고 루스톰지 씨 댁에 도착할 수 있었다. 나의 온 몸에 맞은 흔적이 가득했다. 하지만 상처로 남은 곳은 한 곳뿐이었다. 마침 배에서 환자를 돌보는 의사 다디바르조르 박사가 그곳에 있었기 때문에 정성을 다한 치료를 받을 수 있었다.

집안은 매우 조용했다. 하지만 밖에서는 백인들이 집을 둘러싸고 있었다. 밤이 찾아왔다. 그러자 소란을 피우고 있던 군중 속에서,

"간디를 내놔라." 하는 외침 소리가 들려왔다. 혜안을 가진 서장이 그곳으로 가서 군중들을 진정시키려 노력했다. 그는 협박이 아니라 웃음을 자아내 그들을 진정시키려 했다. 하지만 그는 완전히 마음을 놓을 수가 없었다. 그는 다음과 같은 말을 내게 전해왔다.

"만약 당신이 친구의 집과 재산 그리고 당신의 가족들을 지키고 싶다면 변장을 하고 이 집에서 피하시기 바랍니다. 부탁드립니다."

서장의 권유대로 나는 인도인 경찰의 제복을 입고, 접시 한 장을 마드라스 천으로 감싸 헬멧처럼 보이게 한 것을 머리에 썼다. 경찰 두 명이 내게 따라붙었다. 그중 한 명은 인도인 상인처럼 변장을 하고 인도인처럼 얼굴을 검게 칠했다. 나머지 한 명은 어떤 식으로 변장했었는지 기억이나질 않는다. 우리는 옆길을 따라서 이웃에 있던 가게로 갔다. 삼베로 만든 자루가 산더미처럼 쌓여

있는 창고를 통해 가게를 빠져나갔다. 그리고 군중 속을 헤집고 나가 길가에 세워둔 짐마차로 갔다.

우리는 짐마차를 달려 경찰서까지 갔다. 그 경찰서는 조금 전, 알렉산더 서장이 이곳으로 피난하라고 권했던 바로 그 경찰서였다. 나는 그와 두 경찰에게 감사의 말을 건넸다.

이렇게 내가 달아나는 동안 알렉산더 씨는 군중들을 이런 노래로 재미있게 해 그들의 발을 묶어놓았다.

'늙은 간디의 목을 묶어라
신맛 나는 사과나무 위에'

내가 무사히 경찰서에 도착했다는 보고를 받자 그는 바로 군중들에게 그 소식을 전했다.

"여러분들이 노리고 있는 희생양은 옆의 가게를 통해서 그대로 도망치고 말았습니다. 이렇게 된 이상 여러분도 집으로 돌아가는 편이 좋을 겁니다."

그들 중 몇몇이 격렬하게 화를 냈다. 그 외에도 웃음소리를 낸 사람도 있었다. 그 이야기를 믿지 않는 사람도 몇몇 있었다.

경찰서장이 말했다.

"좋소, 제 말을 믿지 못하겠다면 여러분 중에서 믿을 만한 사람 한두 명을 대표로 뽑으십시오. 그 대표들을 집 안으로 들이겠습니다. 만약 그들이 간디를 발견한다면 저는 간디를 여러분에게 넘겨주겠습니다. 하지만 발견하지 못한다면 돌아가도록 하십시오. 여러분에게 루스톰지 씨 댁을 부수거나 간디 씨의 부인과 아이들을 해할 생각이 없다는 사실은 제가 잘 알고 있습니다."

군중들 속에서 대표가 나와 수색을 위해서 집 안으로 들어갔다.

그들은 곧 실망스러운 소식과 함께 밖으로 나왔다. 그렇게 해서 군중들은 결국 돌아가고 말았다. 그들의 대부분은 경찰서장의 교묘한 사태 처리에 감탄했지만, 투덜투덜 불평을 해대는 사람들도 두엇 있었다.

지금은 고인이 됐지만 당시 식민지 최고 담당관이었던 체임벌린 씨[129]는 나탈 주 정부에 전보를 보내어 가해자들의 처벌을 요구했다. 에스콤 씨는 나를 불러서 내가 입은 상처에 대해 유감의 뜻을 표명했다. 그리고 말했다.

"저를 믿으세요. 당신이 몸에 입은 상처가 제아무리 작은 것이라 할지라도 저는 유감으로 생각하고 있습니다. 당신은 로튼 씨의 권고를 받아들일 권리와 최악의 상황을 맞아들일 권리를 가지고 있었습니다. 그러나 당신이 제 권고를 선의로 받아들이셨다면 이런 참사는 일어나지 않았을 겁니다. 만약 당신이 가해자들을 지명하신다면 저는 그들을 체포해다 처벌할 방침입니다. 체임벌린 씨 역시 제가 그렇게 하기를 바라고 있습니다."

이에 대해서 나는 다음과 같이 대답했다.

"저는 누구도 처벌하고 싶지 않습니다. 그들 중 한두 명을 지명하는 것은 얼마든지 가능한 일입니다. 하지만 그들을 처벌한다 한들 제게 무슨 득이 있겠습니까? 그리고 저는 가해자들을 처벌하고 싶은 마음이 없습니다. 그들은 제가 인도에서, 나탈의 백인에 대해서 과장되게 말해 그들을 중상한 것처럼 믿을 수밖에 없었습니다. 만약 그 보도들이 사실이라고 믿었다면 그들이 화를 내는 것도 당연한 일입니다. 그들의 지도자 그리고 이렇게 말해도 괜찮다면, 당신이야말로 처벌을 받아야 할 사람입니다. 당신은 사람들을 올바르게 인도할 수 있었습니다. 하지만 당신도 역시 로이터 통신의 기사를 그대로 믿어 제가 과장을 했다고 생각하게 되었습니다. 저는 누구도 고소하고 싶지 않습니다. 진실을 알게 된다면 그들은 자신들의 행동을 후회할 것이라고 저는 확신하고 있습니다."

에스콤 씨가 말했다.

"지금 하신 말씀을 적어서 제게 건네주시지 않으시겠습니까? 체임벌린 씨에게 그 말을 그대로 타전해야 하기 때문입니다. 당장 써달라고는 말씀드리지 않겠습니다. 로튼 씨나 당신의 다른 친구들과 의논해보시기 바랍니다. 솔직히 말씀드려서 만약 당신이 가해자들을 고소할 권리를 포기해주신다면 사태를 원래대로 되돌리는 데 커다란 도움이 될 것이며, 당신에 대한 평판도 한층 더 좋아질 것입니다."

내가 말했다.

"감사합니다. 저는 누구와도 의논할 필요가 없습니다. 저는 여기 오기 전부터 그렇게 하기로 결심했습니다. 가해자를 처벌해서는 안 된다는 것이 저의 신념입니다. 지금 여기서 제 결심을 적어드리겠습니다."

이렇게 말한 뒤 그에게 필요한 성명서를 적어 건네주었다.

상륙한 날, 『나탈 애드버타이저』지의 대표가 나를 만나기 위해 찾아왔었다. 그는 내게 여러 가지로 질문을 했다. 나는 거기에 답하면서 내게 쏟아지고 있는 수많은 비난을 하나하나 반박해나갔다. 페로제샤 메타 경의 권유 덕분에 인도에서 나는, 미리 초고를 작성했고 연설을 할 때는 그것을 읽어나갔었다. 그렇기 때문에 나는 그 연설문 사본을 전부 가지고 있었으며, 그 외에도 내가 쓴 글들도 가지고 있었다. 나는 나를 만나러 온 기자에게 그 문헌들을 전부 건네주어, 남아프리카에서 내가 말한 적이 없는 말은 인도에서도 단 한마디도 하지 않았으며 또한 격한 말을 사용한 적도 없다는 사실을 그에게 증명했다. 그리고 나는 쿨랜드 호 및 나데리 호의 승객을 남아프리카로 데리고 온 것은 내가 아니라는 사실을 분명히 밝혔다. 그들 대부분은 예전부터 살고 있던 사람들이었다. 그리고 그들의 절반쯤은 나탈에 살고 있는 것이 아니라 트란스발로 갈 예정이었다. 당시 돈을 모을 목적이었다면 트란스발이 나탈보다 훨씬 더 전망이 좋았다. 그렇기 때문에 대부분의 사람들이 그곳으로 가는 길을 택했던 것이다.

내가 신문기자와 인터뷰한 내용과, 가해자들을 처벌하지 않겠다고 한 사실은 깊은 인상을 심어주었고 그 때문에 더반의 유럽인들은 자신들의 행동을 부끄럽게 여길 정도였다. 신문은, 나는 누명을 쓴 것이라고 보도하고 폭도들을 비난했다. 이렇게 내게 있어서, 즉 대의에 있어서 이 재난은 전화위복이 되고 말았다. 그것은 남아프리카 인도인들의 위신을 높였으며 나의 활동을 한층 더 수월하게 해주었다.

그로부터 3, 4일 후 나는 우리 집으로 돌아갔으며, 곧 안정을 되찾을 수 있었다.

아이들의 교육과 간호

1897년 1월에 더반에 상륙했는데 당시 나는 세 아이들을 데리고 있었다. 열 살이 되는 누이의 아들과 아홉 살, 다섯 살이 되는 내 두 아들이었다. 나는 어디서 아이들을 교육하면 되는 것일까?

나는 그들을 유럽인 학교에 보낼 수도 있었다. 하지만 그것은 우리 아이들만을 우대하는 일이었다. 다른 인도인 아이들은 그곳에서의 입학이 허용되지 않았다.

이들 인도인 아이들을 위해서는 기독교 교회에서 창립한 학교가 있었다. 하지만 나는 아이들을 거기에 보낼 생각은 없었다. 왜냐하면 이들 학교에서 행하고 있는 교육이 마음에 들지 않았기 때문이었다. 한 예를 들자면, 수업은 영어로만 이루어졌다. 아니면 부정확한 타밀어나 힌디어를 사용했다. 수업 용어로 이들을 사용하기에는 어려움이 있었다. 나는 아무래도 이런저런 좋지 않은 상황을 견딜 수 없었던 듯했다. 한동안은 내가 직접 그들을 가르쳤다. 나는 그들을 인도로 되돌려보내는 일에는 반대를 했다. 왜냐하면 그 당시에도 나는 어린 아이들을 부모님과 따로 살게 해서는 안 된다고 생각하고 있었기 때문이었다. 아이들이 환경 좋은 가정에서 자연스럽게 받을 수 있는 교육은, 기숙사에서는 도저히 배울 수 있는 것이 아니다. 그래서 나는 아이들을 품안에 두었다.

나는 아이들에게 바치기로 한 시간 전부를, 그들을 위해서 성심을 다할 수는 없었다. 내가 그들에게 충분히 주의를 기울이지 못했다는 사실과 그 외의 불가피한 사정 때문에 나는 내가 원하는 만큼 그들에게 글자를 가르쳐주지 못했다. 그리고 아이들 모두 그 점에 대해서는 내게 불만을 가지고 있었다. 그들은 석사나 박사, 혹은 대학 입학 자격자가 됐다 할지라도 학교교육을 받지 못했다는 마음의 열등감을 느끼게 될 것이다.

그럼에도 불구하고 나는 다음과 같은 의견을 갖고 있었다. 만약 내가 그들을 어딘가 공립학교에서 교육을 받게 했다고 하자. 그러면 그들은 경험이라는 교실에서만, 혹은 부모님과의 끊임없는 접촉을 통해서만 받을 수 있는 훈련의 기회를 빼앗기게 된다. 내가 알고 있는 범위 안에도 지금 우리 아들과 같은 또래의 청년들이 많다. 나는 인간 대 인간의 관계에 있어서 그들이 우리 아들보다 조금 더 선량하거나, 혹은 아들이 그들에게 많은 것을 배워야만 한다고는 생각지 않는다.

하지만 내 실험의 최종 결과는 미래에 속해 있는 것이다. 이 문제를 여기서 이야기한 이유는 문명사를 연구하는 사람들에게 규율 잡힌 가정교육과 학교교육의 차이를 다소나마 깨닫게 하기 위해서다.

이 외에도 만약 내게 자존 정신이 없었으며, 다른 아이들이 받지 못하는 교육을 자신의 아이들에게 가르친다는 사실에 만족했다면 나는 자유와 자존의 실물교육을 그들에게서 빼앗은 결과가 됐을 것이다. 나는 학예교육을 희생으로 삼아 그들에게 실물교육을 행한 것이었다. 만약 자유와 학식 중 어느 하나를 골라야 한다면, 누가 자유는 학식보다 몇 만 배나 더 중요하다고 말하지 않겠는가?

나는 1920년, 청년들에게 노예의 성—그들의 학교 및 대학—에서 뛰쳐나오라고 외쳤다. 그리고 나는 그들에게, 노예의 사슬에 묶여서 학예교육을 추구하기보다는 자유를 위해서 무지한 채로 가장 비천한 일에 종사하는 편이 훨씬 더 낫다고 충고한 적이 있었다. 그들이 나의 권고를 그 근본이 되는 곳까지 거슬러 올라가서 잘 이해해줬으면 하는 바람이다.

나는 영원히 계속될 수 있는 인도적 사업이 없을지 찾아보았다. 부스 박사는 성 에이든 미션의 병원장이었다. 그는 따뜻한 마음을 가진 사람으로 자신의 병원에 찾아온 사람들을 무료로 치료해주고 있었다. 파르시 인인 루스톰지의 지원을 얻어 부스 박사를 병원장으로 한 조그만 자선병원을 열 수 있었다. 나는 무슨 일이 있어도 그 병원의 간호인이 되어 봉사를 하고 싶었다. 내가 맡은 일은 환자의 말을 잘 들어두었다가 그것을 의사에게 전달해서 처방전을 만드는 것이었다. 그 일은 인도인 환자와 나를 친밀한 사이로 만들어주었다. 환자의 대부분은 계약 노동자인 타밀, 텔루구, 혹은 북인도 사람들이었다. 당시의 경험이 보어 전쟁[130]이 일어났을 때, 내가 자원해서 상이군인을 간호하는 데 커다란 도움이 되었다.

간소한 생활

세탁소의 청구금액이 비쌌다. 게다가 세탁소 주인은 시간을 정확히 지키려 노력하지 않았기 때문에 와이셔츠와 목깃을 두어 벌 준비한다 해도 내게는 부족했을 것이다. 목깃은 매일 갈아야 했으며, 와이셔츠는 적어도 이틀에 한 번은 갈아입어야 했다. 이래서는 비용이 두 배로 들 것이며, 그것은 낭비라는 생각이 들었다. 그래서 그것을 절약하기 위해 우리 집에 세탁도구를 들여놓았다. 나는 세탁 방법을 소개한 책을 사다 세탁 방법을 연구해서 그것을 아내에게 가르쳐주었다. 그러면 내 일이 늘어난다는 것은 너무나도 잘 알고 있었다. 하지만 새로움이 그것을 즐거운 일로 만들어주었다.

나는 스스로 목깃을 빨았을 때의 일을 평생 잊지 못할 것이다. 나는 늘 필요 이상으로 풀을 듬뿍 먹였다. 다림질은 조금 낮은 온도로 했다. 그리고 목깃이 바래서는 안 된다고 생각했기에 나는 충분히 다림질을 하지 않았다. 그 때문에 목깃은 그럭저럭 빳빳하기는 했지만 표면에 눌어붙은 풀이 벗겨나서 늘 지저분하게 떨어지곤 했다. 나는 그 목깃을 달고 재판소로 갔다. 거기서 동료 변호사들의 놀림감이 되었다. 하지만 당시 나는 놀림감이 되어도 조금도 동요하지 않을 수 있었다.

나는 말했다.

"목깃을 빨아보기는 이번이 처음이라서 말이야. 풀을 너무 약하게 먹인 것 같아. 그래도 별 지장은 없는데. 게다가 자네들에게 웃음까지 선사했고 말이야……."

한 친구가 물었다.

"여기에 세탁소가 없는 것도 아닐 텐데……."

내가 말했다.

"세탁비가 너무 비싸단 말이야. 목깃 한 번 맡기는 게 새로 목깃을 사는 돈과 맞먹을 정도니까. 그런데 평생 세탁을 맡겨야 하질 않나? 내 목깃은 내가 빠는 편이 훨씬 더 좋아."

나는, 세탁소의 노예가 되는 것에서 나를 해방시켰듯이 이발소의 노예가 되는 것에서도 나를 해방시켰다. 영국에 갔던 사람들은 모두 거기서, 적어도 면도하는 법 정도는 배워가지고 온다. 하지만 내가 아는 한 자신의 머리 깎는 법을 익혀온 사람은 단 한 사람도 없었다. 나는 그것을 배우지 않으면 안 되었다. 어느 날, 나는 프리토리아에서 백인이 운영하고 있는 이발소로 갔다. 그는 내 머리 자르기를 매몰차게 거절했다. 나는 화가 났다. 나는 당장 머리 깎는 기계를 구하다 거울 앞에 서서 내 머리를 깎기 시작했다. 앞머리는 그럭저럭 잘 깎을 수 있었다. 하지만 뒷머리는 실패를 하고 말았다. 재판소 친구들이 배를 움켜잡고 웃었다.

"자네 머리가 대체 왜 그런가? 쥐가 파먹기라도 했단 말인가?"

내가 말했다.

"백인 이발사가 내 검은 머리를 보더니 만지기 싫다고 하더군.

그래서 내가 내 머릴 깎은 거야. 꼴사나워도 하는 수 없지."
 친구들에게 이 대답은 그다지 뜻밖의 것이 아니었다.
 이발사가 내 머리 깎기를 거절했다 하더라도 그것은 그의 잘못이 아니었다. 그가 검은 피부를 가진 나를 위해 봉사한다면, 그의 가게에는 틀림없이 손님이 끊기고 말 것이다. 우리도 우리의 이발사가 동포인 아웃카스트의 머리를 깎게 그냥 내버려두지 않는다. 나는 남아프리카에서 그런 대접을 헤아릴 수도 없이 많이 받았다. 그리고 그것은 우리 자신이 범한 죄에 대한 벌이 아닐까 하는 생각으로 화를 참을 수 있었다.
 자조(自助)와 간소함을 지향한 나의 정열이 결국에는 어떤 극단으로 치달았는지에 대해서는 적당한 곳에서 이야기하도록 하겠다. 이처럼 씨앗은 오래 전부터 뿌려졌던 것이다. 그것이 뿌리내리고 꽃을 피우고 열매 맺게 하기 위해서는 물을 뿌려줄 필요가 있었다. 그리고 그 물은 적당히 뿌려졌다.

회상과 참회

내 일생 동안 잡다한 사건들이 많이 일어나서 뜻밖에도 나는 다른 신앙을 가진, 다른 사회에 속한 사람들과 친밀하게 지낼 수 있었다. 그리고 나는 평소 친척이나 생면부지의 타인, 우리나라 사람이나 외국인, 백인이나 유색인, 힌두교도나 그 외의 신앙을 가지고 있는 인도인, 이슬람교도, 파르시 인, 기독교도, 혹은 유대교도 등 누구든 상관없이 그러한 차별을 느낀 적은 없었다고 말했다. 그들과 함께 내가 경험한 것이, 이 말이 거짓이 아님을 증명해 주고 있다. 나의 마음속에는 그러한 구별을 지을 만한 능력이 결여되어 있다고 말해도 좋을 것이다. 나는 그것을 하나의 미덕이라고 주장할 수는 없다. 왜냐하면 그것은 나의 천성이기 때문이다.

내가 더반에서 법률에 관계된 일을 하고 있었을 때, 고용인 중에서 나와 숙식을 함께한 사람이 있었다. 그리고 그들 중에는 힌두교도도 기독교도도 있었다. 또한 그들이 태어난 지방으로 구별하자면 구자라트 인과 타밀 인이 있었다. 내 기억을 더듬어봐도 나는 그들을 내 가족처럼 여기고 있었던 듯하다. 나는 그들을 내 가족의 일원으로 대우했다. 그리고 내가 그처럼 대우하는 것을 아내가 방해하면 반드시 아내와 부부싸움을 했다. 그런 사무원 중에 아웃카스트로 통하는 부모님을 가진 기독교도가 있었다.
  집은 서양식으로 지어졌기 때문에 방에는 하수 배출구가 없었다. 그래서 각 방마다 요강[31]이 놓여 있었다. 그것을 청소하는 것은 하인이나 청소부의 몫이 아니라 나와 아내의 몫이었다. 오래된 사무원들은 당연히 자신들의 요강을 스스로 치웠다. 하지만 그 기독교도 사무원은 신참이었다. 그의 침실을 청소하는 것은 우리의 일이었다. 아내는 다른 사람들의 요강은 어떻게 치울 수 있었지만 원래 '아웃카스트'였던 사람이 사용한 것을 치우는 것은 도저히 참을 수가 없는 듯했다. 그 일 때문에 우리 사이에서 싸움이 벌어졌다. 그녀는 내가 요강을 치우기를 바라는 것도 아니었고 그렇다고 해서 그녀 자신이 요강을 치우겠다는 것도 아니었다. 나는 아직도 그녀가 요강을 들고 계단을 내려가면서 내게 대들고, 분노로 새빨개진 눈에서 커다란 눈물방울이 떨어져 뺨을 타고 흘러내리는 모습을 기억하고 있다. 한편 나는 친절함에 눈이 먼 남편이었다. 나는 자신을 그녀의 교사라고 생각했다. 그리고 그녀에 대한 맹목적인 사랑으로 그녀를 괴롭혔던 것이다.
  나는 그녀가 단지 요강을 들고 가는 것만으로는 도저히 만족할 수가 없었다. 그녀가 그 일을 즐겁게 해주기를 바랐다. 그래서 나는 목청을 높여 그녀에게 소리쳤다.
  "왜 그런 표정을 짓는 거지? 우리 집에서는 용서할 수 없는 일이야."
  이 말이 화살처럼 날아가 아내를 들쑤셔놓았다.
  "집안일은 알아서 하세요. 저는 나가겠어요."
  나는 이성을 잃었으며, 연민의 정 같은 건 완전히 잊고 말았다.

나는 그녀의 손을 잡아, 힘없는 여자를 마침 계단 맞은편에 있던 현관까지 끌고 갔다. 그리고 그녀를 밀어낼 생각으로 문이 있는 곳까지 갔다. 아내의 뺨에서는 눈물이 폭포처럼 흐르고 있었다. 그녀가 외쳤다.

"당신, 이러고도 부끄러운 줄 모르세요? 왜 그렇게 화를 내는 거죠? 대체 나보고 어디로 가란 말인가요? 여기는 나를 받아줄 부모님도 친척도 없어요. 아무리 당신 아내라고 하지만 매를 맞거나 발길질을 당하고도 왜 그냥 입 다물고 있는 줄 아세요? 어서 문을 닫으세요. 남들이 이런 모습을 보면 큰일이잖아요."

나는 조금도 동요하지 않는 듯한 표정을 지어보였다. 하지만 사실은 부끄러워서 문을 닫아버리고 말았다. 아내가 내 곁을 떠나, 갈 곳이 없다면 나 역시도 아내와 헤어질 수는 없었다. 우리는 수차례에 걸쳐서 말다툼을 했다. 하지만 언제나 화해로 매듭을 지었다. 아내는 비할 데 없는 인내심으로 언제나 승리를 거두었다.

지금 나는, 얼마간은 객관적으로 이 사실을 이야기할 수 있게 됐다. 왜냐하면 그것은 내가 이제 막 벗어난 시대에 있었던 일이었기 때문이다. 나는 더 이상 아내를 무분별하고 뜨겁게 사랑하는 남편이 아니었으며, 나는 그녀의 교사도 아니었다. 예전에 내가 그녀에 대한 흥미를 잃었던 것처럼 이제는 그녀가, 카스투르바의 의사가 중요하지만, 내게 싫증을 내도 상관없는 것이다. 우리는 시련을 함께 한 친구가 되었기 때문에 한쪽이 다른 한쪽을 정욕의 대상으로 보는 일은 이미 사라져버리고 말았다.[32]

보어 전쟁[133]

1897년부터 1899년까지 2년 동안 이 외에도 여러 가지 경험을 했지만 그 경험들을 전부 뛰어넘어서 나는 바로 보어전쟁으로 가지 않으면 안 된다.

선전포고가 있은 후, 나의 개인적인 동정심은 전부 보어인에게로 향했다. 하지만 당시 나는, 이런 경우 개인적인 신념에 집착하는 것은 옳지 않다고 생각했다[134].

이 문제를 둘러싸고 내 마음속에서 벌어진 전쟁에 대해서는 내가 기록한 『남아프리카에서의 불복종운동』 속에서 자세히 다뤘다. 따라서 여기서 다시 그 문제에 대해서 이야기하고 싶은 마음은 없다. 관심이 있으신 분들은 그 책을 읽어보시기 바란다. 영국의 지배에 대한 충성심에 휩싸여서 나는 영국 입장에 서서 그 전쟁에 참가했다고만 말해두면 충분할 것이다. 내가 영국 시민으로서의 모든 권리를 요구했다면, 영국 제국의 방어에 참가하는 것 역시 당연한 내 의무라고 생각했다. 당시 나는 영국 제국의 틀 안에서, 그리고 그것을 통해서만 인도는 완전한 해방을 달성할 수 있다는 견해를 가지고 있었다. 그래서 가능한 한 많은 동지들을 모았다. 그리고 굉장한 노력을 기울여서, 야전병원 부대로 활동하겠다는 그들의 동의를 얻어냈다.

인도인은 의지가 약하기 때문에 모험을 하거나 눈앞의 자기 이익을 초월한 일은 생각하지 못한다고 영국인들은 일반적으로 생각하고 있다. 따라서 영국인 친구들 중에는 내 계획을 그만두게 하려는 사람들이 많았다. 하지만 부스 박사는 전면적으로 지지해주었다. 그는 우리에게 부상병을 옮기는 법을 훈련시켜주었다. 우리는 적격자라는 의료 증명서를 받았다. 로튼 씨와 고 에스콤 씨는 이 계획을 열심히 지원해주었고, 결국 우리는 전선 근무를 신청하기에 이르렀다.

우리 야전병원 부대에는 1,100명의 병력과 약 40명의 지휘관이 있었다. 그중 약 300명이 평범한 인도인이었으며, 그 나머지는 계약 노동자였다. 부스 박사도 우리와 함께 활동했다. 병원 부대는 훌륭히 임무를 수행했다. 우리의 활동은 전선에서 벗어난 곳에서 이루어졌다. 그리고 우리에게는 적십자의 보호가 있기는 했지만, 위험한 순간에는 전선에 들어가서 활동을 해달라는 부탁을 받았다. 우리는 후방 근무를 원하지 않았다. 당국자는 우리가 전선에 뛰어들기를 바라지 않았다. 하지만 스피온 콥에서의 패배[135] 뒤로 상황이 변하기 시작했다. 그러자 불러 장군이 우리에게 전령을 보내, 우리에게 위험을 감수할 의무는 없지만 우리가 굳이 위험을 감수하면서까지 부상자를 전장에서 데리고 돌아온다면 정부로서는 아주 기쁘게 생각할 것이라는 말을 전해왔다. 우리는 주저하지 않았다. 스피온 콥 전투에서 우리는 포화를 뚫고 활동했다. 당시 우리는 부상자를 들것에 싣고 하루에 20마일에서 25마일을 달렸다.

우리가 후송해온 부상자 중에는 우드게이트 대장도 있었다. 우리에게는 그와 같은 군인을 후송하는 영예가 주어졌다. 이렇게 해서 6주일 동안의 근무를 마치고 야전병원 부대는 해산되었다.

당시 우리의 소박한 활동은 커다란 칭찬의 대상이 되었다. 그리고 인도인의 위상을 높일 수 있었다. 각 신문은 '우리는 제국의 아들이다'라는 말을 되풀이하여 지은 칭찬의 시를 실었다. 불러 장군은 자신의 편지 속에서 감사의 마음을 담아 병원 부대의 활동을 언급했다. 그리고 병원 부대의 모든 지휘자들에게 전공상(戰功賞)이 주어졌다.

인도인 거주자는 더욱 치밀하게 조직되었다. 나는 계약노동자들과 더욱 친밀한 관계를 맺게 됐다. 그들 사이에서 커다란 각성이 일었다. 그리고 힌두교도, 이슬람교도, 기독교도, 타밀 인, 구자라트 인 및 신도 인은 모두 인도인이자 같은 모국의 아들이라는 감정이 그들 사이에 깊이 뿌리내렸다. 모든 사람들이 이제야 인도인들의 모든 불만이 해소될 것이라고 믿고 있었다. 당시 백인들의 태도는 틀림없이 변한 것처럼 보였다. 전쟁 중, 백인과의 사이에서 형성된 관계는 예전에는 찾아볼 수 없었던 원만한 것이었다. 우리는 수천 명이나 되는 영국군과 접촉했다. 그들은 우리에게 친절했으며, 우리가 전선에 나가서 그들을 위해 봉사했다는 사실에 감사함을 느끼고 있었다.

나는 시련의 순간에야말로 인간성의 가장 좋은 일면이 나타나는 법이라는 사실을 가르쳐주는 아름다운 일화 하나를 여기에 적어두어야겠다.

우리는 치블리에 있는 야영지를 향해서 출발했다. 거기에는 로드 로버트의 아들인 로버트 중위가 중상을 입고 누워 있었다. 우리 야전병원 부대는 로버트 중위를 전장에서부터 후송하는 영광을 얻게 되었다.

그날—우리가 전진한 날— 날씨는 후덥지근했다. 모두가 목이 말라 물을 원했다. 도중에 시냇물이 있었다. 우리는 거기서 갈증을 풀려했다. 그런데 누가 가장 먼저 물을 마셨으면 좋을지. 우리는 영국 병사들이 마시고 난 뒤에 마시겠다고 말했다. 하지만 그들은 우리가 먼저 마실 수는 없다, 당신들이 먼저라고 물을 권했다. 그리고 한동안 양보를 위한 기분 좋은 경쟁이 이어졌다.

위생개량

나는 언제나, 인도인 거주민의 약점을 숨기거나, 눈을 감아주거나, 결점을 고치지 않고 권리만을 강하게 주장하는 것을 좋아하지 않았다. 따라서 나탈에 정착해 살게 된 이후부터, 나는 거주민에 대한 여러 가지 비난 중에서도 그 안에 어느 정도의 진실이 담겨 있다면 그것을 들어, 거주민에 대한 비난을 없애기에 노력해왔다.

인도인은 천성적으로 게을러서 집과 주변을 깨끗이 하지 않는다는 비난을 받고 있었다. 따라서 거류민(남의 나라 영토에 머물러 사는 사람) 중 중심이 되는 사람들은 각자의 집을 정돈하고 있었지만, 한 채 한 채 일일이 검사하는 것은 페스트가 발생할 우려가 있다는 보고가 있을 때만 행해질 뿐이었다. 우리의 협력을 바라고 있던 시의 장로들과 협의하여 그들의 승인을 얻은 후, 검사를 시작했다. 우리의 협력으로 그들도 일하기가 쉬워졌으며, 우리도 역시 부담을 줄일 수 있었다.

하지만 나는 쓴맛도 몇 번 보아야 했다. 거주민들에게 의무를 수행하라고 말할 때는, 그 권리를 주장할 때처럼 그들 힘은 믿을 만한 것이 되지 못한다는 사실을 알게 되었다. 나는 몇몇 장소에서는 모욕으로, 다른 장소에서는 정중한 무관심으로 대접을 받았다. 사람들의 마음을 움직여서 그들이 사는 곳을 청결하게 하도록 하기란 불가능한 일이었다. 그들에게 일은 해도 좋지 않으니 대신 비용을 내라고 말한다는 것은 논할 가치도 없는 일이었다.

이와 같은 여러 가지 경험은 내게, 한없이 인내하지 않으면 사람들을 움직인다는 것은 불가능하다는 사실을 그 어느 때보다도 확실하게 가르쳐주었다.

개혁을 원하는 것은 개혁가들이다. 사회가 아닌 것이다. 그는 사회로부터 반대, 멸시 그리고 생명을 위협하는 박해 외에 보다 좋은 것을 기대해서는 안 된다. 개혁가가 목숨보다도 소중히 여기는 것이라도 사회에서는 퇴보라고 생각하는 경우가 없으라는 법도 없다.

그럼에도 불구하고 그 운동의 결과, 인도인 거주민들도 보고 배운 점이 있어서 조금은 자신들의 집과 그 주위를 청결하게 할 필요가 있다고 인정하기 시작했다. 나는 당국으로부터 호평을 얻었다. 당국은 내가 불평을 발산하여 권리 주장을 하면서도, 그에 뒤지지 않을 만큼 자신들의 정화에도 날카롭고 엄격하게 노력하고 있다는 사실을 알게 되었다.

그래도 아직 이루지 못한 일이 한 가지 있었다. 그것은 인도의 이주민에게 조국에 대한 의무감을 갖게 하는 것이었다. 인도는 가난했다. 인도의 이주민들은 부를 찾아서 남아프리카에 왔다. 따라서 동포들이 재난을 만났을 때는 그들을 위해서 수입의 일부를 떼어 기부할 의무를 가지고 있다. 1897년과 1899년, 무시무시한 대기근이 찾아왔을 때 그들은 이것을 행했다. 그들은 기근 구제를 위해서 흔쾌히 기부를 했다. 그리고 1899년에는 1897년보다도 많은 돈이 모였다.

그리고 우리는 영국인으로부터도 기근 구제기금을 모았다. 그리고 그들은 기꺼이 거기에 응해줬다. 인도인 계약 노동자들도 그들에게 할당된 금액을 내주었다. 그리고 이들 기근 때 발족됐던 조직이 그 이후에도 유지되어 국민적 재해가 있을 때면 남아프리카 인도인들이 반드시 상당한 금액을 기부했다는 사실을 우리는 잘 알고 있다.

이처럼 남아프리카 인도인의 봉사는 단계를 거침에 따라서, 참된 의미의 새로움을 더해가고 있다는 사실을 내게 가르쳐주었다. 진실은 커다란 나무와 같다. 여러분이 그것을 기르면 기를수록 그만큼 많은 열매를 맺는다. 진실의 광산에 있어서도, 깊이 탐구해 나가면 나갈수록 봉사의 종류도 더욱 다양함을 더해가기 때문에 거기에 묻혀 있는 보석도 더욱 많이 발견되는 법이다.

고가의 선물

 전쟁의 의무에서 해방된 나는, 이제 해야 할 일은 남아프리카가 아니라 인도에 있다는 사실을 깨달았다. 본국에 있는 친구들 역시 돌아오라고 압력을 가하고 있었다. 그리고 나도 인도에서 더 많은 봉사를 해야 하는 것이 아닐까 하는 생각을 갖게 되었다. 그래서 나는 동료들에게 일에서 손을 떼게 해달라고 부탁했다. 아주 어려웠지만 조건부로 청이 받아들여졌다. 그 조건이란 것은, 만약 앞으로 1년 이내에 인도인 거주민들이 나를 필요로 하는 일이 발생했을 경우에는 만사 제치고 남아프리카로 돌아와야 한다는 것이었다. 내게 그것은 어려운 조건으로 여겨졌다. 하지만 나를 인도인 거주민들과 묶고 있는 애정이 그것을 받아들이게 했다.

 '신은 나를 언제나
 사랑의 무명실로 묶고 계신다'

 나는 신의 노예라고 미라바이[136]는 노래했다. 그리고 내게 있어서, 나와 인도인 거주민을 묶은 사랑의 무명실은 튼튼해서 도저히 끊을 수 있는 것이 아니었다. 백성의 목소리는 신의 목소리다. 그리고 친구들의 목소리도 너무 현실적이었기 때문에 나는 거절할 수가 없었다.

송별회가 곳곳에서 열렸다. 그리고 고가의 선물을 내게 보내왔다. 선물 중에는 금이나 은으로 만들어진 것도 들어 있었다. 그리고 값이 비싼 다이아몬드로 만든 제품까지도 있었다.

과연 이들 선물을 전부 받을 자격이 있는 것일까?

그런 것들을 받고서도 나는 보수 없이 인도인 거주민을 위해서 봉사했다고 스스로를 납득시킬 수 있을 것인가? 내게 소송을 의뢰한 사람들로부터 받은 두어 개를 제외하면 나머지 선물은 전부 인도인 거주민에게 바친 나의 봉사에 대한 순수한 보답이었다. 그리고 나는 소송 의뢰인과 동료를 구별해서는 안 된다. 왜냐하면 소송 의뢰인들도 역시 공적인 사업에서는 나를 도와주었기 때문이었다.

선물 중에는 50기니나 하는 황금 목걸이도 있었다. 아내에게 보내는 선물이었다. 하지만 그 선물도 역시 내 공공활동이 있었기에 보내진 것이었다. 따라서 그것도 다른 것들과 별개의 것으로 분류해낼 수는 없었다.

높다랗게 쌓인 이들 물건을 받은 날 밤에는 잠을 잘 수가 없었다. 나는 아주 불안한 심정으로 방 안을 여기저기 돌아다녔다. 하지만 해결책이 생각나지 않았다. 그처럼 막대한 금액의 선물을 포기하기란 그리 쉬운 일이 아니었으며, 그것들을 받아들이기는 더욱 어려운 일이었다.

게다가 내가 그것들을 받아들인다면 우리 아이들은 어떻게 해야 한단 말인가? 아내는 어떻게 해야 한단 말인가? 그들은 봉사하는 생활은 봉사 자체가 보수라는 사실을 이해하도록 훈련을 받아왔던 것이다.

우리 집에 비싼 장식물은 없었다. 우리는 생활을 더욱 간소한 것으로 만들려고 노력해왔다. 그런데 내가 어찌 금으로 만든 회중시계를 몸에 지닐 수 있겠는가? 어찌 금으로 만든 사슬과 다이아몬드 반지를 소지할 수 있겠는가? 사실 당시 나는 보석에 너무 빠지지 말라고 사람들에게 적극적으로 말하며 돌아다니고 있었다. 그렇다면 내게 보내진 보석들을 어떻게 처리하는 게 옳단 말인가?

나는 이들 물건을 가지고 있어서는 안 된다는 생각을 하게 됐다. 이들 물건을 인도인 거주민들 것으로 간주하여 신탁(信託) 하나를 만들기로 하고, 파르시 인인 루스톰지와 그 외 사람들을 수탁인에 임명한다는 한 통의 초안을 작성했다. 이튿날 아침, 나는 아내, 아이들과 의논하여 드디어 그 무거운 짐을 어깨에서 내려놓을 수 있었다.

나는 아내를 설득시키기가 그리 쉽지만은 않을 것이라고 생각했다. 그러나 아이들은 그렇지 않을 것이라고 확신하고 있었다. 그래서 나는 아이들을 내 의논 상대로 삼기로 했다.

아이들은 내 제안에 바로 찬성을 해주었다. 그들이 말했다.

"우리에게 그렇게 값비싼 선물은 필요 없어요. 우리는 그것을 인도인 거주민들에게 돌려줘야 해요. 만약 우리에게 그런 게 필요하다면 우리는 언제든지 쉽게 살 수 있어요."

나는 기뻤다. 내가 그들에게 물었다.

"그럼 너희들이 어머니를 설득해줄 수 있겠니?"

그들이 말했다.

"네. 그건 우리가 하는 편이 좋을 거예요. 어머니는 장신구를 하

간디 자서전 | 231

고 싶다고 생각지 않으세요. 어머니는 우리를 위해서 남겨두고 싶어 하실지도 몰라요. 하지만 우리가 필요 없다고 하면 어머니도 그것을 돌려주자고 하실 거예요."

그러나 말보다 실천은 어려운 법이다.

아내가 말했다.

"당신은 저것을 필요로 하지 않아요. 아이들에게도 필요치 않아요. 잘만 구슬리면 당신 뜻에 따르겠지요. 당신이 저 장신구나 보석으로 제가 치장하지 못하도록 하리라는 것도 잘 알고 있어요. 하지만 우리 며느리에게는 어떻게 할까요? 틀림없이 장신구나 보석이 필요해요. 그리고 내일 무슨 일이 일어날지 누가 알겠어요? 마음을 담아서 당신에게 보낸 선물을 돌려주다니 절대로 그럴 순 없어요."

이와 같은 길고 격렬한 응수가 계속되었다. 결국에는 울먹이는 목소리까지 내기 시작했다. 하지만 아이들은 자신들의 의견을 꺾지 않았다. 나 역시 동요하지 않았다. 내가 조용한 목소리로 말했다.

"아이들의 결혼은 아직 멀었어. 나는 그들을 너무 일찍 결혼시키고 싶지는 않아. 어른이 되면 그들은 스스로 자신을 돌보는 게 좋을 거야. 그리고 보석을 좋아하는 아가씨가 우리 아이들과 결혼할 리가 없어. 그리고 그녀들에게 보석을 줘야 할 필요가 있다면 내가 있질 않소? 그럴 때 당신은 내게 부탁하면 될 거야."

"하나만 물어볼게요. 저는 지금까지, 당신이 어떤 사람이었는지를 잘 알고 있어요. 당신은 제게서 장식품들을 앗아갔어요. 보석에 관한 한, 제가 하는 대로 내버려둔 적은 단 한 번도 없었어요.

그런 당신이 며느리를 위해서 보석을 사겠다고요? 기가 막혀서. 당신은 지금 당장이라도 아이들을 고행승으로 만들어야겠다고 생각하고 있어요! 아니 보석은 돌려주지 않겠어요. 그리고 당신은 제 목걸이에 대해 어떤 권리를 가지고 계시죠?"

거기서 내가 입을 열었다.

"하지만 나의 봉사 때문에 목걸이를 보낸 걸까, 당신의 봉사 때문에 목걸이를 보낸 걸까?"

"옳으신 말씀이에요. 그렇지만 당신이 하신 봉사는 제가 한 봉사나 다름없어요. 저는 당신을 위해서 밤낮없이 억척스럽게 일해왔어요. 그것은 봉사가 아니란 말씀인가요? 당신은 모든 걸 제게 떠넘겼어요. 저는 당신의 무정함에 눈물을 흘린 적도 있었어요. 그리고 저는 몸이 부서져라 일을 해왔어요."

이 날카로운 말이 나의 폐부를 칼로 도려내는 듯했다. 하지만 나는 보석을 돌려주기로 결심했다. 나는 간신히 그녀로부터 찬성을 얻어낼 수 있었다. 1896년과 1901년에 받은 선물은 후에 전부 돌려주었다. 신탁 증서가 작성되었고, 그것들을 은행에 맡겨두었다가 내 의사나 신탁관리자들의 의사에 따라서 인도인 거주민에게 도움이 되는 곳에 사용하기로 했다.

가끔이기는 했지만 내가 공적인 목적을 위해서 자금을 필요로 하거나, 혹은 내가 신탁에 어음을 발행해야 할 필요가 있을 때도 위탁금에 손을 대지 않고 필요한 금액을 모을 수 있었다. 기금은 지금도 여전히 그대로 남아서 필요할 때 사용되고 있으며, 규칙적으로 쌓여가고 있다.

그 후로도 내가 취한 행동에 대해서 후회를 한 적은 단 한 번도 없었다. 그리고 세월이 흘러감에 따라서 아내도 지혜를 더해갔다. 덕분에 우리는 수많은 유혹을 이겨낼 수 있었다.

공공을 위해 봉사하고 있는 사람은 결코 고가의 선물을 받아서는 안 된다는 것이 나의 확고한 의견이다.

회의파와의 첫 만남[137]

인도에 도착한 뒤로 한동안은 나라 안을 돌아다녔다. 그것은 1901년의 일로, 회의파는 그 해의 연차대회를, 고 딘쇼 와차 경[138]을 의장으로 하여 캘커타에서 열었다. 말할 필요도 없이 나는 거기에 출석했다. 그것이 회의파와 관계한 첫 번째 경험이었다.

캘커타에 도착한 나는 대회 경비원[139] 중 한 사람에게 어디로 가면 되느냐고 물어보았다. 그는 나를 리폰 칼리지로 데려갔다. 수많은 대회 대표들이 거기서 묵고 있었다. 경비원들의 말은 사람마다 제각각이었다. 경비원 중 한 사람에게 무엇인가를 부탁했다고 하자. 그는 그것을 다른 사람에게 맡긴다. 그리고 그 사람은 또 다른 사람에게 맡긴다. 이런 식으로 차례차례 다른 사람에게 떠넘긴다. 그렇기 때문에 대표 쪽에서는 누가 누군지 알 수 없게 되어버리는 것이었다.

더할 나위 없이 청결하지 못했다. 곳곳에 웅덩이가 있었다. 화장실은 숫자가 얼마 되지 않았다. 그곳의 악취는 지금 생각해도 속이 뒤집힐 정도였다. 나는 경비원에게 그 일로 주의를 주었다. 그들의 대답은 매우 명확한 것이었다.

"그건 우리가 알 바 아닙니다. 그건 청소부들의 일입니다."

나는 빗자루를 빌려달라고 말했다. 그 사람은 놀랐다는 듯이 나를 바라보았다. 나는 빗자루 하나를 얻어다 화장실을 청소했다. 하지만 그것을 한 사람은 나밖에 없었다. 볼일을 보는 사람은 매우 많았지만 화장실은 극히 적었다. 때문에 청소를 자주 해야만 했다. 그러나 나는 그렇게 자주 할 수는 없었다. 따라서 나는 그저 내가 있는 곳만을 청소하는 데 만족해야만 했다. 그런데 다른 사람들은 악취나 더러움이 전혀 신경에 거슬리지 않는 모양이었다.

그것뿐만이 아니었다. 몇몇 대표들은 밤이 되면 자신들의 방 창가에 있는 베란다에서 아무렇지도 않게 자연스러운 욕구를 해결하곤 했다. 아침이 돼서 나는 경비원을 현장으로 데리고 갔다. 누구 하나 청소하려 드는 사람이 없었다. 그것을 하는 영광을 나와 함께 짊어진 사람은 누구 하나 없었다.

대회가 시작되기까지는 아직 이틀이라는 시간이 남아 있었다. 나는 경험을 쌓을 생각으로 회의파 사무국에 봉사를 신청하기로 결심했다. 바부 부펜드라나트 바수와 실리 고살이 서기였다. 나는 바부 부펜드라나트 바수에게 가서 봉사를 신청했다. 그는 나를 바라봤다. 그리고 말했다.

"여기는 할 만한 일이 없어. 하지만 고살 바부에게 가보면 뭔가 당신이 할 만한 일이 있을지도 모르지. 그에게 가봐."

그래서 나는 그를 찾아갔다. 그는 나를 빤히 쳐다보더니 웃으며 말했다.

"사무에 관련된 일을 부탁해볼까? 해보겠소?"

내가 대답했다.

"네. 제가 할 수 있는 일이라면 무엇이든 해보려고 여기에 왔습니다."

그가 말했다.

"젊은 사람이 아주 기특하군."

그리고 곁에 있던 경비원에게 연설조로 이렇게 말했다.

"이 젊은이가 한 말을 들었지?"

그리고 그는 다시 나를 바라보며 말했다.

"자, 저기에 아직 정리하지 못한 편지들이 산더미처럼 쌓여 있네. 저 의자에 앉아서 일을 시작하게. 보시다시피 수많은 사람들이 나를 만나러 오지. 나는 무얼 하면 좋은 걸까? 나는 그들을 만나야 하는 걸까? 아니면 밀려드는 그 귀찮은 무리에게 편지에 파묻혀 죽을 것 같다고 말을 해야 하는 걸까? 내게는 이 일을 맡길 만한 서기가 없어. 이런 편지의 대부분은 별 내용이 없는 것들이야. 그래도 죽 읽어봐주지 않겠나? 안에 중요한 내용이 있으면 따로 뽑아놓고, 답장할 필요가 있는 건 내게 넘겨주기 바라네."

나는 이처럼 신용을 얻었다는 사실이 기뻤다.

내게 일을 맡겼을 때 실리 고살은 내가 누군지 전혀 모르고 있었다. 나중에야 그는 내게 신분을 물었다. 나의 경력을 조금 들은 그는 사무를 보게 한 것을 조금 미안하게 생각하는 듯했다. 하지만 나는 그를 안심시키려고 이렇게 말했다.

"마음에 두실 것 없습니다. 당신 앞에서 제가 과연 무엇이란 말입니까? 당신은 회의파에 봉사하면서 노인이 되셨고 제게 있어서는 선배입니다. 당신이 이 일을 맡겨주신 데 감사하고 있습니다. 저는 전부터 회의파의 일을 한번 해보고 싶었습니다. 그리고 당신은 제게 회의파의 사정을 자세히 알 수 있는 아주 드문 기회를 주셨습니다."

 실리 고살은 늘 자신의 하인에게 자기 셔츠의 단추를 채우게 했다. 나는 그 하인이 하는 일을 내가 하겠다고 말했다. 선배에 대한 나의 존경심이 컸기 때문에 기쁜 마음으로 그 일을 한 것이었다. 그 사실을 그가 알게 되었을 때도, 그를 위해서 개인적으로 조그만 봉사를 하고 있는 사실을 그다지 마음에 두지 않았다. 하지만 사실은 기뻐하고 있었다. 내가 그 일을 통해서 얻은 은혜는 헤아릴 수 없을 정도의 것이었다.

 나는 2, 3일 만에 회의파의 활동 내용을 알게 되었고, 지도자들 대부분의 얼굴도 익힐 수 있었다. 나는 고칼레나 수렌드라나트[140]와 같은 중심 인물의 움직임을 관찰했다. 나는 그들이 굉장한 시간을 낭비하고 있다는 사실을 발견했다. 그리고 나는 그때에도 유감스럽게 생각했지만 우리의 문제를 논의하는 데도 주로 영어가 사용되고 있다는 점을 알 수 있었다. 기력의 안배라는 문제에는 조금도 신경을 쓰고 있지 않았다. 하나의 일에 수많은 사람들이 달라붙어 있었다. 그리고 수많은 중요 사항들은 그대로 방치되어 있었다.

 이들 사실을 관찰하면서 나는 비판적인 기분이 들었지만 그들을 이해하려는 마음도 충분히 가지고 있었다. 그리고 나는 종종 상황에 비춰가면서 생각을 해봤는데 결국 개선은 불가능하지 않을까 하는 생각이 들었다. 바로 그 생각이 무슨 일이든 부당하게 과소평가하지 않도록 나를 인도해주었다.

 페로제샤 경은 남아프리카에 관한 결의안 제출에 동의해주었다. 하지만 누가 그것을 대회의사위원회에 제출할 것인지, 시기를 언제로 잡을 것인지 등 알 수 없는 점들이 있었다. 왜냐하면 어떤 결의안에 대해서는 긴 연설이 행해졌는데 그것도 전부 영어로 행해졌고, 모든 결의안은 몇몇 저명한 지도자가 그것을 지지하고 있었기 때문이었다. 나의 결의안은 이들 베테랑들이 울려대는 큰북 소리에 섞인 가느다란 피리 소리에 지나지 않았다.

밤이 깊어감에 따라서 내 심장은 터질듯이 고동치기 시작했다. 모두가 서둘러 회의를 진행하려 했다. 시계는 11시를 가리키고 있었다. 나는 이야기할 기분이 나질 않았다. 나는 이미 고칼레를 만나 두었었다. 그는 내 결의안을 읽어주었다. 그래서 나는 그가 앉아 있는 의자 곁으로 다가가 그에게 작은 목소리로 물었다.

"제 결의안에 대해서도 잘 부탁드립니다."

그가 말했다.

"자네의 결의안을 잊을 리가 있나? 모두가 어떻게 해서든 결의안을 통과시키려 하고 있다는 사실은 자네도 잘 알고 있겠지? 그렇다고 자네의 결의안을 그냥 뛰어넘으려 한다면 내가 용서하지 않겠어."

"그럼, 이것으로 끝인가?"

페로제샤 메타 경이 말했다.

"아니, 아닐세. 아직 남아프리카에 대한 결의안이 남아 있어. 간디가 아까부터 기다리고 있었네."라고 고칼레가 커다란 목소리로 말했다. 페로제샤 경이 물었다.

"자네, 그 결의안을 읽어봤는가?"

"물론이지."

"자네는 찬성하는가?"

"좋다고 생각하네."

"그렇다면 그것을 들려주게, 간디."

나는 몸을 부들부들 떨면서 그것을 읽었다. 고칼레가 찬성했다. 모든 사람들이 입을 모아 외쳤다.

"만장일치로 통과."

와차 씨가 말했다.

"그것에 대해서 5분간 연설을 해도 좋네, 간디."

나는 그와 같은 의사 진행방법이 마음에 들지 않았다. 결의안을 이해하려는 사람은 아무도 없었다. 모두 다음 안건으로 넘어가고 싶어 했다. 왜냐하면 고칼레가 결의안을 읽었다고 했으니 다른 사람들은 그것을 읽거나 이해할 필요가 없었기 때문이었다.

새벽이 되자 나는 내가 해야 할 연설 때문에 걱정이 되기 시작했다. 5분 동안 나는 무슨 말을 해야 하는 걸까? 나는 준비를 아주 잘했지만 말이 입 밖으로 나오질 않았다. 내 결의안을 논의할 순서가 되자 와차 씨가 내 이름을 불렀다. 머리가 어질어질했다. 나는 간신히 결의안을 읽어 내려갔다. 누군가 외국으로의 이민을 찬미하는 자작시를 인쇄해서 그것을 대표자들에게 배포하고 있었다. 나는 그 시를 읽은 다음, 남아프리카로 이주한 사람들이 겪고 있는 고통에 대해서 이야기했다. 바로 그때 와차 씨가 벨을 울렸다. 분명히 나는 아직 5분 동안 이야기하지 않았다. 나는 벨을 울린 것이 앞으로 2분 안에 연설을 마치라고 경고한 것이라는 사실을 알지 못했다. 나는 다른 사람들이 30분이고 40분이고 연설하는 것을 들은 적이 있었다. 하지만 벨은 한 번도 울리지 않았다. 나는 기분이 상해서 벨 소리가 나자마자 바로 자리에 앉았다.

결의안이 통과되는 데는 아무런 문제도 없었다. 당시에는 대표와 방청객이 서로 다를 바가 없었다. 모든 사람들이 손을 들어 모든 결의안이 만장일치로 통과되었다. 내 결의안 역시 그런 식으로 통과되었기 때문에, 그것에 대한 엄숙함이 완전히 사라져버리고 말았다. 하지만 회의파 대회에 채택되었다는 사실, 그것만으로도 내게는 커다란 기쁨이었다. 회의파에서 인정을 받았다는 것은 전 인도인에게서 허락을 받았다는 것과 다를 바 없는 일이었다. 그것만으로도 사람을 기쁘게 만들기에는 충분했다.

로드 커즌[141]의 접견

회의파 대회는 끝났다. 하지만 나는 상업회의소와 남아프리카의 일에 관계가 있는 사람들을 만나야만 했다. 그래서 나는 그로부터 1개월간 캘커타에 머물렀다. 이때는 호텔에서 머물기보다는 오히려 인디아 클럽의 방을 하나 소개해달라고 부탁을 해둔 상태였다. 그 클럽의 회원 중에는 유명한 인도인이 몇 명 있었다. 그리고 그들과 가까워져서, 남아프리카의 일에 관심을 갖도록 해야겠다고 생각했다.

고칼레는 종종 그 클럽에 와서 당구를 쳤다. 그리고 그는 내가 당분간 캘커타에서 머물 것이라는 사실을 알자 자신의 집으로 옮기라고 했다. 나는 감사하는 마음으로 그의 초청을 받아들였지만 내가 먼저 찾아가는 것은 예의에 어긋나는 행동이라고 생각했다. 그는 하루 이틀 기다렸다가 나를 데리러 와주었다. 그리고 내가 예의를 지키려 하고 있었다는 사실을 알고는 이렇게 말했다.

"간디, 자네는 우리나라에 있어야만 하네. 그리고 이런 식으로 예의를 지키려 하는 건 별로 좋지 않아. 자네는 가능한 한 많은 사람들을 만나야만 하네. 나는 자네가 회의파에서 일을 했으면 좋겠다고 생각해."

그 무렵 로드 커즌이 접견 의식[142]을 행했다. 접견 의식에 초청된 라자와 마하라자[143] 중 몇몇은 인디아 클럽 회원이었다. 클럽에서는 언제나 멋진 벵골풍 도티[144]나 셔츠, 스카프를 입은 그들을 볼 수 있었다. 접견일이 되자 그들은 급사들이 입는 바지와 번쩍번쩍 빛나는 부츠를 신고 있었다. 나는 한심하기 짝이 없어서 그들 중 한 명에게 왜 옷을 갈아입었는지 그 이유를 물어보았다. 그가 대답했다.

"우리가 처한 불행은 우리만이 알 수 있는 거야. 우리만이, 부와 작위를 가지고 있기 때문에 견뎌야 하는 모욕을 알 수 있지."

내가 물었다.

"하지만 그 급사의 터번과 반짝이는 부츠는 어떻게 된 겁니까?"

그가 대답했다.

"자네는 급사와 우리의 차이점을 알고 있는가? 그들은 우리의 급사고, 우리는 로드 커즌의 급사일세. 만약 내가 접견에 나오지 않으면 나는 그에 따르는 대가를 치러야 하지. 만약 내가 평소와 같은 차림으로 출석한다면 그야말로 무례하기 짝이 없는 행동이야. 내가 저기서 로드 커즌과 이야기할 기회를 잡으려 하고 있는 거라고 자네는 생각하고 있는 건가? 그런 건 추호도 생각지 않고 있어."

나는 이처럼 확실하게 자기 생각을 말하는 친구가 불쌍하다는 생각이 들 정도로 감동했다. 이 일을 회상하고 있자니 나는 또 다른 접견 의식이 떠오른다.

로드 하딩[145]이 힌두 대학의 초석을 놓았을 때도 접견 의식이 행해졌다. 물론 라자와 마하라자들이 참석했음은 말할 필요도 없을

간디 자서전 | 243

것이다. 그런데 판디트 말라비야지[146]가 내게도 참석해달라고 특별히 초대를 해주었다. 그래서 나는 거기에 참석했다.

마하라마들이 여자들처럼 치장을 하고 있었기에 나는 매우 슬퍼졌다. 비단 파자마를 입고, 비단 아치칸[147]을 입고, 진주 목걸이를 걸치고, 팔찌를 차고, 터번에 다이아몬드 방울을 붙이고, 거기에 황금으로 만든 손잡이가 달린 칼을 허리띠에 차고 있었다.

나는 그와 같은 복장이 충성의 표시가 아니라 예종(노예와 같이 예속되어 복종함)의 표시라는 사실을 발견했다. 나는 그들이 그들의 자유 의사에 따라서 그런 무기력함의 표시를 단 것이라고 생각했다. 그런데 나는 이와 같은 의식에 참석할 때면 그들이 가지고 있는 고가의 보석을 전부 몸에 지녀야 하는 것이 라자의 의무라는 사실을 듣게 되었다. 그리고 나는 그들 중 몇몇은 이들 보석으로 장식하는 것을 매우 싫어한다는 소리도 들었다. 부, 권력 및 위신을 위해서 사람이 억지로 행해야 하는 죄와 과실의 대가는 그 얼마나 큰 것이란 말인가?

봄베이에서

 내가 고칼레의 집으로 옮긴 그 날부터 그는 나를 편안하게 해줬으며, 마치 친동생을 대하듯 대해주었다. 또한 내가 필요로 하는 것들을 전부 살펴주었다. 그리고 내가 필요로 하는 것들은 무엇이든 손에 넣을 수 있도록 조치를 취해주었다. 다행스럽게도 내가 필요로 하는 것은 그리 많지 않았다. 그리고 나는 자신의 일은 스스로 하는 습관이 있었기 때문에 다른 사람의 도움을 받을 일은 거의 없었다. 그는 자신의 일을 스스로 하는 나의 습관, 몸의 청결함, 인내력 그리고 규칙적인 생활에 커다란 감명을 받았다. 그리고 종종 나를 칭찬했다.

 당시 고칼레에게는 마차를 타고 다니는 습관이 있었다. 나는 그가 마차를 필요로 하게 된 사정을 모르고 있었다. 그래서 나는 항의하듯 말했다.

 "당신은 여기저기 다니는 데 전차를 이용하시지 않습니까? 그렇게 하면 지도자의 체면이 떨어지는 겁니까?"

 그는 조금 화가 난 듯했다. 그리고 말했다.

 "그래, 자네도 역시 나를 모르는 듯하군. 나는 총독참사회원으로서 받는 월급을 개인의 편의를 위해서 사용하고 있지 않네. 나는 전차를 타고 어디든지 자유롭게 다니는 자네가 부럽네. 하지만 안타깝게도 나는 그럴 수가 없어. 자네가 나처럼 많은 사람들에게 얼굴이 알려진다면 전차를 타는 것이 불가능하지는 않겠지만 어려운 일이 될 걸세. 지도자가 하는 행동을 하나에서부터 열까지 전부 개인적인 쾌락을 위한 것이라고 보는 것은 옳지 않아. 나는 자네의 간소한 습관을 사랑하네. 나도 최대한 간소하게 생활하고 있어. 하지만 나 같은 사람에게는 돈이 필요하다는 사실은 거의 피할 수가 없는 일이라네."

이렇게 그는 내가 가지고 있는 불만 중 하나를 만족스럽게 풀어주었다. 하지만 내가 만족할 만큼 풀어주지 못했던 또 다른 불만이 있었다.

내가 말했다.

"그렇지만 당신은 산책도 하시질 않습니다. 그러니 당신이 늘 병을 앓는 것도 그리 이상한 일은 아닙니다. 공적인 업무 때문에 몸을 단련할 시간도 없는 겁니까?"

그가 대답했다.

"산책을 나갈 여유가 있을까?"

나는 고칼레를 존경하고 있었기 때문에 그와의 다툼을 피했다. 그의 대답은 나를 만족시키지 못했지만 그래도 나는 입을 다물었다. 당시는 물론 지금도 나는, 아무리 일이 많다 하더라도 인간에게는 식사시간이 있는 것처럼 몸을 단련할 시간을 늘 만들어두어야 한다고 믿고 있다. 그것은 인간의 일하는 능력을 감퇴시키기는커녕 오히려 증가시킨다는 것이 나의 소박한 의견이다.

고칼레의 집에서 생활하는 동안 나는 집 안에서 빈둥빈둥했던 적이 거의 없었다.

나는 남아프리카의 기독교도 친구들에게 '인도에 가면 인도에 있는 기독교도들을 만나 그들의 상황을 알아보겠네.'라고 말한 적이 있었다. 나는 바부 칼리차란 바네르지에 대해 들은 적이 있었으며 그를 존경하고 있었다. 그는 회의파 안에서 걸출한 지위를 차지하고 있었다. 나는 회의파에도 관계하지 않고 힌두교도나 이슬람교도로부터도 고립되어 있는 인도의 일반 기독교인들에게 품고 있던 불만을 그에게는 품고 있지 않았다.

나는 그에게 만나줄 것을 요청했다. 그는 흔쾌히 응해주었다. 내가 그를 만나러 갔을 때 그의 아내가 죽음의 병상에 누워 있다는 사실을 알게 되었다. 그의 집은 매우 소박했다. 회의파 대회에서 그는 서양풍의 상의와 바지를 입고 있었다. 그런데 당시에는 벵골풍 도티와 셔츠를 입고 있었기에 나는 기뻤다. 그때 나는 파르시의 상의와 바지를 입고 있었는데 그의 간소한 복장이 마음에 들었다. 많은 말을 나누기도 전에 나는 내가 가지고 있던 고민을 털어놓았다. 그가 물었다.

"당신은 원죄에 대한 교의를 믿습니까?"

내가 말했다.

"네, 믿습니다."

"자, 힌두교는 그것을 용서하지 않지만 기독교는 그것을 용서합니다. 죄에 대한 대가는 죽음입니다. 성경에 의하면 인간을 구원할 수 있는 유일한 길은 예수에게로 귀의하는 것입니다."

나는 『바가바드 기타』에 있는 바크티 마르가(헌신의 길[148])에 대해서 이야기했다. 하지만 별 도움이 되지는 않았다. 나는 그의 호의에 감사했다. 그는 나를 만족시키지는 못했지만 나는 이 만남에서 얻은 것이 있었다.

이처럼 고칼레의 집에 있는 동안 캘커타에서의 나의 일은 아주 간단하게 이루어졌다. 나는 벵골의 일류 가정과도 친하게 지낼 기회를 얻었는데 그것이 벵골과 밀접한 관계를 갖게 된 계기가 되었다[49].

안타깝지만 나는 이 기념할 만한 1개월간의 수많은 추억을 여기서 접지 않을 수 없다.

고칼레와의 이별은 괴로운 것이었다. 하지만 벵골, 아니 캘커타에서의 나의 일은 끝이 났다. 내게는 더 이상 머물 이유가 없었다.

모든 것이 자리를 잡기 전에 삼등차로 인도를 여행하며 삼등차에 탄 사람들의 어려움을 경험해봐야겠다고 생각했던 적이 있었다. 나는 고칼레에게 그 생각을 털어놓았다. 내 생각을 듣고 처음에는 웃었지만, 내가 보고 싶어 하는 것들을 그에게 설명하자 그는 기뻐하며 찬성의 뜻을 밝혔다. 가장 먼저 나는 베나레스로 가서 당시 병으로 누워 있던 베젠트 부인에게 경의를 표해야겠다고 생각했다.

여행은 캘커타에서 라지코트까지였다. 그리고 중간에 베나레스, 아그라, 자이푸르, 그리고 파란푸르에서 내릴 예정이었다. 그 이외의 땅을 찾아볼 여유가 내게는 없었다. 이 각 도시에서 하룻밤씩 묵었는데 파란푸르에서를 제외하면 평범한 순례자들처럼 다르마샤라나 판다스[150]에서 숙박을 했다. 내 기억이 정확하다면 이 여행에서는 31루피(기찻삯을 포함해서)밖에 사용하지 않은 것 같다.

고칼레는 내가 봄베이에 변호사 사무소를 열어 그곳에 정주하며 공적인 일에서 자신을 도와줄 것을 뜨겁게 희망했다. 당시 공적인 일이라는 것은 회의파에서의 활동을 말하는 것이었다. 고칼레의 제안도 나쁘지는 않다고 생각했다. 하지만 나는 법정변호사로서 성공할 수 있다는 커다란 자신감을 가지고 있지 못했다. 지금까지 실패했을 때 맛봤던 불쾌한 기억은 아직도 내게서 사라지지 않았다. 그래서 나는 우선, 라지코트에서 일을 시작하기로 결심했다.

라지코트의 한 소송사건에서 나는 승리를 거뒀다. 한동안은 라지코트에 머물러야겠다고 생각했다. 그러던 어느 날, 케발람 다베[151]가 나를 찾아와서 말했다.

"간디, 우리는 아무래도 자네를 여기서 놀릴 수가 없네. 자네는 봄베이로 가야 해. 자네는 공적인 일을 하도록 운명 지어진 사람이야. 그러니 우리도 자네를 카티아와르에서 썩게 만들 수는 없어. 그래 어떤가? 언제 봄베이로 갈 수 있겠나?"

내가 대답했다.

"나는 나탈에서 부쳐올 송금을 기다리고 있는 거야. 그것이 도착하는 대로 갈 생각일세."

돈은 2주일쯤 지나서 도착했다. 그리고 나는 봄베이로 갔다.

나의 일은 생각했던 것보다도 훨씬 더 번창했다. 남아프리카에서 소송을 의뢰했던 사람들이 몇 가지 일을 부탁하러 종종 찾아오곤 했다. 그것만으로도 생계를 꾸려가기에는 충분했다.

이렇게 내 직업이 어느 정도 궤도에 오르기 시작하는 동안 고칼레는 끊임없이 나를 지켜보고 있었다. 나를 위해서 계획을 세워주기도 하는 등 바쁜 시간을 보냈다. 그는 일주일에 두어 번 정도는 우리 집을 들여다봤다. 때로는 그가 인사를 시켜둬야겠다고 생각한 친구를 함께 데려오기도 했다. 이런 식으로 그는 자신이 일하는 법을 내게 이해시키려 했다.

하지만 신은 결코 내가 스스로 세운 계획을 허락하지 않으셨다고 말할 수 있을 것이다. 신은 자신의 방법으로 행하셨다.

내 생각대로 내가 정주할 수 있을 것처럼 여겨졌을 때[152], 남아프리카에서 생각지도 못했던 전보가 날아왔다.

'체임벌린 씨 올 예정. 즉시 올 것.'

나는 약속을 떠올렸다. 그래서 남아프리카에서 여비를 보내주는 대로 바로 출발하겠다는 전보를 보냈다. 곧 답장이 왔다. 나는 사무소를 접고 남아프리카로 출발했다. 내 생각으로 이번 일은 적어도 1년 계약이 될 것 같았다. 그래서 빌린 집을 그대로 두고 아내와 아이들을 거기에 남겨두었다.

당시 나는 인도에서 꽃을 피우지 못한 유망한 청년들은 외국으로 이주를 해야 한다고 믿고 있었다. 그래서 그런 청년들을 대여섯 명 데리고 갔다. 그중에 마간랄 간디[153]도 있었다.

다시 남아프리카로

얼마 지나지 않아서 더반에 도착했다. 그곳에서는 일이 나를 기다리고 있었다. 체임벌린 씨가 그곳에 온 목적은 3천 5백 파운드라는 거금의 선물을 남아프리카로부터 받기 위해서였으며 영국인과 보어 인의 환심을 사기 위해서였다. 따라서 그는 인도인 대표에게는 냉담한 태도밖에 보이지 않았다. 그가 말했다.

"자네들도 알다시피 본국 정부는 자치적인 식민지에 대해서는 통제력을 가지고 있지 않아. 자네들의 어려움도 거짓은 아닌 것 같군. 내가 할 수 있는 일은 무엇이든 해주겠네. 단, 자네들이 유럽인들과 함께 생활하고 싶다면 전력을 다해서 그들과 화해하도록 노력해야만 해."

이 말을 들은 인도인 진정단(陳情團) 사람들은 완전히 흥이 깨져 버리고 말았다. 나 역시도 실망했다. 그것은 우리 모두에게 눈을 뜨게 했다. 그리고 나는 모두가 처음부터 일을 다시 시작해야 한다는 사실을 깨달았다. 나는 동료들에게 상황을 자세히 설명했다.

그는 나탈에서 트란스발로 급히 향했다. 나는 그 지역 인도인들을 위해서 진정서를 만들어 그것을 그에게 제출해야만 했다. 하지만 어떻게 해야 내가 프리토리아에 갈 수 있단 말인가? 그곳에 있는 내 친구들은 내가 늦지 않게 프리토리아에 도착하는 데 필요한 법적 편의를 손에 넣을 수 있는 상태에 있지 않았다. 전쟁 때문에 트란스발은 거친 황야로 변해 있었다. 식량이나 의류조차도 손에 넣을 수 없었다. 피난을 떠났던 사람들조차도 상점에 식량이 갖춰지기 전까지는 집으로 돌아갈 수 없었다. 따라서 트란스발 주민은 누구나 허가증을 받아야만 했다. 유럽인들은 허가증을 받는 데 아무런 고생을 하지 않아도 됐다. 하지만 인도인에게 그것은 매우 어려운 일이었다. 흑인과 관계된 일을 하는 특별 관청이 있었는데 아시아인과 관계된 일을 하는 특별 관청도 설치되어 있었다. 인도인은 그 관청에 허가서를 신청해야만 했다. 내가 들은 바에 의하면, 연고가 없으면 절대로 허가증을 받을 수 없으며 상당한 연고가 있음에도 불구하고 100파운드나 되는 돈을 내야 했던 경우도 있었다고 했다. 이런 상황이었기 때문에 발이 묶여버린 나는 옛 친구인 더반 경찰서의 서장을 찾아갔다. 그리고 그에게 말했다.

"허가증을 발행해주는 담당자를 제게 소개시켜줬으면 합니다. 허가증을 꼭 좀 받을 수 있도록 힘을 써주셨으면 합니다. 당신은 제가 예전에 트란스발 주민이었다는 사실을 기억하고 계시죠?"

바로 모자를 집어들고 밖으로 나갔던 그가 허가증을 받아가지고 왔다. 나는 알렉산더 서장에게 감사의 말을 전하고 프리토리아로 출발했다.

프리토리아에 도착한 나는 진정서를 작성했다. 더반에서는 사전에 대표자들의 이름을 통보하라는 요청을 받은 적이 없었다. 하지만 여기에는 관청[154]이 신설되어 있었는데 거기서 그렇게 할 것을 요구해왔다.

나는 통보를 했다. 그러자 아시아인 국장으로부터, 나는 이미 체임벌린 씨와 더반에서 면담을 했으니 그와의 회견을 기다리는 진정단에서 이름을 빼라는 편지를 받았다. 내 동료들에게 있어서 그 편지는 참을 수 없는 것이었다. 그들은 이렇게 된 이상 진정이고 뭐고 다 때려치우자고 했다. 나는 그들에게 인도인 거주민들의 위험한 상황에 대해서 이야기했다. 내가 말했다.

"만약 당신들이 체임벌린 씨에게 당신들의 불만을 진정하지 않는다면 인도인에게는 아무런 문제도 없다고 받아들여지게 될 겁니다. 진정은 서면으로 제출해야 하는데 우리는 이미 그것을 준비했습니다. 제가 읽든 다른 사람이 읽든 그건 그리 대단한 문제가 아닙니다. 체임벌린 씨는 저와 문제를 논의할 마음이 없는 듯합니다. 우리는 이 모욕을 참아야만 합니다."

내 말이 채 끝나기도 전에 테브 셰드가 큰소리로 외쳤다.

"자네에 대한 모욕은 인도인 전체에 대한 모욕이 아닌가? 자네가 우리의 대표자라는 사실을 잊어서는 안 돼."

내가 말했다.

"당신의 말씀도 옳은 말씀입니다. 하지만 인도인 거주민이라도 이런 모욕은 참아야만 합니다. 그 외에 다른 방법이 있습니까?"

테브 셰드가 물었다.

"에라, 모르겠다. 우리는 왜 늘 모욕을 참기만 해야 하는 거지? 이보다 더 나쁜 일이 우리에게 일어날 리도 없잖아? 우리가 잃을 것이 있을 만큼 많은 권리를 가지고 있는 것도 아니니."

그것은 힘에 넘치는 대답이었다. 하지만 그래봐야 소용없는 일이었다.

간디 자서전 | 253

나는 인도인 거주민들의 한계를 잘 알고 있었다. 나는 친구들의 마음을 달랬다. 그리고 그들에게 내 대신 인도인 변호사 조지 고드프리 씨를 대표로 삼으라고 제안했다. 그렇게 해서 고드프리 씨가 진정단을 지휘하게 되었다.

하지만 그것으로 문제가 끝난 것은 아니었다. 인도인 거주자의 일과 나의 일이 많아졌다. 우리는 다시 계획을 수정하지 않을 수 없었다.

"인도인이 전쟁을 도운 것은 네가 충고를 했기 때문이야. 그런데 이게 무슨 꼴이란 말인가?"

이렇게 말하며 몇몇이 나를 비웃었다. 비웃음을 샀지만 아무렇지도 않았다. 내가 말했다.

"저는 제 충고에 대해 사죄하고 싶은 생각은 없습니다. 우리는 전쟁에 참가해서 좋은 일을 했다고 생각합니다. 우리는 자신의 노력에 대해서 어떤 보수를 바라서는 안 됩니다. 하지만 모든 선행은 언젠가 반드시 열매를 맺는다고 저는 확신하고 있습니다. 과거는 잊고 우리 앞에 닥친 임무를 생각해야 하지 않을까요?"

이렇게 말하자 다른 사람들도 고개를 끄덕였다. 나는 덧붙여 이렇게 말했다.

"솔직히 말해서 여러분이 제게 부탁한 일은 사실상 끝났습니다. 하지만 설사 여러분이 귀국을 허락한다 할지라도 저는 가능한 한 트란스발에서 멀리 떠나지 않을 생각입니다. 예전에는 나탈에서 제 일을 계속했지만 이번에는 그 대신 여기서 일을 해야만 합니다. 저는 1년 이내에 인도로 돌아갈 생각을 갖지 않을 것입니다. 그리고 변호사로서 트란스발 최고 법원에 등록해야겠습니다. 저는 신설 관청과의 싸움에서 이길 수 있다고 충분히 자신하고 있습니다. 만약 우리가 움직이지 않는다면 인도인은 이 나라에서 추방당하고 말 것입니다. 뿐만 아니라 재산까지 전부 빼앗기고, 날이 갈수록 새로운 모욕이 더 늘어날 것입니다."

 그래서 나는 운동을 개시했다. 프리토리아와 요하네스버그에 살고 있는 인도인들과 여러 가지로 의논을 했다. 그리고 결국에는 요하네스버그에 운동 사무소를 설치하기로 결정했다.

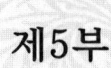

제5부

기타에 대한 연구

접신론자 친구들은 나를 그들의 협회[155]에 끌어들일 계획을 세웠다. 그것은 힌두교도인 나로부터 무엇인가 배울 점이 있지 않을까 생각했기 때문이었다. 접신론의 문헌은 힌두교로부터 많은 감화를 받고 있었다. 그래서 이 친구들은 내가 그들에게 틀림없이 도움이 될 것이라고 생각했던 것이다. 나는, 내 산스크리트 연구는 연구했다고 말할 수 있을 정도의 것이 아니라는 사실, 나는 아직 힌두교의 성전을 원어로 읽어본 적이 없다는 사실, 그리고 그 번역본조차도 그다지 친숙하지 않다는 사실 등을 설명했다. 하지만 전생의 연이나 재생[156]을 믿고 있는 그들은 어쨌든 나의 도움을 받을 수 있을 것이라고 생각했다. 우리는 이들 몇몇 친구들과 함께 스와미 비베카난다의 『라자 요가[157]』를, 그리고 또 다른 몇몇 친구들과 스리자트. M. N. 드비베디의 『라자 요가』를 읽기 시작했다. 나는 친구 중 한 사람과 파탄잘리의 『요가 수트라[158]』를 읽었으며 여러 친구들과 『바가바드 기타』를 읽게 되었다. 우리는 구도자 클럽이라는 것을 만들어서 정기적으로 독서회를 열었다. 나는 당시부터 이미 기타에 대한 신앙을 가지고 있었다. 내게 있어서 그것은 하나의 매력이었다. 거기서부터 나는 한층 더 심오하게 연구할 필요가 있다는 사실을 깨달았다. 나는 한두 가지 번역본을 가지고 있었다. 그것에 의지해 가면서 원문을 이해하려 노력했다. 그리고 나는 매일 한 행이나 두 행 정도를 암기하기로 했다. 그 목적을 이루기 위해서 나는 아침의 목욕 시간을 이용했다. 목욕을 하는 데 나는 35분을 사용하고 있었다. 이를 닦는 데 15분, 목욕을 하는 데 20분이 걸렸다. 그래서 정면 벽에 기타의 시구를 적은 종이를 붙여두고 때때로 그것을 봐가며 외워나갔다. 그 시간에 매일 암송할 부분을 기억하고 이미 암송한 시구를 복습하는 데 10분이 걸렸다. 이런 식으로 해서 나는 13장 분량을 암기할 수 있었다.

기타를 읽은 것이 내 친구에게 어떤 감화를 주었는지, 그것은 친구만이 알 수 있는 일이다. 하지만 내게 기타는, 행위에 있어서 없어서는 안 될 지침이 되었다. 그것은 내가 늘 가지고 다녀야 할 사전이 되었다. 무소유와 평등이라는 말이 나의 마음을 사로잡았다. 어떤 식으로 평등을 낳고 또 유지할 수 있을지가 문제였다.

예를 들어서 사람을 모욕하는 거만하고 부패한 관리와, 의미 없는 반대를 하며 등을 돌려버린 어제의 동지와, 늘 타인에게 선을 행하는 사람을 똑같이 취급하는 것이 과연 평등일까? 그리고 모든 소유물을 놓아버리는 것이 과연 무소유일까? 육체 그 자체가 이미 훌륭한 소유물이 아닌가? 아내와 자식은 소유물이 아니란 말인가? 나는 내가 가지고 있는 책장의 책을 전부 찢어버려야 했던 것일까? 나는 내가 가지고 있는 것 전부를 포기하고 신을 따라야만 했던 것일까? 그에 대한 답은 분명했다. 즉, 나는 내가 가지고 있는 것을 포기하지 않는 한 신을 따를 수 없는 것이었다. 나는 영국법 연구를 참고해 가면서 소유라는 것에 대해서 생각했다. 나는 '수탁(受託)'[159]이라는 말의 의미를 기타의 가르침에 견주어보며 한층 더 확실하게 이해하려고 노력했다. 그리고 나는 무소유에 대한 기타의 가르침은, 구원을 바라는 자는 막대한 재산을 관리는 하더라도 그중 단 한 푼이라도 자신의 소유물이라고 생각해서는 안 된다는 사실을 알게 되었다. 나는 무소유와 평등은 심정의 변화, 태도의 변화를 전제로 한다는 사실을 명명백백하게 알게 되었다. 나는 레바샨카르바이[160]에게 편지를 써서 생명보험 계약을 해지하고 싶다는 사실, 얼마나 되돌려 받을 수 있는지, 혹은 이미 지불한 보험료는 몰수되어버리는 것인지 등을 물어보았다. 왜냐하면 나 자신을 비롯하여 나의 아내, 아이들을 창조하신 신이 그들을 지켜주실 것이라고 확신하게 되었기 때문이었다. 그리고 지금까지 내게는 아버지와도 같은 존재였던 형님에게 편지를 써서, 지금까지 내가 절약해서 모은 돈은 전부 형님께 보내드렸지만 지금부터는 절약해서 모은 돈을 전부 인도인 거주민의 복리를 위해서 사용할 테니 내게는 어떤 기대도 걸지 말라고 말했다.

형님에게 그것을 이해시키는 것은 그리 간단한 일이 아니었다. 그는 격한 말로 그에 대한 나의 의무를 주장했다. 그는, 내가 우리 아버지 이상으로 현명해질 필요는 없다, 그가 해온 것처럼 나도 가족을 부양해야만 한다고 말했다. 나는 그에게, 우리 아버지가 행한 것과 같은 것을 내가 행하고 있으며, 하지만 '가족'이라는 의미가 조금 확대되었고 내가 취한 행동이 옳다는 사실이 곧 밝혀질 것이라고 적어 보냈다.

형님은 내게 질려버린 듯했다. 그리고 실제로 편지를 끊어버렸다. 나는 매우 슬펐다. 하지만 내가 내 의무라고 생각하고 있는 것을 포기하는 것은 더욱 커다란 슬픔이었다. 그래서 나는 조그만 슬픔을 선택했다. 하지만 그 일이 그에 대한 나의 헌신에까지 영향을 미치지는 않았다. 그것은 어디까지나 순수하고 거대한 것이었다. 그는 생을 마감하기 직전에 나의 견해를 인정해주었다. 거의 임종의 순간에 내 태도가 옳았다는 사실을 깨달은 그는 내게 가장 감동적인 편지를 보내왔다. 그는 마치 아버지가 자신의 아들에게 참회하는 것처럼 내게 사죄를 한 것이었다.

『인디안 오피니언』지

 바로 그 무렵, 실리 마단지트[16]가 찾아와서 『인디안 오피니언』이라는 신문을 시작해보는 것이 어떻겠냐며 내 의견을 물었다. 그는 이미 신문을 경영하고 있었다. 나는 그의 제안에 찬성했다. 신문은 1904년에 발간되었으며 실리 만수크랄 나자르가 최초의 편집인이 되었다. 하지만 실제로는 내가 일의 멍에를 메게 되어 시간의 대부분을 신문 경영에 사용했다. 실리 만수크랄이 그럴 만한 능력이 없었기 때문이 아니었다. 그는 인도에 있을 때 언론계에 상당히 오랫동안 종사했었지만, 내가 있었기 때문에 복잡한 남아프리카의 문제에 대해서 논평하기를 일부러 피했던 것이다. 그는 내 통찰력에 대해 커다란 믿음을 가지고 있었다. 따라서 논설란에 대해서는 모든 권한을 내게 넘겨줬다. 신문은 처음부터 주간지로 발행되었다.

 나는 이 신문에 내가 얼마간이라도 투자를 해야 한다고는 생각지 않았다. 하지만 얼마 지나지 않아서 내가 재정 원조를 하지 않으면 계속해 나갈 수 없다는 사실을 깨닫게 되었다. 인도인과 영국인 모두 내가 명의상으로는 『인디안 오피니언』지의 주필은 아니지만 실질적으로는 그 경영을 책임지고 있다는 사실을 알고 있었다. 신문이 발간되지 않았다면 별 문제가 되지 않았을 것이다. 하지만 일단 시작된 이상 그것을 중단한다는 것은 손실인 동시에 수치였다. 그래서 나는 내 돈을 쏟아 부었다. 결국에는 내가 가지고 있던 저금의 전부를 털어넣게 되었다. 매월 75파운드를 보내지 않으면 안 되는 시기가 있었던 것을 기억하고 있다.

하지만 그런 시기가 지난 후부터 신문은 인도인 거주자들을 위해서 상당한 봉사를 해왔다고 생각한다. 일찍이 영리를 목적으로 경영하겠다는 계획은 단 한 번도 세워본 적이 없었다. 그것이 내 관리하에 있는 한, 신문의 변화는 내 생활의 변화를 의미하는 것이었다. 당시의 『인디안 오피니언』지는 지금의 『영 인디아』나 『나바지반』과 마찬가지로 내 생활의 일부를 반영하는 거울이었다. 나는 매주 그 논설란에 나의 영혼을 쏟아 부었다. 그리고 내가 이해한 대로 사탸그라하의 원리와 실천을 설명했다. 10년 동안, 그러니까 1914년까지 내가 강제적으로 휴양을 취할 수밖에 없었던 투옥 기간을 제외하면 『인디안 오피니언』지에 내가 쓴 논설이 게재되지 않았던 판은 거의 찾아볼 수가 없었다.

나는 이들 논설 속에서, 생각 없이 혹은 숙고하지 않고 써내려 간 말, 의식적으로 과장한 말, 혹은 그저 인기를 얻기 위해서 쓴 말을 단 한마디도 떠올릴 수가 없다. 실제로 내게 있어서 이 신문은 자기억제를 위한 훈련이 되었으며, 친구들에게 있어서는 내 생각을 접하는 수단이 되었다. 그 내용 중에서 비평가들조차 반대를 외치고 싶어 하는 곳은 적은 부분에 지나지 않았다. 사실 『인디안 오피니언』의 격조에 눌려서 비평가들도 자신의 붓에 제한을 가하게 되었다. 『인디안 오피니언』이 없었다면 아마 사탸그라하는 불가능했을 것이다. 독자들은 그 신문을 통해서, 사탸그라하 투쟁에 대한 것과 마찬가지로 남아프리카 인도인들이 처한 상태의 진상에 대해서도 믿을 만한 정보를 얻기 바라고 있었다.

내 입장을 말하자면 그것은 음으로 양으로 모든 인간성을 연구하기 위한 수단이 되었다. 왜냐하면 나는 언제나 편집자와 독자 사이에 친밀하고 청결한 유대를 만들려 했기 때문이었다. 내 앞에는 통신원의 심중을 토로한 통신문이 산더미처럼 쌓여 있었다. 그것들은 필자의 성격에 따라서 친애적인 것, 비판적인 것, 통렬하게 비방한 것 등 여러 가지였다. 그 통신문들을 연구하고 숙고하고 거기에 회답하는 것은 내게 훌륭한 교육이 되었다. 마치 거주민들의 생각이 그 통신문을 통해서 내게 전달되어 오는 듯한 느낌이었다. 그것들에 의해서 나는 신문·잡지 기자의 책임을 완전히 이해할 수 있었다. 그리고 내가 이러한 방법을 통해서 얻은, 거주민에 대한 파악력으로 인해서 그후의 투쟁은 실행 가능한 것, 품위 있는 것, 저항할 수 없을 만큼 강력한 것이 되었다.

『인디안 오피니언』지를 발행한 첫 번째 달부터 신문·잡지의 유일한 목적은 봉사여야만 한다는 사실을 깨달았다. 신문은 커다란 힘이다. 하지만 제방을 무너뜨린 격류가 농촌을 물에 잠기게 하고 농작물을 망쳐놓듯이 통제되지 않은 펜은 그저 파괴에만 도움이 될 뿐이다. 만약 그 통제가 외부로부터 가해지는 것이라면, 그것은 틀림없이 통제가 없는 것보다도 더 유해하다. 내부에서 훈련을 받게 했을 때만이 그것은 유익해지는 것이다.

만약 이 이론이 옳은 것이라면 이 세상의 신문·잡지 중에서 이와 같은 시련에 견딜 수 있는 것은 얼마나 될까? 누가 도움이 되지 않는 것을 그만두게 할 수 있을까? 그리고 누가 그런 판단을 내리면 좋단 말인가? 도움이 되고 안 되고는 일반적으로 선악과 마찬가지로 한데 엉켜 있는 법이다. 어느 것을 취할지 그 선택은 인간이 행하는 것이다.

신비한 매력을 지닌 책

나는 야채요리 식당에서 식사를 하는 습관이 있었다. 덕분에 나는 앨버트 웨스트[162] 씨와 가까워지게 됐다. 우리는 늘 저녁이 되면 그 식당에서 만나 식사를 한 뒤, 함께 산책을 했다. 웨스트 씨는 조그만 신문사의 공동 출자자였다.

하루 이틀 정도 내가 식당에 모습을 드러내지 않자 웨스트 씨가 어느 날 아침 일찍 우리 집으로 찾아왔다. 그때 나는 마침 산책을 나가려고 준비를 하던 참이었다. 내가 문을 열자 웨스트 씨가 말했다.

"식당에서 당신을 볼 수 없었기에 무슨 일이 있는 건 아닌지 매우 걱정이 됐습니다. 그래서 오늘 아침 당신 집으로 가서 당신이 집에 있는지 없는지 살펴봐야겠다고 생각했습니다. 오늘부터는 저도 당신을 도와드리고 싶습니다. 당신도 아시다시피 제게는 가족이 한 사람도 없습니다."

나는 감사의 말을 건넸다. 그리고 즉석에서 대답했다.

"더 이상 환자가 발생하지 않는 한, 하루 이틀만 지나면 한가해질 겁니다. 그 대신 당신에게 부탁이 있습니다."

"네, 무엇입니까?"

"더반에서 발행하고 있는 『인디안 오피니언』지를 당신이 맡아주실 수 있으시겠습니까? 마단지트는 아마 여기서 일을 하게 될 것입니다. 때문에 누군가가 더반에 있어야 합니다. 만약 당신이 수고를 해주신다면 제게 커다란 힘이 될 것입니다."

"당신은 제가 신문을 운영하고 있다는 사실을 알고 계십니다. 아마 저는 갈 수 있을 겁니다. 어쨌든 저녁에 확실한 대답을 드리도록 하겠습니다. 우리의 저녁 산책 때 서로 잘 의논해보도록 합시다."

나는 기뻤다. 우리는 이야기를 나눴다. 그는 가서 일을 맡겠다고 했다. 이튿날 웨스트 씨는 자신이 지불해야 할 것들을 내게 맡긴 뒤 저녁 급행으로 더반을 향해 출발했다. 그날부터 내가 남아프리카를 떠나던 날까지 그는 나와 기쁨과 슬픔을 함께하는 사이가 되었다.

예전에 웨스턴 씨를 알게 되었던 것처럼 나는 폴락 씨[163]를 그 야채요리 식당에서 알게 되었다. 어느 날 저녁, 나와 조금 떨어진 식탁에서 식사를 하고 있던 청년이 내게 명함을 내밀며 이야기를 하고 싶다고 말했다. 나는 내 식탁으로 오라고 했다. 그가 내 식탁으로 왔다.

나는 폴락 씨의 솔직함에 끌렸다. 그날 밤 우리는 흉금을 털어놓는 사이가 됐다. 우리는 인생의 근본문제에 대해서 아주 비슷한 의견을 가지고 있는 것 같았다. 그는 간소한 생활을 좋아했다. 그는 지성에 호소해오는 것이 있으면 무엇이든 실행에 옮기는 훌륭한 재능을 가지고 있었다. 그의 생애에서 일어난 몇몇 변화들은 과격하다고 해도 좋을 만큼 신속한 것이었다.

『인디안 오피니언』지는 날이 갈수록 더욱 돈이 들어가게 되었다. 웨스트 씨의 첫 번째 보고가 아주 커다란 문제가 있다는 사실을 알려왔다. 그는 이렇게 적어 보냈다.

'당신은 이 회사에서 이익이 날 것이라고 생각하고 있었을지 모르겠지만 제가 보기에는 도저히 이익이 생길 것 같지 않습니다. 오히려 손해를 보게 되지나 않을까 걱정이 됩니다. 장부는 명확하지가 않습니다. 아직 지불하지 못한 금액도 상당합니다. 하지만 어떻게 손을 쓸 방법이 없습니다. 과감하게 검사를 해봐야 할 것 같습니다. 하지만 걱정 마십시오. 저는 전력을 다해서 틀림없이 다시 일으켜 세우겠습니다. 이익이 있고 없고와는 상관없이 저는 여기에 머물러 있겠습니다.'

웨스트 씨의 편지를 받아본 나는 나탈을 향해 출발했다. 나는 폴락 씨를 진심으로 믿고 있었다. 그는 역까지 나와 나를 배웅해 주었다. 그리고 기차 안에서 읽어보라며 책 한 권을 건네줬다. 그는 내가 틀림없이 좋아할 책이라고 말했다. 그것은 러스킨의 『최후의 사람에게』였다.

그 책은, 일단 읽기 시작하자 도저히 손에서 놓을 수가 없었다. 그것은 나를 단단히 붙들었다. 요하네스버그에서 더반까지, 24시간 동안의 기차여행이었다. 기차는 저녁이 되어서야 거기에 도착했다. 나는 그날 밤 한숨도 자지 못했다. 나는 이 책에 적혀 있는 대로 내 생활을 바꾸기로 결심했다.

나는 러스킨의 이 위대한 책 속에, 내 마음 깊은 곳에 잠겨 있는 몇몇 신념이 반영되어 있다고 생각했다. 바로 그것이 그렇게까지 나를 사로잡고 내 생활을 바꾸게 한 이유였던 것이다. 시인이란 인간의 가슴 속에 숨겨져 있는 선한 것을 불러일으킬 수 있는 자들이다. 시인은 모든 사람들에게 똑같은 감화를 주지는 않는다. 왜냐하면 모든 사람들이 똑같이 발전한 것은 아니기 때문이다.

『최후의 사람에게』의 교훈 중에서 내가 이해할 수 있었던 것을 들어보자면 다음과 같다.

1. 개인 속에 있는 선은 모든 것들 속에 잠재되어 있는 선이다.
2. 모든 사람들이 자신의 노동을 통해서 자신의 생계를 얻을 권리를 가지고 있는 한, 법률가의 일과 이발사의 일은 같은 가치를 가진 것이다.
3. 노동의 생활, 즉 땅을 가는 자의 생활과 수공업자의 생활은 모두 가치가 있는 생활이다.

이들 중 1번에 대해서는 나도 알고 있었다. 2번에 대해서는 막연한 이해밖에 없었다. 3번에 대해서는, 그때까지 단 한 번도 생각해보지 못한 것이었다. 『최후의 사람에게』를 읽고 나는 2번과 3번은 모두 1번에 포함된다는 사실을 아주 명백하고 확실하게 알 수 있었다. 날이 밝음과 동시에 일어난 나는 이들 원리를 실행에 옮겨나가기 시작했다.

피닉스 농원[164]

나는 웨스트 씨에게 모든 사정을 설명하고 『최후의 사람에게』가 내 마음에 가져다준 결과를 그에게 설명했다. 그리고 『인디안 오피니언』지를 어딘가 농장으로 옮긴 뒤, 거기서 모두가 노동을 해서 같은 임금을 받도록 하고 우리는 시간의 여유를 봐서 신문을 발행하자고 제안했다. 웨스트 씨는 이 안에 찬성했으며, 피부색이나 국적에 상관없이 급여는 누구나 월 3파운드로 하기로 결정했다.

하지만 신문사에서 일하고 있는 열 명 이상이나 되는 사람들 전부가 마을에서 떨어진 농장으로 가 그곳의 초라한 생활에 만족하며 살아갈 것인지가 문제였다. 그래서 우리는 이 계획에 찬성하지 않는 사람에게는 지금까지와 같은 급여를 제공하고 차차 그 농장의 일원이 되도록 설득하기로 했다. 나는 이 의견의 취지에 따라서 신문사 사람들과 이야기를 했다.

모든 사람들이 이 문제를 어떻게 할 것인지 결정하는 데 채 이틀도 걸리지 않았던 것으로 기억하고 있다. 그런 다음 나는 곧 광고를 내서 더반 근교, 역 가까운 곳의 땅을 알아보았다. 그랬더니 피닉스에 땅이 있다는 소리가 들려왔다. 일주일 안에 우리는 20에이커[165] 정도 되는 토지를 구입했다. 그 안에는 아름답고 조그만 샘터가 있었으며 오렌지와 망고 나무가 몇 그루 있었다. 옆에는 80에이커 정도 되는 토지가 있었는데 거기에는 그 외의 과수들이 많이 자라고 있었으며 황폐해진 오두막이 한 채 있었다. 우리는 거기도 사들였다. 전부 해서 천 파운드가 들었다.

보어 전쟁 때 나와 함께 일했던 인도인 목수와 석공들 중 몇 명이 인쇄소 건물을 짓는 데 도움을 주었다. 높이 75피트[166], 폭 50피트 되는 건물은 1개월도 걸리지 않아서 완성됐다. 웨스트 씨 등이 위험을 감수하고 목수, 석공들과 함께 침식을 같이 해주었다. 거기에는 사는 사람도 없었으며, 잡초가 무성하게 자라 있고, 뱀들이 많아서 살기에는 아주 위험한 곳이었다. 우리는 일주일 정도 들여서 가재도구를 마차에 실어 피닉스 농장으로 옮겼다. 거기는 더반에서 14마일, 피닉스 기차역에서 2.5마일 떨어진 곳에 있었다.

한편 나는 보석을 찾기 위해 나와 함께 인도에서 건너왔다가 지금은 여러 가지 일에 종사하고 있는 친척들과 친구들에게 이 소식을 알려 그들을 피닉스 농장으로 끌어오기에 힘썼다. 그들은 부를 찾아서 인도에서 건너온 것이었기 때문에 그들을 설득하기란 그리 쉬운 일이 아니었다. 그래도 몇몇 사람들이 찬성을 해주었는데 나는 오직 마간랄 간디의 이름만을 기억하고 있을 뿐이다. 다른 사람들은 다시 장사로 돌아갔다. 마간랄 간디는 자신이 하던 장사를 접고 나와 운명을 같이 했다. 그는 내 도덕상의 실험 초기부터, 동료들 중에서도 재능, 희생 그리고 헌신이라는 점에서 두각을 나타냈다.

이렇게 해서 피닉스 농원은 1904년에 개설되었으며, 수많은 역경에도 불구하고 『인디안 오피니언』지는 계속해서 발행되고 있다.

나는 누구나 육체노동으로 생계를 유지해나갈 수 있도록 하기 위해서 인쇄소 주변을 3에이커씩 분할했다. 그중 한 곳이 내게도 배당되었다. 우리는 모두 거기에 함석지붕을 얹은 집을 세웠다. 그것은 우리의 뜻과는 어긋나는 것이었다. 우리는 평범한 농민들의 가옥처럼 초가지붕에 벽을 바른 초가집이나 조그만 벽돌집을 짓고 싶었다. 하지만 그것은 불가능한 일이었다. 그것을 지으려면 돈과 시간 모두 더 들 것이기 때문이었다. 그리고 모두가 한시라도 빨리 생활을 안정시키고 싶어 했다. 드디어 우리가 생활을 안정시키고 건물도 거의 완성되어갈 때쯤, 나는 이 새로운 근거지에서 나와 요하네스버그로 가야만 했다. 나는 그곳의 일을 너무 오랫동안 방치해둘 수는 없었다.

요하네스버그로 돌아간 나는 폴락 씨에게, 내게 일어난 중대한 변화에 대해서 자세히 들려주었다. 그는 자신이 빌려준 책이 그렇게도 풍성한 결실을 맺었다는 말을 듣고 미칠 듯이 기뻐했다. 그가 물었다.

"당신의 이번 모험에 제가 참가해도 되겠습니까?"

내가 말했다.

"그러세요."

그는 자신의 상사에게 1개월 후에 사직하겠다며 사직서를 제출했다. 그리고 결국에는 피닉스 농장으로 들어왔다. 그는 애교 넘치는 태도로 모든 사람들로부터 인기를 얻었으며 곧 피닉스 가족의 일원이 되었다. 하지만 나는 그를 거기에 오래 머물게 할 수가 없었다. 요하네스버그 사무소의 무거운 짐을 혼자 감당하기란 내게 너무 벅찬 일이었다. 그래서 나는 그에게 손을 빌려주었으면 좋겠다, 변호사가 되기를 바란다고 말했다.

그는 피닉스에서 내게 편지를 보내, 이곳의 생활을 사랑하며, 너무나도 행복하고, 농원을 확대시키고 싶다는 소망을 가지고 있기는 하지만, 만약 당신이 더욱 빨리 우리의 이상을 실현시켜야겠다고 생각하고 있다면 이곳에서 나가 사무소로 가서 변호사가 되어도 상관없다고 말해 왔다.

그 편지를 읽은 나는 진심으로 기뻤다. 폴락은 피닉스에서 나와 요하네스버그로 왔다. 그리고 나와 함께 변호에 힘을 썼다.

가족

 이런 상태였기 때문에 가까운 미래에 인도로 돌아가겠다는 소망은 누구나 포기를 해야만 했다. 나는 아내에게 1년 이내로 돌아오겠다고 약속을 했었다. 약속했던 그 1년은 내가 돌아갈 수 있을 것 같은 전망을 조금도 보이지 않은 채 그대로 지나가버리고 말았다. 그래서 나는 아내와 아이들을 불러들이기로 했다.
 간소한 생활에 대한 추구는 더반 시대에서부터 시작되었다. 하지만 요하네스버그의 집에서는 한층 더 엄격하게 러스킨의 교훈을 지키기로 했다. 나는 변호사의 집이 허용하는 범위 안에서 가능한 한 간소한 생활을 도입하려고 노력했다. 하지만 어느 정도의 가구는 역시 필요했다. 변화는 외면적인 것보다 내면적인 것이 더 많았다. 모든 육체노동을 내 스스로 하는 경우가 많아졌다. 그리고 그런 종류의 훈련을 우리 아이들에게도 시키기 시작했다. 빵집에서 빵을 사는 대신 우리는 쿠네의 제조법[167]에 따라서 이스트를 넣지 않은 빵을 집에서 만들기 시작했다. 평범한 물레방아로 빻은 가루는 빵을 만들기에 적합하지 않았다. 그래서 손으로 빻은 빵이 간소한 생활, 건강과 절약을 더욱 보증해준다고 나는 생각했다. 그래서 7파운드 주고 수동 제분기를 구입했다. 철로 만든 톱니가 너무 무거워 혼자서는 도저히 사용할 수 없었지만 두 사람이서라면 쉽게 사용할 수 있었다. 보통은 폴락과 나, 그리고 아이들이 그것을 움직였다. 보통은 가루를 빻는 시간이 아내가 부엌일을 시작하는 시간이었지만 그녀 역시 때로는 손을 빌려줬다. 폴락 부인도 도착하자마자 바로 우리와 함께 생활했다. 가루 빻기가 아이들에게 좋은 운동이 된다는 사실을 알았다. 이 일과 그 외의 다른 일도 역시 아이들에게 억지로 시킨 것이 아니었다. 하지만 그들에게 있어서 그것은 하나의 오락과도 같은 것이었기 때문에 스스로 모여들어서 손을 빌려줬다. 그리고 힘이 들면 언제든지 자유롭게 그만둘 수 있었다.

우리는 집안일을 거들게 하기 위해서 하인을 한 명 고용했었다. 그는 가족의 일원으로서 우리와 함께 생활했다. 그리고 아이들은 하인의 일을 곧잘 도와주곤 했다. 대변은 시의 청소원이 가져갔지만 우리는 화장실 청소를 하인에게 명령하거나 시키지 않고 각자가 알아서 했다. 아이들에게 있어서 그것은 좋은 훈련이었다. 그 결과 우리 아들 중에 오물 청소를 싫어하는 아이는 한 명도 없었다. 그리고 그들은 일반 위생에 신경을 쓰게 되는 좋은 바탕을 마련할 수 있었다. 요하네스버그의 집에서 병을 앓는 사람은 거의 나오지 않았다. 하지만 누군가 병이 나게 되면 그의 간호는 늘 아이들의 몫이었다.

아이들의 문자 교육에 대해서 내가 냉담했다고는 말하고 싶지 않다. 하지만 망설임 없이 그것을 희생한 것만은 틀림없는 사실이었다. 따라서 아이들이 내게 불만을 품을 만한 이유는 몇 가지 있었다. 실제로 그들이 그런 말을 한 적도 종종 있었다. 그리고 어느 정도 내가 책임을 져야 하는 부분도 있다. 그들에게 문자를 가르쳐야겠다는 생각은 가지고 있었다. 내가 직접 그들을 가르치려고 노력해본 적도 있었다. 하지만 어떤 사정이 생겨나는 경우가 많았다. 그들을 집에서 가르치기에 달리 뾰족한 수가 없었기에 나는 사무소를 오갈 때 매일 그들을 데리고 걸었다. 전부 합쳐서 5마일이나 되는 거리였다. 그로 인해서 나와 아이들은 상당한 양의 운동을 할 수 있었다. 나는 특별히 누가 나를 불러 세우지 않는 한, 이렇게 걸으면서 하는 대화로 그들을 교육시키기에 힘썼다.

인도로 가버린 장남 하리랄[168]을 제외한 나머지 아이들은 모두 요하네스버그에서 이런 식으로 자라났다. 만약 내가 그들에게 문자를 가르치기 위해서 하루에 적어도 한 시간만 할애할 수 있었다면 이상적인 교육을 그들에게 할 수 있었을 것이라고 나는 생각한다. 하지만 그들에게 문자를 충분히 가르치지 못했다는 점은 그들이 안타깝게 생각하고 있는 것이기도 했고 나 역시 유감스럽게 생각하는 부분이었다. 장남은 종종 개인적으로 내게, 혹은 신문지상을 통해서 공개적으로 자신의 고민을 털어놓고 있다. 다른 아이들은 어쩔 수 없는 실패였다며 관대하게 용서해주고 있다.

나는 그것을 슬프게 여기고 있지 않다. 후회가 되는 점은, 내가 이상적인 아버지가 되지 못했다는 점이다. 하지만 나는 내가 오직 거주민에 대한 봉사만 생각했다는 점, 어쩌면 그것은 잘못된 것일지도 모르지만, 아이들에 대한 문자 교육을 희생양으로 바쳤다고 생각한다.

나는 그들의 성격을 형성하는 데 도움이 된다고 생각하는 것은 무엇이든 행했으며, 거기에는 한 치의 빈틈도 없었다고 확실하게 말할 수 있다. 그리고 그에 대한 적절한 준비를 해두는 것은 세상의 모든 부모가 지켜야할 본분이라고 믿고 있다. 나의 노력에도 불구하고 아이들에게 결점이 있다고 한다면 그것은 나의 주의가 부족했을 뿐만 아니라 그들의 부모님으로부터 결점을 물려받았기 때문이라고 확신하고 있다.

아이들은 부모님으로부터 신체적인 조건 못지않게 성격까지도 물려받는다. 환경도 중요한 역할을 차지한다. 하지만 아이들이 인생을 출발함에 있어서 밑천이 되는 것은 그들 조상으로부터 물려받은 것이다. 그리고 나는 아이들이 열성 유전의 모든 결과를 훌륭하게 극복하고 있다는 사실을 알고 있다. 그것은 영혼의 본질적 속성이라 여겨지는 순결함이 내린 선물이다.

폴락과 나는 아이들에게 영어를 가르쳐야 하는 것인지, 가르쳐서는 안 되는 것인지에 대해서 종종 격론을 벌였다. 인도인 부모가 아이들을 어렸을 때부터 영어로 생각하게 하고 영어로 말하게 하는 것은 자신의 나라를 배반하는 것이라는 생각이 나의 확고한 믿음이었다. 그런 부모님은 아이들로부터 국민의 정신적, 사회적인 유산을 빼앗는 것이며 그렇기 때문에 아이들을 국가에 대한 봉사에 적합하지 않은 사람으로 만들어버리는 것이다. 그러한 신념을 가지고 있었기 때문에 아이들과 이야기를 나눌 때 나는 늘 구자라트어를 사용했다.

폴락은 그런 생각에 반대했다. 그는 내가 아이들의 미래를 망쳐버릴지도 모른다고 생각했다. 그는 모든 정열과 애정을 들어서, 만약 아이들에게 어렸을 때부터 영어와 같은 세계 공용어를 배우게 하면 그들은 인생 경쟁에서 다른 사람들을 뛰어넘을 수 있는 상당한 이점을 간단하게 얻을 수 있을 것이라고 강력하게 주장했다. 그는 나를 설득하지 못했다. 그가 과연 내 태도가 옳았음을 이해한 것인지, 혹은 내가 너무 고집을 부려서 포기를 해버린 것인지, 지금 그 점은 기억하지 못하고 있다.

그것은 20년 전의 일이었다. 그리고 나의 신념은 경험에 의해서 더욱 깊어져갈 뿐이었다. 아이들은 문자에 대한 교육의 부족함 때문에 힘들어 하기는 했지만 그들이 자연스럽게 습득한 모국어에 대한 지식은 그들을 위해, 국가를 위해 커다란 도움이 되고 있다. 그렇지 않았다면 그들은 외국인처럼 되어버렸을 텐데 그렇게 되지 않은 것만 해도 도움이 되고 있는 것이다.

물론 그들은 2개 국어를 구사할 줄 한다. 상당히 유창하게 영어로 말할 줄 알고 쓰기도 할 줄 안다. 왜냐하면 매일 수많은 영국인 친구들과 접촉했으며, 또 영어를 주로 사용하고 있는 나라에서 오랫동안 살았기 때문이다.

줄루 족의 반란[69]

내가 드디어 생활이 안정됐다고 생각하기 시작했을 때, 신문에서 나탈의 줄루 족이 반란을 일으켰다는 기사를 읽었다. 나는 줄루 족에게 어떤 원한도 가지고 있지 않았다. 그들이 인도인에게 상처를 준 적은 단 한 번도 없었다. 나는 '반란'이라는 말 자체에 의심을 품었다. 하지만 당시 나는 '영국 제국은 세계의 복지를 위해서 존재한다.'고 믿고 있었다. 단순한 충성심 때문에 나는 영국 제국에 반감을 품은 적이 없었다. 따라서 '반란'이 정의를 위한 것이든 아니든, 그것은 내 결의에 아무런 영향도 미치지 못했다. 나탈에서는 방위의용부대를 조직, 많은 사람들을 모집하고 있었다. 나는 그 의용부대가 '반란' 진압을 위해 이미 동원되었다는 사실도 들었다.

나는 자신을 나탈의 한 시민으로 생각했으며 그것과 긴밀하게 유대관계를 맺고 있다고 생각했다. 그래서 나는 주의 지사에게 편지를 보내 만약 필요하다면 인도인 야전병원 부대를 조직할 생각이 있다고 말했다. 그는 바로 나의 뜻을 받아들이겠다는 답장을 보내왔다.

나는 그렇게 빨리 허락하리라고는 생각지 못했다. 다행스럽게도 나는 필요한 모든 준비를 마친 뒤에 편지를 보냈었다. 만약 내 뜻이 받아들여진다면 나는 요하네스버그의 집을 처분해야겠다고 결심했었다. 그래서 폴락은 좀 더 조그만 집으로 옮겼으며, 아내는 요하네스버그를 떠나 피닉스에서 살기로 했다. 내 결심은 그녀로부터 전폭적인 지지를 얻고 있었다.

나는 더반으로 가서 사람을 불러모았다. 군의총감은 편하게 임무를 수행할 수 있도록 내게 일정한 신분을 부여하기로 하고, 종래의 관습에 따라서 나를 임시 준위로, 내가 선택한 세 명을 상사로, 한 명을 하사로 각각 임명했다.

그리고 정부 당국에서는 우리가 입을 제복을 지급해주었다. 우리 부대는 거의 6주에 가까운 현역 근무를 명 받았다. '반란' 현장에 도착해서 '반란'이라는 사실을 정당화할 만한 것은 어디에도 없다는 사실을 나는 알게 되었다. 저항의 그림자는 어디에서도 찾아볼 수 없었다. 그 소동이 반란이라고 과장된 이유는, 줄루 족의 한 수장이 자신의 부족 사람들에게 부과된 새로운 세금을 납부하지 말라고 선동했고, 세금을 징수하러 온 사람이 습격을 당했기 때문이었다. 어쨌든 나의 마음은 줄루 족 쪽에 있었다. 따라서 전선 사령부에 도착해서 우리의 주요한 임무가 부상당한 줄루 족의 간호라는 말을 듣고는 일단 마음을 놓을 수 있었다. 군의관은 나를 환영해주었다. 그의 말에 의하면 백인들은 부상당한 줄루 족을 간호하기 싫어하며, 그 때문에 그들의 상처가 곪아가 어떻게 해야 좋을지 난처한 상황이라고 말했다. 그는 우리를 저 선량한 사람들을 위해서 도착한 신의 사자라며 기뻐했다. 그리고 그는 우리에게 붕대와 화농 치료약 등을 지급한 뒤, 우리들을 임시 치료소로 데려갔다. 우리를 본 줄루 족 사람들은 기뻐했다. 백인 병사들은, 그들과 우리 사이를 가로지른 목책 밖에서 때때로 안을 들여다보며 부상자를 치료하고 있는 우리를 방해했다. 우리가 그들의 말대로 하지 않자 그들은 화를 냈다. 그리고 줄루 족에게 입에 담기조차 부끄러운 욕설을 퍼부었다. 나는 그런 병사들과 점점 친해졌다. 그러자 그들은 방해하기를 그만두었다.

우리가 돌본 부상자는 전투에서 부상을 당한 사람들이 아니었다. 그들의 일부는 용의자로 체포되었을 때 구타를 당해 심하게 짓물러 있었다. 그것이 치료를 하지 않기 때문에 곪아가고 있었다. 다른 사람들은 귀순한 줄루 족이었다. 그 귀순한 줄루 족들은 '적'과 구분하기 위해서 배지를 지급받았지만, 병사들의 실수로 총을 맞은 사람들이었다.

우리는 쾌속부대에 배속되었다. 그 부대는 위험이 발생한 곳 어디라도 명령을 받으면 진격을 해나갔다. 그 부대의 대부분은 기병이었다. 우리 부대가 진지를 옮기면 우리는 들것을 어깨에 짊어지고 걸어서 그들을 뒤따라가야 했다. 두 번인가 세 번, 우리는 하루에 40마일을 진격한 적이 있었다.

하지만 우리가 어디를 가든, 그곳에서 부주의로 상처를 입은 줄루 족을 들것에 실어 야영지까지 옮기고, 간호병으로서 그들을 돌보면서 신의 뜻에 합당한 선행을 행할 수 있었다는 사실에 나는 감사했다.

줄루 족의 반란은 새로운 경험으로 넘쳐나고 있었다. 그리고 내게 한없는 마음의 양식을 제공했다. 보어 전쟁은 이번 '반란' 만큼 생생하게 전쟁의 공포를 내게 전해주지는 못했다. 그것은 전쟁이 아니라 인간 사냥이었다. 이것은 나의 견해일 뿐만 아니라 내가 만나 이야기를 나눈 영국인 대부분의 견해이기도 했다. 매일 아침이 찾아오면 죄 없는 마을에서 불꽃처럼 병사들의 라이플이 작렬하는 소리를 들으며, 그런 그들과 생활하는 것은 하나의 시련이었다. 하지만 나는 그 괴로운 경험을 참고 견뎠다. 우리 부대의 일은 특히 부상당한 줄루 족을 치료하는 것이었기 때문이었다. 만약 우리가 없었다면 누구도 줄루 족을 간호하지 않았을 것이다. 따라서 이 일은 나의 양심을 편안하게 해주었다.

브라마차리아

하지만 나를 생각하게 만드는 문제는 그 외에도 여러 가지가 있었다. 그곳은 나라 안에서도 사람이 그다지 살고 있지 않은 곳이었다.[270] 언덕 위나 계곡 사이에 드문드문, 그것도 멀리 떨어져서 순수하고 '미개'한 줄루 족의 마을이 흩어져 있었다. 그렇게 엄숙한 정적 속을 때로는 부상자를 싣고, 때로는 부상자 없이 전진해 나갔는데 그럴 때면 나는 곧잘 깊은 사색에 잠기곤 했다. 나는 브라마차리아와 그것의 의미에 대해서 생각했다. 그리고 나의 신념은 드디어 깊이 뿌리 내리기 시작했다. 나는 나의 동료들과 의견을 교환했다. 당시 나는 자기실현을 위해서 그것이 얼마나 필요한 것이었는지를 제대로 깨닫지 못했었다. 하지만 지금은, 인도(人道)를 위해 모든 영혼을 바쳐 봉사하겠다고 결심한 사람은, 그것 없이는 도저히 불가능하다는 사실을 확실하게 알고 있다. 지금 내가 전력을 다해 행하고 있는 이런 종류의 봉사를 할 기회는 앞으로 더욱 많아질 것이다. 그리고 만약 가정생활의 즐거움이나, 아이를 낳고 기르는 일에 열중하게 되면 나라는 인간은 임무에 적합하지 않은 사람이 되어버릴 것이라고 진심으로 생각하게 되었다.

한마디로 말하자면 내게 육체와 영혼 모두를 추구하는 생활은 불가능했다. 예를 들어서 지금과 같은 상황에서 아내가 산달을 맞이했다면 나는 이 싸움 속에 몸을 던지지 못했을 것이다. 브라마차리아를 엄격하게 지키지 않는다면 가정에 대한 봉사와 인도인 거주민에 대한 봉사는 서로 모순된 것이 되어버린다. 브라마차리아를 수반해야만 그것은 완전히 일관된 것이 되는 것이다.

이런 생각이 들자 나는 마지막 맹세를 해야겠다는 조금 초조한 마음이 들기 시작했다. 그 맹세를 생각하면 일종의 환희와도 같은 것이 느껴졌다. 그런 상상은 자유분방하게 뻗어나가 한없는 봉사에 대한 모습을 펼쳐보였다.

그처럼 내가 육체적·정신적으로 매우 분주하게 움직이고 있던 어느 날, '반란' 진압작전은 거의 끝나가고 있으며 우리는 곧 해제될 것이라는 통보가 날아들었다. 그로부터 하루 이틀 지나서 우리는 해제되었다. 그리고 이삼 일도 지나지 않아서 우리는 집에 도착했다. 얼마 지나지 않아서 나는 야전병원 부대의 봉사에 감사한다는 지사의 편지를 받았다.

피닉스에 도착하자마자 나는 과감하게 새로운 방침—평생 브라마차리아를 지키겠다는 맹세—을 세웠다. 솔직히 말해서 당시의 나는 아직, 짊어지려고 하는 과제의 중요성과 광대함을 충분히 알고 있지 못했다. 지금까지도 그것이 얼마나 어려운 일인지 뼈저리게 느끼고 있다. 그 맹세의 중대함은 더욱 무겁게 나를 짓누르고 있다. 브라마차리아 없는 생활은 무미건조하고 동물적인 것으로 보인다. 짐승은 원래부터 자기억제라는 것을 모른다. 인간이 인간일 수 있는 것은 자기억제 능력을 가지고 있기 때문이며, 오직 그가 자기억제를 훈련할 때만이 인간일 수 있는 것이다. 예전에는 우리의 종교서에서 말하는 브라마차리아에 대한 칭찬이 너무 지나친 것이라고 생각했지만, 지금은 그것이 아주 적정한 것이며 경험에 바탕을 둔 것이라는 생각이 든다. 그것은 날이 갈수록 명확함을 더해가고 있다.

나는 브라마차리아가 놀랄 정도의 힘을 가지고 있으며, 결코 쉬운 일이 아니라는 사실 그리고 단순히 육체에만 관계된 것이 아니라는 사실을 분명히 알고 있다. 그것은 육체적 절제에서부터 시작된다. 하지만 그것으로 끝이 아니다. 그것의 완성에는 불순한 상념조차 배제되어 있다. 참된 브라마차리아는 육체적 욕망의 충족은 꿈에도 생각지 않는다. 그리고 그가 그런 경지에 이를 때까지는 해야만 할 일이 너무 많은 것이다[77].

내게 있어서는 육체적 욕망을 금하는 것조차 어려움에 가득 찬 일이었다. 지금은 내 자신 상당히 안전해졌다고 나는 말할 수 있다. 하지만 나는 아직도 가장 본질적인 것이라 할 수 있는 사상에 대한 완전한 지배를 아직 달성하지 못했다. 그것은 그렇게 해야겠다는 의지나 노력이 부족하기 때문이 아니다. 바람직하지 못한 생각이 어딘가에서부터 솟아나 교활하게 침입해오는 것이 나의 문제다.

바람직하지 못한 생각이 우리 안으로 파고들지 못하도록 빗장을 채워버리기 위한 열쇠가 있다는 사실에는 나도 의심을 품지 않는다. 하지만 그것은 각자가 스스로 발견해야 하는 것이다. 성인이나 구도자들은 그들의 경험을 우리에게 남겨주었다. 그러나 그들이 우리에게 절대로 어긋남이 없는, 그리고 보편적인 처치방법을 준 것은 아니다. 왜냐하면 완전한 것, 혹은 흠이 없는 것은 오직 신의 은총에서만 태어나는 것이기 때문이다. 따라서 신을 탐구한 사람들은 그들의 엄격함으로 정화된, 그리고 그들의 순결함으로 가득 찬 만트라[72]를 남겨주었다. 예를 들자면 라마나마와 같은 것이 바로 그것이다. 신의 은총에 무조건 몸을 맡기지 않는다면 사상에 대한 완전한 지배는 불가능할 것이다. 이것은 위대한 종교서의 모든 부분이 가르치고 있는 것으로, 나는 완전한 금욕을 위해 노력하던 중에 그것이 진실임을 깨달았다.

내가 어떤 식으로 과제에 임했는지를 밝히는 것으로 이번 장을 마무리 짓도록 하겠다. 처음에는 열의에 불타올랐기 때문에 나는 그것을 간단히 지킬 수 있었다. 내가 생활에 도입한 첫 번째 변화는 아내와 잠자리를 같이 하는 것을, 그리고 남들 눈에 띄지 않는 곳에 그녀와 함께 있기를 금한 것이었다.

이처럼 1900년 이후, 미적지근하게 지켜왔던 금욕도 1906년 중반에 하나의 맹세가 세워진 후부터는 확실한 것이 되었다.

카스투르바[73]의 용기

아내는 평생 세 번에 걸쳐서 병[74] 때문에 죽을 고비를 간신히 넘겼다. 그럴 때마다 행해진 치료는 전부 민간요법이었다. 그녀가 처음으로 병에 걸린 것은, 사탸그라하 투쟁을 전개하던 중이었거나, 혹은 그것을 시작하려던 때였다. 그녀는 종종 출혈 때문에 고생을 했었다. 의사 친구는 외과 수술을 권했다. 한동안 망설이더니 그녀는 거기에 동의했다. 그녀는 매우 초췌해 있었다. 그랬기 때문에 의사는 마취약을 사용하지 않고 수술을 할 수밖에 없었다. 수술은 성공적이었다. 하지만 그녀는 매우 고통스러워했다. 그녀는 놀라운 용기로 그것을 참아냈다. 의사와 간호를 해주었던 그의 아내도 매우 놀라워했다. 그것은 더반에서의 일이었다. 의사는 내게 요하네스버그로 가도 좋다고 했다. 그리고 환자에 대해서는 아무런 걱정을 할 필요가 없다고 말해주었다.

그런데 이삼 일 후에 카스투르바의 용태가 악화되어 병상에서 일어나지 못할 정도로 약해졌으며, 한 번은 의식불명에 빠졌었다는 편지를 받았다. 의사는 내 동의 없이 그녀에게 포도주를 마시게 하거나 고기를 먹여서는 안 된다는 사실을 알고 있었다. 그래서 그는 요하네스버그에 있는 내게 전화를 해서 그녀에게 소고기

즙을 줘도 괜찮겠냐고 물어왔다. 나는 그것을 허락할 수 없다고 대답하고, 하지만 그녀가 자신의 생각을 말할 수 있는 상태라면 본인과 그 문제를 의논해서 그녀가 바라는 대로 해도 좋다고 말했다. 의사가 말했다.

"그러나 그 문제로 환자의 의사를 묻는 것은 제가 거절하도록 하겠습니다. 그것은 당신 자신이 하셔야 할 일입니다. 만약 당신이 어떤 음식이든 내 생각대로 처방할 수 있는 자유를 내게 주지 않는다면 부인의 생명은 책임질 수 없습니다."

나는 그날로 더반행 기차에 올랐다. 그리고 의사를 만났다. 의사는 다음과 같이 진실을 털어놓았다.

"제가 당신에게 전화를 했을 때는 이미 간디 부인에게 소고기즙을 먹인 뒤였습니다."

"그렇다면 선생님, 그건 사기와 다를 바 없군요."

내가 말했다. 의사가 단호한 목소리로 대답했다.

"환자에게 약과 음식을 처방하는 데 사기든 아니든 그런 건 문제가 되지 않습니다. 실제로 우리 의사들은 환자의 목숨을 구할 수 있다고 생각했을 때는 환자에서부터 가족까지 모두를 속인다 할지라도, 그것은 덕이라고 생각하고 있습니다."

나는 몹시 괴로웠다. 하지만 냉정함을 잃지 않았다. 의사는 선량한 사람이었으며 개인적인 친구였다. 나는 그와 그의 아내에게 여러 가지 일로 감사를 하지 않으면 안 되었다. 하지만 나는 그의 의료도덕을 그대로 받아들일 수는 없다는 생각이 들었다.

"선생님, 다음에는 무슨 일을 하실 생각이죠? 저는 고기를 먹이지 않아서 제 아내가 죽는다 할지라도 고기를 아내에게 먹일 수는 없습니다. 물론 그녀가 바란다면 얘기는 달라지겠지만."

"당신은 당신 철학대로 자유롭게 살아가십시오. 하지만 당신이 부인을 치료해달라고 제게 맡긴 이상, 저는 제가 원하는 것을 그녀에게 줄 권리를 가지고 있어야만 합니다. 그것이 당신 마음에 들지 않는다면, 죄송하지만 그녀를 모셔가도록 하십시오. 여기서 그녀를 죽게 할 수는 없습니다."

"지금 당장 데려가란 말씀입니까?"

"제가 언제 부인을 모셔가라고 했습니까? 저는 단지 자유롭게 치료를 하고 싶을 뿐입니다. 당신에게 그럴 마음만 있다면 저희 부부는 부인을 위해서 할 수 있는 일은 전부 할 생각입니다. 그리고 당신은 부인에 대해서 조금도 걱정하지 않고 집으로 돌아가실 수 있습니다. 만약 이렇게 간단한 일을 이해하지 못하겠다면 부인을 모셔가라고 말할 수밖에 없습니다."

당시 아들 하나가 곁에 있었던 것으로 기억한다. 그는 나와 같은 의견을 가지고 있었다. 그리고 어머니에게 소고기 즙을 주지 않는 것이 좋다고 말했다. 다음으로 나는 카스투르바 자신에게 물어보았다. 그녀는 매우 쇠약해져 있었기 때문에 그에 대해서 의논을 할 수가 없었다. 그러나 나는 괴롭기는 하지만 의논을 하는 것이 의무가 아닐까 생각했다. 나는 그녀에게 의사와 내가 나눈 대화를 들려주었다. 그녀는 단호하게 대답했다.

"저는 소고기 즙을 먹지 않겠습니다. 이 세상에 인간으로 태어났다는 것은 매우 존귀한 일이에요. 그러니까 그렇게 부정한 것으로 내 몸을 더럽히느니 차라리 당신 품에 안겨서 죽겠어요."

나는 그녀에게 설명을 해주었다. 나는 그녀에게 이렇게 말했다.

"나를 따를 의무는 없소."

아무런 거리낌 없이 고기와 술을 약으로 먹고 있는 힌두교도와 친구도 있다고 예를 들어 들려주었다. 하지만 그녀는 조금도 흔들리지 않았다. 그녀가 말했다.

"아니오. 저를 바로 데려가주세요."

나는 기뻤다. 얼마간 마음의 동요를 느끼기는 했지만 나는 그녀를 데리고 돌아가기로 했다. 나는 그녀의 결의를 의사에게 알려주었다. 그는 새빨개진 얼굴로 화를 내며 이렇게 말했다.

"당신은 정말 잔인한 사람이군요! 저런 상태에 있는 부인에게 그런 문제를 꺼내다니. 당신은 그 말을 하지 말았어야 했어요. 지금 부인은 절대 안정할 필요가 있습니다. 부인은 조금도 무리를 해서는 안 됩니다. 도중에 부인이 돌아가신다 해도 저는 조금도 놀라지 않을 겁니다. 하지만 그래도 모시고 가야겠다면, 그렇게 하도록 하십시오. 만약 당신이 부인에게 소고기 즙을 줄 수 없다고 하신다면, 저는 단 하루도 부인을 이 지붕 아래 묵게 할 수가 없습니다."

그래서 나는 바로 거기서 나오기로 했다. 밖에는 가랑비가 내리고 있었고 역까지는 거리가 있었다. 더반에서 피닉스까지 우리는 기차를 타야만 했다. 거기서부터 우리 농원까지는 2.5마일이나 됐다. 내가 매우 위험한 행동을 하고 있다는 것은 의심할 여지도 없는 사실이었다. 그러나 나는 신을 믿었다. 그리고 나의 임무를 수행했다. 나는 사람을 미리 피닉스로 보내어, 그물침대와 따뜻한 우유 한 병, 따뜻한 물 한 병을 가지고 역까지 마중을 나와줬으면 좋겠으며, 카스투르바를 그물침대에 뉘여 옮기는 데 사람이 여섯 명 필요하다는 내용을 적은 편지를 웨스트에게 전달하게 했다. 나는 다음 기차에 맞춰 그녀를 역으로 데려가기 위해서 인력거를 불러다 위험한 상태에 있는 그녀를 거기에 태우고 역으로 향했다.

카스투르바에게 용기를 북돋워줄 필요는 없었다. 오히려 그녀가 나를 위로해주었다.

"저는 아무렇지도 않아요. 걱정하지 마세요."

그녀는 며칠 동안 영양을 섭취하지 못했기 때문에 피골이 상접해 있었다. 역의 승강장은 매우 넓었다. 인력거가 거기까지 들어갈 수는 없었기 때문에 기차가 있는 곳까지 가려면 상당한 거리를 걸어야만 했다. 그래서 나는 그녀를 안아서 기차 안으로 데려갔다. 피닉스에서부터, 우리는 그녀를 그물침대에 실어 데려갔다. 그리고 농원에서 물 요법[175]을 받으면서 그녀는 조금씩 기운을 회복해갔다.

가정에서의 사탸그라하

나는 1908년에 처음으로 투옥되었다[76]. 거기서는 수인이 지켜야 할 규칙 속에 브라마차리아, 즉 자기억제를 실행하려고 하는 사람이 스스로 지켜야 할 것들이 몇몇 있다는 사실을 알게 되었다. 예를 들자면 마지막 식사는 해가 지기 전에 마칠 것을 요구하는 규칙 등이 바로 그것이다. 인도인이든 아프리카인이든, 수감자는 홍차나 커피를 마실 수 없었다. 그들은 원하기만 하면 내주는 음식에 소금을 뿌려 먹을 수도 있었다. 하지만 미각만을 만족시키는 음식은 무엇 하나 먹을 수가 없었다. 내가 감옥의 의사에게 카레 가루를 지급해줄 것과 요리할 때 음식에 소금을 넣어줄 것을 요구하자 의사가 말했다.

"자네들은 맛있는 음식을 먹으러 여기에 온 게 아니야. 보건이라는 입장에서 보자면 카레 가루는 필요하지 않아. 그리고 소금은 요리할 때 넣어도, 요리를 한 다음에 넣어도 별로 다를 게 없어."

간단하지는 않았지만 결국 카레 가루와 소금에 대한 제한은 완화되었다. 하지만 양쪽 모두 유익한 자기억제의 기준이었다. 외부로부터 가해지는 억제가 성공하는 경우는 아주 드물다. 그러나 자발적인 억제인 경우라면 그것들은 틀림없이 유익하다고 할 수 있는 효과를 가지는 법이다. 그래서 감옥에서 석방되자마자 나는 곧 그 두 가지 규제를 스스로에게 부과해보기로 했다. 당시로써는 그것이 내가 할 수 있는 최대한의 일이었는데, 나는 차 마시기를 그만두었으며, 해가 지기 전에 저녁식사를 마치기로 했다. 지금은 이 두 가지 모두 별다른 노력 없이도 지킬 수 있게 되었다.

그런데 어떤 기회가 주어져서 나는 소금을 완전히 포기할 수밖에 없었다. 그리고 그 제한을 10년 동안 어기지 않고 지켜왔다. 어느 날, 채식주의에 관한 몇몇 서적에서 소금은 인간에게 필요한 식품이 아니다, 그와는 반대로 소금기가 없는 음식이야말로 건강에 좋은 것이라는 내용을 읽게 되었다. 나는 무염식이 브라마차리아에 이익을 가져다줄 것이라고 생각했다. 몸이 약한 사람은 콩류를 먹지 말아야 한다는 내용을 읽고 그 의미도 알게 된 적이 있었다. 나는 그런 것들이 매우 마음에 들었다.

한편 카스투르바는 수술 후 한동안은 출혈이 멈췄었지만, 다시 시작되었는데 병은 아주 뿌리 깊은 것처럼 보였다. 물 요법 정도로는 차도를 보이지 않았다. 그녀는 내 요법에 반대를 하지는 않았지만 그다지 믿고 있는 것 같지도 않았다. 그녀가 외부의 도움을 바라고 있지 않았던 것만은 틀림없는 사실이었다.

내 요법이 전부 실패했다는 사실을 알게 된 나는 그녀에게 소금과 콩류를 먹지 말라고 부탁했다. 내 말에 권위를 담아 아무리 그녀에게 부탁을 해도 그녀는 동의를 하지 않았다. 심지어 그녀는 내가 아무리 권한다 할지라도 그 음식들은 먹지 않을 수 없는 것들이 아니냐며 내게 도전해왔다. 나는 괴로웠다. 하지만 그와 동시에 기쁘기도 했다. ―나의 애정을 그녀에게 쏟아 부을 수 있는 좋은 기회를 잡았기 때문에 기뻐했던 것이었다. 내가 그녀에게 말했다.

"당신이 잘못 생각하고 있는 거요. 만약 내가 병에 걸려서 의사가 이러이러한 것을 금하라고 하고, 그 외에도 무엇인가를 금하라고 권한다면 나는 아무런 망설임도 없이 그렇게 할 것이오. 하지만! 의사의 권고가 없었다 할지라도 나는 소금과 콩류를 1년 동안 먹지 않겠소. 당신이 그것들을 금하든 금하지 않든, 그것과는 상관없이."

그녀는 깜짝 놀라는 듯했다. 그리고 깊은 슬픔에 잠긴 채 강한 어조로 말했다.

"용서해주세요. 당신이 어떤 사람인지 알면서도 저도 모르게 그만 당신을 자극하고 말았어요. 먹지 않겠다고 약속하겠어요. 그러니 당신의 약속은 제발 취소하도록 하세요. 그렇게 하지 않으면 제가 너무 괴로울 거예요."

"그 음식들을 먹지 않는 건 당신에게 매우 좋은 일이 될 거요. 그것들을 먹지 않음으로 해서 전보다 훨씬 더 좋아질 것이라고 굳게 믿고 있소. 나는 진지하게 한 그 맹세를 거둬들일 수가 없소. 그리고 내게도 틀림없이 득이 될 테니. 왜냐하면 무엇을 위해서 그것을 결심했든 억제라는 것은 인간에게 유익한 법이거든. 그것은 내게 하나의 실험이자, 결심을 실행하려는 당신에 대한 도덕적 응원이 될 거요."

이렇게 해서 나를 설득하려던 그녀는 그것을 포기하게 되었다.

"당신은 고집이 너무 세요. 누가 뭐래도 당신은 그걸 듣지 않잖아요."라고 그녀는 말했다. 그리고 그저 눈물지을 뿐이었다.

나는 이 일을 사탸그라하의 한 예로 들고 싶다. 그리고 그것은 내 생애 중에서도 가장 즐거운 회상에 속한다. 그 후부터 카스투르바는 눈에 띄게 건강을 회복해가기 시작했다.

나는 소금과 콩을 먹지 않는 식사에 대한 실험을 많은 동료들에게도 권한 적이 있었다. 그리고 남아프리카에서는 좋은 결과를 낳았다. 의학적인 견지에서 보자면, 이 식사의 가치에 대한 견해는 양분되어 있는 듯하다. 하지만 도덕적 견지에서 보자면, 자기억제는 모두 영혼에게 유익한 것이라고 나는 믿어 의심치 않는다. 자기억제를 실천하는 사람의 생활양식 전반이 쾌락주의자의 생활양식과 달라야 하는 것처럼 자기억제를 실천하는 사람의 식사는 쾌락주의자의 식사와는 달라야만 한다.

자기억제를 목표로

이보다 좀 더 나중 단계에 이르러서는 브라마차리아를 실행하기 위해서 더욱 많은 변화들이 도입되었다. 이들 변화의 시초는 우유 마시기를 중단한 일이었다. 그것은 1912년 톨스토이 농장에서의 일이었다. 하지만 우유를 중단한 것만 가지고는 만족할 수 없었다. 그로부터 얼마 지나지 않아서 나는 과일만을 먹는 생활을 하기로 결정했다. 그리고 과일은 가능한 한 싼 것을 먹기로 했다. 우리가 바라는 것은 가장 가난한 사람들의 생활을 하는 것이었다.

과일만을 먹는 생활은 매우 간편하다는 사실을 알게 되었다. 실제로 과일은 굽거나 삶을 필요가 없었다. 우리의 식사는 날 땅콩과 바나나, 대추야자 열매, 레몬, 그리고 올리브유만으로 이루어졌다.

여기서 나는 브라마차리아를 희망하는 사람들에게 경고를 해두어야겠다. 식사와 브라마차리아와의 긴밀한 관계에 대해서 자세하게 얘기하기는 했지만, 분명한 것은 정신이 중심이 되어야 한다는 것이다[77]. 더러운 것을 의식하고 있는 정신은 단식으로도 깨끗이 할 수가 없다. 식사를 바꿔도 거기에는 효과가 없다. 엄격한 자기 점검, 신에 대한 복종, 그리고 마지막으로 은총에 의하지 않고서는 정신으로부터 정욕을 근절할 수는 없다.

그러나 정신과 육체 사이에는 밀접한 관계가 있다. 그리고 육체 속의 정신은 언제나 미식과 사치를 추구한다. 그러한 경향이 나타나는 것을 미연에 방지하기 위해서 음식에 대한 제한과 단식이 필요한 듯하다. 육체 속의 정신은 감각을 지배하지 못하고 오히려 그것의 노예가 되어버린다. 따라서 육체는 늘 청결하고 자극성이 없는 음식과, 주기적인 단식을 필요로 한다. 음식에 대한 제한과 단식을 가볍게 보는 사람은, 그것에 모든 것을 걸고 있는 사람들과 마찬가지로 과오를 범하고 있는 것이다. 내가 경험을 통해 배운 바에 의하면 자기억제에 뜻을 둔 정신을 가지고 있는 사람에게 있어서 음식에 대한 제한과 단식은 매우 도움이 되는 것이다. 실제로 그러한 것들의 도움이 없다면 정신 속에서 정욕을 근절시킨다는 것은 불가능한 일이다.

우유와 곡물 섭취를 그만두고 과일만의 식사를 시작한 바로 그때부터 나는 자기억제의 수단으로 단식을 시작했다.

바이슈나바 파의 가정에서 태어나, 그리고 온갖 어려운 맹세를 지킨 어머니의 아들로 태어나, 나는 인도에 있을 때부터 이미 에카다시[178]나 그 외의 단식을 행하고 있었다. 그러나 내가 그렇게 한 것은 단순히 어머니의 흉내를 내거나, 부모님을 기쁘게 해드리기 위해서였다.

당시 나는 아직, 단식의 효능을 이해하지도 못했으며 믿지도 않았다. 그런데 한 친구가 그것을 실행해 도움을 얻은 것을 보고 나도 브라마차리아의 맹세에 도움이 될 것이라는 기대감을 품고, 그가 보여준 모범을 본받아 에카다시의 날에 단식을 시작한 것이었다.

내가 실험을 시작했을 때, 우연히도 힌두교의 슈라반의 달과 이슬람교의 람잔[179]의 달이 겹쳐 있었다. 간디 가의 일족 중 몇몇은, 슈라반의 달이면 언제나 그 달 내내 프라도샤[180]의 단식을 하는 습관을 가지고 있었다. 나도 그것을 해야겠다고 결심했다. 그리고 그 달 동안 나는 이슬람교도 청년들에게 람잔의 단식을 하라고 권했다. 나는 물론 프라도샤의 단식을 하겠다고 결심했다. 그리고 이번에는 힌두교도, 파르시교도 및 기독교도 청년들에게 나와 함께 단식을 하자고 권했다. 나는 그들에게 무슨 일이든 자기억제를 위해서 다른 사람들과 함께 행동하는 것은 좋은 일이라고 설명했다. 대부분의 농장 동료들이 내 제안에 환영의 뜻을 밝혔다. 이들 실험의 결과 모든 사람들이 단식의 가치를 믿게 되었으며, 또 멋진 단체정신이 그들 사이에 형성되었다.

이렇게 해서 농장 안에서는 자기를 억제하자는 분위기가 자연스럽게 생겨났다. 지금은 농장의 동료 모두가 하나 되어 부분적인, 혹은 전면적인 단식을 시작했다. 그것은 틀림없이 매우 좋은 일이다. 나는 자기억제가 그들 마음에 얼마나 영향을 주었으며, 육체를 정복하려는 그들의 노력에 얼마나 도움이 되었는지는 확실하게 말할 수가 없다. 하지만 내게는 그것들이 육체적으로나 정신적으로나 커다란 도움이 됐다고 믿고 있다.

단식은 그것이 자기억제라는 견해하에서 계획되어야만 비로소 수욕(獸慾)을 제어하는 데 도움이 되는 것이다. 친구들 중 몇몇은 단식이 후에 가져다준 영향으로, 자신의 수욕과 미각이 자극받는 것을 실제로 경험을 했다. 그러니까 단식도 자기억제에 대한 끊임없는 열망이 수반되지 않으면 의미 없는 것이 되어버린다. 그런 면에서 『바가바드 기타』 제2장에 나오는 유명한 한 구절을 여기에 적어두는 것은 의미 있는 일일 것이다.

'감각을 끊은 사람에게, 외면적으로는, 감각의 대상은 사라져버린다. 하지만 내면에는 그것에 대한 동경이 남게 되는 법이다. 그러나 그가 지고함과 대면하는 순간은, 동경조차도 사라져버리는 것이다[81].'

따라서 단식이나 그와 같은 훈련은 자기 억제라는 목적에 도달하기 위한 수단 중 하나다. 하지만 그것이 전부는 아니다. 육체의 단식에 정신의 단식이 수반되지 않는다면 그것은 위선과 불행으로 그쳐버리고 말 것이다.

내가 톨스토이 농장에서 청년들의 교육을 맡기 훨씬 전, 나는 정신의 훈련은 하나의 독립된 것이라고 생각했었다. 정신을 개발하는 것은 인격을 형성하는 것이다. 즉, 사람으로 하여금 신과 만나게 하는 것, 다시 말하자면 자기실현을 위해 노력하게 하는 것이다. 그리고 나는 이것이야말로 청년을 훈련하는 본질적인 목적이며, 정신적 교양이 결여되어 있는 훈련은 전부 무익할 뿐만 아니라 유해할지도 모른다는 의견을 갖게 되었다.

자기실현은 인생의 네 번째 단계, 즉 사니야스[82][자기부정]에서 비로소 가능하다는 미신을 나는 잘 알고 있다. 하지만 이 귀중하기 짝이 없는 경험에 대한 준비를 인생의 마지막 단계까지 미룬 사람이 얻은 것은 결국 자기실현이 아니라 이 세상의 무거운 짐이 되어 생활하는, 불쌍한 제2의 어린 시절이라고도 불리는 노령(老齡)이라는 사실은 상식이 되어버렸다.

그렇다면 어떻게 해야 이 정신적 훈련을 행할 수 있을까? 나는 아이들에게 성가를 암기하고 외우라고 했다. 그리고 도덕적 훈련에 관한 책을 읽어주었다. 그러나 그것으로는 도저히 만족할 수 없었다. 나는 그들과 한층 더 긴밀하게 접촉함으로 해서 정신의 훈련은 책을 통해서 이루어지는 것이 아니라는 사실을 알게 되었다. 마치 육체적 훈련이 육체의 연마를 통해서 이루어지고, 지적 훈련이 지적 연습을 통해서 이루어지는 것처럼 정신의 훈련은 정신의 연마를 통해서만 가능한 것이다. 그리고 정신의 연마는 전적으로 교사의 생활과 성격에 의존하는 것이다. 교사는 제자들과 함께 있든, 함께 있지 않든 그것과는 상관없이 늘 자신의 P라는 아이와 Q라는 아이를 마음속으로 생각하고 있어야만 한다.
  교사가 몇 마일이나 멀리 떨어져 있다 할지라도, 교사는 자신의 생활방식으로 학생들의 정신에 영향을 줄 수 있는 법이다. 만약 내가 거짓말쟁이라면 학생들에게 진실을 말하라고 하는 것은 도리에 어긋나는 일이 될 것이다. 비겁한 교사는 절대로 학생들을 용감하게 만들지 못할 것이다. 그리고 자기억제를 모르는 사람은 학생들에게 자기억제의 가치를 가르쳐줄 수 없다. 따라서 나는, 나와 함께 생활하고 있는 소년·소녀에게 있어서 언제나 변함없는 교과 목표여야만 한다고 생각했다. 이렇게 해서 그들은 나의 교사가 되었다. 그리고 나는 그것을 위해서라도 선량하고 올곧은 생활을 하지 않으면 안 된다는 사실을 알게 되었다. 내가 톨스토이 농장에서 내 자신에게 더욱 강하게 부과한 규율과 억제는 주로 이들, 나를 지켜보는 사람들 덕분이었다고 말할 수 있을 것이다.
  그들 중에 난폭하고, 말을 듣지 않으며, 거짓말을 하고, 걸핏하면 싸움을 하는 아이가 한 명 있었다. 한번은 그가 아주 심하게 난동을 부린 적이 있었다. 나는 화를 냈다. 나는 그때까지 학생들을 야단친 적이 없었다. 하지만 그때 나는 크게 화를 냈다. 나는 그를 대화로 설득하려 했다. 하지만 그는 고집을 피웠으며 나를 속이려 했다. 결국 나는 손에 들고 있던 자를 휘둘러 그의 팔을 때렸다. 그를 때린 순간 나는 몸을 부들부들 떨었다. 그도 그것을 느꼈을 것이라고 나는 생각한다. 그들 모두에게 있어서 그것은 매우 보기 드문 경험이었다. 그 소년은 커다란 소리로 울면서 용서를 빌었다. 그는 맞은 게 아파서 울음을 터뜨린 것이 아니었다. 그는 건장한 체격을 가진 열일곱 살 소년이었기 때문에 그럴 마음만 있었다면 나에게 같은 행동을 할 수도 있었을 것이다.

그는 이런 폭력이라는 수단으로까지 나를 몰아갔다는 사실에, 내가 괴로워하고 있다는 것을 깨달았다. 이 사건 이후로 그가 내게 복종하지 않는 일은 일어나지 않았다. 하지만 나는 지금도 당시 폭력을 썼던 것을 후회하고 있다. 나는, 그날 내가 보인 것은 내 속의 정신이 아니라 내 속의 동물적 성질이 아니었을까 늘 마음에 걸린다. 나는 늘 체벌에 반대해왔다.

이 사건은 학생들을 바로잡는 보다 좋은 방법에 대해서 생각하게 했으며, 내게 많은 것을 가르쳐주었다. 그와 같은 경우에 그런 방법이 적당한 것이었는지 나는 잘 모르겠다. 소년은 곧 그 사건을 잊어버렸다. 그리고 나는 그가 크게 뉘우쳤다고는 생각지 않는다. 하지만 그 사건은 내게 학생에 대한 교사의 의무를 잘 이해할 수 있게 해주었다.

이처럼 내 밑에 있는 소년·소녀들에게 정신적 훈련을 베풀려고 노력하는 동안 나는 정신의 힘을 더욱 잘 이해할 수 있게 되었다.

법정에 대한 회상

나는 학생 시절, 법률가라는 직업은 거짓말쟁이가 벌어먹기 위한 수단이라는 말을 들은 적이 있었다. 그러나 나는 거짓말을 하면서까지 지위나 부를 얻고 싶은 생각은 없었기 때문에 그런 것에는 영향을 받지 않았다.

새로운 소송 의뢰인이 찾아오면 나는 가장 먼저, 허위로 사건을 만들어내지 않으며, 증인에게 대책을 강구해주지 않는다고 경고를 해둔다. 그것이 좋은 평판을 얻어 내게 부정한 소송은 의뢰하지 않게 되었다.

내가 요하네스버그의 한 치안판사와 함께 사건을 취급할 때의 일이었는데, 우연찮게 내 소송 의뢰인이 나를 속였다는 사실을 알게 되었다. 나는 증인대에 선 그가 완전히 의기소침해 있는 것을 보았다. 그래서 나는 한마디의 변호도 하지 않고 재판장에게 소송을 각하해달라고 부탁했다. 상대방 변호사는 깜짝 놀랐지만 재판장은 내 청을 들어주었다. 나는, 내게 허위 사건을 가져왔다며 의뢰인을 책망했다. 그는 내가 지금까지 한 번도 허위 사건을 맡은 적이 없다는 사실을 알게 되었다. 그리고 내가 그에게 잘 설명을 해주자 그도 과실을 인정했다. 그리고 내가 받은 인상에 의하면,

내가 그에게 불리한 판결을 내리도록 재판장에게 요구한 것에 대해서 그는 화를 내지 않은 것 같았다.

어쨌든 사건을 대하는 나의 이와 같은 태도는 내 직업에 나쁜 영향을 주지는 않았다. 실제로는 내 일을 하기 쉬운 것으로 만들어주었다. 그리고 진실에 대한 성실함으로 동료 변호사들 사이에서 내 평판이 높아졌다는 사실을 알게 되었다. 또한 인종의 불리함이 있었음에도 불구하고 나는 몇몇 사건에서 그들의 호의를 얻을 수 있었다. 직업상의 일을 할 때 나는 자신의 무지를 의뢰인이나 동료들에게 숨기지 않는 것 역시 습관이었다. 나는 아무래도 좋은 생각이 떠오르지 않으면 언제나 의뢰인에게 다른 변호사를 찾아가 의논해보라고 권했다. 그래도 그가 내게 의뢰를 하고 싶다고 말하면 나는 그에게 선배 변호사의 원조를 받고 싶은데 괜찮겠느냐고 물었다. 이 솔직함으로 나는 의뢰인들로부터 한없는 호의와 신뢰를 얻을 수 있었다.

파르시 인인 루스톰지는 나의 소송 의뢰인, 동지 그리고 친구였는데 한 번은 아주 궁한 처지에 몰리게 된 적이 있었다. 그는 자신에 관한 일은 거의 대부분 내게 이야기를 했지만 어떤 한 가지 일만은 고의로 숨기고 말을 하지 않았다. 그는 봄베이와 캘커타에서 상품을 수입해다 판매하는 수입업자였다. 그리고 그가 밀수입을 한 것은 한두 번이 아니었다. 하지만 그는 세관의 관계자와 친밀한 사이였기 때문에 그에게 의심을 품은 자는 한 사람도 없었다. 관세를 매길 때 그들은 늘 적하 명세서를 그대로 믿었다. 몇몇은 밀수를 묵인하기까지 했다.

하지만 구자라트 지방의 시인의 말을 빌자면, 도둑질은 수은과 같은 것으로 덮어둘 수가 없다. 그리고 파르시 인인 루스톰지의 경우도 예외는 아니었다. 그 선량한 친구가 내게로 달려와 뺨에 눈물을 흘리며 말했다.

"바이[183], 나는 너를 속이고 있었어. 내 범죄가 오늘 들통 나고 말았어. 밀수입을 하고 있었거든. 이제 나도 끝장이야. 나는 감옥에 가게 될 거고, 파멸이야. 기댈 곳이라고는 너밖에 없어. 제발 이 곤경에서 나를 좀 구해주게."

나는 그를 진정시킨 뒤 이렇게 말했다.

"자네를 구하고 안 구하고는 신의 손이 하는 일이야. 자네도 내가 어떤 식으로 일을 처리하는지 알고 있지? 내가 해줄 수 있는 것은 자백하라는 말뿐이야."

그 선량한 파르시 인은 심한 모욕을 당했다고 생각했다.

"하지만 네게 털어놓았으니 그것으로 충분하지 않은가?"

내가 차분한 목소리로 대답했다.

"자네는 내게가 아니라 정부에게 죄를 범했어. 내게 고백했다고 한들 무슨 소용이 있겠는가?"

내 생각을 자세히 설명하며 그에게 말했다.

"나는 이번 사건이 반드시 법정으로 갈 것이라고는 생각지 않아. 자네를 기소하는 것도, 무죄 방면하는 것도 전부 세관 관리에게 달려 있고 그는 또 검사총장의 지휘를 받아야만 해. 내가 그 두 사람을 만나보도록 하지. 자네에게, 그들의 말대로 벌금을 내겠다고 스스로 청하기를 권하네. 그래서 그들이 거기에 동의한다면 다행이고 만약 동의하지 않는다면 자네는 감옥에 갈 각오를 해야만 하네. 감옥에 간다는 건 치욕이 아니야. 치욕스러운 일은 범죄를 저질렀다는 사실이라는 것이 나의 견해일세. 자네는 투옥을 참회라고 생각해야 해. 참된 참회는 두 번 다시 밀수를 하지 않겠다고 결심하는 데 있네."

나는 루스톰지가 내 말을 전부 이해했다고는 생각지 않는다. 그는 용기 있는 사람이었다. 하지만 그는 한때 의기소침했다. 그의 명성과 평판은 위기에 노출되어 있었다. 그리고 그렇게도 신중하게, 그렇게도 노력을 들여서 쌓아올린 건물이 산산이 파괴된다면 그는 어떻게 될까? 나는 이번 사건에, 내가 가진 모든 설득력을 동원했다. 나는 세관의 관리를 만나 대담하게도 모든 사실을 밝혔다. 그리고 나는 장부 전부를 건네주겠다고 약속한 뒤, 루스톰지가 얼마나 후회하고 있는지를 그에게 이야기했다. 내가 말했다.

"만약 당신이 그를 법정으로 끌어내지 않는다면, 정말 고맙겠습니다."

그와 이 같은 약속을 한 뒤, 나는 검사총장과의 서면 교섭에 들어갔다. 그를 직접 찾아가기도 했다. 그가 나의 솔직함을 높이 평가해서 '무엇 하나 숨기지 않는다.'고 믿어준 것은 참으로 기쁜 일이었다.

루스톰지 사건은 시담(示談)으로 마무리 지어졌다. 그는 벌금으로 그가 자백한 밀수액의 두 배에 해당하는 금액을 내게 되었다. 루스톰지는 사건의 모든 경위를 종이에 적어 그것을 액자에 넣은 뒤, 자신의 후계자 및 동료 상인들을 위해 영원히 보존하겠다며 그것을 자기 사무실 벽에 걸어놓았다.

제6부

사탸그라하의 기원[184]

줄루 족의 '반란'에 관련된 군무에서 물러난 나는 피닉스에서 친구들과 만나 요하네스버그로 갔다. 거기서 나는 1906년 8월 22일자, 트란스발 정부 공보에 발표된 법령안을 읽고 몸서리를 쳤다. 그것은 남아프리카의 인도인은 틀림없이 파멸할 것이라는 의미를 담고 있었다. 그 법령안에 의하면, 8세 이상의 인도인은 남녀노소를 불문하고 트란스발에 거주하려면 모두 이름을 아시아인 등록계에 등록하고 그 등록 증명서를 발급받아야만 한다는 것이었다. 등록출원자는 등록 관계자에게 낡은 허가증을 보여주고, 지원서에 이름, 주소, 카스트, 나이 등을 적어야만 했다. 등록계는 출원자 본인임을 증명할 수 있는 중요한 특징을 기록하고 지문을 찍게 하기로 되어 있었다. 일정 기간 안에 등록을 출원하지 않은 인도인은 모두 트란스발에서의 거주권을 포기해야만 했다. 출원을 기간 안에 하지 못하는 것은 법률 위반으로, 법률 위반자에게는 벌금형을 부과하거나, 투옥되거나, 치안판사의 재량에 따라서는 쫓겨날 수도 있었다. 도로를 걷던 사람이라도 증명서를 제시하라는 요구를 받는 적이 있었다. 경찰관은 증명서를 검사하기 위해서 개인 주택에 들어갈 수도 있었다. 나는 세계 어느 나라에서도 이와 같은 성질의 법률이 자유로운 사람에 대해서 행해지고 있다는 얘기를 들은 적이 없다.

이튿날, 주요 인도인들의 조그만 집회가 개최되었다. 나는 그들에게 법령을 조목조목 설명했다. 그것을 들은 그들은 나와 마찬가지로 놀랐다. 출석자들 모두가 사태의 심각성을 깨달았다. 그리고 공중대회를 열기로 결의했다.

그 집회는 예정대로 1906년 9월 11일에 열렸다. 집회에서는 여러 가지 결의가 채택되었다. 그중에서도 가장 중요한 것은 유명한 결의 제4호였다. 이 결의에서, 우리의 반대에도 불구하고 이 법령이 입법화되면 인도인은 그에 따르지 말 것, 이 불복종 때문에 부과되는 모든 징벌을 감수할 것을 엄숙하게 결의했다.

누구도 우리의 운동을 뭐라 이름해야 좋을지 알지 못했다. 나는 그것을 설명하기 위해서 '수동적 저항[185]'이라는 말을 사용했다. 그러나 그 명칭을 사용하면서도 나는 '수동적 저항'의 의미를 충분히 이해하고 있지는 못했다. 단지 어떤 새로운 원리가 탄생하고 있음을 깨달을 수 있을 뿐이었다. 운동이 전개됨에 따라서 '수동적 저항'이라는 말은 곧 혼란을 일으키게 되었다.

그리고 이 위대한 투쟁이 영어로 된 이름으로 불리는 것을 그냥 지켜만 보고 있기에는 안타깝다는 생각이 들기 시작했다. 그리고 이와 같은 외국 말을 사용하면 인도인 사회 속에서는, 누구나 쉽게 이해할 수 있는 것으로 통용되지 못할 것이었다. 우리의 투쟁에 적합한 명칭을 공개적으로 모집하게 되었다. 수많은 사람들이 응모를 해왔다. 당시 그와 병행해서 『인디안 오피니언』 지상에서 이번 투쟁의 의의를 둘러싼 활발한 논의가 전개되었다. 그것은 응모자가 생각의 지침으로 삼기에 좋은 것이었다.

실리 마간랄 간디도 응모자 중 한 명이었다. 그는 '선한 방침을 견지한다.'는 의미를 가진 '사다그라하'라는 말을 제안했다. 나는 그 말이 마음에 들었다. 하지만 그것은 내가 함축하고 싶었던 생각을 전부 나타내는 말이 아니었다. 그래서 나는 그것을 '사탸그라하'라고 고쳤다. 진실[사탸]은 사랑을 포함한다. 그리고 견지[아그라하]는 힘을 낳는다. 따라서 힘과 동의어로써 도움이 된다. 이렇게 해서 나는 인도인 운동을 '사탸그라하', 즉 진실과 사랑, 혹은 비폭력에서 태어나는 힘이라 부르기 시작했다. 그리고 그와 동시에 '수동적 저항'이라는 말의 사용을 중단했다.

투옥

아시아 인 등록법은 1907년 3월 21일, 트란스발 의회의 제1회 회의[186]에 회부되어 모든 심의 단계를 단번에 통과해버렸다. 법령은 발포되었으며, 1907년 7월 1일부터 효력을 발동하게 되었다. 인도인은 7월 31일까지 법률이 정한 바대로 등록을 신청하지 않으면 안 되었다.

1907년 7월 1일이 왔다. 허가증 발급소가 개설되었다. 인도인 거주민은 각 발급소에 피켓을 내걸기로 결의했다. 그리고 거기로 가는 길목에 자원 운동원을 배치했고, 그 운동원은 심약해진 인도인이 그들을 노리고 설치된 덫에 걸리지 않도록 경고를 하기로 했다.

아시아인국은 온갖 노력을 다 기울였음에도 불구하고 등록한 인도인이 500명도 되지 않는다는 사실을 알게 되었다. 그래서 그들은 몇몇을 체포하기로 결정했다. 저미스턴에는 수많은 인도인들이 살고 있었다. 그중에 판디트[187] 라마 슨달라라는 사람이 있었다. 그는 여러 지역에서 힘에 넘치는 연설을 수없이 해왔다. 저미스턴에 살고 있는, 몇몇 악의를 품고 있던 인도인이 만약 라마 슨달라를 체포하면 많은 인도인들이 허가증 발급을 신청할 것이라고 아시아인국에 말했다. 그리고 담당 관리들도 그들의 신고를 무시할 수가 없었다. 그렇게 해서 라마 순달라는 체포되었다. 그것이 첫 번째 체포였기 때문에 그것을 둘러싸고 정부 당국과 인도인 모두 큰 소란에 휩싸였다. 그가 판결을 언도받은 날, 그는 박수갈채와 함께 축복의 말을 받았다. 거기서 침체된 분위기는 조금도 찾아볼 수 없었다. 반대로 광희(狂喜)와 환호가 있었다. 수백 명의 사람들이 투옥을 각오했다. 많은 사람들이 등록을 신청할 것이라고 기대를 걸고 있던 아시아인국 관리는 실망하지 않을 수 없었다. 그들은 저미스턴에서조차 한 명의 등록자도 얻질 못했다. 인도인 거주민의 일방적인 승리였다.

하지만 라마 순달라가 골칫덩어리라는 사실을 알게 되었다. 그는 평소 방종하게 생활했으며 악습에 젖어 있었기 때문에 그에게 옥중 생활의 고독과 금욕은 무거운 짐이었다. 형무소 당국과 인도인 거주민 모두가 그에게 크게 주목하고 있었지만 그에게 있어서 형무소는 따분하기 짝이 없는 곳인 듯했다. 그리고 그는 트란스발과 운동에 영원히 작별을 고했다. 내가 이처럼 라마 순달라의 이야기를 자세히 한 것은 그의 죄를 폭로하기 위해서가 아니라 도덕을 지적하기 위해서였다. 모든 순결한 운동의 지도자는 운동에 참가한 사람들이 전부 순결한 전사라고 생각을 하지 않으면 안 된다.

아시아인국 관리는 특정한 지도자를 체포하지 않는 한, 운동의 기세를 꺾을 수 없다고 생각하게 되었다. 그래서 지도자 격인 몇몇 사람에게, 1907년의 크리스마스가 낀 주에 치안판사에게로 출두하라는 통고를 보냈다. 통고를 받은 사람은 지정된 날, 즉 1907년 12월 28일 토요일에 출정하여, 법률에 의해 요청된 등록 출원을 게을리 했다는 명목으로 일정 기간 동안 트란스발을 떠나라는 명령을 받았다. 하지만 우리는 그것에 따를 수 없는 이유를 진술했다.

치안판사는 각 사람을 따로 떼어내 다뤘다. 그리고 어떤 피고에 대해서는 48시간, 다른 피고에게는 7일 동안, 또 다른 피고에게는 14일 동안이라는 식으로 전원에게 트란스발을 떠나 있도록 명령했다. 그 명령의 효력은 1908년 1월 10일에 힘을 잃었다. 그리고 그날 우리는 치안 판사에게 불려가 형을 선고받았다. 우리 중 변명을 한 사람은 단 한 사람도 없었다. 명령을 한 기간 동안 트란스발을 떠나 있으라는 말에 복종하지 않았다는 이유로 전원에게 유죄를 선고했다.

나는 잠깐 생각을 말할 시간을 달라고 요구했다. 그것을 허락받자 내 경우와 내 지도를 받고 있는 사람들의 경우는 당연히 구별을 해야 한다고 말했다. 나는 마침 프리토리아에서, 그곳에 있는 동지 한 명이 3개월의 징역에 처해졌으며 거기에 벌금이 부과됐고 그것을 내지 못하면 그 대신 3개월 더 징역이 부과된다는 소문을 들은 직후였다. 그 사람들이 범죄를 저지른 것이라면 나는 더욱 커다란 범죄를 저지른 것이다. 따라서 나는 치안판사에게 가장 무거운 형벌을 내리라고 요구했다. 그러나 치안판사는 내 요구를 받아들이지 않았다. 그리고 내게 2개월 동안의 단순한 금고형을 선고했다.

나는 예전에 변호사로서 종종 모습을 드러냈던 그 법정에 이번에는 피고가 되어 서 있다는 사실에 조금 당혹감을 느꼈다. 하지만 나는 그때의 역할을 예전보다 훨씬 더 명예로운 것이라고 생각했다는 사실을 아직도 잘 기억하고 있다.

　법정에는 수백 명의 사람들이 같은 죄로 내 앞에 늘어서 있었다. 형의 선고가 끝나자 나는 유치장으로 이송되어 완벽하게 혼자가 되었다. 나는 얼마간 흥분을 느끼면서 명상에 잠겼다. 가정, 법정에서 활동했던 일, 공중 집회 등 여러 가지 일들이 꿈처럼 차례차례 떠올랐다.

　형을 받은 2개월은 어떤 식으로 지나갈까? 나는 만기가 될 때까지 복역하지 않으면 안 되는 걸까? 만약 사람들이 약속한 대로 무리를 지어서 스스로 투옥을 요구한다면 선고받은 대로 복역하는 것은 그리 어려운 일도 아니지만……, 만약 그들이 형무소를 가득 메우지 못한다면……, 그 2개월은 마치 한 시대를 살아가는 것처럼 따분한 것이 될 것이다.

　이와 같은 생각이, 지금 여기에 적는 데 걸린 시간의 100분의 1 정도의 사이에 내 마음을 스치고 지나갔다. 하지만 나의 생각은 경관이 문을 열어 동행할 것을 재촉하는 목소리 때문에 끊기고 말았다. 이렇게 해서 나는 요하네스버그의 형무소에 수감되었다.

　이삼 일 전부터 샤타그라하 운동자로 체포된 사람들이 무리를 지어 입소하기 시작했다. 그들은 모두 스스로 체포되어 들어온 사람들로, 대부분은 행상인들이었다. 우리가 체포된 뒤로 인도인 거주민들은 형무소를 가득 채우기로 결정한 것이었다. 그 선두에 선 것이 행상인들이었다. 그들에게 있어서 체포당하는 것은 간단한 일이었다. 그들은 그저 허가증 제시를 거부하기만 하면 되는 것이었다. 그러면 그들은 틀림없이 체포되는 것이었다. 이런 방법을 취해 샤타그라하 운동자로 체포된 사람들의 숫자가 늘어 일주일에 백 명이 넘게 되었다. 그리고 하루에 적어도 두어 명은 틀림없이 입소했기 때문에 나는 신문 없이도 나날의 정보를 한꺼번에 얻을 수 있었다. 사탸그라하 운동자가 다수 체포되기 시작하자 그들은 징역형을 언도받게 되었다.

요하네스버그 형무소에서는 징역을 부과 받지 않은 수감자에게는 아침으로 옥수수죽을 주었다. 거기에는 소금이 전혀 들어가지 않았다. 하지만 수감자 각자에게 약간씩의 소금이 따로 지급되었다. 점심에는 수감자에게 4온스[185]의 쌀, 4온스의 빵, 1온스 정도의 소금이 각각 지급되었다. 그리고 저녁에는 옥수수죽과 약간의 야채, 주로 감자였는데 작은 것은 두 개, 큰 것은 한 개가 지급되었다. 그 식사에 만족한 사람은 아무도 없었다. 쌀은 너무 질퍽하게 요리를 했다. 우리는 형무소의 의사에게 얼마간의 양념을 요구했다. 그리고 인도의 형무소에서는 양념도 허용이 됐었다고 말했다.

"여기는 인도가 아니야." 라는 엄격한 대답이 돌아왔다.

"형무소의 밥을 놓고 맛이 있다, 없다는 따질 문제가 아니야. 따라서 양념은 허용할 수가 없어."

우리는 규정된 음식만으로는 체력을 유지할 수 없다는 이유를 들어 콩류를 배급할 것을 요구했다.

"수감자 따위가 의학에 대해 이러쿵저러쿵 따질 자격이나 있어?"라고 의사는 대답했다.

"너희에게는 체력을 유지할 만한 음식을 먹이고 있어. 일주일에 두 번, 옥수수 대신 삶은 콩을 지급하고 있지 않나."

의사의 말은, 인간의 위장이 일주일이나 이주일 동안에 나온 여러 가지 음식에서 각종 영양소를 자유롭게 흡수할 수만 있다면 된다는 것이었다.

우리는 벌써 이주일 동안이나 옥중에서 생활을 하고 있었다. 그때 새로 들어온 사람이, 정부와 교섭을 벌이고 있다는 뉴스[189]를 가지고 들어왔다. 제안 받은 해결안의 요점은, 인도인은 자발적으로 등록할 것, 그리고 만약 대다수의 인도인들이 자발적으로 등록을 마치면 정부는 암흑법을 철회할 것 등이었다. 아시아 인 등록법은 '암흑법'이라고까지 불리고 있었던 것이었다.

나는 스마츠 장군[190]과의 회견을 위해서 프리토리아로 옮겨졌다. 그리고 내게 예전부터 제안해두었던 수정에 대해서 그와 협의한 뒤 해결안을 수락했다. 수감자들은 석방되었다. 그리고 나는 각지로 돌아다니면서 해결 조건을 동포들에게 설명했다.

습격

내가 지문 날인에 동의한 것 때문에 일단의 파탄 족[19] 사람들이 격분했다. 1908년 2월 10일 오전, 몇몇 사람들이 등록증명서를 발급받기 위해 나서려 했다. 등록을 가능한 한 빨리 처리할 필요가 있다는 사실을 인도인 거주민 모두 잘 알고 있었으며, 소극적인 자세를 없애고 싶다는 생각을 가지고 있었고, 관계 담당자가 그 사무를 정중하게 하는지를 보기 위해서, 그리고 더욱 일반적으로 말해서 모든 준비 상황을 봐두기 위해서 등록 첫날에 지도자가 앞장서서 등록증명서를 발급받기로 결정이 내려졌었다. 내가 사탸그라하 협회 사무실을 겸하고 있는 내 사무실에 도착했을 때, 문 밖에 파탄 족 사람인 미르 알람과 그 동료들이 서 있는 게 보였다. 미르 알람은 예전에 내게 소송을 의뢰한 적이 있는 사람이었다. 그리고 그는 모든 일에 있어서 늘 나의 의견을 들어왔다. 그는 신장이 6피트는 족히 되었으며, 크고 다부진 체격을 가지고 있었다. 미르 알람이 내 사무실 안이 아닌 밖에 있는 모습을 그날 처음으로 보았다. 그리고 그의 시선과 내 시선이 마주쳤는데도 그는 내게 인사하기를 처음으로 거부했다. 내가 그에게 인사를 하자 그가 인사를 받았다. 나는 평소와 다름없이 그에게 물었다.

"잘 지냈는가?"

내 느낌에는 그가 그저 그렇다는 식으로 대답한 듯했다. 하지만 그날 그는, 평소와 달리 얼굴에 미소를 짓고 있지 않았다. 나는 그의 눈이 분노로 불타오르고 있다는 사실을 깨닫고 그 사실이 마음에 걸렸다. 나는 무슨 일이 있는 것이라고 생각하며 사무실 안으로 들어갔다. 거주민단의 단장인 유스프 미안 씨와 다른 친구들도 와 있었다. 그래서 우리는 아시아인국을 향해서 출발했다. 미르 알람과 그의 친구들이 우리의 뒤를 따라왔다.

우리가 폰 블란디스 가를 지나, 등록소까지 걸어서 3분도 걸리지 않을 지점인 아노트 씨와 깁슨 씨의 저택 바깥쪽에 다다랐을 때 미르 알람이 나를 잡아 세우고 물었다.

"어디에 가시는 거죠?"

"나는 열 손가락의 지문을 찍고 등록증명서를 받으러 가는 길일세."라고 내가 대답했다.

"자네도 나와 함께 간다면 두 엄지손가락의 지문을 찍는 것만으로 자네의 증명서를 가장 먼저 받을 수 있도록 해주겠네."

내가 이 말을 채 끝내기도 전에 묵직한 몽둥이가 뒤에서부터 내 머리에 일격을 가했다. 나는 '헤 라마[92]'라고 중얼거린 뒤 기억을 잃고 땅바닥에 쓰러져버렸다. 그리고 그 후부터는 어떻게 되었는지 모른다. 하지만 미르 알람의 친구들은 내게 더욱 폭력을 가했다. 유스프 미안과 쿰비 나이드가 그들을 막으려 했다. 그래서 이번에는 그들까지도 공격 목표가 되어버렸다. 이 소동을 보고 지나가던 유럽인 몇몇이 현장으로 달려왔다. 미안 알람과 그의 친구들은 도망치기 시작했지만 유럽인들에게 잡혀버리고 말았다. 그러는 동안 경찰이 와서 그들을 유치장에 넣었다. 나는 부축을 받아 J. C. 깁슨의 사무실로 옮겨졌다. 내가 의식을 회복했을 때, 도크[193] 씨가 나를 내려다보고 있었다.

"몸은 좀 어떻습니까?"

그가 물었다.

"괜찮아."라고 내가 대답했다.

"그런데 이와 옆구리가 아파. 미르 알람은 어디에 있지?"

"그는 다른 사람들과 함께 체포되었습니다."

"풀어줘야 해."

"물론 그래야죠. 하지만 당신은 다른 사람 집에서 신세를 지고 있고 입술과 뺨이 심하게 터졌어요. 경찰이 당신을 병원까지 데려다주기로 되어 있습니다. 그렇지만 당신이 우리 집으로 가신다면 아내와 함께 가능한 한 편히 모시도록 하겠습니다."

"그럼 자네 집으로 데려다주게. 경찰에게는 호의를 베풀어줘서 감사하다고 전해주고 나는 자네 집으로 가기로 했다고 전해주게."

아시아인국 등록계인 채므니 씨도 습격 현장에 도착했다. 나는 사륜마차를 타고 스미스 가에 있는 그 선량한 목사의 집으로 옮겼다. 그리고 의사가 불려왔다. 그러는 동안 내가 채므니 씨에게 말했다.

"저는 등록소로 가서 열 손가락의 지문을 찍고 등록증명서를 발급받을 생각이었습니다. 하지만 신은 그것을 원하지 않으셨습니다. 그래도 저는 당신에게 부탁하겠습니다. 바로 용지를 가져와서 제게 등록을 할 수 있게 해주십시오. 그 누구도 저보다 먼저 등록

하지 못하도록 하십시오."

"왜 그렇게 서두르십니까?"라고 채므니 씨가 물었다.

"의사가 곧 이리로 올 겁니다. 그냥 편안하게 계세요. 모든 일이 다 잘 될 겁니다. 저는 다른 사람에게도 증명서를 발행하겠지만 당신의 이름을 가장 위에 올려놓도록 하겠습니다."

내가 대답했다.

"그런 게 아닙니다. 내게 살아 있는 한, 그리고 신께서 허락하시기만 한다면 가장 먼저 증명서를 발급받겠다고 저는 맹세했습니다. 용지를 가져와 주셨으면 하는 것은 바로 그렇기 때문입니다."

이 말을 듣고 채므니 씨는 용지를 가지러 밖으로 나갔다.

다음으로 내가 해야 할 일은 검사총장에게 전보를 치는 일이었다. 나는 내게 가해진 폭행 때문에 미르 알람과 그의 친구들을 유죄라고 인정하지 않는다는 사실, 어쨌든 그들이 기소 당하는 것을 바라지 않는다는 사실, 그리고 나를 봐서 그들을 석방해주기를 바란다는 사실을 알렸다. 그러나 요하네스버그의 유럽 인들은 검사총장에게 편지를 보내 강경한 의견을 밝혔다. 간디가 범인의 처벌에 대해서 어떤 의견을 가지고 있든 남아프리카에서 그런 것은 아무런 효력도 가지고 있지 않다는 사실, 간디 자신은 어떤 조치도 바라지 않을지도 모르겠지만 습격은 사유지에서가 아니라 공공도로에서 일어난 것이므로 공공에 대한 범죄라는 사실, 게다가 몇몇 유럽 인이 증거를 제출할 수 있으며 범인은 기소되어야만 한다는 사실 등이었다. 그에 따라서 미르 알람과 그의 친구 중 한 명이 다시 체포되어 3개월 징역형에 처해졌다. 단, 나만은 증인으로 소환되지 않았다.

나는 인도인 거주민에게 다음과 같은 짧은 편지를 썼다. 그리고 단장에게 보내 그를 통해서 공표를 해달라고 했다.

'도크 씨 부부가 형님과도 같은, 그리고 누님과도 같은 손길로 지켜주고 계시기에 저는 건강합니다. 저는 곧 임무를 수행할 수 있을 것입니다.

그 행위를 한 사람들은 자신이 어떤 행동을 하는 것인지 모르고 한 것입니다. 그들은 제가 뭔가 잘못된 행동을 하고 있는 것이라고 생각한 것입니다. 그들은 자신들이 알고 있는 유일한 방법으로 저를 바로잡으려 했던 것입니다. 따라서 저는 그들에게 그 어떤 조치도 취하지 말라고 요구했습니다.

한 사람의 이슬람교도, 혹은 몇몇 이슬람교도들의 손에 의해 습격이 행해졌다는 소식을 듣고 힌두교도들은 틀림없이 불쾌함을 느꼈을 것입니다. 만약 그렇다면 그들은 세계 및 자신들을 만드신 조물주에 대해서 스스로 과오를 범하는 것입니다. 이제 뜨거운 피의 흐름으로 두 단체를 갈라놓기 어려운 것으로 접합시킵시다. 이것이 제 마음의 기도입니다. 신이여, 용서하소서.'

채므니 씨가 용지를 들고 왔다. 그리고 나는 지문을 찍었다. 하지만 나의 마음을 아프게 하는 것이 없는 것은 아니었다. 그 순간, 나는 채므니 씨의 눈에 눈물이 어리는 것을 보았다. 나는 종종 그를 격렬하게 공격하는 내용을 써왔다. 하지만 그 사실은, 인간의 마음이라는 것은 사건에 따라서 얼마든지 온화해질 수 있다는 사실을 내게 가르쳐주었다.

독자는 이런 일들이 이루어지는 데 2, 3분도 걸리지 않았다는 사실을 쉽게 상상할 수 있을 것이다. 도크 씨 부부와 그의 선량한 부인은 나의 흥분을 완전히 가라앉혀 안정을 되찾게 해주려고 최선의 노력을 다 기울였다. 따라서 습격 후 내가 여기저기 신경을 쓰는 것을 보고 마음 아파했다. 그들은 그것이 내 몸에 좋지 않은 영향을 주는 것이 아닐까 걱정을 했다. 그래서 그들은, 손짓이나 그에 준하는 행동으로 모두를 내가 누워 있는 곳에서 떠나도록 했고 그런 후, 내게도 글을 쓰거나 무엇인가를 하지 말라고 요구해 왔다. 나는 누워서 조용히 쉬기 위해, 귀여운 소녀였던 그들의 딸 올리브가 내가 좋아하는 영어 찬송가인 '은혜로운 빛이여'를 불러줬으면 좋겠다고 종이에 써서 부탁했다. 도크 씨도 그 노래를 무척 좋아했다. 그래서 내 청에 미소를 지으며 고개를 끄덕였다. 그는 손짓으로 올리브를 불렀다. 그리고 그녀에게 문 옆에 서서 조그만 목소리로 노래를 부르라고 말했다. 이 모든 사실들을 받아 적게 하는 지금 이 순간에도 그때의 모든 광경들이 생생하게 떠오른다. 그리고 조그만 올리브의 새소리와도 같은 노랫소리가 귀가에 울려 퍼진다.

사탸그라하의 재개

인도인은 자발적으로 등록을 마쳤다. 따라서 이번에는 정부에서 암흑법을 철회할 차례였다. 그러나 스마츠 장군은 암흑법을 철회하는 대신 다른 새로운 수단을 강구했다. 그는 암흑법을 법령전서에 그대로 둔 채로 입법의회에 하나의 조치 법안을 제출했다. 그것은 암흑법의 조항에 의거해 정부가 정한 기일까지 실행된 자발적 등록과 그에 따라 발행된 증명서를 유효한 것으로 인정하고 자발적 등록증명서를 소지한 사람을 그것의 적용에서 제외시킴과 동시에 '아시아 인의 등록을 위한 새로운 규정을 만든다.'는 내용이었다. 이 법안을 읽은 나는 깜짝 놀랐다.

사탸그라하 운동자로부터 정부에게로 최후의 통첩이 보내졌다. 거기에는 다음과 같은 내용이 담겨 있었다.

'만약 아시아인법이 해결 조항에 따라서 철회되지 않는다면, 그리고 만약 그런 취지를 담은 정부의 결정이, 특히 여기에 지정된 기일까지 인도인에게 통지되지 않는다면 증명서는 인도인들의 손에 의해 모아져 소각될 것이다. 그리고 그들은 엄숙하게, 하지만 결연하게 그에 의해 발생하는 결과에 따를 것이다.'

이 최후의 통첩은 새로운 아시아인법이 입법의회를 통과하기로 되어 있는 날을 기한만료로 삼을 예정이었다. 기한만료 후 약 2시간 정도 지났을 무렵, 증명서 소각을 위한 공개식전을 촉구하기 위해 집회가 소집되었다. 사탸그라하 위원회는 만일 바람직한 대답을 정부로부터 듣게 되는 전혀 예기치 못한 일이 벌어진다 할지라도 집회가 아무런 수확도 없이 끝나지는 않을 것이라고 생각했다. 왜냐하면 그럴 경우에는 집회를 인도인 거주민에 대한 정부의 바람직한 대답을 공표하는 자리로 사용하면 되기 때문이었다.

드디어 집회가 본격적으로 시작되려는 순간, 한 자원 운동원이 자전거를 타고 와서 정부가 보낸 한 통의 전보를 전해주었다. 정부는 그것을 통해서, 인도인 거주민의 결의를 유감스럽게 생각하며 방침을 변경할 수는 없다는 뜻을 밝혀왔다. 청중들에게 전문을 읽어주었다. 청중들은 증명서를 태울 영광스러운 기회가 그들 손에서 떠나지 않은 것을 기뻐하기라도 하듯이 박수를 치며 그것을 맞아들였다.

미르 알람도 역시 이 집회에 참가했었다. 그는 나를 습격하는 실수를 저질렀다는 사실을 있는 그대로 발표했다. 그리고 그는 아직 자발적으로 신고해서 증명서를 발급받지 않았기 때문에 예전의 증명서를 내밀며 그것을 태워달라고 했다. 나는 기쁜 마음에 그의 손을 굳게 쥐며 '나는 단 한순간도 자네에 대한 원한을 마음에 품은 적이 없었네.'라며 거듭 확실하게 말했다.

위원회는 소각을 위해서 이미 2천 장이 넘는 증명서를 수거해 둔 상태였다. 그것들을 전부 커다란 솥에 던져졌고, 파라핀을 뿌린 다음 유스프 미안 씨에 의해서 점화되었다. 모든 군중이 자리에서 일어났으며, 증명서가 불타는 동안 회의장에는 그들의 끊임없는 환호가 울려 퍼졌다. 그때까지도 증명서를 가지고 있던 몇몇 사람이 차례차례 연단으로 그것을 가져왔다. 그리고 그것들도 역시 화염 속으로 던져졌다.

집회에 참석한 영자 신문의 기자는 이 모든 광경에 깊은 감명을 받았다. 그리고 그들의 신문을 통해서 생생한 서술로 집회의 모습을 전달했다[94].

암흑법이 채택된 그 해에, 스마츠 장군은 트란스발 이민제한법이라 불리는 또 다른 법안 하나를 입법의회에 상정, 그것을 채택시켰다. 그 법률은 간접적으로, 인도인을 단 한 사람도 트란스발에 새로이 들여놓지 않겠다는 내용이었다.

인도인에게 있어서 이와 같은 권리에 대한 그들의 새로운 간섭에 반대하는 일은 절대로 필요한 일이었다. 따라서 사탸그라하 운동자 중 몇몇은 일부러 트란스발에 들어와 체포당했다. 나도 역시 다시 한 번 체포되었다. 포크스라스트라는, 나탈과 트란스발의 경계선상에 있는 마을에서는 한때 인도인 수감자가 75명이 넘을 정도였다. 정부는 사태를 수습하기에 정신이 없었다. 결국에는 얼마나 되는 인도인이 형무소에 들어가게 될까? 그것은 경비의 증가를 의미하는 것이었다. 정부는 사태를 수습하기 위한 다른 수단을 모색하기 시작했다. 그리고 위반자들을 인도로 추방하기 시작했다. 이 방법에 몇몇 인도인은 겁을 먹었다. 하지만 대부분의 인도인은 여전히 굳은 결의로 투쟁을 계속했다.

톨스토이 농장

그 해[1910년]까지 투옥된 사탸그라하 운동자의 가족들은 필요에 따라서 매달 현금으로 지급되는 수당 제도에 의해서 생활을 유지하고 있었다. 하지만 그것은 충분한 것이 아니었으며, 우리 기금에도 커다란 부담이 된다는 사실을 알게 되었다. 이러한 어려움을 해결할 수 있는 방법은 오직 한 가지밖에 없었다. 즉, 각 세대 전부를 한 곳에 모아놓고 일종의 협동조합적 사회의 일원으로 만드는 것이었다.

내 절친한 친구인 카렌바하 씨[195]가 약 1,100에이커 정도 되는 농장을 사서, 1910년 5월 30일에, 임대료나 사용료는 한 푼도 받지 않고 그것의 사용을 사탸그라하 운동자에게 일임하기로 해주었다. 그 농장에는 약 천 그루 정도 되는 과일 나무들이 있었다. 그리고 야트막한 산기슭에 여섯 명 정도가 생활할 수 있는 조그만 가옥이 있었다. 물은 두 개의 우물과 하나의 샘물을 통해서 공급되었다. 가장 가까운 역은 롤리라는 곳으로 농장에서 약 1마일 정도 떨어진 곳에 있었으며, 요하네스버그로부터는 21마일 떨어진 곳에 있었다. 우리는 그 농장에 집을 세워 사탸그라하 운동자의 가족들을 그곳에서 살게 하기로 결정했다.

우리는 가정의 일에도, 그리고 가능한 한 밭일이나 목수의 일에도 사람을 고용하지 않기로 했다. 따라서 밥을 짓는 일에서부터 청소까지 모든 일이 우리의 손에 의해서 행해졌다. 가족들의 잠자리는, 처음부터 남녀 따로따로 서로 다른 건물을 쓰기로 했다. 그랬기 때문에 가옥은 두 개로 나누어 얼마간의 거리를 두고 만들기로 했다. 여자 10명, 남자 60명이 묵을 수 있는 집을 세우면 당분간은 버틸 수 있을 것으로 생각됐다. 그리고 우리는 카렌바하 씨의 집과 그 옆에 학교 건물 하나, 목공소, 구둣방 등을 세워야만 했다.

참가자는 구자라트, 타밀, 안드라데시, 북인도 각지의 출신자들이었다. 그들 중에는 힌두교도, 이슬람교도, 파르시교도, 그리고 기독교도들이 있었다. 그들 중 약 40명 정도가 청년이었다. 두어 명이 노인, 5명이 부인, 그리고 30명의 아이들, 그 중 네댓 명이 소녀들이었다.

이 톨스토이 농장에 들어온 이후, 몸이 허약했던 사람들까지 건강을 되찾았다. 그렇게 해서 노동은 모든 사람들에게 좋은 약이 된다는 사실을 알게 되었다[196].

모든 사람들이 심부름 등으로 요하네스버그에 가기를 원하고 있었다. 아이들도 거기로 놀러 나가는 것을 좋아했다. 나 역시도 사무를 처리하기 위해서 그곳에 가야만 했다. 그래서 나는 공동소사회의 공적인 일로 갈 때만 기차를 탈 수 있으며, 그때도 삼등객차를 이용해야 한다는 것을 규칙으로 만들었다. 놀러 가는 경우에는 누구나 걸어서 가야 했으며, 직접 만든 도시락을 가져가야만 했다. 누구도 식사를 위해서 마을에서는 단 한 푼의 돈도 쓰지 않았다. 이처럼 철저한 규칙을 만들어두지 않았다면 농촌 지대에 살면서 절약했던 돈도, 기찻삯이나 도회 구경을 위한 비용으로 전부 써버리고 말았을 것이다. 가지고 가는 도시락은 매우 소박한 것이었다. 밀기울(밀껍질)을 벗기지 않은 채 집에서 거칠게 빻은 밀가루로 직접 구운 빵과 집에서 만든 땅콩버터 그리고 역시 손수 만든 마멀레이드가 그것이었다. 우리는 보리를 빻기 위해서 주물로 만들어진 수동식 제분기를 사두었다. 땅콩버터는, 땅콩을 볶아서 간 것으로 만들었는데 일반 버터의 4분의 1 가격이면 만들 수 있었다. 오렌지는 농장에서 언제라도 딸 수 있었다. 우리는 우유는 그다지 사용하지 않았다. 그리고 보통은 연유로 그것을 대신했다.

그럼 다시 도회 구경에 대한 얘기로 돌아가 보기로 하겠다. 요하네스버그에 가고 싶은 사람들은 일주일에 한두 번 걸어서 거기로 갔다가 그날로 돌아왔다. 앞서 말한 바와 같이 그것은 21마일을 왕복하는 여행이었다. 우리는 걸어서 간다는 규칙 하나로 수백 루피를 절약했다. 그리고 그렇게 걸어간 사람들에게도 이익은 있었다. 몇몇 사람들은 걷는 습관을 새로이 익힐 수 있었다. 일반적으로 행해지고 있는 관습에 의하면 놀러 가는 사람들은 오전 2시에 일어나 2시 30분에 출발해야만 했다. 그들은 6시간 내지 7시간 걸려서 요하네스버그에 도착했다. 이 여행에 걸린 최단 시간 기록은 4시간 18분이었다.

우리의 생각은 농장을 바쁜 근로의 장소로 만드는 것이었다. 그렇게 해서 돈을 절약하고 결국에는 그것으로 가족을 자활시키는 것이었다. 그 목표가 달성되었다면 우리는 트란스발 정부와 끝까지 싸울 수 있었을 것이다. 신을 만드는 데는 아무래도 돈이 들었다. 그래서 우리는 샌들을 만들기로 결정했다. 그 제작법을 배워 샌들을 만들었고 그것을 팔기 시작했다. 그리고 우리는 목공술을 도입했다. 평상에서부터 상자에 이르기까지, 크고 작은 물건들이 필요했기 때문이었다. 그리고 그것들을 전부 우리 손으로 만들었다.

아이들에게 있어서 학교는 없어서는 안 될 곳이었다. 그것은 일 가운데서도 가장 어려운 일 중 하나였다. 그리고 우리는 극히 최근까지도 그 일에 있어서는 완전한 성공을 거둘 수 없었다. 가르치는 무거운 짐은 주로 카렌바하와 내게 분담되었다. 학교는 오후에만 문을 열었다. 우리 두 사람은 오전의 노동으로 완전히 지쳐 있었으며 아이들도 마찬가지였다. 그랬기 때문에 가르치는 쪽이나 배우는 쪽 모두 곧잘 졸곤 했다. 우리는 눈에 물을 뿌리기도 하고, 아이들과 놀이를 즐기기도 하면서 그들을 이끌었고, 또 우리 스스로를 이끌었다. 그러나 그렇게 해도 소용없는 적이 몇 번 있었다. 육체는 선택의 여지도 없는 휴식을 요구했으며, 우리는 그것을 거부할 수 없었다. 그러나 이와 같은 어려움은 우리들의 수많은 어려움 중 하나에 지나지 않았으며, 그것도 가장 작은 어려움에 속했다. 왜냐하면 그런 졸음이 찾아와도 수업은 계속 진행되었기 때문이다. 구자라트어, 타밀어, 테르그어 등 세 가지 언어[197]를 사용하는 아이들이 한데 생활하고 있는데 어떤 말을, 그리고 어떻게 가르치면 좋을 것인지? 나는 이들 언어를 사용해서 가르치고 싶었다. 나는 타밀어를 조금밖에 몰랐으며 테르그어는 전혀 몰랐다. 이와 같은 상황에서 교사 혼자 무엇을 할 수 있었겠는가?

하지만 그와 같은 수업에 대한 실험은 헛된 것이 아니었다. 아이들에게 넓은 마음을 품을 수 있게 해주었다. 그리고 관용을 가지고 서로의 종교와 습관을 판단하는 것을 배웠다. 그들은 상호부조, 은근함, 근면함이 주는 교훈을 배울 수 있었다. 톨스토이 농장에서 자란 아이들 중 몇몇이 그후에 어떤 활동을 했는지 조금 들은 바에 의하면, 그들이 그곳에서 받은 교육이 헛된 것이 아니었다는 사실을 분명하게 알 수 있다고 나는 생각한다. 비록 불완전한 것이기는 했지만 그것은 깊은 사려와 두터운 종교심에 바탕을 둔 실험이었다. 그리고 톨스토이 농장에 대한 몇몇 가장 즐거운 회상 중에서도 그 교육 실험에 대한 회상은 다른 것에 뒤지지 않을 만큼 즐거운 것이었다.

나는 농장에서 식사와 병의 치료법에 대한 다양한 실험을 행했다. 나는 예전에, 채식주의자로서 우리에게 과연 우유를 마실 권리가 있는지에 대해서 깊이 생각하고 널리 글을 찾아 읽은 적이 있었다. 그리고 나는 농장에서 생활하면서 몇 권의 책과 신문을 손에 넣을 수 있었다. 그것들을 통해 캘커타에서, 젖을 최후의 한 방울까지 짜내기 위해서 젖소에게 얼마나 잔인한 짓을 하고 있는지도 읽었다. 그리고 젖을 짜내기 위한 잔혹하고 무시무시한 방법에 대해서도 읽을 수가 있었다. 그날부터 나는 우유 마시기를 그만뒀다.

여자들도 투쟁에 참가

 1912년, 남아프리카 공화국에 온 고칼레는 사탸그라하 운동자와 정부와의 조정에 힘을 써주었다. 고칼레의 말에 의하면 보터 장군[198]은 1년 이내에 암흑법을 철회할 것과, 3파운드 세도 폐지할 것을 약속해 주었다고 했다. 그러나 그 약속은 실행되지 않았다.

 나는 고칼레 앞으로 약속 위반에 대한 편지를 보냈다. 그리고 곧 있을 투쟁을 위한 준비에 들어갔다. 나는 고칼레에게, 죽음을 각오로 투쟁할 것이며 난색을 표명하고 있는 트란스발 정부로부터 3파운드 세 폐지를 쟁취할 것이라고 말해주었다. 나는 장기간 투옥될 각오를 하고 있었다. 그래서 톨스토이 농장을 폐쇄하고 그곳보다는 편리한 곳에 위치한 피닉스 농원을 앞으로 있을 우리 작전의 근거지로 삼기로 결정했다.

 투쟁 재개에 대비해서 여러 가지 준비를 하고 있던 중에 새로운 어려움이 우리를 찾아왔다. 그것이 계기가 되어 여자들까지도 투쟁에서 한 역할을 담당하게 되었다. 그때까지 우리는 투옥되지 않도록 하라고 여자들을 설득했었다. 하지만 당시 남아프리카 정부에 의해서 채택된 한 가지 판정[199]에 의해서, 기독교 의식에 따라서 거행되지 않은 결혼과 결혼등록계에 등록되지 않은 결혼은 전부 무효가 되어버리고 말았다.

이렇게 붓끝 하나로 인해서 힌두교, 이슬람교 및 조로아스터교의 의식에 따라서 거행된 결혼은 전부 비합법적인 것이 되어버렸으며, 그로 인해서 아내들은 본처의 자격을 상실하게 되었으며, 그들이 낳은 아이들은 재산 상속권을 박탈당하고 말았다. 이것은 남자에게도 뒤지지 않을 만큼 여자들로서도 참을 수 없는 일이었다.

여성 그 자체에 가해진 이 모욕을 더 이상 참고 견딜 수만은 없었다. 우리는 투쟁에 참가할 사람의 숫자에 제한을 두지 않고 강력한 사탸그라하를 전개하기로 결의했다. 이제 여자들이 투쟁에 참가하는 것은 막을 수 없는 일이 되었을 뿐만 아니라 우리는 남자들과 함께 투쟁의 대열에 참가할 것을 그녀들에게 촉구하기로 결정했다.

우리는 우선 톨스토이 농장에 있던 자매들에게 참가를 촉구했다. 나는 그녀들이 기꺼이 투쟁에 참가했다는 사실을 알게 되었다[200]. 나는 그녀들에게 이번 투쟁에 있을 법한 위험이 어떤 것인지, 그에 대한 예비지식을 알려주었다. 나는 그녀들에게 그럴 경우 음식, 옷 그리고 몸을 움직이는 것 등에 가해지는 제한을 참아야 한다고 설명해주었다. 나는 그녀들에게 형무소에서는 고된 부역을 부과 받을지도 모르며, 옷 빨래를 해야 할지도 모르고, 간수로부터 모욕을 받게 될지도 모른다는 경고를 했다. 그러나 그 자매들은 모두 용감한 사람들로, 그런 정도의 일에는 조금도 겁을 먹지 않았다. 그중 한 명은 임신 중에 있었으며, 갓 태어난 여섯 번째 아이를 품에 품고 있었다. 그러나 모든 사람들이 일제히 투쟁에 참가하기를 열망하고 있었다. 나는 결국 그녀들을 말릴 수가 없었다.

 범죄를 저질러서 형무소에 갇히는 것은 아주 간단한 일이었다. 그러나 아무런 죄도 없이 형무소에 들어가기란 그리 쉬운 일이 아니었다. 범죄자는 재판관의 손에서 벗어나고 싶어 하기 때문에 경찰은 그들을 뒤쫓아 체포한다. 그러나 자신의 뜻으로 체포되기를 바라는 자에 대해서는 어쩔 수 없는 단계에 이를 때까지 방관하기만 한다. 자매들은 허가 없이 트란스발에 들어갔다. 하지만 그녀들은 체포되지 않았다. 그녀들은 허가증 없이 행상을 했다. 그런데도 경찰은 그녀들의 행동을 묵인했다.

 그래서 우리는 피닉스 농원의 창시자 16명[201]을 주 경계 너머 트란스발에 들여보내기로 결정했다. 그 피닉스 부대가 트란스발에 들어감과 동시에, 트란스발에서의 체포를 원했지만 실패한 자매들이 나탈로 들어가기로 했다. 나탈에서 허가를 얻지 않고 트란스발에 들어가는 것이 불법인 것처럼, 트란스발에서 허가 없이 나탈에 들어가는 것도 불법이었다. 자매들이 나탈에 들어가려다 체포되면 우리의 목적이 달성되는 셈이었다.

 그녀들이 체포되지 않는다면 그대로 계속 전진해 들어가서 나탈의 대 탄광지대의 중심인 뉴캐슬에 진을 치고, 인도인 계약 노동자들에게 파업을 권하기로 방침이 정해져 있었다. 만약 노동자들이 자매들의 목소리에 응해서 파업에 들어간다면 정부는 계약 노동자들과 함께 그녀들을 체포하지 않을 수 없게 된다. 그렇게 되면 노동자들은 한층 더 뜨거운 열정을 불태우게 될 것이다. 그것이 내가 생각에 생각을 거듭한 끝에 트란스발 자매들에게 들려준 전법이었다.

나는 피닉스로 가서 농원의 자매들과 그 외의 사람들에게, 그녀들이 취하려 하고 있는 수단의 중대성과 형무소에서 받게 될 고통에 대해서 들려주었다. 그러나 내 아내를 포함한 모든 사람들이 최악의 사태에 대한 각오까지도 품고 있었다. 그리고 무슨 일이 있어도 물러나지 않겠다고 다짐했다.

피닉스 부대는 허가 없이 주 경계선을 넘어 트란스발로 들어갔다. 그들은 바로 체포되어 3개월의 징역형을 선고받았다[202].

한편, 트란스발에서 체포되지 않았던 자매들은 드디어 나탈로 들어갔다. 그러나 허가 없이 들어가도 체포되지 않았기 때문에 뉴캐슬까지 행진했다. 그리고 미리 세워둔 계획에 따라서 일을 진행하기 시작했다. 그녀들에 의한 영향력은 들판에 붙은 불길처럼 번져갔다. 3파운드 세에 의해 높다랗게 쌓인 수많은 부정에 대한 절절하고 슬픈 이야기는 광부들의 마음속 깊은 곳까지 파고들었다. 그리고 그들은 파업에 들어갔다.

이렇게 된 이상 정부는 용감한 트란스발 자매들의 활동을 그냥 내버려둘 수가 없었다. 그녀들은 체포되었으며 3개월의 징역형을 언도받았다.

여자들의 용감함은 말로 다 할 수 없을 정도였다. 그녀들은 모두 마리츠버그[203]의 형무소에 수감되었다. 거기서 그녀들은 상당한 고통을 받았다. 그녀들에게 지급되는 음식은 최저 수준의 것들이었다. 그녀들에게는 일과로서 세탁이 부여되었다. 외부에서 지급되는 사식은 형기가 거의 끝날 무렵까지도 금지되어 있었다.

자매들 중 한 명은 종교상의 맹세 때문에 특정 음식밖에 먹을 수가 없었다. 형무소 당국은 그녀에게 간신히 그 음식을 먹어도 좋다는 허락을 내렸다. 그러나 지급된 음식은 도저히 인간의 입에 넣을 수 있는 것이 아니었다. 그녀는 올리브 오일을 꼭 필요로 했다. 처음에 그녀는 그것을 손에 넣을 수 없었다. 그리고 그녀가 손에 넣었을 때 그것은 오래 돼서 상해 있었다. 그녀는 자신의 돈으로 그것을 구입하고 싶다고 말했지만 형무소는 호텔이 아니기 때문에 주어진 음식이 무엇이든 그것을 먹어야만 한다는 대답을 들었다. 석방되었을 때 그녀는 해골처럼 말라 있었다. 그녀는 여러 가지 치료를 받고서야 간신히 목숨을 부지할 수 있었다.

자매들 중 또 다른 한 명은 목숨을 위협할 정도의 열병에 걸린 채로 형무소에서 돌아왔다. 그녀는 석방 예정일[1914년 2월 22일] 2, 3일 전에 병에 걸리고 말았던 것이다. 내가 어찌 그녀를 잊을 수 있겠는가? 바리암마. R. 무누스와미 무다리알은 요하네스버그 출생으로 16세의 소녀였다. 내가 그녀를 만났을 때 그녀는 병상에 누운 채였다. 그녀는 키가 크고 여윈 편이었기 때문에 그녀의 깡마른 몸은 차마 눈뜨고 볼 수 없을 지경이었다.

내가 물었다.

"바리암마, 너는 형무소에 간 것을 후회하지 않니?"

"후회? 저는 지금이라도 다시 체포된다면 기꺼이 형무소에 들어가겠어요."라고 바리암마가 대답했다.

"하지만 그 때문에 네가 죽게 된다면……."라고 내가 뒤이어 말했다.

"저는 그렇게 돼도 상관없어요. 조국을 위해서 죽기를 거부할 사람이 있을까요?"라는 것이 그녀의 대답이었다.

그로부터 이삼 일 후, 바리암마는 더 이상 이 세상에서 우리와 함께 살아가는 몸이 아니었다. 하지만 그녀는 불멸의 죽음을 유산으로 남겼다. 이 자매들에 의해서 지불된 것은 순결하기 짝이 없는 희생이었다. 희생이라는 것은 그것이 순결할 때만 그 범위에서 열매를 맺는 법이다. 신은 인간에게 헌신을 바라고 계신다. 신은 진심이 담긴, 즉 사심 없이 바쳐진 가난한 자의 등불 하나를 기꺼이 받으셨으며 그것을 백 배로 갚아주셨다.

사탸그라하 운동자는 그들 속에 단 한 사람이라도 수정과 같이 순결한 자가 있다면 그의 희생에 의해 목적을 충분히 달성할 수 있다고 믿어도 좋다. 세계는 '사티야', 혹은 진실의 반석 위에 세워져 있다. 진실되지 못한 것을 의미하는 '아사티야'는 비존재를 의미한다. 그리고 '사티야' 혹은 진실은, 있음을 의미한다. 진실되지 못한 것은 존재조차 하지 않는 것이니 그것의 승리는 있을 수 없다. 그리고 있음인 진실은 결코 파멸하지 않는 것이다. 이것이 사탸그라하 교의의 진수인 것이다.

노동자의 행렬

　여자들의 투옥은 뉴캐슬의 광산에서 일하는 노동자들에게 마법과도 같이 작용했다. 그들은 도구를 버리고 차례차례로 무리를 지어 거리로 몰려들었다. 그 소식을 듣자마자 나는 피닉스를 떠나서 뉴캐슬로 향했다.

　이 노동자들은 자신의 집이라는 것을 가지고 있지 않았다. 광산주가 그들을 위해 숙사를 만들고 도로에 조명을 밝혔으며 물을 공급했다. 그 결과 노동자들은 모든 것을 거기에 의존하는 상태에 있었다. 투르시다스도 말한 것처럼 타인에 의존하는 사람은 꿈에서도 행복을 바랄 수 없는 법이다.

　파업 중 노동자들은 내게 많은 불평을 해왔다. 몇몇 사람들은 광산 주인이 그들의 전기와 수도를 끊어버렸다고 했다. 다른 사람들은 그들이 파업에 참가한 노동자들의 가재도구를 숙소 밖으로 집어던졌다고 했다. 나는 노동자로서 취할 수 있는 길은 오직 하나, 주인이 만든 숙사단지에서 떠나는 것, 그야말로 순례처럼 떠나는 것뿐이라고 말했다.

　그 노동자들의 숫자는 십 단위가 아니라 백 단위였다. 그리고 그들의 숫자는 아주 간단하게 수천 명으로 팽창될 수도 있었다.

나는 이처럼 끊임없이 늘어가는 사람들에게 집을 제공하고 먹을 것을 제공하기 위해서 어떻게 하면 좋았던 것일까? 거대한 사람들의 무리였다. 그것은 끊임없이 꼬리에 꼬리를 물고 숫자를 더해 갔다. 그들이 일자리를 잃은 동안 그들을 한 곳에 모아놓고 돌보는 것은, 불가능한 일은 아니었지만 위험한 일이었다.

나는 직면한 문제의 해결책을 여러 가지로 생각한 끝에 한 가지 안을 만들었다. 그 '군세(軍勢)'를 트란스발로 옮겨가 피닉스 부대처럼 그들을 무사히 수감시키자는 계획이었다. '군세'는 약 5천 명에 달했다. 그렇게 많은 사람들에게 기찻삯을 지불할 수 있을 만큼의 돈을 가지고 있지 않았기 때문에 그들을 트란스발까지 기차로 데려갈 수는 없었다. 그리고 그들을 기차로 데려갔다면, 내게 그들의 사기를 돋울 만한 여유가 없었을 것이다.

뉴캐슬에서 트란스발과의 경계선까지는 36마일 떨어져 있었다. 나탈과 트란스발의 경계선에 마주하고 있는 마을은 각각 찰스타운과 포르크스라스트였다. 결국 나는 도보 행진을 하기로 결의했다. 나는 아내와 아이들을 데리고 있는 노동자들과 의견을 교환했다. 그들 중 몇몇은 내 안에 찬성하기를 주저했다. 내게는 마음을 독하게 먹는 것 외에는 방법이 남아 있지 않았다. 그래서 나는 광산에 돌아가고 싶은 사람은 돌아가도 좋다고 선언했다.

그러나 그 자유를 행사하려는 사람은 아무도 없었다. 우리는 다리가 불편한 사람은 기차로 보내기로 결정했다. 그리고 몸이 건강한 사람은 모두 걸어서 찰스타운까지 가자는 결의를 표명했다.

행진은 이틀 만에 끝낼 예정이었다. 어느 날 저녁, 노동자들에게 다음 날[1913년 10월 28일] 아침 일찍 행진을 개시하겠다고 알렸다. 그리고 행진에 대한 규율을 읽어 내려갔다. 오륙 천 명이나 되는 사람들의 무리를 통제하는 것은 그리 쉬운 일이 아니었다. 나는 정확한 숫자가 얼마나 되는지 파악하지 못했다. 그리고 그들의 이름과 주소도 알지 못했다. 나는 단지 그들 중 얼마나 많은 사람들이 참가할지 그것만을 아는 데 만족했다.

나는 행진 중의 '병사' 한 명에게 나날의 배급으로 1.5파운드[204]의 빵과 1온스의 설탕 외에는 아무것도 지급할 수가 없었다. 나는 도중에 인도인 상인으로부터 무엇인가를 손에 넣을 수 있지 않을까 생각했다. 하지만 내가 그것에 실패하면 그들은 빵과 설탕에만 만족해야 했다. 내가 이 일에 임하는 데 있어서는 보어 전쟁과 줄루 족의 '반란'에서 얻은 경험이 크게 도움을 주었다.

모든 '침입자'가 필요 이상의 의복은 가져가지 않기로 했다. 모든 사람들이 도중에 다른 사람의 재산에는 절대로 손을 대지 않기로 했다. 유럽 인 관리나 민간인이 그들과 맞닥뜨려 욕설을 해대고, 혹은 폭력을 가해도 인내심 강하게 그것을 참기로 했다.

그들은 만약 경찰이 잡으려고 한다면 그대로 체포되기로 했다. 만약 내가 체포된다 할지라도 행진은 계속되어야만 했다. 이들 모든 요령을 전원에게 설명했다. 그리고 나는 나를 대신해서 차례차례 '군세' 지도를 이어나갈 사람들의 이름을 발표했다.

사람들은 지시를 이해해주었다. 그리고 우리 부대는 찰스타운에 도착했다. 거기서는 상인들이 우리에게 커다란 도움을 주었다. 그들은 우리에게 자신들의 주택을 사용하게 해주었으며, 이슬람교 사원의 경내에서 밥을 지어 먹을 수 있게 해주었다. 야영지에 도착했을 때, 행진을 시작하면서 배급된 식량은 전부 떨어지고 말았다. 그래서 우리에게는 취사도구가 필요했다. 상인들은 그것을 흔쾌히 마련해주었다. 우리는 쌀 등을 대량으로 비축하고 있었다. 그것 역시 상인들이 기부를 해준 것이었다.

찰스타운은 인구가 겨우 천 명도 되지 않는 조그만 촌락이었기에 수천 명이나 되는 순례자를 전부 수용할 수 없었다. 그래서 아이들과 여자들은 집 안에서 묵기로 하고 나머지는 전부 야영을 하기로 했다.

우리 동료들은 걸레질과 화장실 청소와 같은 여러 가지 일을 한마디 불평도 없이 해주었다. 그 결과 다른 사람들도 그것에 열심히 임하게 되었다. 이처럼 사소한 일에까지 신경을 쓰지 않고 타인에게 명령만을 내리면 일이 잘 돌아가지 않게 되는 법이다. 너 나 할 것 없이 모든 사람들이, 내가 최고라고 여기고 타인을 얕잡아보면 결국에는 아무것도 할 수 없게 되는 법이다. 하지만 지도자 자신이 하인이 되어버린 곳에서는 지도권을 노릴 경쟁상대가 없어져버리게 되는 것이다.

나는 취사반장과 같은 역할을 맡았다. 때로는 다르(인도콩)에 물을 너무 많이 부은 적도 있었다. 그리고 어떤 때는 설익는 적도 있었다. 야채나 쌀마저도 잘못 요리하는 경우가 있었다. 그와 같은 음식을 많은 사람들이 기분 좋게 먹어주는 모습을 나는 그때까지 이 세상에서 본 적이 없다.

음식을 배급하는 것은 그것을 요리하는 것보다도 더 어려운 일이었다. 그런데 그것은 내가 단독으로 맡은 일이었다. 음식이 조금 부족하거나 식사를 하는 사람들의 숫자가 예상보다 많은 경우에는 각자 할당받은 것에서 조금씩 덜어, 그곳에 있는 모든 사람

간디 자서전 | 343

들을 만족시키는 것이 나의 임무였다.

내가 자매들에게 조금 적게 음식을 지급하면 자매들은 일순 굳은 표정으로 나를 바라보았다. 그리고 그녀들은 내 스스로가 원성을 듣기 쉬운 일을 맡았다는 사실을 깨달았는지 갑자기 얼굴에 미소를 짓곤 했다. 이런 일이 있었다는 사실을 나는 잊을 수가 없다. 나는 곧잘 이렇게 말하곤 했다.

"어쩔 수 없어. 식량이 부족하니. 그것으로 많은 사람들을 먹여야 하니, 나는 모든 사람들에게 평등하게 나눠줄 수밖에 없어."

이렇게 말하면 그들은 사정을 이해하고 '괜찮아요.' 라고 말하고 웃으며 자리를 떠났다.

대행진

 나는 정부에 서면을 보내, 우리가 트란스발에 들어가는 것은 그곳에서 자리를 잡기 위한 것이 아니라 장군의 파약(약속이나 계약을 깨뜨림)에 대한 유효한 항의이며, 우리의 자존심에 받은 상처에 대한 고뇌의 순결한 시위로 행하는 것이라고 통보했다.

 만약 정부가 우리를 현재의 지점, 즉 찰스타운에서 체포해주는 친절함을 충분히 발휘해준다면 우리는 모든 불안에서 해방될 수 있을 것이다. 그러나 만약 정부가 체포해주지 않는다면, 그리고 만약 우리 중 누군가가 불법으로 트란스발에 들어간다면 그것은 우리의 책임이 아니다. 우리의 행진에는 어떤 비밀도 없으며, 남에게 말하지 못할 목적을 품고 있는 사람은 아무도 없었다. 우리 중 누군가가 은밀하게 트란스발에 들어가기를 원하지도 않았다. 그러나 우리는 어떤 사람의 행위든 거기에 책임을 질 수는 없었다. 낯선 사람들을 몇 천 명이나 다루고 있기 때문이며, 또한 사랑에 바탕을 둔 것 외에는 어떤 제재도 가할 수는 없기 때문이었다. 마지막으로 나는 정부에 대해서 만약 3파운드 세를 폐지한다면 파업을 중단하고 계약 노동자들은 일에 복귀하겠다고 약속했다. 우리는 그 외의 부당한 대우에 반대해서 행하는 일반 투쟁에도 가담하라고 그들 노동자에게 요구할 뜻이 없었기 때문이었다.

이와 같은 위기 상황에서 우리는 정부의 대답을 빈둥빈둥 며칠이고 기다리고 있을 수만은 없었다. 그래서 우리는 찰스타운을 출발, 만약 정부가 우리를 체포하지 않는다면 그대로 트란스발에 들어가기로 결정했다. 그리고 그 도중에도 체포하지 않는다면 '평화의 군세'는 하루에 20마일에서 28마일씩, 8일 동안 계속 행진해서 톨스토이 농장에 들어가는 것을 목표로 하고 투쟁이 끝날 때까지 거기에 머물면서 그 동안에는 농장에서 일을 해가며 자활하기로 했다.

우리는 그 외에도 행진을 위해서 여러 가지로 준비를 했다. 친절한 의사 브리스코[205]는 우리를 위해서 조그만 구급상자를 마련해주었다. 그리고 우리처럼 문외한 중의 문외한이라도 다룰 수 있는 의료 기구를 건네주었다.

우리의 식량은 빵과 설탕뿐이었다. 하지만 어떻게 해야 8일간의 행진 중에 빵의 보급을 확보할 수 있을지. 빵은 매일 순례자들에게 배급되어야만 했다. 그러나 우리는 단 1온스도 그것을 보관해둘 수가 없었다.

그 문제를 해결할 수 있는 유일한 방법은 각 야영지에서 누군가가 우리에게 빵을 보급해주는 것이었다. 하지만 누가 빵을 공급해주겠는가? 포르크스라스트는 찰스타운보다 두 배 정도 컸다. 그곳에 있는 커다란 유럽인 제과점에서, 철도를 이용해 각 야영지에 빵을 배급해주겠다고 흔쾌히 계약을 해주었다.

그리고 철도 직원들 역시 유럽인들이었지만, 그 빵을 우리에게 틀림없이 건네주었을 뿐만 아니라, 그들은 수송 중에도 그것을 매우 소중하게 다뤄줬으며 특별히 몇몇 편의를 도모해주었다. 그들은 우리가 마음속에 아무런 원한도 품고 있지 않다는 사실을 알고 있었다.

행진을 위한 만반의 준비를 해가면서 우리는 분쟁을 해결하려고 다시 한 번 노력을 기울였다. 나는 편지와 전보를 이미 보내놓은 상태였다. 이번의 내 요구에 대해서는 모욕적인 대답이 돌아올 위험조차 있었지만 전화를 걸어보기로 했다. 나는 일 분도 지나지 않아서 다음과 같은 대답을 들을 수 있었다.

"스마츠 장군은 귀하와 관계하고 싶어 하지 않으십니다. 귀하는 귀하의 뜻대로 행하십시오."

그것으로 회답은 끝이었다. 냉랭한 회답은 내 기대에 어긋나는 것이었지만 그와 같은 결과는 처음부터 예상하고 있던 것이었다.

이튿날[1913년 11월 6일] 예정 시각[오전 6시 30분]에 우리는 기도를 올린 뒤, 신의 이름으로 행진을 개시했다. 순례자 부대는 2,037명의 남자, 127명의 여자 그리고 57명의 아이들로 구성되어 있었다.

찰스타운에서 1마일 떨어진 곳에 조그만 샘터가 하나 있었다. 그리고 그곳을 지나면 바로 포르크스라스트, 즉 트란스발 주에 들어가게 되는 것이다. 소수의 기마경관들이 순찰을 돌며 주 경계에 있는 문에서 임무를 수행하고 있었다. 내가 신호를 하면 경계선을 넘으라고 '군세'에게 지시한 뒤, 나는 경비대가 있는 곳으로 갔다. 그런데 내가 경비대와 이야기를 나누고 있는 중에 갑자기 순례자들이 돌진하여 주 경계선을 넘어버렸다. 경찰들은 그들을 포위했다. 하지만 밀려드는 군중을 막기란 그리 쉬운 일이 아니었다. 경찰은 우리를 체포할 의향은 없었다. 나는 순례자들을 진정시켰다. 그리고 그들을 반듯하게 정렬시킬 수 있었다. 2, 3분 안에 모든 것이 안정을 되찾았고, 트란스발에서의 행진이 시작되었다.

그보다 이틀 앞서, 포크스라스트의 유럽 인들이 집회를 열었다. 거기서 그들은 인도인에 대한 온갖 협박을 해왔다. 몇몇은 인도인이 트란스발에 들어오면 총격을 가하겠다고 했다. 카렌바하 씨는 그 집회에 참석해서 유럽 인들을 설득하려 했다. 하지만 유럽 인에게는 그의 말을 들을 마음이 없었다.

드디어 우리 대열은 무사히 포크스라스트를 통과했지만 나는 유럽 인이 방해한 것을 무엇 하나 기억하고 있지 않다. 모두가 문밖에 나와서 이 진귀한 광경을 바라보고 있었다. 그들 중 몇몇의 눈에서는 우정에 넘친 눈빛조차 발견할 수 있었다.

첫째 날, 우리는 숙박을 위해 포크스라스트에서 약 8마일 떨어진 팜포드에 머물기로 했다. 우리가 그곳에 도착한 것은 오후 5시 무렵이었다. 순례자들은 빵과 설탕을 배급받아 먹었다. 그리고 노상에 다리를 길게 뻗고 누웠다. 몇몇은 담소를 나누고 있었다. 다른 사람이 바장[206]을 불렀다. 여자 중 몇몇은 행진으로 완전히 녹초가 되어버렸다. 그녀들은 무리해서 자신들의 아이를 안은 채 행진을 계속해왔다. 하지만 그녀들에게 더 이상 전진하기란 불가능한 일이었다.

그래서 나는 미리 말해두었던 것처럼 그녀들을 한 친절한 인도 상인의 집에 묵게 했다. 그는 만약 우리가 톨스토이 농장까지 가게 된다면 그녀들을 거기까지 보내주겠으며, 만약 우리가 체포된다면 그녀들을 집까지 보내주겠다고 약속해주었다.

밤이 깊어감에 따라서 모든 소동이 가라앉기 시작했다. 나도 잠잘 준비를 하고 있었다. 바로 그때 나는 사람의 발소리를 들었다. 나는 등불을 들어, 이쪽으로 걸어오고 있는 한 유럽 인을 발견했다. 나는 그것이 무엇을 의미하는지 알 수 있었다. 따라서 새삼스레 각오를 할 필요도 없었다. 경관이 말했다.

"저는 귀하의 체포영장을 가지고 왔습니다. 귀하를 체포하겠습니다."

내가 물었다.

"언제?"

"지금."

"당신은 저를 어디로 데려갈 생각인가요?"

"우선은 가장 가까운 역으로 갈 생각입니다. 그리고 우리는 기차를 타고 포르크스라스트까지 갈 예정입니다."

"그러죠."

나는 곁에서 자고 있던 P. K. 나이드[207]를 흔들어 깨웠다. 나는 그에게 체포되었음을 알리고 아침까지 순례자들을 깨우지 말라고 부탁했다. 새벽이 찾아옴과 동시에 그들은 예정된 대로 행진을 재개해야만 했다. 행진은 해가 오르기 전부터 시작된다. 그리고 그들이 잠깐 멈춰 서서 음식을 배급받을 때 그는 내가 체포되었다는 사실을 전원에게 알려야만 한다. 그 전에 누군가가 나에 대해서 묻는다면 이야기를 해도 상관없다. 만약 순례자들이 체포된다면 그들은 그대로 체포되어야만 한다. 아니면 그들은 예정된 계획대로 행진을 계속해야만 한다.

나이드는 조금도 겁먹은 기색을 보이지 않았다. 그리고 나는 그

간디 자서전 | 349

가 체포되었을 경우에 취해야 할 행동에 대해서 일러두었다. 당시 카렌바하 씨는 포르크스라스트에 머물고 있었다.

나는 이튿날, 경관과 함께 포르크스라스트 행 열차에 올랐다. 나는 포르크스라스트 법정에 출두했다. 그런데 검찰관 쪽에서 14일까지 감금을 연장해달라고 요청했다. 왜냐하면 그는 아직 증거 물건을 준비하지 못했기 때문이었다. 그래서 재판은 연기되었다.

나는 2천 명이 넘는 남자, 122명의 여자, 그리고 50명의 아이들을 맡고 있으며, 이번 연기기간 동안에 그들을 목적지까지 반드시 데려가야 한다는 이유로 보석을 신청했다. 검찰관은 나의 신청에 반대했다. 그러나 치안판사는 그 문제를 어떻게 처리해야 할지 고민을 했다. 왜냐하면 어떤 수감자에게라도 살인죄에 해당하지 않는 한 돈을 내고 보석을 허락받을 권리가 법률에 의해 주어져 있으며 내게서 그 권리를 앗을 수는 없었기 때문이었다.

그래서 그는 50파운드의 보석금을 받고 나를 석방시켰다. 카렌바하 씨가 나를 위해서 자동차를 준비해주었다. 그리고 나를 자동차로 실어다 바로 '침입자'들과 다시 합류할 수 있게 해주었다. 『트란스발 리포터』지의 특파원이 우리와 동행하고 싶다고 했다. 우리는 그를 차에 태워주었다. 그리고 그는 법정에서 있었던 모든 일, 자동차 여행, 환희에 넘쳐 나를 열광적으로 맞아준 순례자들과의 만남에 대해서 생생한 묘사로 보도했다. 카렌바하 씨는 거기서 다시 포르크스라스트로 돌아갔다. 그는 찰스타운에 머물고 있는 인도인, 그리고 새로이 도착한 인도인을 돌봐야만 했기 때문이다.

우리는 행진을 계속했다. 하지만 정부에게 나를 자유롭게 방치해둘 마음은 없었다. 나는 8일, 스탠더튼에서 다시 체포되었다. 스탠더튼은 비교적 커다란 곳이었다. 그곳에서의 체포에는 조금 묘한 부분이 있었다. 나는 순례자들에게 빵을 배급하던 중이었다. 스탠더튼의 인도인 상점 주인이 마멀레이드 통조림 몇 개를 우리에게 보내주었다. 그랬기 때문에 평소보다 더 배급에 시간이 걸렸다. 그러는 동안에 치안판사가 내 곁에 와서 섰다. 나는 그 신사를 알고 있었다. 나는 그가 나와 이야기를 나누고 싶어 하는 것이라고 생각했다. 그가 웃으며 말했다.

"당신을 체포하겠소."

"저도 지위가 조금 높아진 것 같군요. 저를 체포하려고 경찰관이 아닌 치안판사님께서 직접 출두하시다니. 자, 지금 여기서 저를 재판해주십시오."

치안판사가 대답했다.

"나를 따라오게. 법정은 아직도 개정 중이니."

나는 순례자들에게 행진을 계속하라는 말을 남겼다. 그리고 치안판사와 함께 그곳을 떠났다. 나는 법정에 들어서자마자 우리의 몇몇 동지들도 역시 체포되었다는 사실을 알게 되었다. 그들 중 5명이 그곳에 있었다.

나는 곧 법정으로 불려나갔다. 그리고 포르크스라스트에서와 같은 이유를 들어서 유예와 보석을 신청했다. 거기서도 역시 검찰관의 격렬한 반대에 부딪쳤다. 그리고 이번에도 역시 50파운드의 보석금을 내고 석방되었다. 인도인 상인이 나를 위해서 마차를 준비해주었다. 그렇게 해서 나는 순례자들이 채 3마일도 가기 전에 다시 그들과 합류했다. 순례자와 나는, 이대로 가면 톨스토이 농장에 도착할 수 있을지도 모른다고 생각했다. 하지만 실제로는 그렇게 되지 않았다. 그러나 월경자들이 나의 체포에 익숙해져버린 것은 결코 작은 일이 아니었다. 다섯 동지들은 그대로 형무소에 남았다.

우리는 드디어 요하네스버그 근처에까지 다다랐다. 순례의 일정은 전부해서 여덟 가지 단계로 나뉘어 있었다. 지금까지 우리의 행진은 예정된 계획에 따라서 정확히 진행되어 왔다. 그리고 우리는 이제 나흘간의 행진만을 남겨둔 상태였다. 날이 갈수록 우리의 사기가 높아지자 정부는 인도인의 월경에 어떻게 대처해야 할지 더욱 깊이 걱정하게 되었다. 우리가 목적지에 도착한 뒤에 체포한다면 그들은 무력함과 대책을 세우지 못한 것에 대한 추궁을 받게 될 것이다. 우리를 체포할 생각이라면 약속된 땅에 도착하기 전에 할 것임에 틀림없었다.

그 무렵 고칼레가 전보를 보내서, 폴락을 인도로 파견하여 사태의 진상을 인도인과 제국 정부에게 알리는 일을 도와달라는 청을 해왔다. 그래서 우리는 그를 인도로 보낼 준비를 했다. 나는 고칼레에게 편지를 보내 폴락을 인도로 파견할 수 있다는 사실을 알렸다.

그러나 그는 나를 직접 만나서 내 지시를 충분히 들은 뒤가 아니면 갈 수 없다고 했다. 그리고 그는 행진 중에 있는 나를 만나러 오겠다고 말했다. 나는 폴락에게 전보를 보내 자네가 원한다면 와도 상관없다, 단 그렇게 하면 자네는 체포될 위험에 놓이게 된다고 말했다.

그랬음에도 불구하고 폴락은 9일, 스탠더튼과 그레이링스타트의 중간에 있는 치크워스에서 우리와 합류했다. 우리는 한창 협의를 하던 중이었다. 아니, 그것은 거의 끝나려 하고 있었다. 오후 3시 무렵이었다. 폴락과 나는 순례자들의 선두에 서서 걸었다. 몇몇 동지들은 우리의 담소에 귀를 기울이고 있었다. 폴락은 더반으로 가는 저녁 기차에 몸을 실을 예정이었다. 하지만 신은 늘 인간의 계획을 허락하시는 것은 아니다.

우리가 이야기에 열중하고 있을 때 자동차 한 대가 다가와 우리 앞에 멈춰 섰다. 그리고 그 안에서 트란스발의 수석 이민관인 채므니 씨와 한 명의 경찰관이 내렸다. 그들은 나를 잠깐 옆으로 데려갔다. 그리고 그들 중 한 명이 말했다.

"저는 귀하를 체포하겠습니다."

이렇게 해서 나는 나흘 동안에 세 번이나 체포되었다. 내가 물었다.

"행진에 참가한 사람들은 어떻게 됩니까?"

"우리가 보내겠습니다."라는 것이 대답이었다.

나는 더 이상 아무런 말도 하지 않았다. 나는 폴락에게 나머지 일을 맡기고, 순례자들과 함께 행진을 해달라고 부탁했다. 경찰관은 내게, 나의 체포를 행진에 참가한 사람들에게 알려도 좋다고 해주었다. 내가 그들에게 평정을 지킬 것 등을 요구하기 시작하자 경찰관이 나를 가로막으며 말했다.

"당신은 지금 수감자이기 때문에 어떤 연설도 할 수 없습니다."

나는 그레이링스타트로 연행되었다. 그리고 그레이링스타트에서 밸푸어를 지나 하이델버그로 갔고, 거기서 하룻밤을 보냈다. 폴락을 지도자로 한 순례자들은 행진을 재개했고 그레이링스타트에서 하룻밤을 보냈다. 10일 오전 9시 무렵, 순례자들은 밸푸어에 도착했다. 그 역에는 그들을 태워 나탈로 추방하기 위한 특별 열차 세 대가 늘어서 있었다.

 거기서 순례자들은 조금 고집을 피웠다. 그들은 나를 불러줄 것을 요구했다. 그리고 만약 내가 권한다면 그들은 체포되어 기차에도 조용히 오를 것이라고 약속했다. 그 태도는 본 말이 전도된 것이었다. 그 태도를 버리지 않는 한, 모든 것이 수포로 돌아가며 우리는 운동을 처음부터 다시 시작해야만 했다. 그러나 폴락과 카티 하리아 셰드가 순례자들을 설득했기 때문에 그들은 마음을 고쳐먹고 조용히 열차에 올랐다.

사탸그라하의 승리

나는 이번에도 치안판사 앞에 서게 되었다. 이번에는 댄디에서 발부된 체포영장에 의한 체포였다. 계약 노동자를 나탈 주에서 탈출하도록 교사했다는 것이 주요한 죄목이었으며 그 이유로 나는 댄디에서 기소되었다. 따라서 그날 기차로 댄디까지 연행되었다. 폴락은 밸푸어에서 체포되지 않았을 뿐만 아니라 그가 당국에 제공한 원조에 대한 감사의 말까지 들었다[208]. 그런데 그는 찰스타운에서 순환열차를 기다리다 체포되고 말았다. 카렌바하도 역시 체포되었다. 그리고 그 두 친구는 모두 포크스라스트 형무소에 수감되었다.

나는 11일에 댄디에서 재판을 받고 9개월의 징역형을 언도받았다. 그리고 그 외에도, 트란스발에 들어오는 불법 입국자를 도왔으며 그들을 격려했다는 이유로 포크스라스트에서 두 번째 재판을 받아야만 했다. 그래서 나는 13일에, 댄디에서 포크스라스트로 이송되었다. 그 형무소에서 나는 카렌바하, 폴락과 재회할 수 있었기에 기뻤다. 나는 즐거운 며칠을 보냈다. 그것도 한순간이었고, 곧 정부의 손에 의해서 서로 다른 형무소[209]에 수감되었다.

다시 순례자들에 대한 얘기로 돌아가겠다. 특별 열차에 실려 그들은 나탈로 돌아갔다. 그들은 바로 형무소로 보내졌다. 그러나 이렇게 많은 숫자의 광부들을 감옥으로 보낸다는 것은 인도인들의 의도에 걸려드는 것을 의미했다. 정부는 탄광을 쇠그물로 둘러싼 뒤, 그곳을 댄디 및 뉴캐슬 형무소의 지소라고 선언하고 광산주 측의 유럽 인 직원을 간수로 임명했다. 그리고 순례자들을 다시 데려와 일을 시키려 했다. 이렇게 해서 그들은 노예와 다를 바 없는 신세로 전락하고 말았다. 하지만 그들은 취업을 단호하게 거부했다. 마구잡이로 두들겨 맞고, 발길질을 당하고, 갖은 욕을 들었다. 그들의 폭력은 전보로 인도에도 알려졌다. 전 인도가 커다란 충격에 빠졌다. 그리고 남아프리카 문제는 당시의 중심 문제였다.

로드 하딩이, 남아프리카와 영국 본국에서의 커다란 여론을 불러일으킨 유명한 연설을 마드라스에서 한 것이 바로 그 무렵[1913년 12월]이었다. 인도 총독은 영국 제국의 일원인 나라들을 공공연하게 비판할 수는 없도록 되어 있었다. 그러나 로드 하딩은 남아프리카 연방정부에 대해 격렬한 비판을 가했을 뿐만 아니라, 사탸그라하 운동을 전적으로 변호해주었다. 로드 하딩의 단호한 태도는 각 방면에 좋은 인상을 주었다.

연방정부[210]는 몇 천 명이나 되는 무고한 사람들을 형무소에 묶어둘 권한을 가지고 있지 못했다. 인도 총독은 그것을 묵시하지 않을 것이며 또한 전 세계가 스마츠 장군이 어떻게 할지 눈을 부릅뜨고 지켜보고 있었다. 그랬기 때문에 연방정부는 같은 상황에 놓이게 되면 어느 정부나 일반적으로 취하는 행동을 취했다. 여론의 제재를 받는 국가는 그저 명목 상의 조사를 행할 뿐인 위원회를 임명해 궁지에서 벗어나려 하는 법이다. 그 위원회의 권고는 처음부터 결론이 내려진 것이나 다름없는 것이기 때문이다.

그런 성격의 위원회가 하는 권고를 국가는 반드시 수락한다. 그리고 그 권고를 실행한다는 명목하에 처음 그들이 거부했던 정의를 받아들이는 것이 일반적인 관습이었다. 스마츠 장군은 3인 위원회를 임명했다. 그 위원회는 '조사를 가능한 한 철저하게 하기 위해서'라며 카렌바하와 폴락, 그리고 나를 무조건 석방할 것을 권고했다. 정부는 그 권고를 받아들여 우리 세 사람을 동시[1913년 12월 18일]에 석방했다. 약 6주간에 걸친 투옥 뒤였다.

우리는 그 위원회에 적어도 한 명의 인도인 대표를 꼭 추가해야겠다고 생각했다. 그에 따라서 우리는 스마츠 장군 앞으로 편지를 한 통 보냈다. 하지만 그는 위원회에 더 이상의 위원을 추가로 임명하기를 거부했다. 그래서 우리는 다시 형무소로 돌아가기로 결심하고, 한 무리의 인도인이 형무소에 수감될 목적으로 1914년 1월 1일부터 더반에서 행진을 개시하겠다는 성명을 발표했다.

바로 그때, 연방철도 유럽 인 종업원들의 대파업이 일어났다. 그 때문에 정부의 지위는 아주 미묘한 것이 되어버렸다. 나는, 이처럼 행운이 찾아왔을 때 인도인 행진을 개시하자는 제안도 받았다. 그러나 나는 그런 방법으로 인도인이 파업 중에 있는 유럽 인을 도울 수는 없다고 분명하게 말했다. 왜냐하면 그들이 파업을 일으킨 목적은 정부를 난처하게 만들자는 것이 아니라 전혀 다른 성질의, 그리고 다른 목적을 가진 투쟁이기 때문이었다. 우리는 행진을 시작한다 할지라도 그와는 다른 시기, 예를 들자면 철도분쟁이 결말을 보았을 때 그것을 시작할 생각이었다.

이와 같은 우리의 결정은 깊은 감명을 주었다. 그리고 로이터 통신에 의해서 영국에 타전되었다. 로드 암프틸[21]은 영국에서 축복의 말이 담긴 전보를 보내왔다. 남아프리카에 있는 우리의 친구들 역시 우리의 결정을 잘 이해해주었다. 스마츠 장군의 비서 중 한 명은 농담처럼 이렇게 말했다.

"나는 당신들 민족을 싫어하며, 도움을 줘야겠다고는 눈곱만큼도 생각지 않고 있다. 하지만 나는 대체 어떻게 하면 좋단 말인가? 당신들은 내가 곤경에 처했을 때 나를 돕고 있다. 그런 당신들을 어찌 손으로 후려칠 수 있단 말인가? 나는 종종 파업을 하고 있는 유럽 인처럼 당신들도 폭력을 사용하면 좋겠다고 생각했다. 그러면 당신들을 처치할 방법을 바로 찾아낼 수 있을 테니. 그런데 당신들은 적에게조차 상처를 주지 않는다. 당신들은 자기 수단만으로 승리를 얻어내려 하고 있다. 그리고 당신들 스스로 터득한 예의와 의협심의 한도에서는 한 발짝도 벗어나려하지 않는다. 덕분에 어떻게 해야 할지 모를 정도로 우리에게는 다루기 어렵게 되어버렸다."

스마츠 장군 역시 비슷한 말을 했다.

이와 같은 의협의 예는 그 외에도 많았다. 그것은 곳곳에서 눈에 보이지는 않지만 강한 인상을 남겨, 인도인의 위신을 높여줬기 때문에 분쟁 해결에 적합한 분위기를 만들어주었다.

나는 위원회에 대해서 스마츠 장군과 서신을 주고받기 시작했다. 그리고 합의점을 찾았다. 위원회는 그들의 보고 속에서 인도인 거주민의 모든 요구를 전면적으로 수락할 것을 권고했다. 그리고 보고서가 발표된 지 얼마 지나지 않아서, 정부는 연방공보 지상에 3파운드 세를 폐지하며, 인도에서 합법이라고 인정하고 있는 결혼은 모두 합법이며, 엄지손가락의 지문이 찍힌 거주 증명서를 연방 입국권의 충분한 증거로 인정할 것을 규정으로 한 인도인 구제법안을 공표했다.

이렇게 해서 1906년 9월에 시작되어, 인도인 거주민에게는 수많은 육체적 고통과 재정적 손실을 주었으며, 정부에게는 깊은 걱정과 불안을 심어주었던 사탸그라하 투쟁은 '인도인 구제법'의 가결로 막을 내리게 되었다. 그리고 남아프리카의 인도인은 이제 안정을 되찾은 듯했다.

1914년 7월 18일, 나는 기쁨과 슬픔이 한데 얽힌 감정을 품은 채로 영국을 향해 출발했다. 인도에 귀국하기 전에 고칼레를 만나기 위해서였다.

기쁨이라고 말한 이유는, 오랜 세월이 지난 후의 귀국이었기 때문이며, 고칼레의 지도를 받아가며 조국을 위해 봉사하겠다는 열렬한 소망을 품고 있었기 때문이었다.

슬픔이라고 말한 이유는, 남아프리카를 떠나는 것이 매우 괴로웠기 때문이었다. 남아프리카는 내가 인생의 쓴맛, 단맛을 충분히 맛보며 생애 중 21년을 지낸 곳이었으며, 생애의 사명을 깨닫게 된 곳이기도 했기 때문이었다.

대전에 참가

1914년 8월 4일에 선전포고가 있었다. 우리가 런던에 도착한 것은 8월 6일이었다.

나는 런던에 있는 인도인이라면 전쟁에 조금이나마 기여를 해야 한다고 생각했다. 영국 학생들은 자원해서 육군에 소속되어 근무를 하고 있었다. 인도인들도 거기에 지지 않고 기여를 해야 했다. 이 논의에 대해서는 여기저기서 반박이 가해졌다.

반대 의견을 가진 친구들은 지금이야말로 인도인의 요구를 대담하게 선언하고 인도인들의 생활을 개선해야 할 때가 아니겠냐는 생각을 가지고 있었다.

나는 영국의 위급한 상황을 우리의 호기로 삼아서는 안 되며, 전쟁이 진행되는 동안에는 아무런 요구도 하지 않는 편이 오히려 적합하고, 미래를 생각하는 행동이 될 것이라고 판단했다. 그렇기 때문에 나는 내 의견을 고집했으며 사람들에게 지원병을 모집하자고 제안했다. 반향은 컸다. 지원병 중에는 인도의 여러 지방, 여러 종파의 사람들이 있었다.

나는 로드 쿨[212]에게 편지를 보내, 이 모든 사실을 알림과 동시에 우리의 요청이 받아들여지려면 야전병원 부대가 임무를 수행할 수 있도록 훈련을 받아야만 한다고 생각되니 꼭 그 훈련을 받고 싶다, 우리는 이미 모든 준비를 마쳤다고 말했다. 로드 쿨은 다소 주저하기는 했지만 그 요청을 받아들이고, 위기의 순간에 임해서 제국을 위해 봉사하겠다고 요청한 우리에게 감사의 뜻을 표했다.

전쟁에 참가하는 것이 불살생과 결코 양립할 수 없다는 사실은 아주 잘 알고 있었다. 그러나 인간의 의무는 사람들에게 명확히 밝혀져 있지는 않다.

나는 영국 제국을 통해서 나 자신과 우리 민족의 현상을 개선하겠다고 생각했다. 영국에 머무는 동안[213] 나는 영국 함대의 비호를 받았으며, 그 무력 밑으로 피난했을 때는 그 잠재적 폭력에 직접적으로 가담한 것이었다. 따라서 만약 내가 영국과의 연계를 유지하며 그 깃발 밑에서 생활하려고 한다면 내 앞에는 다음의 세 가지 길 중 하나가 열려 있을 뿐이었다.

즉, 나는 전쟁에 대한 저항을 공개적으로 선언하고 사탸그라하의 법에 따라서 제국이 군사정책을 변경할 때까지 제국을 거부하거나, 복종할 수 없다고 생각되는 제국의 법률에 복종하지 않고 투옥을 선택하거나, 영국의 입장에 서서 전쟁에 참가하여 그것을 통해 전쟁의 폭력에 저항할 수 있는 능력과 자격을 획득하는 길이다. 내게는 그런 능력과 자격이 부족했다. 그래서 전쟁에 참가하는 것 외에는 달리 방법이 없다고 생각했다.

불살생이라는 견지에서 볼 때 나는, 전투원과 비전투원은 서로 다를 바가 없다고 생각한다. 도적들의 무리에 스스로 가담해서, 그들의 짐을 나르든 혹은 그들이 일을 하는 동안 망을 보든 도적들과 마찬가지로 도적질이라는 죄를 범한 것이다. 그와 마찬가지로 전투에서 부상당한 사람을 돌봤다 할지라도 전쟁이라는 범죄에서는 벗어날 수가 없는 것이다.

 나는 문제에 대해서 이렇게 자문자답해보았다. 그때 나는, 내 행동과 불살생에 대한 선고와의 일관성에 대해 의문을 던진 폴락의 전보를 받았다. 그 전보를 받은 나는 곧 몇몇 친구들과 함께 그 의견에 대한 논의를 펼쳤다. 그리고 나는 전쟁에 참가하는 것이 나의 의무라는 결론을 내렸다.

 지금도 나는 그 논의에 부족함은 조금도 없었다고 생각하며, 행동에도 후회를 느끼지 않는다. 왜냐하면 당시 나는 영국과의 연계에 찬성하는 입장을 취하고 있었기 때문이었다. 하지만 나는 늑막염에 걸려버려서 겨울이 오기 전에 인도로 돌아가라는 권유를 받았다. 나는 그 권유에 따랐다. 오랫동안 외국에서 생활하다 고국으로 돌아가는 것은 기쁜 일이었다.

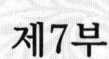

제7부

푸나에서

내가 본국에 도착하기에 앞서, 피닉스에서 출발한 일행이 이미 귀국해 있었다. 내가 봄베이에 상륙했을 때 피닉스 부대는 산티니케탄[214]에 있다는 사실을 알 수 있었다. 나는 영국에서 고칼레를 만난 뒤에 가능한 한 빨리 그들이 있는 곳으로 가고 싶어서 초조함을 느꼈다. 나는 봄베이에 잠깐 머문 뒤, 고칼레가 가라고 권했던 푸나로 향했다.

고칼레와 '인도 봉사협회' 회원들의 호의가 나를 감동시켰다. 내 모든 기억을 더듬어봐도, 고칼레는 회원 전부를 불러 모아 나를 소개시켜주었다. 나는 그들 모두와 함께 온갖 종류의 문제에 대해서 허심탄회하게 이야기를 나누었다.

고칼레는 내가 그 봉사협회의 회원이 되기를 열망하고 있었으며, 나 역시도 그러고 싶었다. 하지만 내 이상, 그리고 일하는 방법은 협회 사람들의 그것과 상당한 차이가 있었기 때문에 내가 협회에 가입하는 것은 나를 위해서 좋은 일이 아닐지도 모른다고 생각했다.

나는 고칼레에게 내 생각을 말했다. 내가 일원으로 가입하든 가입하지 않든 그것과는 상관없이, 나는 구자라트 지방의 어딘가에 도장(아슈람)을 만들어 피닉스의 가족과 함께 정착할 수 있기를 바랐다.

나는 구자라트 사람이다. 따라서 구자라트에 대한 봉사를 통해서 나라에 봉사하는 것이 내게는 가장 적합하다고 생각했다. 고칼레는 그 생각에 찬성해주었다. 그가 말했다.

"자네는 분명 그렇게 해야 하네. 자네와 회원들이 이야기를 나눈 결과가 어떤 것이든 도장을 세우는 데 드는 비용이라면 내게 맡겨두게. 나는 내 도장이라고 생각하고 있으니."

나의 마음은 기쁨으로 넘쳤다. 기금을 모아야 하는 책임에서 벗어난 것은 기쁜 일이었다. 그리고 나 혼자 모든 일을 시작하지 않아도 된다는 사실을 알았으며, 어려움에 봉착했을 때는 언제라도 확실한 지도를 받을 수 있다는 사실을 알게 된 것은 기쁜 일이었다. 그렇게 해서 내 마음속 무거운 짐을 덜 수 있었다.

고칼레는 내가 인도 각지를 여행하며 경험을 쌓는, 그 견문의 시간이 끝나기 전까지 공적 문제에 대해서는 일절 의견을 발표하지 않겠다는 약속을 내게서 받아냈다.

나는 푸나에서 라지코트 및 포르반다르로 갔다. 거기서 형수와 친척들을 만나기로 되어 있었다.

당시 페스트가 유행하고 있었기 때문에 삼등 객차에 탄 승객은, 비람감에서였는지 와드완에서였는지 지금은 잊었지만, 검역을 받아야만 했다. 나는 열이 조금 있었다. 내게 열이 있다는 사실을 안 검역관은 라지코트의 위생관에게로 출두하라고 요구하며 내 이름을 적었다.

내가 와드완을 지난다는 사실을 누군가가 알렸음에 틀림없었다. 왜냐하면 양복점 주인으로, 그 지역의 유명한 사회운동가인 모틸랄이 나를 맞으러 역까지 와 있었기 때문이었다. 그는 비람감의 세관[215]에 관한 일과 그 세관 때문에 철도 승객들이 곤욕을 치르고 있다는 사실을 이야기해주었다. 나는 열 때문에 이야기를 나누고 싶은 기분이 아니었다. 그래서 질문 형식을 빌려 간단한 대답으로 이야기를 마치려 했다.

"자네는 형무소에 갈 수 있는가?"

나는 모틸랄을 사려 깊지 못한 경박한 청년이라고 잘못 생각하고 있었다. 그러나 모틸랄은 그런 사람이 아니었다. 그는 야무진 생각으로 대답했다.

"당신이 우리를 지도한다면 틀림없이 형무소에도 가게 될 것입니다. 카티아와르 사람으로서 우리는 당신의 지도를 가장 먼저 요구할 수 있는 권리를 가지고 있습니다. 물론 지금 여기서 당신을 막아설 마음은 없습니다. 하지만 당신이 돌아가실 때에도 여기에 들러주시겠다고 약속해주십시오. 우리 청년들의 활동 모습이나 생각을 보신다면 틀림없이 기뻐하실 겁니다. 그리고 만약의 경우가 찾아오면 우리가 당신의 요구에 바로 응할 것이라는 사실을 믿어주시기 바랍니다."

나는 모틸랄이 마음에 들었다.

후에 나는 모틸랄과 아주 친해졌다. 그는 당시 막 문을 연 도장에서, 한 달에 며칠씩 묵으며 아이들에게 옷 만드는 법을 가르치기도 하고 스스로 도장의 재봉 작업을 맡아 하기도 했다. 그런데 그는, 한창 일할 나이에 갑작스러운 병으로 이 세상을 떠나고 말았다. 그를 잃은 와드완의 사회활동은 손실을 입었다.

라지코트에 도착한 이튿날, 나는 위생관에게로 갔다. 그곳에는 내 이름이 조금 알려져 있었다. 위생관 의사가 난처하다는 표정을 지었다. 그리고 검역관에게 화를 냈다. 그렇게 화를 낼 이유는 어디에도 없었다. 왜냐하면 검역관은 자신의 의무를 다한 것에 불과했으니. 그는 나를 알지 못했다. 그리고 그가 나를 알고 있었다 할지라도 그는 달리 취할 수 있는 방법이 없었다. 위생관은 두 번 다시 검역관에게 그런 일을 시키지 않겠다며, 자꾸만 사과를 하러 검역관을 보내겠다고 했다.

이런 경우, 삼등 객차의 검역은 위생적인 이유에서 꼭 필요한 것이었다. 신분이 높은 사람이 삼등 객차로 여행을 한다면, 그의 사회적 지위가 어떤 것이든 그들은 자진해서 가난한 사람들이 따르도록 되어 있는 모든 규칙에 따라야만 한다. 그리고 관리는 공평해야만 한다. 내 경험에 의하면 관리들은 삼등 객차의 손님들을 동포로 여기지 않고 한 떼의 양처럼 취급하고 있다. 그들은 거친 말을 사용하며, 대답도 항변도 받아들이지 않는다. 삼등 객차의 승객들은 마치 하인처럼 관리를 따라야만 했다. 그리고 승객은 아무런 잘못이 없는데도 욕을 먹고, 협박을 받고, 온갖 불편을 맛본 뒤, 때로는 기차 한 대를 그대로 보내고 다음 열차 표를 사는 경우도 있었다.

지금 말한 것은 전부 내 눈으로 직접 본 것들이다.

교양 있는 사람이나 돈을 가지고 있는 사람들이 적극적으로 가난한 사람들의 상태를 받아들이고, 삼등 객차로 여행하며, 가난한 사람들에게는 없는 즐거움을 갖기를 그만두고, 학대, 무례, 부정을 어쩔 수 없는 일이라며 피하지 않고 그것들을 제거하기 위한 싸움을 전개하지 않는 한 개혁은 불가능할 것이다.

산티니케탄에서

나는 라지코트에서 산티니케탄으로 향했다. 교사와 학생 모두 진심으로 맞아주어서 나는 감격했다. 환영회는 간소했으며, 사랑과 예술이 조화를 이룬 것이었다.

산티니케탄에서 피닉스 농원의 가족들은 각자의 집을 갖게 되었다. 마간랄 간디가 그들의 대표격이었다. 그리고 그는 피닉스 도장의 모든 규칙이 그대로 지켜질 수 있도록 감독하는 임무를 맡고 있었다. 나는 그가 사랑과 지식 및 인내심으로 산티니케탄 전체에 감화를 주고 있다는 사실을 알게 되었다.

앤드루스[216]와 피어슨[217]도 거기에 있었다. 나는 거의 습관처럼 곧 교사, 그리고 학생들과 융화되었다. 그리고 자조에 대해서 그들과 이야기를 나눴다. 나는 교사들에게, 만약 요리사에게 의존하지 않고 그들과 학생들이 직접 음식을 장만한다면, 교사들은 학생들의 육체적 및 정신적 건강 유지라는 입장에서 음식을 관리할 수 있게 될 것이며, 학생들에게는 자조에 관한 실물교육을 할 수 있을 것이라고 말했다. 한두 사람이 고개를 옆으로 흔들었지만 몇몇 사람들은 그 제안에 찬성을 했다. 소년들은 새로운 일에 대한 그들의 본능적인 호기심에서였는지 모르겠지만, 그것을 환영했다.

그래서 우리는 실험을 시작했다. 내가 시인[218]에게 의견을 들려달라고 했더니 그는 교사들이 찬성한다면 자신은 특별히 상관없다고 말했다. 그가 소년들에게 말했다.

"실험 속에는 자치의 열쇠가 숨겨져 있다."

피어슨은 이 실험을 성공시키기 위해서 녹초가 될 때까지 자신의 몸을 움직였다. 그는 열정을 가지고 그 일에 뛰어들었다. 야채를 써는 조, 곡물을 씻는 조, 이런 식으로 조를 만들었다.

하지만 교사와 125명의 학생들에게, 오리가 물에 익숙한 것처럼 육체노동에 익숙해지라고 한다면 그것은 무리한 요구가 될 것이다. 매일 논쟁이 오갔다. 몇몇 사람들은 일찍부터 피로를 느끼기 시작했다. 그러나 피어슨은 지칠 줄 모르는 사람이었다. 그는 웃음 띤 얼굴로 부엌이나 그 부근에서 늘 무엇인가를 하고 있었다. 그는 부엌의 커다란 도구를 닦는 일을 담당하고 있었다. 한 무리의 학생들이 뒷정리를 맡은 조 앞에서, 그 따분한 일에 흥을 돋우려고 시타[219]를 연주했다. 모두가 열심히 일을 했다. 그리고 산티니케탄은 벌집처럼 분주했다.

이와 같은 변화는 일단 시작되면 발전하는 법이다. 피닉스 부대의 부엌은 그저 자발적으로 관리되었을 뿐만 아니라 거기서 만들어지는 음식은 가장 간단한 것이었다. 양념은 쓰지 않았으며 쌀, 콩, 야채 그리고 밀가루에 이르기까지 하나의 솥으로 한 번에 요리를 했다. 산티니케탄의 학생들이 벵골의 아궁이를 개량해서 그와 같은 요리법을 생각해낸 것이었다. 한두 명의 교사와 몇몇 학생이 그 부엌을 사용했다.

그러나 그 실험은 얼마 지나지 않아서 중단되었다. 그 유명한 학원은 단기간에 걸쳐서 이 실험을 해보았지만 손해는 보지 않았다. 그리고 그것에 의해서 얻은 몇몇 경험이 교사들에게 도움이 됐다고 보는 것이 나의 견해다.

나는 한동안 산티니케탄에서 머물 생각이었다. 하지만 운명은 내게 다른 일을 명했다. 내가 푸나로부터 고칼레의 죽음을 알리는 전보를 받은 것은 그로부터 일주일도 지나기 전이었다. 도장의 집회당에서, 이 국민적 손실을 애도하는 특별 집회가 열렸다. 그날 나는 아내, 마간랄과 함께 푸나로 향했다. 나머지 피닉스 부대원들은 산티니케탄에 그대로 머물렀다.

앤드루스가 나와 함께 부르드완까지 갔다. 그가 내게 물었다.

"인도에서 사탸그라하를 시작할 때가 온 것 아닙니까? 만약 시작할 생각이라면 언제부터 할지 생각해두셨습니까?"

내가 말했다.

"아무 말씀도 드릴 수 없습니다. 지난 1년 동안 저는 아무것도 하지 않았습니다. 경험을 쌓기 위해서 인도를 여행하는 것, 그 조사 단계를 마칠 때까지 공적인 문제에 대한 의견은 일절 밝히지 않기로 고칼레와 약속했습니다. 1년이 지나버리기는 했지만 그렇다고 해서 성급히 의견을 밝히거나 발표할 필요는 없습니다. 그러니 지금부터 5년 전후로 해서 사탸그라하를 시작할 기회는 오지 않을 것이라고 생각합니다."

그 점에 관해서, 고칼레는 나의 저서인 『힌두 스와라지[인도의 자치]』에 담긴 생각에 늘 웃음을 지으며 다음과 같이 말했다는 사실을 밝혀두겠다.

"1년만 인도에서 생활한다면 그 생각은 자연스럽게 바뀔 걸세."

삼등 객차 승객의 비애

남아프리카에서의 사탸그라하 투쟁 중에 나는 복장을 계약 노동자들과 같은 것으로 바꿨다. 그리고 영국에 가서도 실내에서는 늘 같은 복장을 하고 있었다. 봄베이에 상륙할 때도 나는 인도의 무명으로 만들어진 셔츠 도티에 상의와 하얀 스카프를 두른 카티아와르풍의 복장을 하고 있었다. 그러나 봄베이에서부터는 삼등 객차로 여행하기로 했기 때문에 스카프와 상의는 귀찮다는 생각이 들어서 벗어버리기로 했다. 그리고 8안나인지 10안나를 주고 캐시미어 모자를 샀다. 그런 복장을 한 사람은 누구나 가난한 사람이라고 여겨지고 있었다.

산티니케탄에서 부르드완으로 가는 도중[220] 우리는 삼등 객차 승객이라면 표를 살 때 누구나 겪어야 하는 어려움을 직접 경험했다. 역무원이 우리에게 말했다.

"삼등 객차의 표는 이렇게 일찍부터 팔지 않아."

나는 역장에게로 가려했다. 그런데 그것 역시 쉬운 일이 아니었다. 누군가가 친절하게도 역장이 있는 곳까지 나를 데려다주었다. 그래서 나는 그에게 우리가 처한 어려움에 대해서 이야기했다. 그의 대답도 역시 마찬가지였다.

매표구의 창구가 열리자마자 나는 바로 표를 사러 갔다. 그러나 표를 사는 일은 그리 쉬운 일이 아니었다. 힘은 곧 정의라는 듯, 남이야 어떻게 되든 앞으로 나가려는 승객이 꼬리에 꼬리를 물고 밀려들었고, 나는 그럴 때마다 뒤로 밀려났다. 결국 나는 처음에 와 있던 사람들 중에서 가장 뒤로 밀려버리고 말았다.

기차가 도착했다. 거기에 타기 위해서 또 한 번의 시련을 겪어야만 했다. 기찻속은 이미 오른 승객들과 이제부터 오르려 하는 승객들 사이에 오가는 욕설과 몸싸움으로 아수라장이 되어 있었다. 우리는 승강장 여기저기를 뛰어다녔다. 그러나 어딜 가나,

"죄송합니다. 여기는 자리가 없습니다."라는 같은 대답만 돌아왔다. 나는 차장에게로 갔다. 그가 말했다.

"아무 데나 탈 수 있을 만한 데로 비집고 들어가든지, 아니면 다음 기차를 타고 가도록 해."

내가 정중하게 대답했다.

"하지만 급한 일이 있습니다."

그는 나의 말에 귀를 기울일 마음이 전혀 없었다. 나는 어떻게 해야 좋을지 몰랐다. 나는 마간랄에게 어디든 좋으니 탈 수 있을 만한 데로 비집고 들어가자고 했다. 그리고 나는 아내와 함께 이등 객실로 들어갔다. 차장이 이등 객차로 들어가는 우리의 모습을 보았다. 아산솔 역에 도착하자 그는 우리에게 할증 요금을 청구했다. 내가 그에게 말했다.

"우리에게 자리를 찾아주는 것이 자네의 일이었네. 우리는 자리를 찾지 못했기 때문에 여기로 왔어. 만약 자네가 삼등 객차에 자리를 마련해준다면 우리는 기꺼이 그리로 갈 것일세."

차장이 말했다.

"내게 따져봐야 소용없는 일이오. 나는 당신에게 자리를 마련해 줄 수 없소. 할증 요금을 내시오. 그럴 수 없다면 내려주시오."

어쨌든 나는 푸나로 가고 싶었다. 그랬기 때문에 차장과 싸울 마음은 없었다. 그래서 나는 그가 요구하는 대로 할증 요금을 냈다. 하지만 나는 이와 같은 부정에 분노를 느꼈다.

이튿날 우리는 모갈사라이에 도착했다. 마간랄은 삼등 객차에 간신히 자리를 마련해서 그곳으로 옮겼다. 나는 검표원에게 사정을 있는 그대로 이야기하고 모갈사라이에서 삼등 객차로 옮긴 것에 대한 증명서를 써달라고 요청했다. 그런데 그는 그럴 수 없다고 거부했다. 그래서 나는 철도당국에 배상금을 요구했다. 당국으로부터는 다음과 같은 대답이 돌아왔다.

'증명서를 제시하지 않는 한, 저희는 요금을 반환하지 않습니다. 그러나 귀하의 경우는 예외로 취급하겠습니다. 물론 부르드완에서 모갈사라이까지의 추가 요금은 돌려드릴 수 없습니다.'

삼등 승객의 여행이 고단한 이유는 철도 당국의 횡포 때문이라는 것은 의심할 여지도 없는 사실이었다. 그러나 승객들의 야만스러움, 불결한 습관, 무질서 그리고 무지함도 역시 그에 못지않게 비난받아 마땅하다.

안타까운 것은 그들이 종종, 자신들의 무례함, 불결함, 무질서한 행동을 깨닫지 못하는 경우가 있다는 사실이다. 그들은 자신들이 하고 있는 모든 행동을 당연한 것이라고 여기고 있다. 그와 같은 일은 모두, 그들에 대한 우리 '지식인'들의 무관심에서 기인하는 것이다.

내게 가장 괴로웠던 삼등 객차에서의 경험[221]은, 라흘에서 델리로 갈 때의 경험이었다. 나는 카라티를 경유해서 캘커타로 갈 생각이었다. 나는 라흘에서 기차를 갈아타야만 했다. 기차는 만원이었기 때문에 자리를 찾을 수가 없었다. 안에 있는 사람들은 억지로 파고든 것이었다. 문이 닫혀 있으면 창으로 몰래 들어가는 사람들도 종종 볼 수 있었다. 나는 늦어도 집회가 있는 날에는 캘커타로 들어가야만 했다. 그런데 이 기차를 타지 못한다면 나는 시간에 맞춰 갈 수가 없었다. 나는 승차를 거의 포기해버렸다. 누구도 나를 태워주려 하지 않았다. 바로 그때, 난처해하고 있는 나를 발견한 짐꾼이 달려와 내게 말했다.

"12안나를 주세요. 그러면 제가 당신을 위해서 자리를 마련해드리겠습니다."

내가 말했다.

"그래, 자네가 자리를 찾아만 준다면 12안나를 주기로 하지."

그 젊은이는 차량에서 차량으로 옮겨 다니며 손님들에게 부탁을 하기 시작했다. 하지만 누구 하나 들은 척도 하지 않았다. 이제 곧 출발할 시간이었다. 바로 그때, 몇몇 승객들이 말했다.

"여기는 빈자리가 없어. 그래도 그를 밀어서 안으로 넣어보겠나? 물론 서서 가야 하겠지만."

"괜찮겠습니까?"라고 짐꾼이 물었다. 나는 한마디로 그 말을 승낙했다. 그래서 그는 나를 창으로 밀어 넣었다. 나는 그렇게 해서 간신히 기차에 오를 수 있었다. 그리고 짐꾼은 12안나를 벌었다.

그 날 밤은 무척 힘들었다. 다른 승객들은 어떻게 자리를 잡고 앉을 수 있었다. 나는 위쪽 침대를 지탱하고 있는 쇠사슬[222]을 붙들고 2시간을 서 있었다. 그 동안 나는 몇몇 승객들에게 끊임없이 괴롭힘을 당했다. 그들이 물었다.

"자네는 왜 앉질 않는 거지?"

나는, 여기에는 빈자리가 없기 때문이라고 그들을 이해시키려 했다. 그러나 그들은 내가 서 있다는 사실이 신경이 쓰여 견딜 수가 없는 듯했다. 물론 그들은 위쪽 침대에 기다랗게 누워 있었다. 그들은 지치지도 않고 나를 괴롭혀댔다. 나도 참을성을 갖고 온화하게 대했다. 그렇게 해서 드디어 그들을 잠잠하게 만들었다. 그들 중 몇몇이 내 이름을 물었다. 내가 이름을 밝히자 그들은 놀라는 듯했다. 그들은 변명을 한 뒤, 내게 자리를 마련해주었다. 이렇게 해서 인내는 보답을 받았다. 나는 젖은 솜처럼 몸이 무거웠으며, 머리가 어질어질했다. 신은 가장 어려운 순간에 이처럼 구원의 손길을 내미셨다.

도장의 건설

사탸그라하 도장은 1915년 5월 25일, 아마다바드에 설립되었다.

나는 예전부터 아마다바드를 사랑하고 있었다. 구자라트인인 나는 구자라트어를 사용해야만 비로소 나라에 가장 커다란 봉사를 할 수 있을 것이라고 생각했다. 아마다바드는 예전부터 무명 생산의 중심지였기 때문에 무명을 짜는 가내수공업을 부활시키기에 가장 적합한 지역이 될 가능성을 가지고 있었다. 그리고 그곳은 구자라트 지방의 수도였기 때문에 그 지역의 부유한 시민들로부터 금전적 원조를 받기에도 다른 지역보다 유리한 면이 있었다.

설비에 관한 한은 아마다바드의 법정변호사인 실리 지반랄 데사이가 주가 되어 나를 도와주었다. 그가 자신이 소유하고 있는 코츠람의 방갈로를 빌려주겠다고 하기에 그것을 빌리기로 했다. 우선 우리가 해결해야 할 문제는 도장의 이름을 짓는 것이었다[223]. 우리의 신조는 진실에 대한 헌신이었다. 따라서 우리의 직무는 진실을 탐구하는 것이었으며, 그것을 굳게 지키는 것이었다.

나는 남아프리카에서 시험했던 방법을 인도에도 알리고 싶었다. 그리고 나는 인도에서 그것을 어느 정도까지 적용시킬 수 있을지를 조사해보고 싶었다. 그래서 친구들과 나는 봉사의 목표와 방법이라는 뜻을 전부 포함하고 있는 '사탸그라하 아슈람'이라는 이름을 선택했다.

도장을 운영하기 위해서는 법규와 규율이 필요했다. 그래서 그를 위한 안문을 작성했다. 그리고 친구들에게 그에 대한 견해를 들려달라고 청했다. 수많은 의견들이 나왔다. 그중에서도 구루다스 바네르지 경의 의견은 아직도 내 기억에 생생히 남아 있다. 그는 규칙에 찬성했다. 하지만 안타깝게도 젊은 세대들에게는 겸손이 부족한 듯하니 규율에 겸손을 추가해야 한다고 제안했다.

나도 그 결점을 깨닫고 있기는 했지만 그것이 맹세가 되어버리면 그 순간, 겸손은 겸손이 될 수 없는 것이 아닐까 라고 생각하고 있었다. 겸손의 참된 의미는 자기 소멸이다. 자기 소멸은 해탈이다. 따라서 그것 자체는 규율이 될 수 없기 때문에 그것을 달성하기 위해서는 다른 규율이 필요해진다. 만약 해탈을 구하는 사람이나 봉사자의 행위에 겸손과 무아(無我)의 마음이 없다면 해탈이나 봉사를 구하는 마음은 사라져버린다. 겸손함이 없는 봉사는 이기주의이자 자아주의다.

우리는 남녀 합쳐서 25명이었다. 도장은 이렇게 시작되었다. 그들은 모두 한솥밥을 먹으며 한 가족처럼 지내기에 힘썼다. 도장이 생긴 지 겨우 2, 3개월쯤 지났을 때 우리는 전혀 예상할 수 없었던 시련에 부딪치게 되었다. 나는 암리트랄 타카르[224]로부터 다음과 같은 편지를 받았다.

'겸손하고 정직한 아웃카스트 일가족이 귀하의 도장과 친분을 맺고 싶어 합니다. 귀하는 그들을 받아들이겠습니까?'

나는 암리트랄 타카르에게 편지를 써서, 가족 전원이 도장의 규칙에 따를 준비가 되어 있다면 우리는 그들을 기꺼이 맞아들이겠다고 대답했다. 그 가족은 두다바이와 그의 아내인 다니벤[225], 그리고 당시에는 갓난아기였던 그들의 딸 라크슈미, 이렇게 셋이었다. 두다바이는 봄베이에서 교사로 있었다. 그들은 모두 도장의 규칙에 따를 것을 약속했다. 그렇게 해서 도장으로 들어왔다.

그런데 그들을 받아들인 것이, 그 이전까지 도장에 도움을 주던 친구들 사이에 커다란 소동을 불러일으켰다. 가장 먼저 일어난 문제는, 방갈로 주인과 공동으로 사용하고 있던 우물에 관한 것이었다. 물 뜨기를 담당하고 있던 사람이, 우리의 물통에서 떨어진 물 때문에 자신이 더러워진다는 이유로 공동 사용을 반대했다. 그는 그렇게 우리에게 욕을 퍼붓고 헐뜯으며 두다바이를 괴롭혔다. 나는 모두에게 욕을 먹어도 참고, 어떻게 해서든 계속해서 물을 사용할 수 있도록 하자고 말했다. 물 뜨기를 담당하고 있던 사람은, 우리를 헐뜯어도 우리가 아무런 말도 하지 않는다는 사실을 알고 부끄러움을 느꼈는지 괴롭히기를 그만두었다.

그러나 친구들의 금전적인 원조는 완전히 끊겨버리고 말았다. 금전적인 원조가 끊어짐과 동시에 마을 사람 모두가 우리와의 왕래를 끊을 것이라는 소문이 들려오기 시작했다. 우리는 그 모든 것에 대해서 마음의 준비를 하고 있었다. 나는 동료들에게, 만약 우리가 배척당하게 되어 일상의 편의를 잃게 된다 할지라도 우리는 아마다바드에서 떠나지 말자, 오히려 '아웃카스트'가 있는 곳에서 살기로 하자, 그리고 육체노동으로 손에 넣은 것으로 생활하자고 미리 말해두었다.

사태는 위험한 수위에까지 오르고 말았다. 어느 날 마간랄 간디가 내게로 와서 주의를 주었다.

"저희 자금이 슬슬 바닥을 드러내기 시작했습니다. 다음 달이면 전부 떨어질 겁니다."

내가 조용히 대답했다.

"그렇게 되면 '아웃카스트' 마을으로 가자."

나는 이와 같은 시련을 처음 겪는 게 아니었다. 이와 같은 경우에는 전부, 마지막 순간에 신께서 구원의 손길을 내밀어주셨다. 마간랄이 재정 궁핍에 대한 경고를 한 지 얼마 지나지 않아서였다. 어느 날 아침, 아이가 와서 한 셰드가 자동차에 앉아서 나를 만나고 싶다며 기다리고 있다는 것이었다. 나는 그가 있는 곳으로 갔다.

"도장에 기부를 좀 하고 싶습니다. 받아주시겠습니까?"라고 그가 물었다.

내가 말했다.

"받고말고요. 솔직히 말씀드리자면, 저희는 지금 무일푼입니다."

그가 말했다.

"내일 이 시간에 다시 찾아뵙겠습니다. 그때도 댁에 계십니까?"

"네." 라고 나는 대답했다. 그는 그곳에서 떠났다.

이튿날, 약속한 시간이 되자 자동차가 우리의 집 앞으로 다가왔다. 그리고 경적을 울렸다. 아이들이 그 소식을 가지고 왔다. 그 셰드는 집으로 들어오지 않았다. 내가 그를 만나러 나갔다. 그는 내 손에 13,000루피나 되는 돈뭉치를 쥐어준 뒤 그대로 자동차를 타고 떠나갔다.

그와 같은 원조는 전혀 뜻밖의 것이었다. 어쨌든 참으로 이상한 원조방법이었다. 그때까지 그 신사는 단 한 번도 도장을 찾아온 적이 없었다. 내가 기억하고 있는 한, 그를 만난 것은 딱 한 번뿐이었다. 찾아온 적도 없었으며, 무엇 하나 묻지도 않았다. 그저 원조를 해주고 그대로 떠나버린 것이었다! 내게 그것은 두 번 다시 하지 못할 경험이었다. 그 원조로 인해서 우리는 '아웃카스트' 마을으로 탈출하지 않아도 되었다. 우리는 1년 정도는 편안히 지낼 수 있게 되었다.

바깥에서 폭풍이 불고 있었던 것처럼 도장 안에서도 폭풍이 일기 시작했다.

남아프리카에서는 '아웃카스트' 친구들이 곧잘 우리를 찾아와 함께 생활하고 식사를 함께 했지만 내 아내와 다른 여자들은 도장에 '아웃카스트' 친구를 받아들이는 것을 좋아하지 않는 듯이 보였다. 나의 눈과 귀는 다니벤에 대한 그녀들의, 혐오까지는 아니지만, 쌀쌀함을 간단히 포착해낼 수 있었다. 나는 재정난에 대해서는 조금도 걱정하지 않았다. 하지만 이와 같은 내부의 폭풍에는 내 자신이 견딜 수가 없었다. 다니벤은 평범한 여자였다. 두다바이는 조금은 교육을 받은, 분별력 있는 남자였다. 나는 그의 인내력에 감탄했다. 나는 그에게 다소간의 모욕은 참으라고 부탁했다. 그는 동의했을 뿐만 아니라 자신의 아내에게도 그렇게 하라고 일러두었다.

도장의 입장에서 보자면 그의 가족을 받아들인 것은 하나의 커다란 교훈이라는 사실을 알 수 있었다. 우선 우리는 세상에 대해서, 도장은 아웃카스트 제도에 반대한다는 사실을 선언한 것이었다. 그렇게 함으로 해서 도장에 원조를 주려는 사람들에게 마음의 준비를 할 수 있게 했다. 그래서 도장의 그런 방면의 일은 아주 쉽게 행해질 수 있게 됐다.

도장의 나날의 출비를 담당하고 있는 사람이 대부분 신실한 힌두교도들이라는 사실이야말로, 틀림없이 아웃카스트 제도가 뿌리에서부터 흔들리고 있다는 사실을 명확하게 보여주는 증거일 것이다. 그랬다. 그 사실에 대한 증거는 그 외에도 아주 많았다. 그러나 그중에서도 훌륭한 힌두교도가 두려워하는 마음 없이, 아웃카스트와 식사까지 함께 하고 있는 우리 도장을 원조해준다는 사실은 결코 작은 증거가 아닐 것이다.

인디고의 염료

참파란[226]은 자나카 왕의 영지로 지금은 망고나무가 많지만, 1917년까지는 인디고 염료의 농원이 가득 들어 차 있었다.

참파란의 소작 농민은 법률에 의해서, 그 토지의 20분의 3은 영주를 위해서 인디고 염료를 재배해야만 했다. 이 제도에 의하면 20카타[1에이커] 중 3[팅]카타에 인디고 염료를 재배해야만 했기 때문에 이 제도는 팅카티아제도라고 불렸다.

라지쿠마르 슈클라[227]는 예전부터 그런 약탈에 시달리던 농민 중 한 사람이었다. 그는 자신이 고통 받고 있는 것과 같은 고통을 받고 있는 수천 명의 농민을 위해서 이 인디고 염료의 얼룩을 지워버려야겠다는 열정에 넘쳐 있었다.

그는 나를 붙들고, 참파란으로 가서 그곳 농민들의 비참한 생활상을 봐달라고 부탁했다. 그래서 나는 그에게, 예정하고 있던 여행에 참파란을 넣어 하루, 이틀 정도 머물겠다고 대답했다.

"하루면 충분할 겁니다. 그곳의 실상을 당신 눈으로 직접 보실 수 있을 겁니다."라고 그가 말했다.

그래서 1917년 초, 우리는 농민[라이오트[228]]과 같은 차림을 하고 캘커타를 떠나 참파란으로 갔다. 나는 참파란으로 가는 기차를 어디서 타야 하는지조차 모르고 있었다. 그는 나를 기차에 태워주었고, 이튿날 아침 우리는 파트나[229]에 도착했다.

라지쿠마르 슈클라는 나를 파트나의 라젠드라 프라사드 바부[230]에게로 데려갔다. 라젠드라 바부는, 푸리[231]였는지 혹은 다른 곳이었는지 지금은 정확히 기억하고 있지 못하지만, 어쨌든 다른 지방으로 여행을 떠나 집에 없었다. 방갈로에는 하인들이 한두 명 있었다. 그들은 나를 쳐다보려 하지도 않았다. 나는 먹을 것을 조금 가지고 가기는 했지만 대추야자 열매가 먹고 싶었다. 나와 동행하던 사람이 시장으로 가 나를 위해서 그것을 사가지고 왔다.

비하르는 아웃카스트 제도에 대해 매우 엄격했다. 하인들이 우물을 사용하고 있는 동안에는 나는 물을 길을 수가 없었다. 내 물통에서 넘친 물이 그들을 더럽히면 안 된다는 것이 그 이유였는데, 하인들은 내가 어느 카스트에 속하는지 알지 못했던 것이다. 라지쿠마르가 나를 실내 화장실로 안내하자 하인이 서둘러 나를 실외에 있는 화장실로 데려갔다. 그런 일들은 내게 그다지 놀라운 것도 아니었으며, 화나는 일도 아니었다. 왜냐하면 나는 그와 같은 일에 익숙해져 있기 때문이었다. 하인들은 그들의 의무를 잘 수행하고 있었다. 왜냐하면 그들은 라젠드라가 그렇게 하기를 바라고 있다고 생각했으며, 주인에게 충실했기 때문이었다.

이처럼 라지쿠마르 슈클라에게 무조건적인 도움을 얻은 나는 그에게 호감을 갖게 되었다. 하지만 그를 잘 이해하게 됨으로 해서, 라지쿠마르 슈클라는 나를 인도할 수 없다는 사실, 내 자신이 길을 열어나가야만 한다는 사실을 알게 되었다.

나는 마울라나 마자룰 하크를, 그가 런던에서 법률 공부를 하던 때 알게 되었다. 그리고 내가 1915년 회의파의 봄베이 대회에서 그와 재회했을 때—그해 그는 이슬람교도연맹의 의장이었다.— 우리는 옛정을 돈독히 했다. 그리고 내가 만약 파트나에 올 일이 있다면 언제든지 자신의 집에서 묵으라고 말해주었다. 그의 말을 떠올린 나는 사람을 보내 방문 목적을 그에게 알리도록 했다. 그는 바로 자동차를 타고 찾아와서 자신의 집에서 묵으라고 권했다. 나는 그의 호의에 감사를 한 뒤, 이 지방에 대해서는 완전히 문외한인 나에게 길을 알려줘봐야 별 도움은 되지 않겠지만, 그래도 한시라도 빨리 목적지에 도착할 수 있도록 기차 편을 알아봐달라고 부탁했다. 그는 라지쿠마르 슈클라와 의논을 한 뒤, 그렇다면 우선은 무자파르푸르로 가는 것이 좋겠다고 말했다. 다행히도 그날 저녁에 그곳으로 가는 기차가 있었다. 그가 역까지 배웅을 해주었다.

무자파르푸르에는 클리팔라니[232]가 살고 있었다. 클리팔라니는 예전부터 그곳 주립대학의 교수였는데 내가 그곳을 찾았을 때는 교수직에서 물러난 직후였다. 나는 그에게 전보를 쳐서 그쪽으로 가겠다고 했다. 그랬더니 기차가 도착한 것은 한밤중이었음에도 불구하고 그는 한 무리의 학생들과 함께 나를 마중하러 역까지 나와 있었다.

클리팔라니는 비하르 주, 특히 티르후트 지방[233]의 처참한 상황에 대한 이야기를 들려주었다. 그리고 내가 하려는 일이 얼마나 어려운 것인지를 가르쳐주었다. 처음 그는 비하르 사람들과 매우 긴밀하고 밀접하게 접촉하고 있었다. 그리고 내가 어떤 사명을 가지고 비하르에 왔는지에 대해서도 그곳 사람들에게 설명을 해두었다.

아침이 되자 몇몇 변호사들이 무리를 지어 나를 찾아왔다. 브라지키쇼레 프라사드 바부는 더반에서, 라젠드라 프라사드 바부는 푸리에서 각각 돌아와 있었다. 잠시 후, 나는 그 사람들과 평생의 우정으로 묶여져 가고 있다는 사실을 느낄 수 있었다. 브라지키쇼레 바부는 재판에 걸려 있는 여러 가지 일에 대해서 알려 주었다. 그는 늘 가난한 소작인들의 소송사건을 다루고 있었다. 내가 그곳을 찾았을 때도 그와 같은 사건으로 소송 중인 것이 두 가지 있었다.

그와 같은 소송에서 승리를 거두면, 그는 이들 가난한 사람들에게 어떤 도움을 주었다는 사실을 스스로의 위안으로 삼았다. 그렇다고 해서 그들 소박한 농민들로부터 변호료를 받지 않은 것은 아니었다. 법률가란, 변호료를 받지 않으면 생계를 위한 돈을 벌 수가 없다. 그렇게 되면 가난한 사람들에게 실질적인 도움을 줄 수 없게 될 것이라는 생각을 가지고 그는 일을 했다.

그들이 어느 정도의 요금을 받고 있는지, 또 벵골과 비하르의 법정 변호사 요금의 표준이 어느 정도인지를 듣고 나는 깜짝 놀랐.

'저희는 만 루피 정도 내고 있습니다. 물론 상대방의 의견에 따라서 각각 다르기는 합니다만.' 이라는 말을 나는 들었다. 어떤 소송이든 네 자리 숫자 이하의 금액은 없었다. 친구들은 내가 선의에서 하는 책망을 신중하게 들어주었다. 그리고 나에 대해서 오해도 품지 않았다.

내가 말했다.

"이들 소송사건을 조사해본 결과 나는 법정까지 가져가지 않는

간디 자서전 | 387

것이 좋겠다는 결론을 내렸습니다. 이런 사건은 법정까지 가져가 봐야 아무런 도움도 되지 않습니다. 농민들의 기세가 이처럼 꺾여 있고, 이처럼 두려움을 느끼고 있을 때는 법정까지 가봐야 소용이 없습니다. 그들을 위한 참된 구제는 공포심을 제거해주는 것입니다. 우리는 비하르에서 팅카티아제도를 몰아낼 때까지 가만히 있어서는 안 됩니다. 지금까지 저는 이틀이면 이곳에서 떠날 수 있을 것이라고 생각하고 있었습니다. 그러나 지금은 이 일에 적어도 2년은 걸릴 것이라는 사실을 깨달았습니다. 만약 필요하다면 그 정도의 시간은 투자를 하겠다고 결심했습니다. 저는 이미 마음을 정했습니다. 단, 제게는 당신들의 도움이 필요합니다."

나는 브라지키쇼레가 특히 냉정한 머리를 가진 사람이라는 사실을 알 수 있었다. 그가 조용히 말했다.

"저희는 최선을 다해서 당신을 돕겠습니다. 그런데 어떤 종류의 도움이 필요한 것인지 묻고 싶습니다."

그래서 우리는 한밤중까지 자세히 이야기를 나눴다.

내가 그들에게 말했다.

"제가 당신들의 법률적 지식을 빌리는 일은 없을 것입니다. 제가 바라는 것은 업무상의 도움과 통역이 되어주는 것입니다. 어쩌면 형무소에 들어가게 될지도 모릅니다. 저는 당신들에게 그런 위험을 감수할 각오를 해달라고 부탁하고 싶지만, 당신들은 자신이 할 수 있다고 생각하는 곳까지는 해주셨으면 합니다. 당신들을 사무원으로 삼고, 또 당신들이 일시적으로 자신의 일을 포기하는 것은 결코 작은 일이 아닙니다. 저는 힌디어 지방의 사투리를 잘 모릅니다. 그리고 저는 카이트어나 우르두어[234]로 발행된 신문을 읽지 못합니다. 당신들이 그것을 읽어주셨으면 합니다. 저희에게 이 일을 위한 돈을 낼 힘은 없습니다. 그것은 모두 사랑하기 때문에 봉사의 정신에서 행하는 것입니다."

브라지키쇼레는 바로 이 모든 것을 이해해주었다. 그는 나와 내 동료들에게 여러 가지 질문을 던졌다.

드디어 그들은 다음과 같은 약속을 해주었다.

"저희 중 몇몇은 당신의 요구에 따라서 무엇이든 하겠습니다. 저희 중 몇몇은 당신이 필요하다고 생각하시는 동안에는 당신과 침식을 같이 하겠습니다. 저희는 아직 형무소에 들어가 본 적이 없습니다. 그래도 그렇게 할 수 있도록 노력하겠습니다."

불살생에 직면하여

나는 참파란 농민들의 실태를 파악하고, 인디고 염료 농원의 주인에 대한 그들의 불평불만을 이해하기에 힘썼다. 그 목적을 달성하기 위해서 몇 천 명의 농민들을 만나봐야만 했다. 그러나 나는 조사를 시작하기에 앞서, 이 문제에 관해서 농원 주인들로부터 사정을 들어보고, 세무 감독관을 만나보는 것이 중요하다고 생각했다. 나는 그들에게 만나줄 것을 요청했고, 그들은 나를 만나주겠다고 약속해주었다.

농원주협회의 서기는, 당신은 외부 사람으로 농원주와 소작인 사이에 관여할 처지가 아니지만 그래도 하고 싶은 말이 있다면 그것을 서면으로 제출해달라고 단호하게 말했다. 나는 그에게, 나는 자신을 외부 사람이라고 생각하고 있지 않으며, 소작인들이 부탁하기만 한다면 그들의 상태를 조사할 권리가 얼마든지 있다고 정중하게 대답했다. 내가 세무 감독관을 방문했을 때, 그는 한껏 거드름을 피우며 내게 당장 티르후트에서 떠나라고 권고했다.

나는 동료들에게 그런 사실들을 전부 말한 뒤, 내가 더 일을 진전시키지 못하도록 정부에서 손을 쓸 우려가 있으며, 예상보다 빨리 형무소에 들어가게 될지도 모르는데 만약 내가 체포당해야 한다면 모티하리나, 가능하다면 베티아에서 당하는 것이 가장 좋겠다고 말했다. 따라서 나는 가능한 한 빨리 그곳으로 옮기는 것이 좋겠다고 생각했다.

참파란은 티르후트 지방의 한 지역으로, 그 지역의 관청소재지가 모티하리였다. 라지쿠마르 슈클라의 집은 베티아 근교에 있었다. 그리고 근방의 고리대금업자 밑에 있는 소작인들은 그 지구에서도 가장 가난한 사람들이었다. 라지쿠마르 슈클라가 그들을 꼭 좀 만나달라고 부탁했으며 나 역시도 그들을 꼭 만나보고 싶었다.

그래서 그날로 나는 동료들과 함께 모티하리를 향해 출발했다. 바부 고라크 프라사드[235]는 우리를 자신의 집에서 재워주었다. 그의 집은 마치 대상(隊商)들의 숙소와도 같았다. 그래도 우리 모두를 수용할 수는 없었다. 그날, 모티하리에서 5마일 정도 떨어진 곳에서 한 소작인이 혹사당하고 있다는 소리를 들었다.

나는 이튿날 바부 고라크 프라사드와 함께 그 소작인을 만나보기로 결정했다. 그리고 우리는 예정대로 코끼리를 타고 그곳으로 향했다. 우리가 채 절반도 가기 전에 경찰서장의 심부름꾼이 우리를 따라왔다. 그리고 서장이 잘 부탁드린다는 말을 했다는 것이었다.

나는 그 말의 진의를 잘 알 수 있었다. 그래서 동료 중 한 사람인 다라니다르 바부를 예정대로 목적지에 급히 가게 한 뒤, 나는 심부름꾼이 준비해온 임대 마차에 올랐다. 그는 거기서 내게 참파란에서 떠나라는 명령서를 건네주었다. 그리고 나를 다시 숙소로 데려갔다. 그가 명령서 수령을 요구하기에 나는 조사가 끝날 때까지는 명령에 따를 수 없다, 그리고 참파란을 떠날 생각도 없다는 사실을 서면으로 적어 보냈다. 그래서 나는 소환되고 말았다. 그리고 이튿날, 참파란에서 떠나라는 명령에 따르지 않았다는 이유로 재판을 받게 되었다.

나는 편지를 쓰기도 하고 바부 브라지키쇼레에게 지시를 내리기도 하느라 밤새 한잠도 잘 수가 없었다.

퇴각 명령을 받았다는 사실과 소환당했다는 사실은 들불처럼 번져나갔다. 그리고 그날, 모티하리에서 지금까지 전혀 볼 수 없었던 광경이 전개되었다는 소식을 들을 수 있었다. 바부 고라크 프라사드의 집과 재판소가 몰려든 군중들로 혼잡해졌다. 다행스럽게도 나는 밤새 일을 전부 마칠 수 있었기 때문에 군중들을 자제시킬 수 있었다. 동료들이 커다란 도움을 주었다. 그들은 군중들의 질서를 잡기에 전념했다. 왜냐하면 내가 가는 곳이면 어디든지 군중들이 따라왔기 때문이었다.

관리들—징세관, 치안판사, 경찰서장—과 나 사이에 일종의 우정이라고 할 수 있는 것이 생겨났다. 법률적으로 보자면 그들이 제출한 명령서의 수령을 거부할 수도 있었지만 나는 그렇게 하지 않고 모든 것을 수락했으며 관리들을 대할 때도 예의를 지켰다. 따라서 관리들은, 내가 개인적으로는 그들을 화나게 만들 생각이 없다는 사실, 하지만 명령에는 따르지 않을 생각이라는 사실을 알게 되었다. 그렇기 때문에 관리들은 마음을 놓았다. 그리고 관리들은 나의 걱정과는 달리, 내 동료들과 힘을 합쳐 군중들의 질서 유지에 나섰다. 하지만 군중들은 그 사실을 관리들의 권위가 흔들리고 있는 증거라고 받아들였다. 사람들은 단번에, 처벌이 가져다주는 두려움을 완전히 잊어버렸다. 그리고 군중들은 이 새로이 가세한 친구가 제시하는 사랑의 힘에 아무 말 없이 따라주었다.

참파란 사람들 중에 나를 아는 사람이 아무도 없었다는 사실은 기억을 해두어도 좋을 것이다. 농민들은 모두 무지했다. 참파란은 갠지스 강에서 멀리 북쪽에 위치한, 히말라야 산기슭에 해당하는 네팔과 아주 가까운 곳에 있었기 때문에 인도의 다른 지방과는 단절되어 있었다. 이들 지방에서 회의파는 사실상 거의 알려져 있지 않았다. 회의파라는 이름을 들어본 적이 있는 사람조차도 거기에 가입하는 것은 물론 그 이름을 입에 담기조차도 꺼리는 상황이었다.

따라서 우리를 맞아들이기 위한 준비를 하기 위해서, 회의파를 대표하는 사자가 보내지는 일은 공적으로도 비밀리에도 이루어지지 않았다. 라지쿠마르 슈클라가 수천 명이나 되는 농민들에게 연락을 취하기란 불가능한 일이었다. 그들 사이에서 정치적 활동은 아직 행해지지 않고 있었다. 그들은 참파란 이외의 세상에 대해서는 아는 바가 없었다. 그렇기 때문에 그들은 우리를 마치 오랜 친구처럼 맞아주었다. 농민들과의 이와 같은 만남으로 인해서 나는 신과 불살생, 그리고 진실을 만날 수 있었다. 이것은 조금도 과장된 말이 아니며 글자 그대로의 진실이었다. 그 이유를 살펴보았지만, 나는 사람들에 대한 나의 사랑 이외에는 그 무엇도 발견할 수가 없었다. 그리고 그 사실은 불살생에 대한 나의 굳건한 믿음의 표현 이외의 그 무엇도 아니었다. 그날 참파란에서 있었던 일은 평생 잊을 수 없는 일이었으며, 농민과 나 모두에게 특이할 만한 날이 되었다.

법률에 의하면 나는 재판에 회부되어야만 했다. 그러나 원래대로 하자면 재판에 회부되어야 할 것은 정부였다. 세무 감독관은 나를 잡으려고 펴놓은 그물로 정부를 잡아들이는 데 성공한 것이었다.

철회된 소송

재판이 시작되었다. 정부의 소송 제기인, 치안판사 및 그 외의 관리들은 마음을 졸였다. 그들은 무엇을 어떻게 해야 좋을지 몰라 허둥지둥했다. 정부의 소송 제기인은 치안판사에게 압력을 가해 재판을 연기하려 했다. 그러나 나는 그들을 가로막고 치안판사에게 재판을 연기하지 말아줄 것을 요청했다. 왜냐하면 나는 참파란을 떠나라는 명령에 따르지 않았다는 이유로 유죄를 선고받기 원했기 때문이었다. 그리고 다음과 같은 성명을 발표했다.

"법정의 허가를 얻어 내가 왜 형법 제144조에 의한 명령에 따르지 않는 중대한 조치를 취했는지를 밝히는 짧은 성명을 발표하겠다.

내 어리석은 견해에 의하면 그것은 지방 정부와 나의 견해 차이에서 일어난 문제다. 나는 인도적이고 전국적인 봉사를 행할 목적으로 이 지방에 찾아왔다. 나는 도움을 달라는 농민들의 절실한 요청을 받고 이곳에 왔다. 농민들은 인디고 염료 농원의 주인들로부터 공정하지 못한 대접을 받고 있다고 주장하고 있다. 나는 문제에 대한 조사를 행하지 않고는 어떤 도움도 줄 수가 없었다. 따라서 나는 가능하다면 정부와 농원 주인들의 도움을 얻어 그것을 조사하려고 여기에 찾아온 것이다.

나는 그 이외에는 아무런 동기도 가지고 있지 않다. 또한 내가 여기에 왔다고 해서 공공의 치안이 어지러워지거나 생명을 상실하게 될 것이라고는 생각되지 않는다. 나는, 이와 같은 문제에 상당한 경험을 가지고 있다는 사실을 주장하고 싶다. 그러나 정부의 생각은 달랐다. 나는 정부의 어려움도 충분히 이해하고 있다. 그리고 정부는 정부가 받아들인 정보에 의해서만 움직이는 법이라는 것도 나는 사실로써 인정한다.

법률을 지켜야 하는 일개 시민으로서 내가 가장 먼저 느낀 것은, 그때의 실정에서는 내게 내려진 명령에 따라야 한다는 것이었다. 하지만 그렇게 하면 내가 도움을 주기 위해서 찾아온 이곳 사람들에 대한 의무를 배신하게 된다. 지금 나는, 그들 속에 머무는 것만이 그들에게 봉사할 수 있는 유일한 길이라고 생각한다. 따라서 나는 자발적으로 물러날 수 없다. 이처럼 의무와 의무가 대립하는 와중에서 내가 취할 수 있는 행동은, 나를 그들에게서 떼어 놓는 책임을 정부가 대신 짊어지게 하는 것뿐이다. 인도의 공공생활에 있어서 나와 같은 지위를 가진 사람은 깊은 주의를 기울여 규범을 보여줘야만 한다고 생각한다.

우리가 생활하고 있는 복잡한 사정하에서, 자존심을 가진 사람이 취해야 할 유일하게 안전하고 명예로운 길은 이번에 내가 행하기로 결정한 것, 즉 아무런 항의 없이 불복종에 대한 처벌을 받아들이는 것이다.

이 성명은 내게 부과될 처벌을 경감시키기 위해 발표하는 것이 결코 아니다. 내게 발해진 명령을 무시한 것은 합법적인 정부에 대한 존경심이 부족하기 때문이 아니라 보다 높은 존재의 법률, 즉 양심의 목소리에 복종하기 위해서라는 사실을 밝히기 위해서 행한 것이다."

이제 와서 재판을 연기할 만한 이유는 어디에도 없었다. 그러나 치안판사와 정부의 소송 제기인 모두 의표를 찔렸기 때문에 치안판사는 판결을 연기하기로 했다. 내가 형을 선고받으러 법정에 출두하기 전에, 치안판사가 서면으로 보내와 주의 부지사가 나에 대한 소송 철회를 명령했다는 사실을 알려왔다. 그리고 징세관은 내게 편지를 보내어, 자유롭게 조사를 해도 좋으며, 내가 필요로 하는 일이라면 무엇이든 관리들로부터 도움을 얻을 수 있을 것이라고 말해주었다. 우리 중에 이처럼 신속하고 기쁜 결말을 예상한 사람은 아무도 없었다.

나는 징세관인 헤이콕 씨를 방문했다. 언뜻 보기에 그는 올바른 일을 행하려고 하는 선량한 사람 같았다. 그는 어떤 신문이든 내가 읽기를 바라는 것이 있으면 언제든지 청구해도 좋으며, 원하면 언제든지 자유롭게 자신을 만나러 와도 좋다고 말해주었다.

이렇게 해서 인도는, 시민적 불복종의 직접적인 실물교육을 처음으로 받게 된 것이었다. 사건은 국지적으로, 그리고 비록 신문지상에서였지만 자유롭게 논의되어 나의 조사는 예상 외로 화제를 불러일으켰다.

자금 없이 일을 실행할 수는 없었다. 지금까지의 관습으로, 이와 같은 일을 위해서 공중에게 자금을 모은 적은 없었다. 브라지키쇼레 바루와 그의 친구들 중에는 변호사가 많았는데 그들이 스스로 자금을 기부해주기도 하고 기회가 있을 때마다 친구에게 자금을 얻어 가져다주기도 했다. 그들과 친구들 덕분에 일을 그럭저럭 꾸려나갈 수 있었는데 어찌 공중에게 돈을 내달라고 요구할 수 있었겠는가?

이 일은 논의거리가 될 것 같았다. 나는 참파란의 농민들로부터는 그 무엇도 받지 않겠다고 전부터 결심하고 있었다. 무엇인가를 받는다면 그것은 당연히 오해를 불러일으킬 것이었다. 그리고 나는 이번 조사를 행하기 위해서 비용을 일반 국민으로부터 모으지도 않겠다고 결심했다. 왜냐하면 이 문제에 전 인도적인 정치적 색채를 부여할 우려가 있었기 때문이었다.

우리는 참파란의 어려운 사정에 어울리게 최대한도로 절약을 실행하려고 노력했기 때문에 그렇게 많은 돈이 필요할 것이라고는 생각지 않았다. 그리고 실제로 우리에게는 많은 돈이 필요하지 않다는 사실을 알 수 있었다. 나의 희미한 기억에 의하면 사용한 총 금액은 3천 루피를 넘지 않았으며, 내 기억이 정확하다면 우리는 모금한 것에서 2, 3백 루피를 절약했다.

처음 나는 친구들의 이상한 생활 방식을 화제로 삼으며 그들을 놀려대곤 했다. 변호사들은 각자 하인과 요리사를 한 명씩 데리고 있었다. 따라서 부엌을 따로 썼으며, 한밤중에 식사를 하는 경우도 종종 있었다. 그들은 자신이 사용할 것은 스스로 마련하여 썼는데, 나는 그들의 불규칙한 생활에 완전히 두 손을 들어버리고 말았다. 우리는 사이좋은 친구였기 때문에 우리 사이에 오해가 일어날 소지는 없었다. 그리고 그들은 내가 놀려대는 것을 선의로 받아들였다.

모두가 하인을 부리지 말고, 부엌을 함께 사용하며, 시간을 엄격하게 지키자는 내용에 찬성을 해주었다. 모든 사람들이 채식주의자는 아니었다. 하지만 부엌을 두 개 사용하면 비용이 더 들기 때문에 공동으로 야채식 부엌을 두기로 결정을 보았다. 그리고 극히 간단한 식사를 해야 할 필요성을 느끼게 되었다.

이처럼 여러 가지 수단을 강구했기 때문에 모든 경비를 훨씬 줄일 수 있었다. 그리고 우리는 시간과 거기에 쏟는 노력을 크게 절약할 수 있었다. 그때까지는 이 두 가지가 매우 부족했었다.

농민들이 진술을 하기 위해서 무리를 지어 찾아왔다. 그들은 친구들과 함께 떼를 지어 차례차례로 찾아왔기 때문에 집안은 물론 정원까지도 사람들로 넘쳐났다.

진술서를 작성하는 사람들은 일정한 규칙을 지켜야만 했다. 농민 한 사람 한 사람에게 자세히 질문을 하지 않으면 안 되었다. 거기에 적합하지 않은 사람은 누구라도 제외시켰다. 그 때문에 예상 밖으로 많은 시간이 걸렸지만 진술의 대부분은 반박의 여지가 없는 것들이었다. 이들 진정서를 작성할 때는 반드시 CID[236] 관계자가 한 명 입회했다. 우리는 그들의 입회를 반대할 수도 있었다. 그러나 우리는 처음부터 CID 관계자의 입회에 신경을 쓰지 않았을 뿐만 아니라 그들을 정중하게 대했으며 그들에게 제공할 수 있는 모든 정보를 남김없이 제공했다.

우리는 농원 주인들의 신경을 건드리지 않기 위해 노력했으며, 또한 유연한 태도를 취해 그들과 마음을 터야겠다고 생각했기 때문에 그럴 만한 비난을 받고 있는 사람에게는 편지를 보내기도 하고 직접 만나기도 했다. 그리고 우리는 농원주협회 회원들과도 만나 그들에게 소작인들의 불만을 설명하고 그들의 생각을 이해하려 했다. 농원 주인 중 몇몇이 우리에게 원한을 품었다. 그리고 몇몇은 무관심한 태도를 보였다. 그리고 두어 명은 우리를 은근한 태도로 맞아주었다.

마을으로 들어가다

비하르에 도착해 경험을 쌓아감에 따라서 나는, 마을에 대한 적절한 교육이 없는 한 지속적으로 일을 할 수는 없을 것이라는 사실을 깨닫게 되었다. 농민들은 가엾을 정도로 무지했다. 그들은 아이들을 여기저기에 방치해두거나, 하루에 동화 한두 개를 얻기 위해서 인디고 염료 농원에서 아침부터 밤까지 일을 하게 했다. 당시 남자 노동자의 임금은 10파이세를 넘지 않았으며, 여자 노동자는 6파이세, 그리고 아이들은 3파이세를 넘지 않았다. 하루에 4안나를 버는 사람은 가장 행복한 사람이라고 여겨지고 있었다.

동료들과의 협의를 거쳐서 나는 여섯 개 마을에 초등학교를 세우기로 결정했다. 우리가 마을 사람들과 함께 결정한 내용 중 하나는, 마을 사람들이 교사를 위한 칠판과 숙사를 마련해주는 것이었으며, 그 외의 비용은 우리가 준비하기로 한 것이었다. 마을 사람들은 수중에 현금을 가지고 있었던 적이 거의 없었다. 그러나 그들은 식료품은 준비할 수 있었다. 실제로 그들은 곡물이나 그 외의 원료[237]를 기부할 준비가 되어 있다고 말했다.

우리는 가능하다면 한 학교에 남자 한 명, 여자 한 명을 두어 관리를 맡기고 싶었다. 그들은 의료와 위생을 돌보는 일도 해야만 했다. 여성들의 문제는 여성관리자를 통해서 접근해가야만 했다.

의료라고는 하지만 매우 간단한 것에 지나지 않았다. 아주까리기름, 키니네, 그리고 유황연고 세 가지가 교사에게 지급되는 것의 전부였다. 만약 환자의 입술이 거칠어지거나 변비에 걸렸을 때는 아주까리기름을 주었으며, 열이 나는 경우에는 아주까리기름을 마시게 한 뒤 키니네를 줬다. 그리고 종기나 짓무른 데는 환부를 잘 씻은 다음 유황제를 발라주었다. 어떤 환자에게도 약을 집에 가져가지는 못하게 했다. 다른 병에 걸렸을 때는 언제라도 데브 박사[238]의 진찰을 받을 수 있었다. 데브 박사는 매주 정해진 날짜에 각 의료센터를 돌아보게 되어 있었다.

많은 사람들이 이 간단한 치료법을 이용했다. 누구나 걸릴 수 있는 단순한 병을 전문가의 도움을 빌리지 않고서도 간단한 치료로 고친 것을 보면 그 치료는 조금도 이상한 것이 아니었다. 사람들 사이에서는 그것이 상당한 호평을 얻고 있었다.

위생 사업은 그리 쉬운 일이 아니었다. 사람들에게는 자신들 스스로 해야겠다는 마음이 없었다. 밭일을 하는 사람에게조차도 오물을 스스로 처리해야겠다는 마음은 없었다. 그러나 데브 박사는 쉽게 포기하는 사람이 아니었다. 그와 자원봉사자들은 마을을 이상적으로 청결하게 만드는 데 모든 에너지를 쏟아 부었다. 그들은 도로와 정원을 쓸었으며, 우물을 청소하고, 주위의 웅덩이를 메웠으며, 마을 사람들에게 그들 속에서 자원봉사자를 모으면 좋을 것이라고 권하기도 했다.

몇몇 마을에서는 그들에게 부끄러움을 느껴 사람들이 일을 하게 되었다. 다른 마을에서는 사람들이 도로 정비까지 매우 열심이었기 때문에 내 자동차가 사방팔방 자유롭게 다닐 수 있게 되었다. 이와 같은 즐거운 경험도, 무관심한 사람들에게서 받는 괴로운 경험과 함께 맛보지 않을 수는 없었다. 나는 마을의 몇몇 사람들이 이런 일을 하는 것에 대해서 노골적으로 반대했던 일을 아직도 생생하게 기억하고 있다.

내가 지금까지 수많은 집회에서 이야기해온 한 가지 경험을 지금 여기서 다시 이야기하는 것도 결코 무익하지는 않을 것이다. 비티하르바는 조그만 마을이었다. 거기에 우리가 세운 학교가 하나 있었다. 한번은 그 부근의 가장 조그만 마을을 방문한 적이 있었다. 거기서 아주 더러운 차림을 한 여자 몇 명을 만났다. 그래서 나는 아내[239]를 통해서 그녀들이 왜 옷을 빨아 입지 않는지를 물어보았다. 아내가 그녀들에게 물어보았다. 여자 중 한 명이 그녀를 자신의 오두막으로 데려가더니 이렇게 말했다.

"보세요. 상자 속에도, 선반 위에도 여기에 옷은 한 벌도 없어요. 지금 제가 입고 있는 이 사리가 제가 가진 옷의 전부예요. 그러니 어떻게 옷을 빨 수 있겠어요. 마하트마지에게 말씀해주세요. 사리가 한 벌만 더 있다면, 한 벌만 더 있다면 저는 매일 목욕을 한 뒤 깨끗한 옷을 입겠다고요."

그와 같은 오두막은 결코 특별한 것이 아니었으며, 인도의 많은 마을에서 흔히 볼 수 있는 것이었다. 사람들은 인도에 있는 수많은 오두막 속에서 가재도구 하나 없이, 그리고 갈아입을 옷 한 벌 없이 그저 몸을 가려줄 담요 한 장에 의지해 살아가고 있는 것이었다.

또 다른 경험을 하나 더 이야기하겠다. 참파란은 대나무와 풀이 무성한 곳이었다. 비티하르바에 그들이 세운 학교 건물도 그들 재료로 만든 오두막이었다. 몇몇 사람들—틀림없이 근처 농원의 주인 측 사람들이었을 것이다.—이 어느 날 밤, 거기에 불을 질렀다. 다시 한 번 대나무와 풀로 오두막을 짓는 것은 현명한 행동이 아니라는 생각이 들었다. 그 학교는 스리자트 소만과 카스투르바가 책임을 지고 있는 곳이었다. 스리자트 소만은 내구성이 있는 건물을 세워야겠다고 결심했다. 그의 한결같은 근로 덕분에 많은 사람들이 그에게 힘을 보태주었다. 곧 벽돌 건물이 세워졌다. 이제 이 건물이 불에 타 쓰러질 염려는 없었다.

그러나 나는, 이 건설적인 사업이 영원히 계속될 수 있도록 그 토대를 만들어야겠다던 내 계획을 실현하지 못했다는 사실을 안타까운 마음과 함께 고백해두지 않으면 안 된다. 뜻이 있는 사람들은 임시로 그곳을 찾아준 것이었다. 나는 뜻 있는 사람들을 더 이상 외부에서 데려올 수가 없었다. 그리고 비하르에서는 무보수로 일해 줄 사람을 찾을 수가 없었다. 참파란에서 내가 해야 할 일을 마치면 나는 곧 다른 곳에서의 일을 위해서 그곳을 떠나야만 했다. 그러나 2, 3개월간에 걸친 참파란에서의 일은 깊은 뿌리를 내렸으며, 여러 가지 형식으로 그것이 부여한 영향을 아직도 찾아볼 수가 있다.

제거된 오염

 한편에서는 이와 같은 사회사업이 행해지고 있을 때, 다른 한편에서는 농민들의 불만을 기록하는 일이 쉴 새 없이 진행되고 있었다. 수없이 기록된 불만들이, 기록되는 것만으로 그칠 리가 없었다. 불만을 토로하러 오는 농민들의 숫자는 점점 더 늘어났으며, 결국에는 그것이 농원 주인들의 분노를 샀다. 그들은 나의 조사를 저지하려 온갖 수단을 다 동원했다.
 어느 날 나는 비하르 정부가 보낸 다음과 같은 서면을 한 통 받아보았다.
 '귀하의 조사는 너무 오래 계속되고 있습니다. 귀하는 곧 그것을 중지하고 비하르를 떠나야 하지 않겠습니까?'
 서면은 정중한 말로 작성되었다. 그러나 진의는 확실하게 알 수 있는 것이었다.
 나 역시 서면으로 대답을 했다.
 '조사가 길어지는 것은 어쩔 수 없는 일이며, 사람들에게 구제의 손길이 내밀어지지 않는 한 저는 비하르를 떠나지 않을 것입니다.'
 나는 농민들의 불만을 순수한 것으로 받아들이고 그들을 구제

해주거나, 혹은 공식적인 조사위원회를 지금 바로 만들어도 좋을 만큼 증거가 명백한 호소를 농민들이 하고 있다는 사실을 인정함으로써 내 조사에 종지부를 찍게 하는 것만이 정부가 해야 할 일이라고 힘주어 설명했다.

부지사인 에드워드 게이트 경은 자신을 만나러 와줄 것을 내게 요청했으며, 조사위원회를 임명하겠다는 자신의 의향을 밝힌 뒤, 내게 그 위원회의 위원이 되어주었으면 좋겠다고 말했다. 나는 다른 위원들의 이름을 살펴보았다. 그리고 동료들과 의논을 한 뒤, 조건부로 조사위원회에 참가하는 것에 동의를 했다. 그 조건이란, 조사 진행 중에 내가 언제든지 동료들과 의논할 수 있도록 해줄 것, 내가 위원회의 일원이 되어도 농민의 고문역을 그만두지 않는 것을 정부가 승인해줄 것, 그리고 조사 결과가 만족스럽지 못할 경우에는 농민들에게, 그들이 어떤 방침을 취하면 좋을지 지도, 권고할 수 있는 권리를 인정해줄 것이었다.

에드워드 게이트 경은 그 조건을 공정하고 적절한 것이라고 인정하고 수락해준 뒤, 조사 결과를 발표했다. 고 프랭크 슬라이 경이 위원회의 의장에 임명되었다.

위원회는 농민에게 유리한 판정을 내렸다. 그리고 농원 주인은, 강제 징수한 것 중에서 위원회가 불법이라고 판정한 양을 상환해야 하며 팅카티아제도의 폐지 조치를 입법화할 것을 권고했다.

에드워드 게이트 경은 위원회가 만장일치의 보고를 내도록 하는 것, 그리고 위원회의 권고에 따른 농업법안을 통과시키는 것에 커다란 도움을 주었다. 만약 그가 단호한 태도를 취해주지 않았다면, 그리고 그가 이 문제 처리에 수완을 발휘해주지 않았다면, 보고서는 만장일치의 찬성을 결코 얻어낼 수 없었을 것이며 농업법안[240]은 태어나지 않았을 것이다. 농원 주인들은 절대적인 권력을 휘둘렀다. 그들은 보고서를 무시했으며, 법안에 맹렬히 반대했다. 그러나 에드워드 게이트 경은 끝까지 의연했다. 그리고 위원회의 권고를 완벽하게 실행했다.

약 1세기 동안 존재해왔던 팅카티아제도는 이렇게 해서 폐지되었으며, 그와 함께 농원 주인들의 지배도 끝이 나고 말았다. 오랫동안 짓밟혀오던 농민들도 이제는 어느 정도 본래의 모습으로 되돌아왔다. 그리고 '인디고 염료의 얼룩은 지울 수 없다.'는 것이 미신이라는 사실이 알려지게 되었다.

나는 이후 몇 년 동안 건설적인 일을 계속해서 학교를 증설하고, 가장 유효하게 마을 속으로 들어가고 싶었다. 기반은 충분히 다져놓았다. 그러나 지금까지도 종종 그래왔던 것처럼, 신은 내 계획이 완성되는 것을 기꺼이 여기시지 않으셨다. 운명은 다른 일을 결정했다. 그리고 다른 곳에서 일을 시작하도록 나를 데리고 갔다.

노동자와 접촉하며

조사위원회에서의 내 일이 채 끝나기도 전에[241], 스리자트 모한랄 판디아와 샨카를랄 파리크로부터 한 통의 편지가 날아왔다. 거기에는 케다 지방[242]의 흉작에 대한 보고가 있었으며, 내게 세금을 낼 수 없는 농민들을 지도해달라는 청을 해왔다. 나는 현장을 살펴보지 않고서는 권고를 하고 싶은 마음도 없었으며, 그럴 능력도 없었고 용기도 없었다.

그와 같은 시기에 시리마티 아나수야벤[243]으로부터 아마다바드의 노동자들이 처한 상황에 대한 편지를 받았다. 임금은 매우 낮았다. 노동자들은 오랫동안 임금 인상 운동을 전개해왔다. 나는 가능하다면 그들을 지도하고 싶다고 생각했다. 하지만 나는 비교적 조그만 이 문제조차도 멀리 떨어진 곳에서 지도할 수 있을 만한 자신감을 가지고 있지 못했다. 때문에 기회를 봐서 우선은 아마다바드로 향했다. 나는 이 두 가지 문제를 신속하게 처리한 뒤, 참파란으로 돌아와 거기서 시작된 건설적인 일을 돌봐야겠다고 생각하고 있었다.

그러나 사태는 내가 바란 대로 신속하게 움직이지는 않았다. 그래서 나는 참파란으로 돌아갈 수가 없었다. 그 때문에 학교가 하나둘 폐쇄되기 시작했다. 동료들과 나는 수많은 공중누각을 그리고 있었다. 하지만 그것은 얼마 지나지 않아서 완전히 사라져버리고 말았다.

참파란에서의 건설적인 사업에는, 농촌 위생과 교육 외에도 암소 보호가 포함되어 있었다. 나는 예전에 여행을 하던 중에, 암소 보호와 힌디어 선전이 마르와디 사람[240]들의 특별한 관심을 끌고 있다는 사실을 알게 되었다. 암소 보호에 대한 나의 생각이 결정적으로 형태를 갖추게 된 것도 바로 그때였다. 그리고 그때의 생각은 오늘날의 것과 다를 바 없는 것이었다. 내 견해에 의하면 암소 보호는 가축 사육, 품종 개량, 황소를 인간과 마찬가지로 취급하는 것, 모범 낙농장의 건설을 포함하고 있다. 마르와디 친구들은 이 일을 적극적으로 돕겠다고 약속해주었다. 하지만 내가 참파란에 자리를 잡지 못했기 때문에 이 계획도 실행으로 옮겨지지는 않았다.

이 일이 실현되지 않고 끝나버렸다는 사실은 내게 늘 안타까움으로 남았다. 그리고 나는 참파란으로 가서 마르와디와 비하르 친구들로부터 조용히 책망을 받을 때면 언제나 깊은 한숨과 함께 내가 아주 간단히 포기해버린 계획의 전부를 떠올리곤 하는 것이다.

교육에 관한 일은 여러 가지 방법으로 각지에서 행해지고 있다. 그러나 암소 보호에 관한 일은 튼튼하게 뿌리를 내릴 만큼 진행되지 않았다. 그랬기 때문에 의도한 방향대로 진전되지도 못했다.

케다 지방 농민들의 문제를 아직 논의하고 있을 때, 나는 벌써 아마다바드 직공들의 문제를 다루고 있었다.

나는 매우 미묘한 입장에 놓이게 되었다. 방적공장 주인들의 주장은 매우 강경했다. 시리마티 아나수야벤은 그녀의 오빠인 실리 암바랄 사라바이와 싸워야만 했다. 그녀의 오빠는 공장주 측의 대표자로서 싸움의 최전선에 서 있었다. 그들과 나는 친하게 지내던 사이였다. 그렇기 때문에 그들과 싸우는 것은 더욱 괴로운 일이었다. 나는 그들과 협의를 했다. 그리고 그들에게 싸움을 중재에 맡기라고 요청했다. 하지만 그들은 중재의 원리를 인정하려 들지 않았다.

그래서 나는 노동자들에게 파업을 하라고 권했다. 그 전에 나는 직공 및 그 지도자들과 매우 밀접하게 접촉을 했다. 그리고 그들에게 파업의 성공 조건을 설명해주었다.

I. 결코 폭력을 써서는 안 된다.
I. 파업 방해를 무시하라.
I. 타인의 의연금에 의지하지 말 것. 그리고,
I. 파업이 아무리 오랫동안 계속되어도 끝까지 단호한 태도를 취할 것. 그리고 파업 중에는 다른 정당한 노동으로 빵 값을 벌 것.

파업 지도자들은 이 조건을 이해하고 그것을 받아들였다. 그리고 노동자들은 총회를 열어, 그들의 요구조건이 받아들여지거나, 공장주가 쟁의를 중재에 넘기는 데 동의할 때까지는 일을 하지 않겠다고 맹세했다.

파업은 21일간 계속되었다. 파업이 진행되는 동안 나는 때때로 공장주 측과 협의를 갖고 노동자에 대한 정의를 행하라고 그들에게 권했다. 그들은 언제나 다음과 같은 말을 했다.

"우리에게는 우리만의 약속이 있다. 우리와 노동자의 관계는 부모와 자식간의 관계와 같은 것이다. ……우리가 어찌 제삼자의 간섭을 받을 수 있겠는가? 대체 어디에 중재의 여지가 있단 말인가?"

노동쟁의의 경과를 말하기에 앞서 나는 도장에 관한 일을 말해두고 싶다. 나는 참파란에 있는 동안 도장에 관한 일이 늘 마음에서 떠나지 않았다. 그래서 나는 때때로 그곳에 가보았다.

그 당시 도장은 아마다바드 근교에 위치한 코치라브라는 마을에 있었다. 이 마을에 페스트가 발생했다. 나는 도장의 아이들도 위험하다고 생각했다.

나의 이상은, 도장을 거리나 마을에서 떨어진 안전한 곳, 그러나 양쪽 모두 적당한 거리에 있어서 편리한 곳에 세우는 것이었다. 그리고 언젠가는 우리 자신들의 토지에 정착해야겠다고 결심했다.

페스트는 코치라브에서 물러나기에 충분한 이유가 된다고 나는 생각했다. 아마다바드의 상인인 스리자트 푼자바이 히라찬드는 도장 사람들과 친하게 지내고 있었다. 그리고 여러 가지 면에서, 청렴하고 사심 없는 정신으로 우리에게 봉사를 해주었다. 그는 아마다바드에 대해서 폭넓은 경험을 가지고 있었기 때문에 우리에게 적당한 토지를 구해주겠다며 자청하고 나섰다. 나는 토지를 찾기 위해서 그와 함께 코치라브의 남쪽과 북쪽을 돌아다녔다. 그에게는 북쪽으로 3, 4마일 떨어진 곳에 있는 토지를 알아봐달라고 부탁했다.

그가 지금의 이곳을 물색해주었다. 사바르마티 중앙형무소 부근이라는 사실이 특별히 나의 주목을 끌었다. 사탸그라하 운동자에게 있어서 형무소에 가는 것은 당연한 운명과도 같은 일이라는 사실을 알고 있었기 때문에 나는 그곳이 마음에 들었다. 그리고 나는 형무소로 선택된 토지는 대부분 그 부근이 청결하다는 사실을 알고 있었다.

8일간에 걸친 매매가 성사되었다. 그 토지에는 건물도 나무도 없었다. 그러나 강가에 있었으며 조용했기 때문에 아주 적합한 곳이었다. 우리는 가옥이 지어질 때까지 천막에서 생활하면서 부엌으로 쓰기 위해 함석지붕을 얹은 건물을 세워 도장을 시작하기로 결정했다.

도장은 점점 규모를 더해갔다. 지금 우리는 남자, 여자, 아이를 합쳐서 40명이 넘었다. 식사는 공동 취사장에서 하기로 했다. 이사를 계획한 사람은 나였다. 실행은 평소와 다름없이 마간랄[245]에게 맡겼다.

아마다바드 방적공장의 파업이 진행되고 있을 때, 도장의 베짜기를 위한 건물의 토대가 마련되었다. 당시 도장의 주요한 활동은 베짜기였다. 당시 우리는 아직 물레로 실을 뽑을 능력을 가지고 있지 못했다.

단식

 처음 2주일 동안, 직공들은 상당한 용기와 자기억제심을 발휘하여 매일 대집회를 열었다. 그럴 때면 나는 늘 그들에게 약속을 떠올리라고 했다. 그러면 그들은 약속을 깨느니 죽음을 선택하겠다는 외침으로 답을 하곤 했다.

 그러나 그들은 결국 흐트러진 모습을 보이기 시작했다. 사람의 몸이 약해지면 참을성이 없어지는 것처럼 파업이 약해지기 시작하자, 파업 분쇄에 대한 그들의 태도는 더욱 위협적인 것이 되어갔다. 그래서 나는 직공들이 폭력을 쓰는 것이 아닐까 걱정이 되기 시작했다. 그들이 여는 나날의 집회에 참석하는 사람의 숫자도 점점 줄어들기 시작했다. 그리고 참석한 사람들의 얼굴에서는 낙담과 자포자기의 빛을 역력하게 읽을 수가 있었다. 드디어 파업 노동자들이 동요하기 시작했다는 소식이 내게 날아들었다. 나는 커다란 고민에 빠졌다. 그리고 이런 상황에서 내가 해야 할 일은 무엇인지, 심각하게 생각하기 시작했다.

 어느 날 아침—그것은 직공들이 집회를 열고 있을 때였다.— 나는 아직 모색 중으로, 어떻게 해야 할지 갈피를 잡지 못하고 있었는데, 문득 한 줄기 빛이 내 뇌리를 스치고 지나갔다. 아주 자연스럽게 내 입에서 다음과 같은 말이 튀어나왔다.

"파업 노동자들이 기운을 되찾아 파업을 계속해서 문제를 해결하든지, 아니면 그들이 공장을 완전히 그만두든지, 그렇게 될 때까지 나는 어떤 음식도 절대로 입에 대지 않을 각오다."

나는 집회에서 이렇게 선언했다.

노동자들은 깜짝 놀랐다. 아나수야벤의 두 뺨으로 눈물이 흘러내렸다. 노동자들이 외쳤다.

"당신은 단식을 해서는 안 됩니다. 저희가 단식하겠습니다. 당신이 단식을 하다니, 말도 안 되는 일입니다. 부디 저희들의 잘못을 용서해주십시오. 지금부터는 끝까지 충실하게 약속을 지키겠습니다."

내가 대답했다.

"자네들이 단식할 필요는 없네. 자네들은 약속만 잘 지켜주면 그것으로 충분하네. 자네들도 알다시피 우리에게는 자금이 없어. 그렇다고 공중의 도움으로 생활하면서 파업을 계속한다는 것은 그리 기분 좋은 일이 아니야. 그러니 자네들은 무슨 일이든 해서 최저생활이라도 영위할 수 있도록 대책을 강구해야 해. 그렇게 되면 파업이 제아무리 길어진다 해도 자네들은 평정을 유지할 수 있을 걸세. 나는 파업 문제가 해결되면 단식을 중단하기로 하겠네."

그러는 동안 발라브바이 파텔[246]이 파업 노동자들을 위해 시청에서 일자리를 알아보고 있었다. 그러나 거기에서는 성공할 확률이 그다지 높지 않았다. 도장의 토대를 메우는 데 토사가 필요했기 때문에 마간랄 간디의 제안에 의해서 그들 중 몇 명을 그 목적에 사용하기로 했다. 노동자들은 그 안에 환영의 뜻을 나타냈다.

아나수야벤이 머리에 바구니를 이고 선두에 나섰다. 그로부터 얼마 지나지 않아서 노동자들의 끊임없이 행렬이, 머리에 모래를 담은 바구니를 인 채, 강가의 움푹한 지대에서부터 모습을 드러내는 것이 보였다. 그것은 그야말로 장관이었다. 노동자들은 자신들을, 새로운 힘을 부여받은 사람처럼 느끼기 시작했다. 덕분에 그들에게 수고비를 주는 데 상당히 애를 먹어야 했다.

나의 단식은 한 가지 중요한 결함에서 벗어날 수가 없었다. 왜냐하면, 앞 장에서도 말했듯이 나는 방적공장주들과 매우 친밀한 관계를 맺고 있었기에 단식이 그들의 결단에 영향을 주지 않을 수 없었기 때문이었다.

사탸그라하 운동자로서 나의 단식은 그들에게 압력을 가하는 것이 되어서는 안 되며, 그들이 자유로운 상태에서 직공들의 파업만으로 판단할 수 있도록 해야만 한다는 사실을 알고 있었다.

나의 단식은 방적공장주들의 타락을 이유로 계획된 것이 아니었다. 노동자들이 타락했고, 그들의 대표자로서 나도 책임의 일부를 느꼈기 때문에 계획된 것이었다. 방적공장주들에 대해서는 그저 탄원할 뿐이었다. 즉, 그들 때문에 내가 단식을 한다면 그것은 협박에 다름 아니었다. 그리고 나의 단식은 당연히 그들에게 협박이 될 것이라는 사실을 알고 있었으면서도 실제로 그들에게 압박을 가한 결과가 되었지만, 달리 방법이 있었던 것도 아니었다. 내게는 단식을 계획해야 할 만한 명백한 의무가 있었다.

나는 방적공장주들을 안심시키기에 노력했다. 내가 그들에게 말했다.

"당신들의 입장에서 한 걸음도 물러설 필요는 없습니다."

간디 자서전 | 415

그러나 그들은 나의 말을 비아냥거림으로 받아들였다. 그리고 내게 날카롭고 교묘한 비난의 화살을 날리기까지 했다. 그들에게는 그럴 만한 권리가 충분히 있었기 때문이었다.

파업에 대해 공장주들이 강경한 자세를 취할 수 있었던 배경이 된 중심인물은 세드 암바랄이었다. 그의 결연한 의지, 솔직한 성의는 나의 마음을 사로잡았다. 그와 맞서는 것은 기분 좋은 일이었다. 나의 단식은 그를 필두로 한 공장주 측에 긴장감을 불러일으켰고, 그것이 나의 가슴을 울렸다. 그리고 친누이 같은 애정을 보여준 그의 아내 사를라데비가 나의 행동 때문에 괴로워하는 모습을 보는 것은 견디기 힘든 일이었다.

아나수야벤과 많은 친구들, 그리고 노동자들이 첫째 날나와 함께 단식을 했다. 조금 고생을 하기는 했지만, 나는 결국 그들이 단식을 철회하도록 하는 데 성공했다.

선의가 담긴 분위기가 주위에 맴돌고 있었으며, 결국 공장주들이 마음을 움직였다. 그리고 그들은 해결 방법을 찾기 시작했다. 아나수야벤의 집은 그들의 협의를 위한 집합장소가 되었다. 스리자트 아난드샨카르 드루바가 그들 사이에 섰다. 그리고 결국 중재자로 지명 받았다. 내가 단식을 시작한 지 겨우 3일 만에 파업은 중지되었다. 방적공장주들은 일이 해결된 것을 축하하며 노동자들에게 과자를 돌렸다. 이렇게 해서 21일간의 파업 후에 해결을 보게 되었다.

케다 사탸그라하

그러나 내게는 숨 돌릴 틈조차 주어지지 않았다. 아마다바드 방적공장의 파업이 채 끝나기도 전에 나는 케다에서의 사탸그라하 투쟁에 몸을 던지지 않을 수 없었다.

케다 지방에서는 광대한 지역에 걸친 흉작 때문에 기근에 허덕이는 상황이 발생하고 있었다. 그리고 케다의 파티다르 인[247]은 1년 동안 세 부담을 면제해줄 것을 요청하기로 했다.

경작자들의 요구는 한낮의 빛처럼 명백한 것이었다. 그것은 매우 온당한 것으로 당연히 받아들여져야 할 것이었다. 토지세 징수 법칙에 의하면 수확량이 4안나[248]나 그 이하인 경우, 경작자는 1년 간의 징세 정지를 요청할 수 있었다. 정부의 조사에 의하면 수확량은 4안나를 넘어섰다는 것이었다. 지방 경작자 측은 4안나 이하라며 거기에 반론을 제기했다. 그러나 정부는 그것을 받아들이려 하지 않았으며, 농민들이 중재를 요구하자 그것을 주권침해죄로 인정했다. 청원이나 탄원, 온갖 방법을 다 써봐도 성공을 거둘 수 없었기에 나는 동료들과 상의를 한 뒤 결국 파티다르 인들에게 사탸그라하에 호소할 것을 권했다.

케다의 뜻 있는 사람들 외에 이 투쟁에 참가해준 친구들 중 주요 인물들은 실리 발라브바이 파텔, 샨카를랄 반케르[249], 시리마티 아나수야벤, 시리스 인두랄 야지니크, 마하데브 데사이와 그 외의 친구들이었다. 실리 발라브바이 파텔은 이 투쟁에 참가했기 때문에 높은 평가를 얻고 있던 변호사 일을 그만두어야만 했다. 그 후, 그는 그 일로 다시 돌아가지 못했다.

우리는 나디아드의 아나트 아슈람에 우리의 본부를 설치했다. 우리 모두가 묵을 수 있을 만한 다른 곳을 찾지 못했기 때문이었다.

사탸그라하 운동자들이 서명한 다음과 같은 서약이 행해졌다.

'우리 각 마을의 수확이 4안나에 이르지 못함을 알고 우리는 정부에 대해서 내년까지 세의 징수를 정지해줄 것을 요청했다. 그러나 정부는 우리의 탄원을 받아들이지 않았다. 따라서 이하에 서명한 자들은 우리 자신의 의지에 따라서 금년도의 납세액 전부, 혹은 미납분을 정부에 지불하지 않을 것을 엄숙히 선언한다.

우리는 정부로 하여금 어떤 형태로든, 그것이 적절하다고 생각되는 법률적 조치를 강구하게 할 것이며, 또 우리의 납세 거부로 인해 발생하는 모든 결과에 대해서는 그것을 감수할 것이다. 우리는, 스스로 납세를 함으로 해서 우리의 요구가 허위였다고 여겨지도록 내버려두기보다는, 또한 우리의 자존심에 상처를 주기보다는 차라리 토지를 몰수당하기를 원한다.

그러나 만약 정부가 전 지구에 걸친 제2기 납세분의 징수를 중단할 것에 동의한다면, 우리 중 납세 가능한 자는 이미 납기가 도래한 세액의 전부 혹은 잔액을 납부할 것이다. 납세 능력이 있는 사람이 아직도 납세하지 않은 것은, 만약 그들이 납세를 해버리면

보다 가난한 농민들이 공황을 느껴 자신의 납세분을 지불하기 위해 가재도구를 팔거나, 혹은 부채를 지게 될 것이기 때문이다. 즉, 그들 자신에게 재앙을 가져다주는 결과를 초래하게 될 것이다.

이런 사정에 의해서, 납세 능력이 있는 사람들이 그들에게 부과된 세금을 납부하지 않는 것은 가난한 사람들을 위한 그들의 의무라고 우리는 생각한다.'

나는 이 투쟁에 너무 많은 페이지를 할애할 수는 없다. 따라서 그와 관련된 여러 가지 즐거운 추억들은 생략할 수밖에 없다. 이 중요한 투쟁에 대해서 보다 자세하고, 보다 깊이 있게 연구하고 싶은 사람은 케다 카트랄 출생의 실리 샨카를랄 파리크가 쓴 '케다 사탸그라하'에 관한 권위 있는 이야기를 읽어보는 것이 좋을 것이다.

'파 도둑'

참파란은 인도의 외진 곳에 있었으며, 신문 또한 그곳의 투쟁에 대해서는 보도를 하지 않았기 때문에, 그것은 외부로부터 방문자를 끌어들이지는 않았다. 케다의 투쟁은 그렇지 않았다. 거기에서 일어난 일은 매일 아침 신문지상을 떠들썩하게 만들었다.

구자라트 사람들은 이 투쟁에 깊은 관심을 나타냈다. 그들에게 있어서 그것은 좀처럼 경험하기 힘든 일이었다. 투쟁의 성공을 위해서 그들은 재산을 내던질 각오를 하고 있었다. 그들은 사탸그라하가 금전에 의해서 간단하게 움직이는 것이 아니라는 사실을 쉽게 이해하지 못했다. 금전은 가장 필요 없는 것 중 하나였다. 우리의 충고가 잘 받아들여지지 않았기 때문에 봄베이의 상인들이 필요 이상의 자금을 우리에게 보내왔다. 결국 투쟁을 마치고 보니 자금이 남았다.

그와 동시에 사탸그라하 운동에 참가했던 사람들은 검소함을 새로이 배울 수 있었다. 그들이 그것을 철저하게 몸에 익혔다고는 할 수 없었지만, 그들의 생활방식을 크게 바꿔놓았다. 파티다르인들 역시 투쟁은 처음이었다. 따라서 우리는 마을에서 마을로 돌아다니며 사탸그라하 운동의 원리를 일일이 설명하지 않으면 안 되었다.

　중요한 것은 관리들이 국민들의 주인이 아니라, 그와는 반대로 그들이 납세자로부터 월급을 받고 있는 이상, 국민들의 종이라는 사실을 농민들에게 이해시켜 그것으로 그들의 공포심을 제거하는 것이었다.

　그리고 난폭하고 거칠게 굴어서는 안 되며 그와 동시에 두려워해서도 안 된다는 사실을 그들에게 이해시키기란 거의 불가능한 것처럼 보였다. 그들이 관리들을 두려워하지 않게 되었을 때, 어떻게 해야 그들이 받은 모욕에 대한 보복을 하지 않도록 할 수 있을까? 그리고 만약 그들이 난폭한 행동을 보인다면, 그것은 우유에 독을 한 방울 떨어뜨린 것처럼 그들의 사탸그라하를 완전히 망쳐놓을 것이었다. 나중에야 알게 된 사실이지만, 그들은 폭력을 사용해서는 안 된다는 교훈을 내가 생각하고 있었던 것만큼 충분히 깨닫고 있지는 못했었다.

　경험을 통해서 사탸그라하 운동 중에 폭력을 사용하지 않는 것이 가장 어려운 일이라는 사실을 깨달을 수 있었다. 여기서 말하는 폭력을 사용하지 않는다는 것은, 일시적으로 단순히 외양만을 그렇게 꾸민 온화한 태도를 말하는 것이 아니다. 선천적인 온화함과 적에 대한 선행을 의미하는 것이다. 이것은 사탸그라하 운동자의 모든 행위를 통해서 나타내야만 한다.

　민중들이 용감하게 맞섰지만, 초기단계에서 정부는 강경대책을 취하지 않으려 했던 것 같다. 그러나 민중들의 결의가 조금도 흔들릴 조짐이 보이지 않자 정부는 그들을 협박하기 시작했다. 집행관들은 사람들의 가축을 팔아치웠다. 그리고 가재도구를 닥치는 대로 압수했다. 처벌 영장이 발부되었다. 심지어는 작물이 자라고 있는 밭까지 차압하는 경우도 있었다. 이렇게 되자 농민들은 마음이 약해지기 시작했다. 그들 중 몇몇은 자신에게 부과된 납세분을 지불했다. 한편 다른 사람들은 관리들에게 스스로 가재도구를 내밀어 그것을 차압하게 하여 거기서 납세분을 가져가게 했다. 또 다른 몇몇 사람들은 끝까지 싸울 것을 결의했다. 일이 이렇게 진행되고 있는 가운데, 실리 샨카를랄 파리크의 소작인 중 한 명이 토지세를 납부해버렸다. 그 때문에 커다란 소동이 일어났다. 실리 샨카를랄 파리크는 곧 세금이 납부된 토지를 자선을 위한 목적으로 내놓아 소작인의 과실을 보상했다. 이렇게 해서 그는 자신의 체면을 지켰으며, 그것을 사람들에 대한 교훈으로 삼게 했다.

나약해져 있던 사람들의 마음을 다잡기 위해서 나는 실리 모한랄 판디아의 지도에 따라, 내 생각에 의하면 잘못 차압된 밭에서 파를 뽑아오라고 사람들에게 권했다. 나는 그것을 법률위반이라고 생각하지 않았다. 그리고 설령 그것이 법률위반이라 할지라도 밭에 있는 작물을 차압하는 것은, 그것이 법률에 따른 것이라 할지라도 도덕적으로는 잘못된 것이며 약탈과 다를 바 없는 것이라고 말했다.

따라서 차압 영장을 무시하고 파를 뽑아오는 것은 민중의 의무임을 나는 은연중에 암시했다. 이와 같은 법률에 대한 불복종의 필연적인 결과는 벌금이나 투옥이었다.

이것은 민중에게, 스스로 벌금을 내고 감옥에 들어가 교훈을 배우게 하는 좋은 기회가 되었다. 그것은 실리 모한랄 판디아가 바라던 일이기도 했다. 그는 누군가가 사탸그라하 정신에 부합되는 무엇인가를 하고, 그것 때문에 투옥되거나 괴로움을 당하게 되는 그런 일 없이 이 투쟁이 끝나버릴까 두려워하고 있었던 것이었다. 그래서 그는 밭의 파를 뽑는 일을 자원해서 했다. 거기에 7, 8명의 친구들이 가세했다.

정부는 그들을 체포하지 않을 수 없었다. 실리 모한랄과 그의 동행자를 체포하자 사람들은 열광하기 시작했다. 감옥에 대한 공포심이 사라지자 탄압이 사람들에게 오히려 힘을 주었다. 진술이 있던 날, 그들은 무리를 지어 재판소로 밀려들었다. 판디아와 그의 동료들에게는 유죄라는 판결이 내려졌고 단기간의 금고형이 선고되었다. 이 유죄판결은 잘못된 것이라는 생각이 나의 견해였다. 왜냐하면 파를 뽑은 것은 형법에서 정한 절도의 정의에 들어가지 않는 것이기 때문이었다. 하지만 법정투쟁은 피하기로 방침을 정했기 때문에 공소는 하지 않았다.

'범인들'은 군중들이 지켜보는 가운데 형무소로 옮겨졌다. 그리고 그날, 실리 모한랄은 민중들로부터 '둥글리 초오(파 도둑)'라는 칭호를 얻었다. 그는 아직도 그 이름으로 불리고 있다.

케다 사탸그라하의 종말

 이 투쟁은 뜻밖의 결말을 맞이하게 되었다. 민중들이 눈에 띄게 지쳐 있었기 때문에 나는 완고 사람까지 완전한 파멸로 내몰 수는 없었다. 나는 사탸그라하 운동자들이 받아들일 수 있는, 명예로운 투쟁의 종결 방법이 없는지 찾아보기 시작했다. 전혀 뜻밖의 형태로 그 방법을 찾을 수 있었다. 나디아드 지방의 맘라트다르[250]가 여유가 있는 파티다르 인만이라도 세금을 내면 가난한 사람들의 납세는 중지될 것이라고 말해주었다. 나는 서면에 의한 보증을 요구했으며 그것을 손에 넣었다. 단, 맘라트다르는 그의 관할 지구에 한해서만 책임을 지고 있었기 때문에 나는 그 지방 전체에 대한 보증을 해줄 수 있는 유일한 사람인 징세관에게 맘라트다르의 보증은 지방 전체에도 해당하는 것인지를 물었다. 그는 맘라트다르가 서면에서 말한 대로 중지 명령을 이미 내렸다는 답을 보내왔다. 나는 그런 명령이 있었다는 사실을 알지 못했다. 어쨌든 그것이 사실이라면 민중의 요구는 관철된 것이었다. 그들의 요구는 같은 내용을 목적으로 하는 것이라고 기억하고 있었다. 그래서 나는 그 명령에 만족을 표명했다.

 그러나 그와 같은 결말은, 모든 사탸그라하 운동의 종결에 수반

되어야 할 명예에 합당한 것이 아니었기 때문에 나는 도저히 기쁨을 느낄 수가 없었다. 징세관은 이번 해결에는 전혀 관계가 없었던 것처럼 일을 진행시켰다. 틀림없이 가난한 사람은 중지를 허락받았다. 그러나 누구도 그 덕을 보지 못했다. 누가 가난한 사람인지를 결정하는 것은 민중들의 권리였지만 그들은 그것을 행사할 수가 없었다. 그들이 권리를 행사할 힘을 갖고 있지 못하다는 사실이 나를 슬프게 만들었다. 따라서 결과적으로는 사탸그라하 운동의 승리로 축하를 받았지만, 나는 마냥 기뻐할 수만은 없었다. 왜냐하면 완전한 승리가 되기 위해 없어서는 안 될 것이 없었기 때문이었다.

사탸그라하 운동의 종말은, 그것이 사탸그라하 운동자를 운동 초기보다 더 강하고 활기 넘치는 사람으로 만들었을 경우에만 그 이름에 값하는 것이라고 말할 수 있다.

그렇다고 해서 이번 투쟁이 간접적인 결과를 가져다주지 않은 것은 아니었다. 우리는 지금 그것을 볼 수 있으며, 그 은혜를 수확하고 있다. 케다에서의 사탸그라하는 구자라트 농민들의 자각의 시발점, 그들의 참된 정치교육의 단서였던 것이다.

베젠트 부인의 눈부신 자치획득운동[251]이 농민들의 마음에 영향을 준 것은 틀림없는 사실이었다. 그러나 지식을 갖춘 사회활동가를 부추겨서 농민들의 현실 생활과의 접촉을 확립하게 한 것은 케다 사탸그라하 운동이었다. 활동가들은 농민들과 자신들을 동일시하는 법을 배웠다. 그들은 활동 장소를 발견했으며, 희생의 힘은 더욱 커졌다. 구자라트 민중들의 생활은 새로운 힘과 활기로 넘쳐났다.

파티다르 인은 자신들의 힘에 대해서 결코 잊을 수 없는 자각을 얻게 되었다. 구제는 그들 자신 속에 있다, 특히 고뇌와 희생을 견디는 능력 속에 있다는 교훈은 사람들의 마음에 지울 수 없을 정도로 깊이 각인되었다. 사탸그라하는 케다의 운동을 통해서 구자라트 지방에 깊은 뿌리를 내렸다.

제8부

신병 모집 운동[252]

케다 운동이 시작되었을 무렵, 유럽에서는 극적인 전쟁이 전개되고 있었다. 이제는 인도에도 위기가 찾아왔다. 인도 총독은 각 방면의 지도자를 델리의 전쟁회의에 소집했다. 나 역시도 회의에 출석하라는 권고를 받았다.

초청에 응해서 나는 델리로 갔다. 그러나 나는 그 회의에 참석하는 것에는 반대했다. 반대한 주요 이유 중 하나는, 알리 형제[253]와 같은 지도자를 거기에 참석시키지 않았기 때문이었다.

나는 남아프리카에서 일찍부터, 힌두교도와 이슬람교도 사이에 순수한 우정이 없다는 사실을 깨닫고 있었다. 나는 융화로 가는 길 위에 있는 장애물을 제거하기 위해서, 기회라는 기회는 단 하나도 놓친 적이 없었다. 아첨을 하거나 자존심에 상처를 줘가면서까지 사람을 달래는 것은 내 성격상 맞지 않는 것이었다. 그러나 남아프리카에서 얻은 경험이, 불살생이 가장 엄격한 시련에 직면하게 되는 것은 힌두와 이슬람 두 교도의 융화 문제에 부딪쳤을 때일 것이라는 사실, 그리고 이 문제는 나의 불살생의 실험에 최대의 장소를 제공해줄 것이라는 사실을 믿게 해주었다. 이 신념은 아직도 남아 있다. 생애를 통해서 신이 내게 늘 시련을 주신다는 사실을 알았다.

 이 문제에 대해서는 이와 같은 강한 신념을 가지고 있었기 때문에 나는 남아프리카에서 돌아왔을 때 알리 형제와의 접촉을 소중하게 생각했다. 그러나 긴밀한 접촉이 있기도 전에 그들은 유폐되어버리고 말았다. 마울라나 마호메드 알리는 베툴이나 츠힌디와다[254]에서 간수의 허락을 얻은 때면 언제나 내게 장문의 편지를 보내왔다. 나는 형제들을 면회하고 싶으니 허가를 내달라고 했다. 그러나 소용없는 일이었다.

 내가 이슬람교도 친구들의 초대를 받아 캘커타에서 열린 이슬람교도연맹의 연차대회에 참석한 것은 알리 형제가 투옥된 뒤였다. 연설을 청하기에 나는 형제들의 석방을 획득하는 것이 이슬람교도들의 의무라고 그들에게 연설했다. 그로부터 얼마 지나지 않아서 나는 그 친구들과 함께 알리가르에 있는 이슬람교 대학[255]에 갔다. 거기서 나는 청년들에게 조국에 대한 봉사를 위해서 파키르[256]가 되라고 말했다.

 다음으로 나는 알리 형제들의 석방을 위해서 정부와 서면을 주고받았다. 그와 관련해서 나는 알리 형제의 견해와 킬라파트[257]의 활동에 대한 연구를 했다. 나는 이슬람교도 친구들과 서로 의논했다. 내가 이슬람교도들의 참된 친구가 되고 싶다면 알리 형제의 석방 실현과, 킬라파트 문제의 공정한 해결에 가능한 한 도움을 주어야 한다는 사실을 통감했다.

 만약 그들의 요구에 비도덕적인 면이 없다면 나는 이 문제의 공죄(功罪) 자체에는 관여를 하고 싶지 않았다. 종교에 대해서 말하자면 각자의 신앙은 다르다. 그리고 자신들에게는 자신들의 신앙이

지고한 것이다. 만약 모든 사람들이 종교상의 모든 문제에 대해서 같은 신앙을 가지고 있었다면 이 세상에는 오직 하나의 종교만 존재했을 것이다. 시간의 흐름에 따라서 킬라파트 문제에 관한 이슬람교도들의 요구는 도덕상의 원리에 조금도 어긋나지 않을 뿐만 아니라 영국의 총리[258]조차도 이슬람교도의 요구를 정당한 것으로 승인하고 있다는 사실을 알게 되었다.

친구나 비평가들은 킬라파트 문제에 대한 나의 태도를 비판했다. 그런 비판들에도 불구하고 나는 그것을 수정하거나 이슬람교도에 대한 협력을 후회할 이유는 어디에도 없다고 생각했다. 나는 같은 상황이 일어난다면 같은 태도를 취할 것이다.

따라서 델리에 가면, 인도 총독에게 이슬람교도의 실정에 대해서 말을 해야겠다고 나는 생각하고 있었다. 당시 킬라파트 문제는, 그 후와 같은 형태를 띠고 있지 않았다.

그런데 델리에 도착해보니, 내가 회의에 참석하는 데 있어서 또 하나의 어려운 문제가 일어났다. 디나반두[259] 앤드루스가 나의 전쟁 회의 참가의 도덕성에 대해서 의문을 제기했다. 그는 내게 영국과 이탈리아 간에 맺어진 비밀 협정을 둘러싸고 영국의 신문지상에서 행해지고 있는 논의를 이야기해주었다.

"만약 영국이 유럽의 또 다른 나라와 비밀 조약을 맺는다면 내 어찌 전쟁회의에 참가할 수 있겠는가?"

조약에 대해서 내가 아는 바는 하나도 없었지만 디나반두 앤드루스의 이야기를 듣는 것만으로도 충분했다. 그래서 나는 로드 쳄스퍼드[260]에게 편지를 보내, 내가 회의 참가를 망설이고 있는 사정을 설명했다. 그는 그 문제에 대해서 자신과 논의를 하자며 나를 초대했다. 나는 그와 그의 사적 비서인 마페이 씨와 함께 오랜 시간에 걸쳐서 논의를 했다. 그 결과 나는 회의에 참가하기로 했다. 인도 총독의 의견은 대충 다음과 같은 것이었다.

"귀하는 영국 정부가 행한 모든 일을 총독이 알고 있을 것이라고 믿고 계시지는 않을 것입니다. 저 역시도 영국 정부는 절대로 과오를 범하지 않는다고는 주장하지 않겠습니다. 그리고 그 누구도 그렇게 주장할 수는 없을 것입니다. 그러나 귀하가 제국은, 전체적으로는 선의 편에 선 세력이라는 사실에 동의한다면, 그리고 만약 인도는 전제적으로는 영국과의 연계에 의해서 이익을 얻었다고 믿는다면, 귀하는 위기에 임해서 제국을 돕는 것이 인도 각 시민의 의무라는 사실을 어찌 인정하지 않을 수 있겠습니까?

저 역시 영국 신문이 비밀조약에 대해서 보도한 것을 읽었습니다. 귀하에게 분명히 말씀드리겠는데, 저 역시도 신문에 보도된 내용 이상은 아무것도 모릅니다. 그리고 귀하는 이들 신문이 종종 허위 보도를 한다는 사실을 알고 계실 것입니다. 귀하는 그와 같은 일부 신문보도에 바탕을 두고, 이처럼 위기에 처한 제국을 돕기를 거부하시겠다는 것입니까?

전쟁이 끝난 뒤에는 귀하가 원하는 대로 어떤 도덕적 문제를 제기해도, 또 귀하가 만족할 때까지 저희에게 도전을 해도 상관없습니다. 지금은 그럴 때가 아닙니다."

그의 말은, 새로운 것은 아니었지만 말하는 방법과 시기에 의해서 새로운 것처럼 받아들여졌다. 그래서 나는 회의에 참석하기로 했다. 이슬람교도의 요청에 대해서는 인도 총독 앞으로 편지를 보내기로 했다.

그리고 나는 회의에 참석했다. 총독은 신병 모집에 관한 결의에 내가 지지를 표명해주기를 간절히 바라고 있었다. 나는 힌디·힌두스타니어[36]로 이야기할 기회를 달라고 요청했다. 총독은 나의 요청을 받아들였다. 그러나 영어로도 연설을 해야 한다고 제안을 해왔다. 내가 한 것은 연설이라고 할 수 있을 만한 것이 아니었다.

나는 다음과 같은 의미의 한마디를 한 것뿐이었다.

'나는 나의 모든 책임하에 결의가 지지되기를 바라고 있다.'

내가 힌두스타니어로 연설을 했다는 사실 때문에 많은 사람들이 내게 축하의 말을 해주었다. 그와 같은 회의석상에서 힌두스타니어로 이야기한 것은 그것이 처음이었으며, 아직도 기억에 남아 있다는 말을 듣고 있다.

축하의 말을 듣고, 또한 총독이 주최하는 회의에서 힌두스타니어로 이야기한 것이 내가 처음이라는 사실을 알고 나의 민족적 자부심은 상처를 받았다. 나는 부끄럽다는 생각이 들었다. 자국의 말이, 자국과 관계된 일 때문에 자국에서 열리는 집회에서 사용되는 것이 금지되어 있다니. 게다가 그 석상에서, 나처럼 일개 뜻 없는 사람이 연설을 자국어로, 힌두스타니어로 행한 것이 경축할 만한 일이라니. 이 얼마나 커다란 비극이란 말인가? 이와 같은 일만 봐도 우리가 얼마나 저열한 상태에 빠져 있는지를 짐작할 수 있다.

내가 그 회의석상에서 말한 그 짧은 한 구절도 내게는 상당한 의의를 가지는 것이었다. 나는 그 회의와 내가 지지한 결의를 잊을 수가 없었다. 내게는 델리에 머물고 있는 동안에 지켜야만 할 한 가지 약속이 있었다. 나는 총독에게 편지를 써야만 했다. 내게 그것은 결코 쉬운 일이 아니었다. 그 속에서 나는 어째서, 그리고 어떻게 해서 내가 회의에 참석하게 되었는지를 설명하고, 사람들이 정부에 무엇을 기대하고 있는지를 분명하게 밝혀두는 것이 정부 및 국민들에 대한 나의 의무라고 느꼈다.

그 편지 속에서 나는 로카만야 틸라크와 알리 형제를 회의에서 제외시킨 것에 대한 유감의 뜻을 표명했다. 그리고 대전 때문에 발생한 정세를 감안해서, 국민들의 최소한도의 정치적 요구를 이슬람교도의 요구와 함께 이야기했다.

나의 또 다른 책임 중 하나는 신병 모집이었다. 케다를 제외한다면 나는 어디서 시작하면 좋은 것일까? 그리고 내 동료들을 제외한다면 누구에게 최초의 신병이 되라고 권하면 좋단 말인가? 그래서 나는 나디아드에 도착하자마자 바르르바이 및 친구들과 회의를 열었다. 그들 중 몇몇은 그 제안에 좀처럼 찬성을 하지 않았다. 제안에 찬성한 사람들도 그것의 성공에는 의심을 품었다. 정부와, 내가 이야기를 꺼내려 했던 사람들 사이에는 애정이 결여된 관계가 아직 계속되고 있었다. 그들이 정부의 관리들 때문에 맛본 씁쓸한 경험은 그들의 기억 속에 아직도 선명하게 남아 있었다.

그런데도 그들은 활동 개시에 찬성해주었다. 나는 일에 착수하자마자 눈을 뜨게 되었다. 나의 낙관주의는 뼈아픈 타격을 입었다. 납세 반대운동 때, 사람들은 기꺼이 무료로 자신들의 차를 빌려주었다. 그리고 자원자를 한 명 구하면 두 사람이 달려왔음에도 불구하고, 이번에는 돈을 준다고 해도 자동차를 손에 넣을 수가 없었다. 자원자에 대해서는 말할 필요도 없을 것이다. 그러나 우리는 당황하지 않았다. 우리는 자동차를 사용하지 않고 걸어서 여행하기로 했다. 따라서 우리는 하루에 20마일 정도를 걸어야만 했다. 자동차를 사용할 수는 없지만, 사람들이 우리를 먹여줄 것이라고 생각한 것은 커다란 오산이었다. 먹을 것을 요구하는 것은 좋은 일이 아니었다. 그래서 우리는 자원자 각자가 식량을 자신의 가방에 넣어 들고 다니기로 했다. 마침 여름이었기 때문에 휴대용 침구[262]와 이불은 필요하지 않았다.

우리가 찾아간 곳이면 어디서나 집회를 열었다. 사람들은 모였다. 그러나 신병이 되겠다고 한 사람은 두어 명에 지나지 않았.

"당신은 불살생을 믿지 않습니까? 그런데 어째서 우리에게 무기를 쥐라고 하십니까?"

"내 협력을 얻을 만큼 정부가 어떤 좋은 일을 해주기라도 했나?"

늘 이와 같은 질문이 우리에게 쏟아졌다. 그러나 우리의 끊임없는 활동이 효과를 나타내기 시작했다. 상당히 많은 이름이 등록되었다. 그래서 우리는 일단 한 무리를 보내고 나면 곧 정기적으로 보충을 할 수 있을 것이라고 기대하고 있었다. 나는 신병을 수용할 장소에 대해서 징병관과 이미 협의를 하고 있었다.

모든 관할구역의 징병관들은 델리 방식에 바탕을 둔 회의를 개최하고 있었다. 그중 하나가 구자라트 지방에서도 열렸다. 동료들과 나는 거기에 초청을 받았고 우리는 참석했다. 그러나 거기는 델리에서의 회의보다 더욱 참석해서는 안 될 곳이었다는 느낌을 받게 되었다. 노예적이고 비굴한 분위기 속에서 나는 참을 수 없는 무엇인가를 느꼈다. 결국 나는 이야기를 조금 했다. 나는 관리들을 기쁘게 할 만한 말을 무엇 하나 할 수가 없었다. 그리고 두어 마디 쓴 소리를 한 것도 사실이었다.

나는 언제나 신병 응모를 권하는 소책자를 사람들에게 배포하고 있었다. 내가 사용한 논법 중 하나는 징병관이 싫어하는 다음과 같은 것이었다.

'역사는 영국의 인도 지배에 관한 여러 가지 실패 중, 모든 민족들로부터 무기를 앗아간 것을 최악의 것이라고 평가할 것이다. 우리가 무기소지 금지법을 폐지하기를 바란다면, 그리고 만약 우리가 무기 사용법을 배우고 싶다면, 여기에 두 번 다시 오지 않을 기회가 있다. 이 시련의 시기에 임해서 우리 중산계급이 스스로 정부에 도움을 준다면 불신은 사라질 것이며, 무기소유 금지도 철회될 것이다.'

징병관은 논법에 대해서 이야기하면서, 우리 사이에 견해 차이가 있기는 하지만 당신이 회의에 참석해준 것은 고마운 일이라고 감사의 말을 해왔다. 그래서 나는 가능한 한 정중하게 나의 입장을 변호해야만 했다.

죽음 일보직전

나는 신병 모집 운동을 하는 동안에 몸을 완전히 망가뜨리고 말았다. 당시 내가 주로 먹었던 음식은 땅콩버터와 레몬이었다. 땅콩버터는 자칫 너무 많이 먹기 쉬우며, 그 때문에 건강을 해치는 경우도 있다는 사실을 나는 알고 있었다. 그랬음에도 불구하고 너무 많이 먹었기 때문에 결국에는 가벼운 적리(赤痢)에 걸리고 말았다. 나는 거기에 별로 신경 쓰지 않았다. 그리고 종종 그랬던 것처럼 그날 밤에는 도장으로 돌아갔다. 당시 나는 약이라는 것을 먹지 않았다. 나는 한 끼 굶으면 나을 것이라고 생각했다. 그리고 이튿날 아침을 먹지 않았더니 실제로 아픔은 상당히 가신 듯한 느낌이었다. 그러나 완전히 나으려면 좀 더 오랫동안 단식을 해야 하며, 과즙 이외에는 아무것도 먹어서는 안 된다는 사실을 알게 되었다.

그날은 무슨 축제일이었다. 나는 카스투르바에게 점심에는 아무것도 먹지 않겠다고 말해두었지만 그녀는 내게 먹으라고 권했다. 나는 그녀의 권고에 지고 말았다. 당시는 내가 우유와 우유로 만든 음식을 일절 먹지 않겠다고 맹세를 한 때였기 때문에 그녀는 나를 위해서 하얀 보리죽에, 산양 기름대신 식물유를 뿌린 것을 만들어주었다. 그리고 그녀는 나를 위해서 콩을 한 대접 놓아주었다. 나는 그것들을 매우 좋아했다. 그래서 주저하지 않고 먹었다. 몸에 이상이 생기지 않았으면 좋겠다고 생각하면서도 충분히 먹어 카스투르바를 기쁘게 했고 나의 미각까지도 만족을 시켰다. 그러나 악마는 기회가 오기만을 기다리고 있었다. 극히 소량에 그치지 않고 나는 배가 부르도록 먹었다. 그것으로 죽음의 사자를 불러들이기에 충분했다. 채 한 시간도 지나지 않아서 적리가 악화될 조짐을 보였다.

친구들이 전부 침통한 얼굴로 내 주위를 둘러쌌다. 모두 깊은 애정으로 여러 가지 걱정을 해주었다. 그러나 그들은 나의 아픔을 가시게 해주지는 못했다. 게다가 내가 고집을 부렸기 때문에 그들은 어떻게 손을 쓸 수가 없었다. 나는 어떤 치료도 거부했다. 나는 어리석게도 약을 먹지 않았기 때문에 아픔을 선택한 꼴이 되어버리고 말았다. 그들은 당황해서 어찌할 바를 모르고 있는 것처럼 보였다. 나는 24시간 동안 30번에서 40번 정도 설사를 했다. 나는 단식을 해보았다. 나중에는 과즙조차도 먹지 않았다. 식욕은 완전히 사라지고 말았다. 나는 언제나 내 몸은 철로 만들어진 것이라고 생각하고 있었다. 그러나 이제 나의 몸은 흙덩어리가 되어버리고 말았다. 카누가 박사가 와서 약을 먹으라고 애원했지만 나는 거부했다. 그는 내게 주사를 놓겠다고 했다. 나는 그것도 거부했다. 당시의 주사액에 대한 나의 무지는 그야말로 우습기 짝이 없는 것이었다. 나는 주사액이란 어떤 혈청의 일종이라고 믿고 있었다. 나는 나중에서야 의사가 말한 주사액이 식물성이라는 사실을 알게 되었다. 그러나 그 사실을 너무 늦게 알았기 때문에 실제로는 도움이 되지 않았다[263]. 설사는 여전히 계속되었다. 나는 완전히 기진맥진하고 말았다. 피로 때문에 열이 나기 시작했으며 헛소리를 하게 되었다. 친구들의 걱정이 더욱 심해졌다. 그리고 여러 의사들을 불렀다. 그러나 말을 듣지 않는 환자에게 무슨 조치를 취할 수 있었겠는가?

많은 의사들이 여러 가지 치료법을 권했기 때문에 나는 거대한 힘에 짓눌리는 듯한 기분이 들었다. 그러나 그 무엇도 들을 마음은 없었다. 두어 명의 의사는 우유를 먹지 않겠다는 맹세와는 전혀 상관이 없으니 육즙을 먹는 것이 어떻겠느냐고 권했다. 그리고 『야주르 베다』를 들어 자신들의 권고를 정당화하려 했다. 그들 중 한 명은 강경하게 계란을 권했다. 그러나 그 모든 것에 대해서 나는 오직 한 가지 대답, '싫다.' 는 말만 했다.

내게 있어서 식사 문제는 『샤스트라[264]』의 권위에 의해서 정해진 것이 아니었다. 나의 생활방식과 조합을 이룬 여러 가지 원리에 인도 받은 것이기 때문에, 외적인 권위에는 더 이상 의존하지 않는 것이 되었다. 나는 그들 원리를 희생하면서까지 생활하고 싶지는 않았다. 나 스스로가 아내, 아이들, 그리고 친구들에게 원리를 강하게 밀어붙이고 있으면서 어찌 내 자신이 그 원리를 포기할 수 있단 말인가?

이 병은 내 생애에 처음으로 찾아온 커다란 병이었다. 이렇게 이 병으로 인해서 내 원리를 검토해보고 그것을 시험해볼 절호의 기회가 찾아온 것이었다. 어느 날 밤, 나는 완전한 절망상태에 빠지고 말았다. 나는 죽음의 입구에 선 듯한 느낌이었다.

이처럼 나는 죽음까지 예감하며 병상에 누워 있었는데 어느 날

타르바르칼 박사가 낯선 사람을 데리고 왔다. 그 사람은 마하라슈트라 출신으로 세상에 알려지지는 않았다. 그러나 그를 만난 순간 그 역시도 나처럼 특이한 사람이라는 사실을 알 수 있었다. 그는 그랜트 의과대학에서의 연구 과정을 마치기 직전에 있었지만 학위는 따지 않았다. 후에 그가 브라모 사마지의 회원이라는 사실을 알게 되었다. 그의 이름은 스리자트 케르칼로 독립심이 강하고 고집이 센 사람이었다. 그는 자기 나름대로의 치료를 하기 위해 왔다고 했다. 그 요법이라는 것은 몸 전체에 얼음을 대는 것이었다. 그의 요법에 어떤 효과가 있었는지 나는 그의 말을 그대로 보증할 수는 없다. 하지만 그것이 내게 새로운 희망과 힘을 심어준 것은 틀림없는 사실이었다. 그리고 마음도 자연스럽게 몸에 반응하여 식욕도 생기게 되었다. 나는 공적인 활동에 흥미를 느낄 수 있을 만큼 회복되었다.

샨카를랄 반케르는 스스로 나의 건강 관리자가 되겠다고 나섰다. 그리고 내게 달탈[265] 박사의 진찰을 받으라고 재촉했다. 그리고 달탈 박사를 불렀다. 척척 즉석에서 일을 결정해나가는 그의 솜씨에 나는 감탄하지 않을 수 없었다.

그가 말했다.

"우유를 마시지 않는 한, 저는 당신의 몸을 건강하게 만들 수 없습니다. 그리고 당신이 철제와 비소제 주사를 받아들인다면 저는 당신을 완전히 건강한 몸으로 만들 자신이 있습니다."

내가 대답했다.

"그럼 주사를 놔주세요. 하지만 우유는 안 돼요. 저는 우유를 먹지 않겠다고 맹세했습니다."

"당신의 맹세라는 것이 대체 뭡니까?"라고 의사가 물었다.

나는 그에게 내가 어떻게 해서 맹세를 하게 됐는지, 특히 암소와 물소의 젖을 짜내기 위해서 어떤 방법[266]을 쓰는지 본 이후부터 우유에 강한 혐오감을 느끼게 됐다는 것을 자세히 들려주었다. 그리고 우유는 인간이 먹을 수 있는 자연의 음식이 아니라는 의견을 늘 가지고 있었기 때문에 먹기를 완전히 그만둔 것이라고 말했다. 병상을 지키고 있던 카스투르바가 이 모든 얘기를 듣고 있었다.

"그럼, 산양의 젖이라면 반대하지 않으시겠죠?"라고 그녀가 말했다. 의사 역시 거들었다.

"당신이 산양의 젖을 먹겠다면, 저는 그것으로 충분합니다."라고 그가 말했다.

나는 손을 들고 말았다. 사탸그라하 투쟁을 시작하고 싶다는 강한 희망이, 내 속에 살고 싶다는 강한 욕망을 불러일으켰다. 그래서 나는 맹세를 글자 그대로 지키는 데만 만족하기로 하고 그 정신을 희생시켰다. 왜냐하면 내가 맹세를 했을 때는 소와 물소의 젖만을 염두에 두기는 했지만, 거기에 포함되어 있는 의미는 당연히 모든 동물의 젖을 가리키는 것이었기 때문이었다. 혹은 젖은 인간이 먹을 수 있는 자연의 음식이 아니라고 내가 생각하는 한, 적어도 내게 있어서 어떤 젖이든 먹는다는 것은 올바른 일이라고 할 수 없는 것이었다. 나는 이 모든 사실들을 알고 있으면서도 산양의 젖을 먹겠다고 했다. 살고 싶다는 의지는 진실에 대한 성실함보다도 더욱 강했다. 그리고 진실의 신자는 결국, 사탸그라하 투쟁을 하고 싶다는 마음에서 자신의 신성한 이상을 더럽히고 말았다. 이 일을 생각하면 나는 아직도 가슴이 아파오며, 자책감이 느껴진다. 나는 늘 어떻게 해야 산양의 젖을 끊을 수 있을지 생각하고 있다. 그러나 나는 견딜 수 없는 유혹, 봉사하고 싶다는 소망에서 해방되지 못했다. 나는 지금도 여전히 그 소망을 품고 있다.

 영양학상의 내 실험은, 불살생에 대한 탐구의 일부로 내게는 소중한 것이다. 그것은 내게 재생과 희열을 가져다주었다. 그러나 산양의 젖을 먹고 있다는 사실이 지금 나의 고민거리가 되었다. 그것은 영양학상의 불살생이라는 견지에서보다 진실의 견지에서, 아니 그에 못지않게 맹약을 깼다는 것 때문이었다. 내가 보기에 나는, 진실에 대한 이상을 불살생에 대한 이상보다 더욱 잘 이해하고 있는 듯하다. 그리고 나의 수많은 경험은 내게, 내가 진실에 대한 집착을 버린다면 불살생의 수수께끼를 풀지 못하게 될 것이라는 사실을 알려주고 있다. 진실에 대한 이상은, 일단 지키기로 한 맹세를 글자 그대로, 그리고 정신에 있어서도 완전하게 지킬 것을 요구하고 있다. 지금 나는 외형만을 취함으로 해서 정신—내 맹세의 혼—을 살해해버리고 말았다. 그리고 그것이 나를 짓누르고 있는 것에 다름 아니었다. 그러나 이처럼 명확한 지식에도 불구하고 내 앞에 똑바로 뻗어 있는 나의 길을 구분해낼 수가 없다. 다시 말하자면 나는 그처럼 치열한 길을 헤쳐나갈 용기를 갖고 있지 못한 것이다. 이 두 가지는, 깊은 곳에서는 한 가지를 의미하고 있으며 서로 같은 것이다. 왜냐하면 의심이라는 것은 어쨌든 믿음의 결여, 혹은 나약함의 결과이기 때문이다.

 따라서 나는 밤낮으로 다음과 같은 기도를 올린다.

 '신이여, 제게 믿음을 주십시오.'

 내가 산양의 젖을 먹기 시작한 지 얼마 지나지 않아서 달탈 박사의 집도하에 치질에 대한 수술이 행해져 성공을 거뒀다. 내가 다시 건강을 회복하기 시작함에 따라서, 살아야겠다는 나의 욕망도 되살아나기 시작했다. 신께서 특히 나를 위해 일을 쌓아두셨기 때문이었다.

롤럿 법[267]

　내 건강이 회복되기 시작했다고 생각되었을 때, 우연히도 그때 막 공표된 롤럿 위원회의 보고를 신문에서 읽었다. 그 안에 담겨 있는 권고 내용은 나를 놀라게 했다. 샨카를랄 반케르와 우마르 소바니[268]가 내게로 와서, 이 일에 대한 어떤 행동을 바로 취하라고 내게 제안해왔다. 1개월 후, 나는 아마다바드로 나갔다. 나는 거의 매일 나를 찾아왔던 발라브바이 파텔에게 내 고민거리를 털어놓았다. 내가 그에게 말했다.
　"뭔가를 해야만 하네."
　그가 내게 대답했다.
　"이런 상황에서 우리가 뭘 할 수 있겠습니까?"
　내가 그에 답했다.
　"단 한 무리의 사람들만이라도 저항의 맹세에 서명을 해주기만 하면 될 거야. 그것을 무시하고 제안이 입법화될 경우, 나는 바로 사탸그라하를 시작해야겠지. 이렇게 누워 있지만 않았다면 나 혼자서라도 반대 투쟁을 시작하고, 다른 사람들에게도 따라오라고 말할 수 있었을 텐데. 그러나 나의 이런 건강 상태로는 도저히 그 일을 해낼 수 있을 것 같지가 않아."

이 이야기를 계기로 나와 관계를 맺고 있던 사람들을 모아 조그만 집회를 열기로 결정했다. 롤럿 위원회의 보고에 담긴 권고는, 그 보고서에 발표되어 있는 증거만으로는 정당성을 확보하기 어려운 것으로 여겨졌다. 따라서 자존심이 있는 사람이라면 거기에 굴복할 수 없을 것이라고 생각했다.

계획했던 집회가 드디어 도장에서 열렸다. 스무 명 정도의 사람이 거기에 초대되었다. 내 기억에 의하면 출석자 중에는 발라브바이 파텔 외에도 살로지니 나이두[269], 호르니만 씨[270], 고 우마르 소바니, 스리자트 샨카를랄 반케르, 그리고 시리마티 아나수야벤이 있었다. 그 집회에서 사탸그라하의 서약이 기초되었다. 그리고 내 기억이 정확하다면 참석자 전원이 거기에 서명했다[271].

사탸그라하와 같은 진귀한 무기를 기존의 단체 중 어딘가에서 채용해주지나 않을까 기대를 해보았지만 전혀 소용없는 일이었기에 내가 애를 써서, 사탸그라하 사바[272]라 불리는 단체를 따로 만들었다. 그 회원들이 대부분 봄베이 사람들이었기 때문에 본부를 봄베이에 두었다. 자신의 의지로 서약에 참가한 사람들이 사탸그라하의 맹세에 다수 서명을 하기 시작했다. 문서가 배포되었다. 그리고 곳곳에서 케다에서의 투쟁의 특징을 떠올리게 하는 민중대회가 열리기 시작했다.

나는 사탸그라하 사바의 의장이 되었다. 얼마 지나지 않아서 나는, 나 자신과 사바를 구성하고 있는 지식인들 사이에 좀처럼 의견이 일치되지 않는다는 사실을 깨닫게 되었다. 내가 사바에서는 구자라트어를 사용해야 한다고 강하게 주장한 것과, 다른 일도 내 방식대로 처리한 것이 하나가 되어 그들에게 적잖은 고통을 주었

간디 자서전 | 445

으며 당혹감을 느끼게 했다. 그러나 그들 대부분이 나의 특이성을 관대하게도 잘 견뎌주었다는 사실을, 그들의 명예를 위해서 말해 두어야겠다.

하지만 나는 처음부터, 사바는 그리 오래 가지 않을 것이라고 생각했다. 내가 진실과 불살생을 강조하는 것이 사바에 가입한 몇몇 사람들에게 진작부터 호감을 얻지 못하고 있었다는 사실을 깨달았다. 그럼에도 불구하고 첫 단계에서는 이 새로운 활동이 총력전 양상을 보이자 운동은 급속하게 세력을 더해갔다[273].

이렇게 한편에서는 롤럿 위원회의 보고서에 반대하는 운동이 양과 열기를 더해가고 있을 때, 다른 한편에서는 정부가 그 권고를 더욱 구체화하자는 결의를 다지고 있었다. 그리고 롤럿 법안의 내용을 공표했다.

이와 같은 상황이라면 내가 하고 있는 일은, 황야에서 부르짖는 외침 이상의 것은 될 수가 없었다. 나는 진지하게 총독 앞으로 탄원서를 보냈다. 나는 사신(私信)과 공개장을 보내 그 속에서,

'정부가 태도를 바꾸지 않는 한, 나는 사탸그라하를 이용할 수밖에 없다.'고 분명하게 말했다. 그러나 그것은 헛수고에 지나지 않았다.

법안은 아직 법률로 공포되어 있지 않았다. 내 몸은 매우 쇠약해져 있었다. 그러나 마드라스로 초청을 받은 나는 긴 여행에 따르는 위험을 감수하기로 결심했다. 당시 나는 집회 등에서 목청껏 소리를 높일 수가 없었다.

나는 언제나 남인도에 그리움을 느끼고 있었다. 남아프리카에서 일한 덕분에 나는 타밀 인과 텔루구 인에 대해 어떤 특별한 권

리를 가지고 있다고 생각했다. 그리고 남인도의 선량한 사람들은 단 한 번도 내 신조를 배반한 적이 없었다. 초청장은 고 스리자트 카스투리 랑거 아이엔가[274]의 서명으로 왔다. 그러나 내가 마드라스에 가는 도중에 알게 된 바에 의하면 초청의 배후 인물은 라자고파라차리[275]였다. 이번이 그와의 첫 만남이라고 할 수 있었다. 어쨌든 이것이 우리가 개인적으로 서로를 알게 된 첫 기회였다.

라자고파라차리는 당시 살렘[276]을 떠나서 마드라스에 정착해 살면서 변호사를 시작하려던 때였다. 우리는 매일 투쟁 계획에 대해서 의논했다. 그러나 공중 집회를 여는 것 외에는 무엇 하나 다른 행동 계획이 떠오르지 않았다. 나는 롤럿 법안이 통과되어 결국 법률이 된다면, 법률 반대를 위해 어떤 식의 시민적 불복종을 행해야 좋을지 전혀 감을 잡을 수가 없었다. 정부가 기회를 주어야만 롤럿 법에 불복종할 수가 있을 것이다. 만약 그 불복종에 실패한다면 우리는 다른 법률에 대해서 불복종을 행할 수 있을까? 불복종하기 위한 법률을 선택하는 데 그 기준선은 어디에 두어야 하는가? 이와 같은 문제들이 우리의 논의의 중심을 이루고 있었다.

이런 사안들에 대해서 생각하고 있을 때 롤럿 법안이 법률로 공포되었다는 보도를 접하게 되었다. 그날 밤, 나는 그 문제에 대해서 생각하다 잠이 들었다. 나는 날이 밝기 조금 전에 눈을 떴다. 평소보다 조금 이른 시각이었다. 나는 아직도 잠이 덜 깬 상태였다. 그 순간 문득 한 가지 생각이 떠올랐다. 그것은 꿈과 같은 일이었다. 아침 일찍, 나는 모든 사실을 라자고파라차리에게 말해주었다.

"어젯밤 꿈속에서, 각지에 일제휴업[277]을 권하면 되겠다는 생각을 하게 되었습니다. 사탸그라하는 자기 정화의 과정이며, 우리의 싸움은 신성한 것입니다. 그것은 자기 정화를 통해서 시작하는 것이 일의 본질적인 목적에 부합하는 것입니다. 따라서 전 인도인에게 그날은 일을 중단하고 하루 동안 단식과 기도를 올리는 날로 여겨달라고 하면 되지 않겠습니까? 이슬람교도는 하루 이상 단식을 할 수 없도록 되어 있으니 단식 시간은 24시간으로 하면 좋을 겁니다. 모든 주가 우리의 뜻에 동참할지 어떨지 확실하게 말하기는 어렵지만 봄베이, 마드라스, 비하르, 그리고 신도는 틀림없이 동참할 것이라고 생각합니다. 만약 지금 말씀드린 지방 전부가 일제휴업을 적당히 실행에 옮겨주기만 한다면 그것만으로도 충분하지 않을까 생각합니다[278]."

라자고파라차리는 내 제안을 바로 받아들였다. 다른 친구들에게 그것을 알리자 그들 역시 그 안을 기꺼이 받아들였다. 나는 짧은 취지서를 작성했다. 처음에는 일제휴업일을 1919년 3월 30일로 잡았다. 그러나 후에 4월 6일로 변경했다. 우리가 활용할 수 있는 예고 기간은 아주 짧은 것이었다. 바로 활동을 시작해야만 했기 때문에 예고 기간을 길게 잡을 수가 없었다.

그러나 사태가 어떻게 진전될지 그 누가 알 수 있었겠는가? 인도 전체가, 구석에서 구석까지, 마을과 마을 할 것 없이 모두가 그날의 일제휴업을 완전하게 지켰다. 그것은 가장 멋진 광경이었다.

그 기념할 만한 주일

남인도를 잠깐 둘러본 뒤 나는 봄베이에 도착했다. 그런데 그러는 동안, 델리에서는 3월 30일에 일제휴업을 감행해버렸다. 그 지역에서 스와미 슈라다 난드지와 하킴 아디마르 칸 사헤브[279]의 명령은 마치 규율처럼 지켜졌다. 일제휴업을 4월 6일로 연기한다는 전보가 늦게 도착한 것이었다. 델리에서 이와 같은 일제휴업은 일찍이 찾아볼 수 없는 것이었다. 힌두교도와 이슬람교도가 하나의 인간처럼 통일되어 있었다. 줌마 마스지드[280]에서 연설을 해달라고 스와미 슈라다 난드지를 불렀다. 그는 연설을 했다. 그 모든 것이 당국으로서는 용납할 수 없는 일이었다. 일제휴업의 행렬이 역을 향해 행진하자 경찰들이 그것을 저지했다. 그리고 발포했다. 수많은 부상자가 나왔다. 이렇게 탄압정치가 델리에서 시작되었다. 스와미 슈라다 난드지가 내게 급히 델리로 와달라고 했다. 나는 4월 6일, 봄베이에서의 기념식이 끝나면 곧장 델리로 가겠다고 답했다.

델리에서의 사건에 대한 이야기는, 여러 가지로 과장되어 라호르와 암리차르에 전해졌다. 암리차르에서 사탸파르, 키치레우[281] 두 박사가 그곳으로 와달라고 긴급하게 초청장을 보내왔다. 당시 나는 그 두 사람과 한 번도 만난 적이 없었다. 그러나 나는 그들에게 델리에 이어서 암리차르를 방문하겠다는 나의 의향을 전했다.

4월 6일 오전, 봄베이 시민 수천 명이 바다에서 목욕을 하기 위해 초파티282) 해안으로 모여들었다. 그 후, 열을 지어서 타크루드바까지 행진하기 시작했다. 대열 속에는 여자와 어린아이들도 상당 수 섞여 있었다. 그리고 이슬람교도들도 다수 참가했다. 행렬에 참가했던 우리 중 몇몇 사람들은 타크루드바에서 이슬람교도 친구들에게 이끌려 부근에 있는 이슬람교 사원으로 갔다. 거기서 살로지니 나이두 부인과 나는 연설을 부탁받았다. 비타르다스 제라자니가 그 자리에서 우리에게, 국산장려[스와덴]283)와 힌두·이슬람의 융화에 대한 맹세를 사람들에게 하도록 하는 것이 어떻겠느냐고 제안해왔다.

그러나 나는, 맹세라는 것은 가볍게 하도록 하거나, 가볍게 해서는 안 되는 것이며, 우리는 지금 사람들이 하고 있는 일에 만족해야 한다는 이유를 들어 그 제안에 반대했다. 일단 맹세한 이상, 나중에 맹세를 깨서는 안 된다. 따라서 국산장려의 맹세에 함축되어 있는 내용을 잘 이해해야만 하며, 힌두·이슬람 융화의 맹세에 따르는 중대한 책임을 모든 관계자들이 완벽하게 이해해야 할 필요가 있다고 나는 말했다. 마지막으로 나는, 맹세를 하고 싶은 사람들은 내일 아침 그 목적을 위해서 다시 모이는 것이 어떻겠느냐고 제안했다.

말할 필요도 없이 봄베이에서의 일제휴업은 완전한 성공을 거뒀다. 시민적 불복종운동을 시작하기 위한 준비가 빈틈없이 이루어졌다. 그것과 관련해서 두어 가지 일들이 논의되었다. 대중 자신들이 손쉽게 거부할 수 있는 법률만을 골라서 시민적 불복종을 행하기로 결정했다. 염세[284]는 사람들의 지지를 얻지 못했으며, 그것의 폐지를 위해서 한동안 맹렬한 운동이 전개된 적이 있었다. 따라서 나는 사람들이 법률을 무시하고 사람들의 집에서 바닷물을 이용하여 소금을 만들면 좋을 것이라고 제안했다. 그 외에도 내가 제안한 것은 발매금지 처분을 받은 책을 팔자는 것이었다. 내 두 권의 책, 즉 『힌두 스와라지』와 『사르반다야[285]』는 예전부터 발매금지 처분이 내려져 있었는데, 이런 목적으로 사용하기에는 안성맞춤이었다. 이것들을 공공연하게 인쇄해서 발매하는 것은 법률위반을 위한 가장 간단한 방법처럼 보였다. 그래서 그 책들을 여러 권 인쇄했다. 그리고 단식이 끝난 뒤, 저녁에 열리기로 되어 있던 대집회의 말미에 그것을 팔기로 결정했다.

6일 저녁, 한 무리의 자원자들이 예정된 대로 발매금지 처분을 받은 책을 사람들에게 팔기 위해서 나왔다. 시리마티 사로지니 데비와 나는 자동차를 타고 나갔다. 책은 눈 깜빡할 사이에 팔려나갔다. 판매금액은 향후의 불복종운동을 위해 쓰기로 했다. 이들 책에는 한 권에 4루피라는 가격이 매겨졌다. 그러나 그저 정가만을 주고 책을 산 사람을 나는 단 한 사람도 기억하지 못한다. 많은 사람들이 단지 그 책을 사기 위해서 품안에 있던 돈을 전부 털었다. 단 한 권의 책을 사기 위해서 5루피, 혹은 10루피짜리 지폐를 꺼내들었다. 심지어는 50루피를 받고 판 적이 한 번 있었다는 사실을 기억한다. 발매금지 처분을 받은 책을 사면 당연히 체포당하게 된다는 사실을 사람들에게 잘 설명했다. 그런데 그들은 형무소에 대한 두려움을 완전히 잊고 만 것이었다.

정부는 발매금지 처분을 내렸던 이 책들의 재판을 신간으로 간주했다. 따라서 그것을 팔아도 법률위반은 되지 않았다. 그 소식은 우리를 실망시켰다.

7일 밤, 나는 델리와 암리차르를 향해 출발했다. 8일에 마투라에 도착하면 우선은 내가 체포될 것이라는 소문을 들었다. 아차리아 기드바니가 나를 만나기 위해 마투라 다음 역에 나와 있었다. 그리고 나는 틀림없이 체포될 것이라고 알려주었다. 그리고 필요하다면 힘이 되어주겠다고 말해주었다. 기차가 파르와르 역에 도착하기 전에 영장 하나를 받았다. 거기에는, 내가 펀자브[286]에 나타나면 평화에 방해가 될 염려가 있으니 펀자브 주 경계 안쪽으로 들어오는 것을 금지한다는 내용이 담겨 있었다. 경찰은 내게 기차에서 내리라고 했다. 나는 거절했다.

"나는 급한 부름을 받고, 불안을 조장하기 위해서가 아니라 그것을 진정시키기 위해서 펀자브에 가는 것이다. 그러니 유감스럽지만 그 명령에는 따를 수가 없다."

나는 파르와르 역에서 내려야만 했고, 경찰의 감시하에 놓이게 되었다. 잠시 후, 델리에서 출발한 기차가 도착했다. 나는 삼등 객차에 태워졌다. 한 무리의 경찰들이 뒤를 따랐다. 마투라에 도착하자 그들은 나를 경찰들이 모여 있는 곳으로 데려갔다. 그러나 어떤 경찰관도, 내게 무엇을 하려는 건지, 혹은 어디로 데려가려는 건지를 말해주지 않았다. 어느 날 아침 4시, 나를 흔들어 깨우더니 봄베이로 가는 화물열차에 태웠다. 우리는 스라트에 도착했다. 거기서 나는 다른 경찰들에게 인도되었다. 우리가 봄베이에 도착하자 경관이 내게 말했다.

"이제 방면하겠습니다. 귀하를 위해서 라인스 역 부근에서 기차를 멈추게 할 테니 거기서 내리도록 하십시오. 코라바에 많은 사람들이 모여 있는 듯합니다."

나는 흔쾌히 그의 말에 따르겠다고 했다. 그는 기뻐하며 감사의 말을 건넸다. 나는 마린 라인스 역에서 내렸다. 한 친구의 마차가 지나가는 것을 발견했기에 그것을 얻어 탔다. 그리고 레바샨카르 자베리 광장에서 내렸다. 그 친구는 내가 체포되었다는 보도로 군중들이 흥분해서 그들의 광란이 극에 달해 있다고 알려주었다.

"피두니에서는 소동이 일어날지도 모른다며 걱정을 하고 있습니다. 치안판사와 경찰은 이미 그곳으로 출동했습니다."라고 그가 덧붙였다. 내가 목적지에 막 닿으려는 순간 우마르 소바니와 아나수야벤이 도착했다. 그리고 자동차로 당장 피두니에 가달라고 내게 부탁했다. 그들이 말했다.

"사람들은 더 이상 참지 않을 겁니다. 그들은 매우 흥분해 있습니다. 우리는 그들을 진정시킬 수가 없습니다. 당신이 모습을 보여야만 모두를 진정시킬 수 있습니다."

나는 자동차에 올랐다. 피두니 근처에 도착한 나는 많은 사람들이 모여 있는 것을 보았다. 나를 발견한 사람들은 미친 듯이 기뻐했다. 순식간에 사람들이 줄을 지어 움직이기 시작했다. 그리고 반데 마타람과 알라호 아크바르의 함성[287]이 하늘을 찢어놓을 듯 울리기 시작했다. 우리는 피두니에서 한 무리의 기마경관을 발견했다. 벽돌 조각이 하늘에서 비처럼 쏟아져 내렸다. 나는 군중들에게 진정하라고 말했다. 그러나 우리도 쏟아지는 벽돌을 피할 수 있을 것 같지는 않았다. 행렬이 압둘 라만 거리에서 쏟아져 나와

간디 자서전 | 453

클로포드 시장을 향해 나아가려 할 때 갑자기 기마경관들과 정면으로 맞부딪치게 되었다. 기마경관들은 행렬이 포트[288] 방향으로 나가는 것을 막으려고 그곳에 와 있었던 것이었다. 군중들은 끊임없이 몰려들고 있었다. 기마경관들의 포위망이 곧 뚫려버릴 것만 같았다. 군중들 속에서는 내 목소리를 거의 알아들을 수가 없다. 바로 그때, 기마경관들을 지휘하던 경찰관이 군중들의 해산을 명령했다. 그러자 기마대가 곧 창을 휘두르며 군중을 향해 돌진해 왔다. 순간 나는 당했다고 생각했다. 그러나 그것은 나의 착각이었다. 창을 든 기마경관이 바람처럼 달려나갔을 때 그 창이 자동차를 스치고 지나간 것이었다. 사람들의 대열은 단번에 흩어지고 말았다. 그리고 그들은 커다란 혼란 상태에 빠졌다. 그것은 곧 뿔뿔이 달아나는 상태로 바뀌었다. 몇몇 사람들이 넘어지고 사람들에게 짓밟혀 커다란 부상을 입기도 하고, 사람들에게 깔린 사람까지 있었다. 혼돈에 빠진 군중들 사이에 말이 지날 만한 틈이 있을 리가 없었다. 그리고 사람들이 해산하려 해도 빠져나갈 곳은 한 군데도 없었다. 창을 든 기마경관들은 길을 열려고 사람들 사이를 억지로 비집고 들었다. 나는 그들이 무엇을 하고 있는 것인지 알지 못했다. 그곳 전체가 섬뜩한 광경을 연출하고 있었다! 말 위의 사람과 군중들이 광란 속으로 빠져 들어갔다.

그렇게 해서 군중들은 해산되었고 행진은 저지되었다. 우리의 자동차도 전진을 허락받았다. 나는 자동차를 경찰본부 앞에 세웠다. 그리고 경찰들이 사용한 방법에 항의를 하기 위해 차에서 내렸다. 그리고 나는 경찰부장인 그리피스 씨의 사무실로 갔다. 계단에서 사무실에 이르기까지, 머리에서 발끝까지 무장을 한 병사들이 마치 군사행동에 대비하기라도 하듯 곳곳에 서 있는 것을 보았다. 베란다 쪽도 소란스러웠다.

나는 본부장에게 내가 본 광경을 이야기했다. 그가 간단하게 대답했다.

"저는 대열이 포트에 들어가는 것을 막아야 했습니다. 왜냐하면 거기서는 틀림없이 소동이 일어날 것이기 때문입니다. 그리고 민중들이 지시에 따르지 않을 것이라는 사실을 알고 있었기 때문에 기마경관들에게 민중들 사이로 들어가라고 명령할 수밖에 없었습니다."

내가 말했다.

"그러나 그렇게 되면 어떤 결과가 발생할지 당신은 잘 알고 계셨습니다. 사람들이 말발굽에 차일 것은 정한 이치였습니다. 저는 기마경관을 파견한 것은 전혀 불필요한 조치였다고 생각합니다."

그리피스 씨가 말했다.

"그건 당신이 판단할 일이 아닙니다. 당신의 민중교육에 대한 효과는 당신보다 우리 경찰이 훨씬 더 잘 알고 있습니다. 만약 우리가 철저한 조치를 취하지 않았다면 사태는 걷잡을 수 없이 변해 버렸을 것입니다. 분명히 말씀드리겠는데 민중들의 행동은 당신의 통제로도 어쩔 수 없는 것이 되어버릴 것입니다. 그들은 법률위반을 아무렇지도 않게 생각합니다. 그들에게는 평화를 지켜야 한다는 의무 같은 건 존재하지도 않습니다. 당신의 생각을 의심하고 있는 건 아니지만, 민중들은 그것을 모릅니다. 그들이 따르는 것은 자신들의 본능입니다."

내가 대답했다.

간디 자서전 | 455

"제가 당신과 의견을 달리하는 부분이 바로 그 점입니다. 민중은 원래 난폭하지 않습니다. 평화적입니다."

이런 식으로 우리는 오랫동안 대화를 나눴다. 결국 그리피스 씨는 이렇게 말했다.

"만약 당신의 가르침이 민중에게 효과가 없다는 사실을 알게 된다면, 당신은 어떻게 하실 생각입니까?"

"만약 그렇게 된다면 저는 시민적 불복종운동을 그만두기로 하겠습니다."

"그럼 이건 어떻게 된 겁니까? 당신이 석방되면 펀자브로 갈 생각이라고 볼링 씨에게 말한 것은?"

"그렇습니다. 저는 다음 기차로 펀자브에 갈 생각입니다. 하지만 지금 그 문제는 논외라고 생각합니다."

"조금 안정되고 나면 당신은 틀림없이 후회할 겁니다. 아마다바드에서 무슨 일이 일어나고 있는지 알고 계십니까? 그리고 암리차르에서 어떤 일이 일어나고 있는지도? 모든 민중들이 거의 광인처럼 날뛰고 있습니다. 저는 아직 모든 사실을 알고 있는 게 아닙니다. 몇몇 곳의 전선이 끊어져버렸습니다. 이 모든 소동의 책임이 당신에게 있다고 말하고 싶습니다."

"그곳이 어디든, 그런 사실이 발견되면 맹세코 제가 책임지도록 하겠습니다. 그런데 아마다바드에서 소동이 일어났다니, 정말 가슴 아픈 뜻밖의 일입니다. 암리차르에 대해서는 아무런 말씀도 드릴 수 없습니다. 저는 지금까지 거기에 간 적도 없었고, 아는 사람도 한 명도 없으니까요. 그러나 펀자브만 해도, 만약 제가 펀자브에 들어가는 것을 펀자브 정부가 막지만 않았어도 저는 그곳의 평화유지를 위해 커다란 도움을 드릴 수 있었을 겁니다. 이것만은 틀림없는 사실이라고 저는 말씀드릴 수 있습니다. 저를 방해했기 때문에 펀자브 정부는 민중에게 쓸데없는 자극을 준 것입니다."

이렇게 우리는 계속 이야기를 나눴지만 합의점을 찾지는 못했다. 나는 초파티 집회의 연설에서 사람들에게 평화를 유지할 것을 요구할 생각이었다고 그에게 말했다. 그리고 그곳에서 나왔다. 집회는 초파티의 해안에서 열렸다. 나는 비폭력의 의무와 사탸그라하의 제한에 대해서 긴 연설을 했다. 거기서 이렇게 말했다.

"사탸그라하는 근본적으로는 성실한 사람들의 무기입니다. 사탸그라하 운동자는 비폭력을 맹세했습니다. 만약 사람들이 사상과 말과 행위로 그것을 지키지 않는다면 저는 대중적 사탸그라하를 제창할 수가 없습니다."

아나수야벤도 역시 아마다바드에서의 소요에 대한 보고를 받은 상태였다. 한편 몇몇 사람들이 그녀도 역시 체포되었다는 소문을 퍼뜨리고 있었다. 방적 노동자들은 그녀가 체포되었다는 소문에 거의 미친 사람처럼 날뛰었다. 일을 내팽개치고 폭력 행사에 나섰다. 그 때문에 경관 한 명이 살해당했다.

나는 아마다바드로 갔다. 나는 나디아드 역 부근의 레일이 뜯겨 나갔으며, 비람감에서 정부의 관리가 살해당했고, 아마다바드에 계엄령이 선포되었다는 사실을 알게 되었다. 사람들은 공포에 휩싸이고 말았다. 그들은 자꾸만 폭력을 행사했다. 그리고 그들은 더욱 커다란 대가를 치러야만 했다.

한 경찰 본부원이 역에서 기다리고 있었다. 그리고 나를 호위해서 경찰 본부장인 플래트 씨에게로 데려갔다. 나는 그가 얼굴이

간디 자서전 | 457

새빨개질 정도로 화가 나 있다는 사실을 알게 되었다. 나는 그에게 조용히 인사를 한 뒤 소동에 대해서 유감의 뜻을 표명했다. 나는 계엄령을 선포할 필요까지는 없었다는 뜻을 밝혔다. 그리고 평화를 회복하기 위한 모든 노력에 협력할 준비가 되어 있다는 것을 밝혔다. 나는 사탸그라하 도장에서 공중집회를 열고 싶다며 그것의 허가를 요구했다.

그 제안은 그의 찬성을 얻어냈다. 그리고 집회가 개최되었다. 4월 13일 일요일이었던 것으로 기억된다. 그리고 그 날이었던가 그 이튿날에 계엄령이 철회되었다. 집회에서 연설을 한 나는 그들에게 그들의 과실을 일깨워주려 노력했으며, 나 자신 참회를 위해서 3일간 단식을 할 것이며, 사람들에게도 참회를 위해서 하루 동안 단식을 하라고 말했다. 그리고 폭력을 행사한 사람들에게 자신들의 죄를 참회하라고 제안했다.

나는 한낮의 빛처럼 뚜렷하게 내 의무를 의식하고 있었다. 내가 많은 세월을 그들과 함께 했으며 그들을 위해서 봉사했고 보다 선한 것을 기대했던 노동자들이 소동 속에 섞여 있었다는 사실을 알고 나는 견딜 수 없는 슬픔을 느꼈다. 그리고 나 역시도 그들이 저지른 죄의 공범자라는 생각이 들었다.

나는 사람들에게 자신들의 범죄를 고백하라고 제안한 것처럼 정부에 대해서도 정부의 죄악을 속죄하라고 제안했다. 양쪽 모두 내 제안을 받아들이지 않았다..

고 라만바이 경과 그 외의 아마다바드 시민들이 나를 찾아와서 사탸그라하를 중지하라고 요청해왔다. 그 요청은 필요치 않은 것이었다. 왜냐하면 나는 사람들이 평화의 교훈을 배우지 못한다면 사탸그라하를 중단하기로 이미 마음을 정하고 있었기 때문이었다. 친구들은 기뻐하며 돌아갔다.

그러나 결심을 달가워하지 않는 사람도 몇몇 있었다. 그들은 만약 내가 어떤 일에나 평화를 기대하고, 그것을 사탸그라하의 개시를 위한 전제조건으로 여긴다면 대중적인 사탸그라하는 불가능할 것이라고 생각했다. 유감스럽게도 나는 그들과 생각이 달랐다.

내가 그들 속에서 활동했고, 또 비폭력과 자기희생의 마음가짐을 갖기를 원했던 사람들이 비폭력을 실행하지 못하겠다면 사탸그라하가 성립될 수 없다는 것은 분명한 사실이다. 나는 민중을 사탸그라하로 인도하려는 사람은 그들에게서 기대할 수 있는 범위 내의 비폭력을 그들에게 지키도록 해야만 한다고 굳게 믿고 있다. 오늘날도 같은 의견을 가지고 있다.

히말라야의 오산

아마다바드에서의 집회 직후, 나는 나디아드로 출발했다. 나는 거기서 처음으로 '히말라야의 오산'이라는 표현을 사용했다. 그후, 이 말은 널리 사용되었다. 아마다바드에서도 희미하게나마 나의 잘못을 깨닫기 시작했다. 그런데 내가 나디아드에 도착해 그곳의 상황을 내 눈으로 직접 보고 케다 지구 출신의 많은 사람들이 체포되었다는 소식을 들었을 때, 케다 지구와 다른 지역 사람들에게 불복종운동을 제안하면서 중대한 과실을 범한 것이 아닐까 하는 생각이 갑자기 머릿속에 떠올랐다.

불복종운동을 너무 빨리 진행시킨 게 아닐까 하는 생각이 들었기 때문이었다. 나는 공중집회에서 연설을 했다. 나의 고백은 커다란 조소를 받았다. 그러나 나는 그것을 고백했다는 사실에 지금까지 한 번도 후회를 느낀 적은 없었다. 왜냐하면 사람은, 자신의 과오를 볼록렌즈로 들여다보고 타인의 그것은 오목렌즈로 들여다보아야만 비로소 둘의 공정한 상대적 평가를 내릴 수 있다고 늘 생각하고 있었기 때문이었다. 그리고 나는 이 규칙을 성실하고 양심적으로 지키는 것이야말로 사탸그라하 운동자가 되려는 사람에게 꼭 필요한 것이라고 믿고 있다.

그렇다면 그 히말라야의 오산이라는 것이 무엇이었는지를 검토해보기로 하자. 사람들이 시민적 불복종을 실천하기에 적합해지려면, 그 전에 국가의 법률에 존경심을 갖고 그것에 적극적으로 복종하지 않으면 안 된다. 대부분의 경우 우리는 법률을 어기면 벌을 받아야 하기 때문에 그것이 두려워서 법률에 복종한다. 그리고 그런 사실은 도덕적 원리를 포함하고 있지 않은 법률에 대해서 더욱 그렇다.

예를 들어서 정직하고 존경할 만한 가치가 있는 사람은 절도를 금하는 법률이 있고 없음과는 상관없이 갑자기 도둑질을 하지는 않을 것이다. 그러나 그 사람이 규칙을 어겨, 밤이 되었는데도 불을 켜지 않고 자전거를 탔다 하더라도 그는 특별히 자책감에 시달리지는 않을 것이다. 실제로는 그 점에 대해서 좀 더 주의를 기울이라고 친절한 마음에서 충고를 한다 할지라도 그가 그 충고를 받아들일지는 매우 의심스럽다. 그러나 규칙을 위반하면 받게 되는 벌의 불편함에서 벗어나기 위해서 그는 이 모든 의무적 규칙을 지키는 것이다.

하지만 이와 같은 복종은 사탸그라하에 필요한 적극적이고 자발적인 복종이 아니다. 사탸그라하 운동자는 사회의 모든 법률을 잘 이해하고 그 자신의 자유 의지로 그것에 복종한다. 그것은 그렇게 하는 것이 그의 신성한 의무라고 생각하기 때문이다.

이처럼 한 사람이 사회의 모든 법률에 충실하게 복종할 때에만 비로소, 그는 어떤 특정한 법률이 선하고 공정한 것인지 혹은 불공정하고 사악한 것인지를 판단할 수 있게 되는 것이다. 그럴 때만이 명확하게 규정된 상황하에서 어떤 법률에 대한 불복종을 행할 권리가 태어나는 것이다. 나의 과오는 내가 이 필요한 한정성을 지키지 않았다는 점에 있었다.

나는 민중들에게, 그들이 그것을 시작할 자격을 얻기도 전에 시민적 불복종을 개시하라고 했던 것이다. 그리고 그 과오는 내가 보기에 히말라야 산처럼 엄청난 크기를 가진 것이었다.

케다 지구에 발을 들여놓는 순간, 케다 사탸그라하 투쟁에 대한 지난 추억들이 하나하나 되살아나기 시작했다. 그리고 나는 이렇게 명백한 일을 왜 깨닫지 못했는지 신기할 정도였다. 나는 사람들이 시민적 불복종을 행하기에 적합한 사람이 되기에 앞서 우선은 그들이 그 깊은 뜻을 완벽하게 이해해야만 한다는 사실을 깨달았다. 따라서 대중적 규모의 시민적 불복종을 다시 시작하고 싶다면 그에 앞서 사탸그라하의 엄격한 모든 조건을 철저하게 이해하고 있으며, 시련을 견뎌낸, 순수한 마음을 가진 자원자들을 만들어놓을 필요가 있었다. 그들은 이 모든 사실을 민중들에게 설명할 수 있을 것이며 끊임없는 경계에 의해서 그들을 올바른 궤도에서 벗어나지 않도록 할 수도 있을 것이다.

나는 이런 생각들에 잠긴 채로 봄베이에 도착했으며 거기서 사탸그라하 사바를 통해 사탸그라하 자원자들을 한 무리로 편성했다. 그리고 그들의 도움을 얻어, 사탸그라하의 의의와 그 정신적 의의에 대해서 대중을 교육하는 활동을 개시했다. 그것은 주로 그 문제를 포함한 교육적 성질을 담은 소책자의 발행에 의해서 행해졌다.

그러나 그 활동을 전개하면서 나는 사탸그라하의 평화적 측면에 대한 민중들의 흥미를 끄는 것이 쉽지 않은 일이라는 사실을 알 수 있었다. 그리고 자원자들의 응모도 그리 많지 않았다. 실제로 응모해 온 사람들도 모두 정기적이고 조직적인 훈련을 받지 않았다. 그렇게 날이 지나감에 따라서 새로운 지원자들이 늘어나기는커녕 오히려 점점 줄어만 갔다. 나는 불복종에 대한 훈련은 당초 내가 기대했던 것만큼 빠른 속도로 진전하지는 않는다는 사실을 깨달았다.

『나바지반』지와, 『영 인디아』지

 이처럼 한편에서는 비폭력 유지를 위한 운동이 천천히 그러나 확실하게 진행되고 있는 동안, 다른 한편에서는 정부의 무자비한 억압정책이 전력을 기울여 강행되고 있었다. 그리고 펀자브에서는 그것이 노골적으로 표출되고 있었다. 말을 바꿔서 말하자면 무자비한 계엄령이 선포되었으며, 특별 법정이 설치되었다.
 그것은 정의를 위한 법정이 아니라 전제주의자의 독재적 의지를 실행하기 위한 기관이었다. 증거의 뒷받침 없이, 그리고 정의를 완전히 유린한 판결이 내려졌다. 암리차르에서는 무고한 남녀들이 버러지처럼 배로 길 것을 명령받았다. 내가 보기에, 이 포학함 앞에서는 잘리안왈라 바흐의 학살사건도 빛을 잃고 그 의미를 잃을 것 같았다. 물론 인도와 세계 민중들의 주목을 끈 것은 주로 그 학살사건이었다.
 나는 결과야 어떻게 되든 우선은 펀자브로 가야겠다고 느꼈다. 나는 총독에게 편지를 보내고 전보를 쳐서 그 지역에 들어가는 것을 허가해달라고 요구했다.
 그러나 소용없는 일이었다. 만약 내가 필요한 허가증 없이 간다면 펀자브 주의 경계를 넘는 것이 허락되지 않을 것이며, 그 시민적 불복종으로부터 그 어떤 만족감도 얻지 못할 것이라는 사실을 알게 될 것이다. 이렇게 해서 나는 중대한 난관에 부딪치게 되었다. 상황을 고려해서 생각해봤을 때, 내가 펀자브 출입 금지령을 위반하는 것은 시민적 불복종의 부류에 속하지 않는다고 여겨졌다.

왜냐하면 내 주위에서는 내가 바라던 평화적인 분위기를 찾아볼 수가 없었으며, 펀자브에서의 난폭하기 짝이 없는 탄압은 분노의 감정을 한층 더 부채질해서 사태를 심각하게 만들 것이기 때문이었다. 따라서 이와 같은 때에 시민적 불복종을 행하는 것은, 그것이 가능하다 할지라도 불을 한층 더 지피는 것과 다를 바 없는 일이었다.

그래서 나는 친구들의 제안을 무시하고 펀자브에 가지 않기로 했다. 펀자브에서는 매일처럼 정상 궤도에서 벗어난 부정과 억압에 대한 이야기가 들려왔다. 그러나 내가 할 수 있는 일이라고는 그저 가만히 앉아서 이를 악무는 것뿐이었다.

바로 그때 『봄베이 크로니클[289]』지를 키워 지금과 같은 강력한 세력으로 만든 호르니만 씨가 갑자기 정부 당국에 의해 체포되고 말았다. 이런 사태들이 일어난 결과 나는 『봄베이 크로니클』지의 이사들로부터 그 신문의 경영을 책임져달라는 부탁을 받았다. 내가 해야 할 일은 그렇게 많은 것 같지는 않았다. 그러나 만약 수락을 한다면 나의 성격 때문에 그에 대한 책임은 커다란 부담이 되었을 것이다.

그런데 정부가 마침 나를 돕는 듯한 일을 해주었다. 『크로니클』지의 발행 중지를 명령한 것이었다.

『크로니클』지의 경영에 관여하던 친구들, 그러니까 우마르 소바니와 샨카를랄 반케르는 그 무렵 『영 인디아』지도 운영하고 있었다. 그들은 『크로니클』지에 대한 탄압도 있었기 때문에 내가 『영 인디아』지의 편집에 관여해야 하며 『크로니클』의 공백을 매우기 위해서 『영 인디아』지를 주간에서 주 2회 발행으로 변경해야 한다고 제안했다. 나도 그런 생각을 가지고 있었다. 나는 사탸그라하의 내면적 의의를 대중에게 설명해야겠다는 생각을 가지고 있었다. 그리고 그러한 노력을 통해서 펀자브의 사태에 대해 최소한의 공정을 행할 수 있을 것이라고 생각했다. 왜냐하면 내가 쓴 글의 배후에는 사탸그라하가 잠재되어 있기 때문이며 정부도 그것을 알고 있었기 때문이었다. 따라서 나는 그 친구들의 제안을 기꺼이 받아들였다.

그러는 동안 『크로니클』지가 복간되었다. 그랬기 때문에 『영 인디아』지는 원래대로 주간지로 돌아섰다. 두 개의 주간지를 각각 다른 장소에서 발행하는 것은 매우 불편한 일이었으며 경비도 많이 들었다. 『나바지반』지가 아마다바드에서 이미 발행되고 있었기 때문에 내 안에 의해서 『영 인디아』지도 그곳으로 옮기기로 했다. 나는 내 모든 능력을 동원해서 독서 계급에게 사탸그라하를 가르치기 시작했다. 이 두 신문 모두 상당히 많은 발행부수를 기록하게 되었다. 한때는 각각 4만 부[290] 가까이까지 증가하기도 했다. 『나바지반』지의 발행부수는 비약적으로 증가했지만 『영 인디아』지는 조금씩 증가했다. 그런데 내가 투옥된 후부터는 두 신문 모두 발행부수가 저하되었다. 그리고 지금은 8천 부 이하에 머물고 있다.

나는 처음부터 이들 신문에 광고 싣기를 단호하게 반대하고 있었다. 나는 그것 때문에 신문들이 손해를 봤다고는 생각지 않는다. 그와는 반대로 그 독립성을 유지하는 데 적잖은 공헌을 했다고 믿고 있다.

　우발적인 일이기는 했지만 이들 신문은 내 마음에 조그만 평화를 유지하는 데도 도움을 주었다. 왜냐하면 시민적 불복종에 직접적으로 호소할 수는 없었지만, 신문 덕분에 내 견해를 자유롭게 토로할 수 있었으며, 민중을 고무시킬 수 있었기 때문이었다.

킬라파트는 암소 보호에 반대하는가?

그로부터 한동안 나는 펀자브에서 일어난 이들 어두운 사건에서 멀어져야만 했다.

펀자브 지방에서의 다이어 장군[290]의 비행에 관한 회의파의 조사가 시작되었을 때 나는 힌두교도와 이슬람교도의 합동 회의에 참석해달라는 초청장을 받았다. 그 회의는 킬라파트 문제를 평의하기 위해 델리에서 열리기로 되어 있었다.

그 회의는 킬라파트 문제에서 발생한 정세와, 힌두교도와 이슬람교도는 평화 회복 축하에 과연 참가해야 하는가에 대한 문제를 논의할 목적으로 열리는 것이라고 했다. 그리고 뒤이어서 그 외의 의제들로 킬라파트 문제뿐만 아니라 암소 보호에 대한 문제도 동시에 회의에서 협의할 예정이니, 암소 문제의 해결을 위한 좋은 기회가 될 것이라고 했다.

나는 암소 문제를 언급한 부분에는 찬성할 수가 없었다. 그래서 초청장에 대한 답장을 통해서, 만사 뿌리치고라도 참석할 것을 약속하는 한편 그 두 가지 문제를 한꺼번에 얽어서 무슨 거래하는 것처럼 생각해서는 안 되며, 그것 자체의 진가에 바탕을 두고 결정해야 하며, 또한 따로따로 처리되어야 한다고 주장했다.

이런 생각들을 염두에 두고 나는 회의에 참석했다. 그것은 상당히 많은 사람들이 참석한 회의로 아마 일만 명 정도가 모였을 것이다. 나는 위의 일들에 관한 문제를 회의의 의장을 맡은 고 스와미 슈라다 난드지와 협의했다. 그는 나의 말을 높이 평가해주었다. 그리고 그것을 회의에 제출하는 일을 내게 맡겼다. 나는 고 하킴 사헤브와도 논의를 했다.

회의석상에서 나는 만약 내가 믿고 있는 것처럼 킬라파트 문제에 공정하고 합법적인 기초가 있다면, 그리고 만약 정부가 실제로 정의롭지 못한 커다란 잘못을 행하고 있다면 힌두교도가 킬라파트 문제에 대한 보상을 요구하는 이슬람교도를 편드는 것은 매우 당연한 일이라는 논법을 펼쳤다. 힌두교도가 그 점을 이용해 암소 문제를 끌어들이거나 이슬람교도와의 화해의 기회로 삼는다면 그것은 그들에게 어울리지 않는 짓이다. 그것은 이슬람교도가 킬라파트 문제에 대한 힌두교도들의 지지를 얻기 위해서 암소 처리를 그만두겠다고 제안하는 것이 이슬람교도에게 어울리지 않는 것과 같은 것이다.

그러나 이슬람교도가 힌두교도의 종교적 감정에 경의를 표하는 뜻에서 그리고 이웃으로서, 같은 곳에서 태어난 아이로서, 힌두교도에 대한 의무로서, 스스로의 의지로 암소 처리를 그만둔다면 그것은 별개의 문제가 되며, 매우 뜻이 깊고 명예로운 일이 될 것이다. 내가 말하는 것처럼 이렇게 자주적인 태도를 취하는 것은 그들의 의무이자 그들의 행위에 권위를 더하는 것이다.

그리고 만약 이슬람교도가 암소 처리를 그들의 이웃에 대한 의무라고 생각한다면, 킬라파트 문제에 대한 힌두교도의 협력 여부와는 상관없이 그것을 행해야 한다고 나는 말했다.

"두 문제는 따로따로 심의해야 합니다. 그리고 이번 회의의 심의는 킬라파트 문제에만 국한되어야 합니다."

내 말은 참석한 사람들의 동의를 얻어냈다. 그랬기 때문에 이번 회의에서 암소 문제는 논의되지 않았다. 그러나 나의 충고를 무시하고 마울라나 압둘 바리 사헤브가 말했다.

"힌두교도가 우리에게 협력하는 것과는 상관없이 이슬람교도는 힌두교도와 같은 나라 사람으로서 후자의 강한 감수성에 유의해 암소 처리를 중단해야 한다."

그리고 일시적으로 그들은 정말 그것을 중단할 것처럼 보였다.

마울라나 하스라트 모하니도 그 회의에 참석했었다. 나는 예전부터 그를 알고 있었지만 그곳에서 처음으로 그가 투사임을 알 수 있었다.

이번 회의에서 수많은 결의가 채택되었는데 그중에, 힌두교도와 이슬람교도는 함께 자치를 맹세할 것, 그리고 그에 대한 당연한 결과로 외국 제품을 보이콧할 것을 요구하는 결의가 있었다. 카디[292] 생산은 아직 그렇게 활발하지 못했다. 마울라나 하스라트 모하니는 그 결의를 받아들이지 않았다. 그의 목적은 킬라파트에 관한 일에 정의가 통용되지 않는다면 영국에 대해서 복수를 가하는 것에 있었다. 따라서 그는 영국 제품만을 실행 가능한 범위 안에서 보이콧하자는 반대 제안을 내놓았다. 그에 대해 나는 원리와 실제의 이유를 들어 반대했는데, 지금은 세상에 상당히 널리 알려진 논의를 인용했다.

그리고 나는 회의석상에서 비폭력에 관한 견해를 설명했다. 나는 내 말이 청중들에게 깊은 감명을 주었다는 사실을 깨달았다. 나보다 앞서서 마울라나 하스라트 모하니가 연설을 했다. 그의 연설이 커다란 박수갈채를 얻었기 때문에 내 연설은 황야의 공허한 울림 같은 것이 되어버리지나 않을까 걱정을 했었다. 나는 회의에서 내 견해를 말하지 않는 것은 의무를 포기하는 것이라고 생각했기 때문에 굳이 연설을 했다. 그런데 나의 연설은 참석한 사람들로부터 가장 커다란 주목을 받았다.

내게 그것은 의외의 결과였다. 그리고 토의에 참석한 사람들로부터 전폭적인 지지를 얻었다. 연설자들이 차례차례로 일어나 나의 견해를 지지하는 연설을 해주었다.

지도자들은 영국 상품에 대한 보이콧은, 그 목적 달성에 실패할 것이며 만약 실행을 한다면 웃음거리가 될 것이라는 사실을 알고 있었다. 그 집회에 참석한 사람들 중에서 영국 제품을 몸에 지니지 않은 사람은 거의 없었다. 따라서 대부분의 청중들은 결의가 채택된다면 거기서는 폐해만이 생겨날 것이며 그것에 찬성한 사람들도 실행할 수 없을 것이라는 사실을 인정했다.

"단순히 외국산 옷감을 보이콧하는 것만으로 우리는 만족할 수 없습니다. 왜냐하면 국산 옷감이 우리가 필요로 하는 만큼 충분히 생산될 때까지, 그리고 우리가 외국산 옷감에 대한 효과적인 보이콧을 행할 수 있게 되기까지 대체 얼마나 시간이 걸릴지 아무도 알 수 없기 때문입니다. 우리는 영국 사람들에게 즉각적인 효과를 가져줄 수 있는 것을 필요로 합니다. 여러분들이 외국산 옷감에 대한 보이콧을 실시하는 것은 좋습니다. 우리는 거기에 구애받지 않겠습니다. 그러나 그것뿐만 아니라 우리에게 좀 더 빨리, 한층 더 활기찬 것을 부여하시기 바랍니다."

마울라나 하스라트 모하니는 이런 내용이 담긴 연설을 했다.

그의 말을 들으면서 나는 외국산 옷감에 대한 보이콧 외에도 뭔가 새로운 것이 필요하다는 사실을 깨달았다. 그리고 외국산 옷감을 당장 보이콧한다는 것은, 당시로서는 불가능한 일처럼 보였다. 당시 나는, 바라기만 한다면 우리가 옷을 만드는 데 필요한 만큼의 옷감을 전부 생산해낼 수 있을 것이라고는 생각지 않았다. 이것은 나중에서야 비로소 깨닫게 된 일이었다. 그리고 만약 외국산 옷감에 대한 보이콧 실행을 방적공장에만 의존하려 했다면 나는 배신을 당하고 말았을 것이다. 나는 마울라나가 이와 같은 연설을 마쳤을 때 그와 같은 난관에 직면해 있었다.

나는 힌디어와 우르두어의 적절한 단어를 만족할 만큼 알지 못한다는 불리한 입장에 있었지만, 북인도의 이슬람교도들의 많은 청중들 앞에서 처음으로 토론과도 같은 연설을 행했다. 나는 결점 없이 세련된 델리 이슬람교도들의 우르두어로 연설을 해야겠다고는 생각지 않았다. 내가 구사할 수 있는 불완전한 힌디어로, 거기에 모여 있는 사람들에게 내 의견을 밝혔다. 그래도 나는 그 일을 성공리에 마쳤다. 그 모임은, 힌디어와 우르두어만이 인도의 모국어가 될 수 있다는 사실을 직접적으로 증명해주는 기회가 되었다[293].

나는 새로운 생각을 표현할 적절한 힌디어나 우르두어가 생각나지 않아서 애를 먹었다. 결국 나는 비협력이라는 영어로 그것을 표현했다. 그 모임에서 처음으로 사용한 표현이었다. 마울라나가 연설을 하는 동안 그 자신이 여러 가지 면에서 협력하고 있는 정부에 대해 유효한 저항을 행하자고 그가 말하는 것은 쓸데없는 짓이며, 따라서 정부에 대한 유일하고 참된 저항은 그것에의 협력을 중단하는 것이라고 나는 생각했다. 이렇게 해서 나는 비협력이라는 말을 떠올리게 되었다. 당시 나는 아직 그 말에 함축되어 있는 여러 가지 의미에 대한 분명한 생각을 갖고 있지 않았다. 그랬기 때문에 나는 문제를 구체적으로 다루지는 않았다. 내가 간단하게 말했다.

"이슬람교도는 매우 중대한 결의를 채택했습니다. 휴전조약[294]이 그들에게 불리한 것이라면 —신께서 그것을 금하시겠지만— 그들은 정부와의 협력을 완전히 중지할 것입니다. 협력을 중단할 것인지 말 것인지 결정하는 것은 빼앗을 수 없는 민중의 권리입니다. 저희는 정부에서 내린 지위를 유지할 필요도, 정부에서 부여한 직무를 계속할 필요도 없습니다. 만약 정부가 킬라파트와 같은 커다란 명분을 배반한다면 우리는 협력할 수 없습니다. 배반당했을 경우에는 정부에 협력하지 않을 권리를 부여받게 됩니다."

그러나 비협력이라는 단어가 일반화된 것은 그로부터 몇 개월이 지난 뒤였다. 그것은 한동안 회의의 의사록에도 오르지 못했다. 그로부터 1개월 뒤 암리차르에서 열린 회의파 대회[295]에서 내가 비협력 결의를 지지했을 때도 실제로는 정부가 배신하지 않을 것이라는 희망을 품고 있었다.

암리차르 회의파 연차대회

 펀자브 정부는 계엄령하에서, 하찮기 짝이 없는 증거를 바탕으로 이름뿐인 법정의 재판에 따라서 수백 명이나 되는 펀자브 사람들을 형무소로 보냈지만 그들을 더 이상 옥사에 묶어둘 수는 없었다. 이 눈 뜨고 볼 수 없는 부정에 반대하는 소동이 사방팔방에서 일어났기 때문에 펀자브 사람들을 더 이상 투옥시킬 수가 없었다. 투옥된 사람들의 대부분은 회의파 대회가 시작되기 전에 석방되었다. 랄라 하르키샨랄과 그 외의 지도자들도 전부 회의파 대회가 개최되고 있을 때 방면되었다. 알리 형제도 역시 형무소에서 바로 의장으로 찾아왔다. 사람들은 한없이 기뻐했다. 판디트 모틸랄 네루[296]가 대회의 의장이었다. 그는 번창하고 있던 자신의 일을 희생한 채로 펀자브를 그의 본거지로 삼아 커다란 봉사를 해주었던 것이었다. 그때까지 내가 회의파의 연차대회에서 한 것이라고는 내 연설을 국어로 행하고, 힌디어를 건설적으로 변호한 것, 그리고 그 연설 속에서 외국에 있는 인도인들의 호소를 소개한 것뿐이었다. 그 해에도 나는 뭔가 특별한 부탁을 받게 될 것이라고는 생각지 못했었다. 그런데 예전에도 곧잘 그랬던 것처럼 뜻밖의 순간에 책임감이 느껴지는 일이 내게 주어졌다.

당시 새로운 통치 개혁에 관한 영국 국왕의 발표[297]가 있었다. 내게 있어서 그것은 완전히 만족할 만한 것이 아니었다. 따라서 다른 사람들에게는 불만스럽기 짝이 없는 것이었다. 하지만 당시 나는, 그 개혁은 결점이 많기는 하지만 수락할 수 없는 것은 아니라고 생각했다. 나는 국왕의 발표와 그 용어 속에서 신하 경[298]의 냄새를 맡을 수 있었다. 그리고 그것은 한 줄기 빛을 던져주고 있었다. 그러나 고 로카만야 틸라크와 데샤반두. C. R. 다스[299]와 같은 노련한 정치가들은 머리를 흔들었다. 판디트 모한 말라비야지는 중립이었다.

개혁 문제에 관한 심의에 내가 참가할 수밖에 없다는 사실은 알고 있었다. 펀자브에서의 폭정에 관한 회의파 보고의 기초에 나는 책임의 절반 정도를 가지고 있었기 때문에 내가 주의를 기울이지 않으면 안 될 문제가 해결되지 않은 채로 산적해 있었다. 그 문제에 대해서 정부와도 교섭을 하지 않으면 안 되었다.

그리고 킬라파트 문제도 있었다. 당시 나는 몬타구 씨가 인도인의 입장을 배신하거나 배신을 용납하지는 않을 것이라고 믿고 있었다. 알리 형제나 그 외의 수감자들이 석방된 것도 내게는 길조로 보였다. 이와 같은 상황에서는 개혁을 거부하지 말고 오히려 수락하는 결의안을 내는 것이 옳은 일이라고 나는 생각했다. 한편 데샤반두. C. R. 다스는, 개혁은 전체적으로 부적절한 것이며 불만족스러운 것이니 거부되어야 한다는 견해를 견지하고 있었다. 고 로카만야 틸라크는 다소 중립적인 생각을 가지고 있었지만 데샤반두. C. R. 다스가 승인하는 결의에는 어떤 것이든 찬성하겠다고 결정을 내린 상태였다. 이처럼 노력하고 대중으로부터 존경을 받고 있는 지도자들과 의견을 달리해야만 한다는 것은 내게 견딜 수 없이 힘든 일이었다.

그러나 내게는 양심의 목소리가 뚜렷하게 들려오고 있었다. 나는 회의파 대회에서 몸을 빼려 했다. 그리고 판디트 말라비야지와 판디트 모틸랄지에게, 이후의 회기에는 참석하지 않겠다, 그러는 것이 대중을 위한 길이 될 것이라고 말했다. 그렇게 하면 그 존경할 만한 지도자들과 내 의견의 차이를 보이지 않고 일을 마무리 지을 수 있을 것이었다. 하지만 두 명의 선배들은 내 의견에 찬성하지 않았다. 나는 이 문제에 대해서 로카만야 틸라크, 데샤반두 C. R. 다스, 그리고 진나 씨[300]와 협의를 했다. 그러나 타개책은 발견하지 못했다. 마지막으로 말라비야지에게 고민을 밝혔다.

"저는 타협을 할 수 있을 것 같지가 않습니다. 게다가 제가 이 결의안을 제출하면 채결(採決)되어 투표로 결정하게 됩니다. 그런데 여기에는 그를 위한 준비가 되어 있지 않습니다. 지금까지 대회의 공개회의에서는 관례에 따라서 거수로 투표가 행해졌습니다. 그렇기 때문에 방청자와 대표 사이의 구별이 없었습니다. 그리고 이와 같은 대집회에서는, 표의 숫자를 세려 해도 저희에게는 방법이 없습니다. 그렇기 때문에 일은 결국 이렇게 될 것입니다. 제가 채결을 바란다 해도 그것은 불가능할 것이며, 혹은 의미가 없는 일이 될 것입니다."

그런데 랄라 하르키샨랄이 도움의 손길을 뻗어 필요한 준비를 갖추겠다고 했다.

"투표가 행해지는 날에는 대회 회장에 방청자들이 들어오지 못하도록 하겠습니다. 채결 표를 헤아리는 문제는 지금부터 생각해보기로 합시다. 어쨌든 당신은 대회에 빠져서는 안 됩니다."

랄라 하르키샬랄은 이렇게 말했다. 나는 그의 말에 따르기로 했다. 나는 결의안의 요지를 만들어보았다. 그리고 내심 불안해하면서도 그것을 제출하겠다고 약속했다.

판디트 말라비야지와 진나 씨가 그것을 지지해주었다. 우리의 의견 차이에는 씁쓸한 뒷맛을 남길 만한 부분이 전혀 없었으며, 우리의 연설에는 취지에 대한 냉정한 설명 이외에 아무것도 없었지만, 사람들이 의견 차이에는 승복하지 못했다는 것만은 틀림없이 인정해야만 할 부분이었다. 의견에 차이가 있다는 사실을 그들은 마음 아파했다. 그들은 만장일치를 바라고 있었다.

연설이 행해지는 동안에도 무대 뒤에서는 의견 대립을 해소하려는 노력이 펼쳐지고 있었다. 그리고 그것을 위해서 지도자들 사이에서는 간단한 문서가 활발하게 교환되고 있었다. 말라비야지는 대립되는 곳과의 사이에 다리를 놓으려고 모든 노력을 아끼지 않았다. 바로 그때, 제람다스가 그의 수정 의견을 내게 건네주었다. 그리고 그 특유의 부드러운 태도로 각 대표를 분열이라는 상태로 몰고 가지 말아달라고 부탁했다. 그의 수정 의견에 나는 찬성했다.

말라비야지의 눈은 아직 어딘가에 한 줄기 희망의 빛이 있는 게 아닐까 하고 사방팔방을 둘러보고 있었다. 나는 그에게 제람다스의 수정 의견은 양 파 모두가 받아들일 수 있는 것이 아닌가, 내게는 그렇게 생각된다고 말했다. 다음으로 로카만야 틸라크에게 보였더니 그는 이렇게 말했다.

"만약 C. R. 다스가 찬성한다면 내게는 아무런 이견도 없네."

간디 자서전 | 477

데샤반두 C. R. 다스도 결국은 태도가 누그러지고 말았다. 실리베핀 찬드라 팔[301]에게 찬성이라는 눈빛을 보냈다. 말라비야지는 커다란 희망을 품게 되었다. 그는 수정 의견이 적혀 있던 종이를 낚아채듯 가져갔다. 그리고 데샤반두 C. R. 다스가 분명하게 '찬성'이라고 말하기도 전에 큰소리로 외쳤다.

"대의원 형제 여러분. 기뻐해주십시오. 타협이 성립되었습니다."

뒤이어 무슨 일이 일어났는지는 말로 다 표현하기 힘들 정도다. 회장은 박수갈채로 떠나갈 듯했다. 그리고 깊은 생각에 잠겨서 어두운 표정을 짓고 있던 청중들의 얼굴에도 기쁨의 빛이 넘쳐나기 시작했다.

이 타협으로 나의 책임은 더욱 무거운 것이 되었다.

암리차르의 회의파 대회에 참석함으로 해서 나는 회의파의 정치운동에 본격적으로 발을 들여놓았다고 말을 해야 할 것이다. 나는 그 이전에도 대회에 참석한 적이 있었지만 그것은 단지 회의파에 대한 충성을 매해 새롭게 한 것에 지나지 않았다. 그것은 사적인 부분을 제외하면 그 외에 내게 예정되어 있는 일은 무엇 하나 남지 않는 것이었으며, 나 역시도 많은 것을 바라지는 않았다.

암리차르에서의 경험은 내가 몇 가지 좋은 점을 가지고 있으며, 또한 회의파를 위해서 도움이 될 만한 것을 두어 가지 가지고 있다는 점을 가르쳐주었다. 고 로카만야 틸라크, 데샤반두 C. R. 다스, 판디트 모틸랄지 및 그 외의 지도자들이, 펀자브 학살사건과 관련해서 내가 한 일을 좋게 평가했다는 사실을 나는 이미 알고 있었다. 그들은 나를 자신들의 비공식 모임에 자주 불러주었다.

나는 거기서 의사위원회에 제출할 여러 가지 결의안이 의논되고 있다는 사실을 알았다. 그들 모임에는 지도자들로부터 각별히 신뢰를 얻고 있으며, 도움이 될 것이라고 생각되는 자들만이 참석했다.

이듬해를 위해서 나는 두 가지 사실에 흥미를 갖게 되었다. 내가 그것들에 대해서 적합한 성격을 가지고 있었기 때문이었다. 하나는 잘리안왈라 바흐 학살 기념사업이었다. 회의파 대회는 열광적으로 그에 대한 결의안을 채택했다. 그것을 위해서는 약 50만 루피의 기금을 모금해야만 했다. 나는 기금 위원 중 한 명으로 임명되었다. 판디트 말라비야지는 공공사업을 위한 기금 모금의 왕자라는 평판을 얻고 있었다. 그러나 나 역시도 그 점에 있어서는 그에게 뒤지지 않는다는 사실을 알고 있었다. 내게 그 방면의 재능이 있다는 사실을 발견한 것은 남아프리카에서 활동을 할 때였다. 나는 말라비야지처럼 인도의 토후들에게서 막대한 기부를 받아낼 만한 마술과도 같은 묘책을 가지고 있지는 못했다. 나는 잘리안왈라 바흐 기념사업에 대한 기부를 위해서 라자나 마하라자에게 접근할 필요는 없다고 생각했다. 이렇게 해서 내가 예상하고 있던 대로 기금 모금의 주요한 책임은 내 어깨 위에 지워지게 되었다.

회의파를 위해서 도움이 될 만한 또 한 가지 성격은 기초자로서의 면모였다. 회의파 지도자들은 내게 일을 잘 정리해서 표현하는 재능이 있다는 사실을 알고 있었다. 나는 그 능력을 오랜 연습을 통해서 획득한 것이었다. 당시 존속하고 있던 회의파의 규약은 고칼레가 남겨준 것이었다. 그는 두어 가지 규칙을 만들어두었다.

그것이 회의파의 기관을 움직이는 토대가 되었다. 나는 이들 규약을 만들 때 있었던 재미있는 이야기를 고칼레 자신에게 들어서 알고 있었다. 그런데 당시에는, 이들 규약은 점점 늘어가기만 하는 회의파의 사무를 처리하기에 더 이상 적합한 것이 아니라는 사실을 모든 사람들이 느끼고 있었다. 이 문제는 매해 거론되었다.

당시의 회의파에는 대회와 대회 사이에 활동을 하는 기관이 사실상 하나도 없었으며, 또 그 사이에 일어나는 돌발 사항을 처리할 기관도 없었다. 당시의 규칙에 의하면 서기관을 세 명 두도록 되어 있었다. 그러나 실제로는 그 서기 중 한 명만이 사무를 보고 있었으며, 그나마 그도 전적으로 그 일에 매달리고 있는 것은 아니었다. 그런 그 혼자서 어찌 회의파 사무국을 운영하고, 장래를 생각해서, 그리고 회의파가 전년도에 맡은 책임을 한 해 동안에 완수할 수 있겠는가? 따라서 당시에는 모든 사람들이 이 문제가 더욱 중요해질 것이라는 생각을 가지고 있었다.

그리고 회의파는 공적인 문제를 토의하기에는 불편한 조직이었다. 대회 대의원의 숫자나 각 주에서 선출하는 대의원의 숫자에 아무런 제한이 마련되어 있지 않았다. 따라서 당시의 무질서한 상태에 약간의 수정을 가하는 것이 절대적으로 필요하다는 사실을 누구나가 느끼고 있었다. 나는 하나의 조건을 붙여서 규약을 만드는 일을 맡기로 했다.

나는 민중 문제에 가장 커다란 지배력을 가지고 있는 지도자는 로카만야 틸라크와 데샤반두 C. R. 다스 두 사람이라는 사실을 알고 있었다. 나는 그들에게 민중의 대표자로서, 나와 함께 규약 작성에 관한 위원회의 일원이 되어달라고 요청했다. 그러나 그들에게는 규약 작성 사업에 참가할 여유가 없었기 때문에 나는 그들의 신뢰를 얻고 있는 두 사람을 나와 함께 규약 위원으로 임명해줄 것과 그 위원의 숫자는 세 명으로 제한해줄 것을 제안했다. 고 로카만야와 고 데샤반두는 나의 제안을 받아들였다. 두 사람은 자신들의 대리인으로 각각 스리자트 켈카르와 I. B. 센을 지목했다.

규약 위원회는 단 한 번도 한 자리에 모인 적이 없었다. 그러나 우리는 편지 교환을 통해서 서로 협의할 수 있었다. 그리고 마지막으로 전원이 의견일치를 본 보고를 제출했다. 나는 이 규약을 일종의 자부심을 가지고 바라보고 있다. 만약 우리가 이 규약을 충분히 실행할 수만 있었다면, 그것을 실행했다는 사실만으로도 우리에게 스와라지가 찾아왔을 것이라고 생각하고 있다. 이 일을 맡게 됨으로 해서 내가 회의파의 정치적 운동에 본격적으로 뛰어들게 되었다고 말해도 과언은 아닐 것이다.

제9부

카디의 탄생

나는 1908년[302], 인도에서 더욱 심각해져만 가는 빈곤을 퇴치할 특효약으로써, 베틀 혹은 물레(차르카)에 대한 것을 『힌두 스와라지』에 적었지만, 그 이전에 물레를 본 기억은 없었다. 그 책 속에서 나는 인도를 구하고, 인도의 대중을 뼈를 깎는 듯한 가난의 고통에서 벗어날 수 있도록 해주는 것은, 그것이 무엇이든 같은 경로를 통해서 스와라지를 수립해줄 것이라고 아주 잘 알고 있는 것처럼 말했다.

1915년, 내가 남아프리카에서 인도로 돌아왔을 때조차도 사실 나는 물레를 본 적이 없었다. 사탸그라하 아슈람이 사바르마티에 세워졌을 때, 우리는 두어 대의 베틀을 거기로 가지고 들어갔다. 그런데 가지고 들어가자마자 바로 한 가지 난관에 부딪치게 되었다. 전원이 자유직업이나 상업에 종사하고 있었기 때문에 우리 중에는 직공이 단 한 명도 없었다. 우리가 베틀을 움직이려면 길쌈에 경험이 있는 숙련자를 데려와서 무명 짜는 법을 배워야만 했다.

파란푸르에서 간신히 한 명을 데려오기는 했지만 그는 자신이 가지고 있는 기술 전부를 전수해주지는 않았다. 그러나 마간랄 간다는 간단히 포기하는 사람이 아니었다. 선천적으로 기계공으로서의 재능을 가지고 있었기 때문에 그는 곧 짜는 법을 완벽하게 습득했다. 그리고 몇몇 사람들이 차례로 도장에서 훈련을 받았다.

우리가 목표로 삼은 것은, 자신의 옷 전부를 자기의 손으로 생산한 옷감으로 만드는 것이었다. 그래서 우리는 바로 기계로 짠 옷감의 사용을 중지했다. 그리고 도장에 있는 모든 사람들이 인도산 면사를 사용해 직접 짠 무명으로 만든 옷을 입기로 결심했다. 그 습관의 채용은 우리를 지금껏 경험하지 못했던 세계로 데려다 주었다. 우리는 직공들과 직접 접촉하면서 직공들의 생활 상태, 그들의 생산 한도, 그들이 면사를 보급 받을 때 당하게 되는 불리한 조건, 그들이 사기꾼들의 희생양이 되는 경로, 그리고 마지막으로 점점 늘어날 뿐인 그들의 부채 등에 대해서 알 수 있었다.

우리는 필요한 만큼의 옷감을 당장에 제조할 수 있을 만한 상황에 있지는 않았다. 따라서 그에 따른 대책은, 길쌈 업자들에게서 우리의 옷감을 공급받는 것이었다. 그러나 상인들로부터도 업자들로부터도, 인도의 공장에서 뽑은 면사로 짠 기성 옷감을 사기란 그리 쉬운 일이 아니었다. 업자들이 짠 것 중에서 얇은 옷감은 전부 외제 면사로 짠 것들이었다. 왜냐하면 인도의 공장에서는 번수(番手)가 높은 면사는 만들지 못했기 때문이었다. 지금도 인도의 공장에서는 중간 실의 생산이 한정되어 있으며, 얇은 실은 생산하지 못한다.

우리는 갖은 고생 끝에 우리를 위해서 일부러 국산 면사[303]로 짜주겠다는 몇몇 업자를 간신히 찾아낼 수 있었다. 그러나 그들이 짠 옷감 전부를 도장에서 사야 한다는 조건이 붙여졌다.

이렇게 공장에서 만든 면사로 짠 옷감을 우리의 옷에 채용하고, 그것을 친구들에게 보급시킨 것이 우리로 하여금 자발적으로 인도 방적공장의 대리인이 되게 만들었다.

이 일을 계기로 우리는 공장과 접촉을 갖게 되었다. 그리고 그들의 관리문제와 불리한 조건에 대해서 얼마간의 지식을 얻을 수 있었다. 우리는 공장이 드디어, 공장 자체적으로 생산한 면사로 무명을 생산할 계획을 갖게 되었다는 사실을 알게 되었다.

그리고 공장은 수공업자들과의 협력을 바라지 않는다는 사실, 그 협력은 피할 수 없는 것이지만 일시적인 것이라는 사실을 알게 되었다.

우리는 하루라도 빨리 우리의 면사를 생산하고 싶었다. 우리가 스스로 그것을 만들어내기 전까지는 그대로 공장에 의존할 수밖에 없다는 것은 명백한 사실이었다. 우리는 인도 방적공장의 대리인을 계속함으로 해서 나라에 어떤 봉사를 할 수 있을 것이라고는 생각지 못했다.

우리는 다시 커다란 어려움에 부딪쳤다. 우리는 물레도 그리고 우리에게 물레질을 가르쳐줄 사람도 찾을 수가 없었다. 우리는 도장에서 베틀로 옷감을 짜기 위해서 방추와 실패 대신 바퀴를 몇 개 사용하고 있었다. 그러나 그들 바퀴를 물레로 사용할 수 있으리라고는 생각지도 못했다. 어느 날, 칼리다스 자베리가 한 부인을 발견해서는, 그녀가 우리에게 물레질하는 것을 보여줄 것이라고 말했다. 우리는 도장의 일원 중에서도 새로운 것을 기억하는 데 있어서는 천재라고 불리던 사람을 그녀가 있는 곳으로 보냈다. 그러나 그조차도 물레질의 모든 것을 배우지는 못했다.

시간은 자꾸만 흘러가고 있었다. 그리고 시간의 경과와 함께 우리의 초조함도 점점 커져만 갔다. 나는 도장을 방문한 사람들 중에서 물레질에 대한 지식을 조금이라도 가지고 있을 것으로 생각되는 사람에게는 기회를 놓치지 않고 그 방법에 대한 질문공세를 퍼부었다.

그러나 그 방법을 알고 있는 사람들은 부인들에 한정되어 있었으며, 대부분은 이 세상을 뜨고 없었다. 설사 어딘가 외진 곳에 물레질을 할 줄 아는 사람들이 몇몇 살아 있다 할지라도, 도장의 여성 회원이 아니고서는 그녀들의 소재지를 도저히 찾아낼 수가 없었다.

1917년에 나는 구자라트 친구들의 권유로 브로츠에서 열린 교육회의[304]에서 사회를 본 적이 있었다. 나는 거기서 비범한 한 부인, 강가벤 마줌다르를 찾아냈다. 그녀는 과부였는데 매우 진취적인 기상을 가지고 있었다. 일반적인 기준에 비춰보자면 그녀는 그리 많은 교육을 받지는 못했다. 그러나 용기와 상식이라는 점에서 보자면 그녀는 교육을 받은 부인들의 수준까지도 훨씬 뛰어넘는 사람이었다.

그녀는 이미 아웃카스트의 저주를 벗어버린 지 오래였다. 그리고 대담하게도 이 압박된 계급 사이에서 활동하며 봉사를 행하고 있었다. 그녀에게는 모아둔 재산이 있었으며 사치스러운 생활을 하지 않았다. 그녀는 튼튼한 몸을 가진 사람이었다. 그리고 돌봐주는 사람이 없어도 어디든 혼자서 갔다. 그녀는 말도 아주 잘 탔다. 나는 고드라의 회의에서 그녀와 더욱 가까워질 수 있었다. 나는 그녀에게 물레 때문에 우리가 겪고 있는 어려움에 대해서 이야기를 했다. 그러자 그녀는 물레를 발견할 때까지 열심히 찾아보겠다고 약속해주었다. 덕분에 내 무거운 짐을 조금은 덜 수 있었다.

구자라트의 각지를 구석구석 돌아다닌 끝에 강가벤은 바로다 국[305]의 비자푸르에서 드디어 물레를 찾아냈다. 그곳의 많은 사람들이 집에 물레를 가지고 있었다. 그러나 그것은 폐품처럼 오랫동안 다락방에 처박혀 있었다. 그들은 그녀에게, 만약 자신들에게 이대[306]를 규칙적으로 보급해주고 자신들이 자은 실을 사주겠다고 약속해주는 사람이 있다면 물레질을 다시 시작할 수 있을 것이라고 말했다.

강가벤은 나에게 이 기쁜 소식을 알려주었다. 그러나 이대를 공급하는 게 그리 쉬운 일이 아니라는 사실을 알게 되었다. 내가 이 사실을 지금은 고인이 된 우마르 소바니에게 이야기했더니 그는 즉석에서 자신의 공장에서 이대를 충분히 공급하도록 하겠다며 이 문제를 해결해주었다. 나는 우마르 소바니를 통해서 강가벤에게 이대를 보냈다. 그로부터 얼마 지나지 않아서 면사가 속속 들어오기 시작했기 때문에 그것의 처리가 문제시될 정도였다.

우마르 소바니는 참으로 통이 큰 사람이었다. 그러나 언제까지고 그에게 신세를 질 수도 없는 노릇이었다. 나는 그로부터 계속해서 이대를 받는다는 사실에 부끄러움과 같은 것을 느꼈다.

공장에서 만든 이대를 사용한다는 것은, 신조에 충실해서 이야기하자면 잘못된 것이 아닐까 하고 나는 생각했다. 만약 우리가 공장에서 만든 이대를 사용해도 된다면, 공장에서 만든 면사는 어째서 사용해서는 안 된다는 말인가? 틀림없이 옛날 사람들에게는 이대를 공급해주는 공장 같은 건 존재하지도 않았다. 그렇다면 당시 그들은 어떻게 해서 이대를 만들었단 말인가?

이런 생각을 가슴에 품은 채 나는 강가벤에게 이대를 공급해줄 소면업자를 찾아봐달라고 은근히 부탁했다. 그녀는 자신감에 넘쳐서 그 일을 맡아주었다. 그녀는 솜을 틀 수 있는 설비를 갖춘 사람과 계약을 맺었다. 그는 1개월에 적어도 35루피는 받아야겠다고 말했다. 나는 당시로서는 그다지 비싼 가격이라고 생각지 않았다. 그녀는 솜을 틀어 이대를 만들 수 있는 젊은이를 두엇 길러냈다. 나는 봄베에 솜을 좀 달라고 요청했다. 스리자트 야슈반트프라사드 데사이[307]가 바로 거기에 응해주었다. 강가벤의 회사는 예상했던 것보다도 더 번창했다. 그녀는 비자푸르에서 생산한 면사로 옷감을 만들 직공들을 찾기 시작했다. 그리고 얼마 지나지 않아 거기에 비자푸르 카디라는 이름이 붙여지게 되었다. 비자푸르에서 이 같은 일이 벌어지는 동안 도장에서는 물레가 급속하게 제자리를 찾아가고 있었다. 마간랄 간디는 기계에 대한 자신의 뛰어난 지능을 전부 물레에 쏟아 부어 여러 가지로 그것을 개량했다. 드디어 물레와 그 부속 도구가 도장에서 만들어지기 시작했다. 도장에서 처음으로 만들어진 카디의 한 필은 1야드에 17안나가 들었다. 나는 주저하지 않고 매우 성긴 그 카디를 같은 가격에 사달라고 친구들에게 부탁했다. 친구들은 그 값에 기꺼이 카디를 사주었다.

나는 병에 걸려 봄베이에서 자리에 눕고 말았다. 그러나 거기서 물레를 찾는 일 정도는 할 수 있었다. 드디어 나는 물레질을 할 줄 아는 사람 둘을 찾아냈다. 그들은 1시어 그러니까 28톨라[308], 혹은 1과 4분의 3정도에 해당하는 양의 면사를 1루피에 팔았다. 당시 나는 카디의 값에 대해서는 완전히 무지했다. 손으로 자은 면사를 확보하기 위해서 그 정도의 값은 비싼 것이 아니라고 생각했다. 내가 지불하던 값과 비자푸르에서 지불하던 값을 비교해보고 내가 속았다는 사실을 알게 되었다. 그들은 대금 인하에 동의하지 않았다. 그래서 나는 그들에게 더 이상 일을 시킬 수가 없었다.

그러나 그들은 우리에게 도움이 되었다. 그들은 슈리마티스 아반티카바이[309]와 스리자트 샨카를랄 반케르의 어머니로, 과부인 라미바이 캄다르, 슈리마티 바수마티벤에게 실 잣는 법을 가르쳐 주었다. 물레는 내 방에서 붕붕 즐거운 소리를 내기 시작했다. 그리고 그 붕붕거리는 소리가 내 건강을 회복하는 데 적잖은 도움을 주었다. 이렇게 말하는 것은 절대로 과장이 아니다. 내게는 육체적인 효과보다는 오히려 정신적인 효과가 더 컸음을 인정하지 않을 수 없다. 그리고 다른 한편으로는, 인간의 육체가 그 정신에 얼마나 강력하게 반응하는지를 뚜렷하게 보여주는 일이었다. 나는 물레에 손을 대보았다. 그러나 당시에는 그리 대단한 일을 할 수 없었다.

봄베이에서는 손으로 만든 이대의 공급을 확보해야 한다는, 오래된 문제가 다시 고개를 쳐들기 시작했다. 스리자트 레바샨카르의 집 옆을 매일 지나가는 소면 업자가 한 명 있었다. 나는 그를 불러오라고 사람을 보냈다. 그리고 그가 이불에 넣는 솜을 트는 일을 하고 있다는 사실을 알게 되었다. 그는 솜을 틀어 이대를 만드는 일을 하겠다고는 했지만 거기에 말도 안 되는 비싼 값을 매겼다. 그래도 나는 그 돈을 지불했다. 그렇게 해서 만들어진 면사를 바이슈나바 파의 친구들에게 팔아 그것으로 파비트라 에카다시 축제에 쓸 꽃을 만들게 했다.

스리자트 시브지는 봄베이에서 실 잣는 법을 가르치기 시작했다. 이 모든 실험을 하는 데는 굉장한 돈이 필요했다. 그러나 그것은 조국을 사랑하는 사람들 중에서 카디를 숭배하는 애국적인 친구들이 흔쾌히 내주었다. 나의 비천한 생각에 의하면, 이렇게 쓰인 돈은 결코 헛되이 쓰인 것이 아니다. 그것으로 인해서 우리는 풍부한 경험을 쌓을 수 있었다. 그리고 실잣기의 가능성에 대해서 눈을 뜨게 해주었다.

이번에는 내 옷을 카디만으로 만들어보자는 생각이 자꾸만 들기 시작했다. 나의 도티는 아직 인도의 공장에서 생산된 옷감으로 만든 것이었다. 도장이나 비자푸르에서 만들어진 성긴 카디는 폭이 30인치밖에 되지 않았다. 나는 강가벤에게 편지를 써서 1개월 안에 폭 45인치짜리 카디로 도티를 만들어주지 않으면, 성기고 짧은 카디로 만든 도티를 입겠다고 말했다. 이 최후의 통첩에 그녀는 깜짝 놀랐다. 그러나 그녀는 나의 억지스러운 요구를 충족시켜주었다. 정확히 1개월 뒤에 그녀는 폭 45인치짜리 카디로 만든 도티 한 벌을 내게 보내왔다. 이렇게 해서, 어려운 상황으로부터 나를 구해주었다.

그와 거의 동시에 스리자트 라크슈미다스가 직공인 스리자트 람지와 그의 아내인 강가벤[810]을 라디에서 도장으로 데려와, 도장에서 카디로 도티를 만들도록 하기로 했다. 카디 보급에 있어서 이들 부부가 수행한 역할은 결코 의미 없는 것이 아니었다. 그들은 구자라트 및 그 외의 많은 지역 사람들에게 손수 자은 실로 도외를 짜는 기술을 가르쳐주었다.

유익한 대화

카디 운동은 당시 국산장려운동이라고 불렸다. 카디 운동은 당초부터 방적공장 주인들로부터 맹렬한 비난을 받고 있었다. 그 역시도 방적공장의 유능한 주인이었던 고 우마르 소바니는 내게 자신의 지식과 경험을 가르쳐주었을 뿐만 아니라 다른 방적공장 주인들의 견해를 늘 내게 가르쳐주었다. 그는 그들 공장 주인 중 한 명이 피력한 내용에서 강한 인상을 받았다. 그는 내게 그 공장주를 꼭 한번 만나보라고 권했다. 나는 동의했다. 소바니 씨가 만남을 성사시켜주었다. 그 공장주는 다음과 같은 말로 이야기를 시작했다.

"당신은 예전에도 국산장려운동이 있었다는 사실을 알고 계십니까?"

내가 대답했다.

"네, 알고 있습니다."

"그리고 벵골 분할 반대사건[311] 때, 우리 방적공장 주인들이 국산장려운동을 잘도 이용했다는 사실을 알고 계시겠죠? 운동이 최고조에 달했을 때 우리는 무명 값을 올렸을 뿐만 아니라 품질이 좋지 않은 것까지도 값을 올렸습니다."

"알고 있습니다. 저는 그에 대한 몇몇 이야기들을 들었습니다. 그리고 그것을 유감으로 생각합니다."

"저는 당신이 유감으로 생각하는 것을 이해할 수 있습니다. 그러나 그럴 만한 근거는 어디에도 없는 것처럼 보입니다. 저희는 자비심을 베풀기 위해서 장사를 하고 있는 것이 아닙니다. 저희는 이윤을 추구하기 위해서 장사를 하고 있는 것이며, 주주들을 만족시켜야만 합니다. 물건의 값은 그 수요에 따라서 결정됩니다. 그 누가 수요와 공급의 법칙을 깨뜨릴 수 있겠습니까? 벵골인들이 그들의 운동으로 국산 무명의 수요를 늘렸기 때문에 필연적으로 값이 올라간 것이라는 사실을 알고 계실 겁니다."

내가 그의 말을 끊었다.

"벵골인들은 저처럼 정직한 성격을 가지고 있습니다. 그들은 방적공장 주인들이 위기에 처한 자신들의 나라를 배신하거나, 실제로 공장주들이 한 것처럼 외제 무명을 국산 무명이라고 속이기까지 할 정도로 이기주의적이고 비애국적이라고는 조금도 생각지 않았습니다."

그가 항변했다.

"저는 타인을 믿는 당신의 성격을 알고 있습니다. 바로 그렇기 때문에 일부러 당신을 뵙자고 청한 것입니다. 그 단순한 벵골인들과 같은 과오를 범하지 않도록 경고를 하고 싶었기 때문입니다."

이렇게 말한 그 방적공장 주인은 곁에 있던 그의 사무원에게 손짓을 해서 최근 그의 공장에서 만든 원단의 견본을 가져오라고 지시했다. 그것을 가리키며 그가 말했다.

"이 원단을 보십시오. 이것은 저희 공장의 신제품으로 폭이 꽤

넓게 나왔습니다. 저희는 이것을 폐기된 실로 만들었기 때문에 값이 아주 쌉니다. 저희는 이것을 북으로는 히말라야의 계곡으로까지 보내고 있습니다. 저희는 전국 방방곡곡, 당신의 명성이 미치지 않는 곳이나 당신의 대리인들이 가지 않는 곳에도 대리점을 가지고 있습니다. 더 이상의 대리점은 필요하지 않다는 사실에는 당신도 동의하실 겁니다. 그리고 한 가지 더 당신이 알아주셨으면 하는 점은, 인도의 원단 생산은 아직도 수요를 따라잡지 못했다는 점입니다. 따라서 국산장려의 문제는 주로 생산에 관한 문제가 될 것입니다. 저희가 생산을 충분히 증가시키고, 품질을 필요한 한도까지 끌어올린다면 외제 원단의 수입은 자연스럽게 중단될 것입니다. 따라서 제가 당신에게 권하고 싶은 것은 지금과 같은 운동은 그만두고, 새로운 공장의 건설로 당신의 주의를 돌려달라는 것입니다. 저희에게 필요한 것은 상품의 수요를 확대하기 위한 선전이 아니라 생산을 증대시키는 것입니다."

내가 물었다.

"만약 지금 말씀하신 일에 제가 이미 착수했다고 한다면 축복해 주실 수 있겠습니까?"

"어떻게 그런 일이 있을 수 있겠습니까? 하지만 당신은 신공장의 건설을 장려하실 생각을 가지고 계실지도 모르겠군요. 만약 그렇다면 그야말로 바라던 바입니다."라며 그가 조금 난처한 듯 커다란 목소리로 말했다.

내가 설명했다.

"저는 그와는 조금 다른 일을 행하고 있습니다. 저는 물레를 부활시키려 하고 있습니다.

"그건 또 무슨 말씀이신지……."

그는 더욱 알 수 없다는 표정으로 물었다.

나는 그에게 물레에 대한 모든 이야기를, 오랫동안 그것을 찾아서 돌아다녔던 이야기를 들려주었다. 그리고 덧붙여 말했다.

"당신 의견대로라고 생각합니다. 제가 방적공장 주인의 대리점이 된다한들 아무런 도움도 되지 않을 것입니다. 그것은 나라에 득이 되기보다는 해가 되는 부분이 더 많을 겁니다. 저희의 방적공장은 앞으로 오랫동안 '손님'이 없어서 고생하는 일은 없을 것입니다. 제가 계획한 일은 손으로 원단을 생산하도록 하고 그렇게 해서 생산된 카디의 판로를 찾는 것이었습니다. 저는 이와 같은 국산의 형태를 장려하고 싶습니다. 왜냐하면 그것을 통해서 반은 굶주리고 반은 일자리가 없는 인도 여자들에게 일자리를 마련해 줄 수 있기 때문입니다. 그 여자들에게 실을 잣게 하고 그것으로 만든 카디로 인도인들에게 옷을 만들어 입히는 것이 저의 이상입니다. 이제 막 시작했지만 운동이 어디까지 진전될지는 저도 모릅니다. 하지만 이 일의 성공을 굳게 믿고 있습니다. 어쨌든 해가 되지는 않을 것입니다. 오히려 이 나라의 원단 생산을 조금이나마 증가시켜줄 테니 틀림없이 이익이 되는 일이라고 말씀드릴 수 있을 것입니다. 이것으로 당신은 제 운동이 당신 말씀처럼 해악에서 해방되어 있다는 사실을 인정하실 수 있으실 겁니다."

그가 대답했다.

"당신의 운동을 조직하는 데 있어서 생산 증가를 생각하고 계신다면 저는 거기에 반대하지 않습니다. 오늘날처럼 동력기가 돌아가는 시대에 물레가 발전할 수 있을지 없을지 그건 별개의 문제입니다. 어쨌든 저는 당신의 성공을 비는 사람 중 한 명입니다."

만조

 나는 더 이상의 지면을 이후의 카디 발전에 할애할 수가 없다. 지금부터는 진실을 대상으로 한 나의 실험 과정 속에서, 당연하다면 당연하다 할 수 있지만, 여러 가지 사건이 어떤 식으로 나와 관계를 맺게 되었는지 그 경위에 대해서 간단하게 서술하도록 하겠다.

 여기서 비협력에 관한 이야기를 다시 해보도록 하겠다. 알리 형제가 시작한 강력한 킬라파트 운동이 한창 세력을 떨치고 있을 때, 나는 고 마울라나 압둘 바리 그리고 그 외의 이슬람교 신학자들과 이 문제에 대해서, 특히 이슬람교도가 비폭력의 규칙을 지킬 수 있는 한도는 어디까지인가에 대해서 오랜 시간에 걸쳐서 협의를 했다. 마지막으로 그들은 모두, 이슬람교는 정책적으로 그 신봉자들이 비폭력에 따르는 것을 금하고 있지 않다는 사실 그리고 그들이 그 정책을 맹세한 이상 그들은 그것을 충실하게 실행할 필요가 있다는 사실에 의견 일치를 보았다.

 드디어 킬라파트 회의에 비협력결의안이 상정되었다. 그리고 오랜 시간 동안의 심의 끝에 가결되었다. 처음, 고 하킴 사헤브는 비폭력, 비협력의 실제성에 대해서 회의적이었다. 그러나 그의 회의가 해소된 뒤부터 그는 전신전령을 다 기울여서 거기에 몰두했다. 그리고 운동에 대한 그의 원조는 매우 귀중한 것이었다.

다음으로 그로부터 얼마 지나지 않아서 열린 구자라트 정치회의에서 나에 의해 비협력결의안이 제출되었다. 반대파에서 처음으로 제기한 반론은, 회의파의 지방회의에는 회의파 대회에 앞서 결의를 채택할 자격이 없다는 것이었다. 그에 대해서 나는 제한이라는 것은 소극적인 운동에만 적용되는 것이다, 그러나 적극적인 운동이라면 하부조직에서도 그 운동을 할 수 있는 충분한 자격이 있을 뿐만 아니라, 하부조직에 필요한 용기와 자신감만 있다면 의무로써 솔선해서 행해야만 한다고 말했다. 그리고 나는 하부조직이 행하는 운동 중에서, 상부조직의 위신을 높이는 것으로 하부조직 자체의 책임하에 행해지는 것은 상부조직의 허가를 받을 필요가 없다고 말했다.

이후부터 이 말에 대한 시비곡직을 둘러싸고 이야기가 오갔는데 그 '온화하고 이성적인' 분위기에도 뒤지지 않을 만큼 논쟁 자체의 날카로움이 주목을 끌었다. 투표에 의해서 결의는 압도적인 다수의 지지를 얻어 가결되었다고 언명되었다.

회의파 전국위원회는 이 문제를 심의하기 위해서 1920년 9월, 캘커타에서 회의파 임시대회[312]를 개회하기로 결정했다. 그를 위한 준비가 대규모로 진행되었다. 랄라 라지파트 라이[313]가 의장으로 선출되었다. 회의파와 킬라파트 운동의 임시 열차가 봄베이에서 캘커타까지 운행되었다.

마울라나 샤우카트 알리의 요청에 따라서 나는 그 기차 안에서 비협력에 관한 결의의 안문을 준비했다. 그때까지 나는 내가 작성

간디 자서전 | 499

한 문안에서는 비폭력이라는 말의 사용을 대체로 피해왔지만, 내 연설 속에서는 언제나 그 말을 사용했다. 이 문제에 관한 나의 용어는 아직 형성 과정에 있었다. 나는 비폭력과 같은 뜻을 가진 말인 산스크리트어를 사용해서는 내가 하고 싶은 말을 이슬람교도 청중들에게는 전달할 수 없다는 사실을 발견했다. 그래서 나는 마울라나 아불 칼람 아자드에게 부탁해서 다른 동의어를 몇 개 배우기로 했다. 그는 '바 아만'이라는 말이 어떻겠느냐고 했다. 그리고 비협력이라는 말에 대해서는 '타르크 이 마발라트'라는 말을 가르쳐주었다.

이렇게 비협력을 대신할 수 있을 만한 힌디어, 구자라트어, 우르두어를 열심히 찾고 있을 때 나는 파란만장한 회의과 대회에 제출할 비협력결의안을 작성해달라는 청을 받았다. 나는 그 결의안 초고에는 '비협력'이라는 단어를 사용하지 않았다. 나는 같은 차로 여행하고 있던 마울라나 샤우카트 알리에게 그 말을 생략했다는 사실은 알리지 않은 채로 초고를 넘겨주었다.

나는 밤이 되어서야 내가 실수를 저질렀음을 깨달았다. 이튿날 아침이 되어서야 비서인 마하데오 데사이를 보내서 인쇄소에 넘기기 전에 생략된 부분을 정정했으면 좋겠다는 편지를 전하게 했다. 그러나 초고는 이미 인쇄에 들어가 버렸기 때문에 삽입을 할 수가 없었다. 그날 밤, 대회 의사위원회가 개최될 예정이었다. 그렇기 때문에 나는 초고를 인쇄한 안문에 필요한 수정을 가해야만 했다. 나는 초고를 준비해두지 않았다면 아주 번거로운 일이 일어났을 것이라는 사실을 나중에서야 알게 되었다.

그럼에도 불구하고 나의 역경은 참으로 한심하기 짝이 없는 것이었다. 누가 결의안에 찬성할지, 누가 결의안에 반대할지 나는 도저히 감을 잡을 수가 없었다. 랄라지가 어떤 태도를 취할지 전혀 알 수가 없었다. 나는 캘커타 대회에서의 논쟁을 위해서 모여든 노련하고 위풍당당한 투사들을 한 무리 보았을 뿐이었다. 그 속에는 베젠트 부인, 판디트 말라비야지, 스리자트 비자야라가바차리, 판디트 모틸랄지, 그리고 데샤반두 C. R. 다스가 있었다.

내 결의안에서는, 펀자브의 학살 및 킬라파트에 대한 불법에 상응하는 보상을 얻기 위해서 비협력이 요구된다고 말한 것뿐이었다. 그러나 스리자트 비자야라가바차리는 거기에 찬성하지 않았다. 그가 말했다.

"비협력을 선언하는 데 그것이 왜 특정한 불법에만 관련돼서 행해져야만 한다는 거지? 스와라지의 결여는 이 나라가 고통을 받고 있는 최대의 불법이 아닌가? 비협력은 그 불법에 반대해서 행해져야만 하는 것 아닌가?"

판디트 모틸랄지는 자치에 대한 요구가 결의 속에 삽입되기를 바라고 있었다. 나는 기꺼이 그 제안을 받아들여 결의안 속에 자치에 대한 요구를 넣었다. 내 결의안은 처음부터 끝까지 진지하게, 그리고 조금은 거친 논의를 거쳐서 통과되었다.

모틸랄지는 이 운동에 가장 먼저 찬성한 사람이었다. 나는 지금도 결의안에 대해서 그와 나눈 논의를 즐거운 마음으로 떠올려보곤 한다. 그는 내가 선택한 단어와 문장을 몇 군데 수정할 필요가 있다고 말했다. 그는 데샤반두 C. R. 다스를 설득해서 그의 생각을 운동을 전개하자는 쪽으로 돌리려 했다. 데샤반두 C. R. 다스의 마음은 그쪽으로 기울어 있었다. 그러나 그는 운동 방침을 실행할 민중들의 능력에 의문을 품고 있었다. 그와 랄라지가 그것을 전폭적으로 지지하게 된 것은 나그푸르에서 열린 회의파대회[314]에서였다.

내가 고 로카만야 틸라크의 사망을 매우 심각하게 받아들인 것은 바로 이 캘커타 임시대회에서였다. 만약 로카만야가 살아 있었다면, 이럴 때 그는 틀림없이 나를 축복해주었을 것이라고 지금도 굳게 믿고 있다. 하지만 설사 그러지 않았다 할지라도, 또 그가 그 운동에 반대했다 할지라도 나는 그의 반대를 나에 대한 특별한 은혜이자 교육이라고 생각했을 것임에 틀림없다. 우리는 늘상 의견을 달리했다. 하지만 그것 때문에 사이가 벌어지지는 않았다. 그는 늘, 우리의 유대관계가 매우 긴밀한 것임을 느끼게 해주었다. 그때의 일을 쓰고 있는 지금도 그가 숨을 거뒀을 때의 모습이 내 눈앞에 생생하게 떠오른다. 자정에 가까운 시각이었다. 당시 나와 함께 일하고 있던 파트와르단이 전화로 그의 죽음을 알려주었다. 내 주위에는 많은 동료들이 있었다. 나도 모르게 절규가 입 밖으로 튀어나왔다.

"내가 가장 의지하던 반석이 사라졌다."

당시 비협력운동은 최고 절정기를 맞이하고 있었다. 나는 그에게서 격려와 용기를 얻고 싶다는 간절한 마음을 품고 있었다. 비협력운동의 마지막 단계에 대한 그의 태도가 과연 어땠을 것인지는 완전히 상상의 문제이며, 이제 와서 생각해봐야 별 의미가 없는 문제다. 하지만 이것만은 틀림없다. 그의 죽음 뒤에 남겨진 커다란 구멍은 캘커타에 모인 모든 사람들의 마음을 무겁게 가라앉게 했다. 민족의 역사적 위기를 맞고 있는 이 순간에 그로부터 충고를 얻을 수 없게 됐다는 사실을 모든 사람들이 절실하게 느낀 것이었다.

나그푸르에서

캘커타에서 개최되었던 회의파 임시대회에서 채택된 모든 결의는 나그푸르에서 열린 회의파 연차대회의 승인을 받아야만 했다. 캘커타에서와 마찬가지로 거기에도 역시 방청자와 대의원들이 무리를 지어 몰려들었다. 당시는 아직 대회에 참석하는 대의원의 숫자에 제한을 두지 않았었다. 그렇기 때문에 내 기억이 정확하다면, 당시 모인 대의원의 숫자는 약 14,000명에 달했다.

랄라지가 등교 거부에 대해서 약간 글을 수정하라고 강력하게 주장했다. 나는 그것을 받아들였다. 마찬가지로 데샤반두 C. R. 다스의 발의로 몇 군데 수정이 가해졌다. 그런 다음, 만장일치로 비협력결의안이 채택되었다.

회의파의 규약 수정에 관한 결의도 이번 대회에서 취급하기로 되어 있었다. 소위원회의 초안이 캘커타 임시대회에 제출되어 있었다. 따라서 문제는 이미 철저하게 논의되었으며 충분히 생각되어진 것이었다. 나그푸르 대회에서 마지막으로 처리가 행해질 예정이었다. 대회 의장은 스리자트 비자야라가바차리였다. 의사위원회는 단 한 군데에만 중요한 수정을 가한 후에 그 초안을 채택했다. 내 초안에서는 대의원의 숫자를 1,500명으로 했던 것으로 기억하고 있다. 의사위원회는 6,000이라는 숫자로 그것을 대신했다. 내 의견에 의하면, 이와 같은 증가는 경솔한 판단에 의한 것이었다. 그리고 최근의 경험과 비교해봐도 내 견해가 옳았음을 확인할 수 있다. 대의원의 숫자가 많으면 어쨌든 일을 쉽게 풀어나갈 수 있으며, 민주주의의 원리도 지킬 수 있다고 생각한 것은 커다란 착각이라는 것이 나의 견해다.

민중의 이익을 지키기 위해서 최선을 다하며 마음이 넓고 성실한 대표 1,500명이, 마구잡이로 선출된 무책임한 6,000명보다, 언젠가는 보다 좋은 민주주의의 옹호자가 될 것이다. 민주주의를 지키기 위해서 사람들은 독립, 자존 및 일치에 대한 명확한 관념을 가지고 있어야만 한다. 그리고 그들의 대표로는 선량하고 성실한 사람들만을 뽑아야 한다. 그러나 의사위원회처럼 인원만을 중시한다면 6,000이라는 숫자를 넘어버릴지도 모를 일이었다. 따라서 6,000이라는 제한은 일종의 타협점이었다.

회의파의 목표에 대한 문제는 커다란 논의를 불러일으킨 의제가 되었다. 내가 제출한 회의파 규약에서는, 회의파가 지향해야 할 목표를 가능하다면 영국제국이라는 틀 안에서의, 그리고 필요하다면 그 틀 밖에서의 스와라지를 달성하는 것이라고 정해놓았다. 그런데 회의파 속의 일파는, 목표를 영국제국이라는 틀 안에서의 스와라지에만 한정지으려 했다. 그런 견해는 판디트 말라비야지와 진나 씨로부터 나온 것이었다. 그러나 그들은 다수의 찬성표를 얻지는 못했다. 그리고 규약의 초안에서는 목적 달성을 위한 수단은 평화적이고 합법적이어야 한다고 규정해놓았다. 이 조건 역시 반대에 부딪쳤다. 채용할 수단에 제한을 두어서는 안 된다는 반론이 가해졌다. 그러나 대회는 교훈적이고 솔직한 논의를 거친 후, 원안을 그대로 채택했다. 나는 만약 그 규약이 민중들에 의해서 정직하고 이성적으로, 그리고 열심히 실행되었다면 그것은 대중 교육을 위한 유력한 도구가 되었을 것이라고 생각한다. 그리고 그것을 실행하는 과정은 우리에게 자치를 가져다주었을 것이다. 그러나 그 논제에 대해 여기서 논의하는 것은 적합한 일이 아닐 것이다.

힌두·이슬람 양 교도의 통일, 아웃카스트제도의 배제 및 카디에 대한 각 결의도 역시 이 대회에서 채택되었다. 그리고 그 이후부터 회의파 내의 힌두교도들은, 힌두교에서 아웃카스트제도의 저주를 제거할 책임을 그들 자신에게 부과했다. 또한 회의파는 카디를 통해서 인도의 '스켈레톤[315]'과 살아 있는 관계를 확립했다. 킬라파트를 위해서 비협력을 채용한 것은, 그것 자체가 힌두·이슬람의 통일을 유도하려고 했던 회의파가 행한 크고 실제적인 계획이었던 것이다.

작별의 인사

 이제는 이 원고를 마칠 때가 됐다. 나의 생애는 공적인 것이 되어버렸기 때문에 앞으로의 내 생애는 사람들에게 대부분이 알려질 것이다. 그리고 1921년 이후, 나는 회의파 지도자와 매우 밀접한 관계를 유지하면서 활동해왔기 때문에 그들과 나의 관계를 언급하지 않고서는 앞으로의 내 생애에 대한 어떤 이야기도 할 수 없을 것이다. 왜냐하면 우리는 지금도 여전히 함께 생활하고 있으며 활동하고 있는 그 외의 수많은 노련한 회의파 지도자를 가졌다는 행복을 누리고 있기 때문이다.

 회의파의 역사는 지금도 형성 중에 있다. 그리고 지난 7년 동안 내가 겪은 주요한 체험들은 전부 회의파를 통해서 얻은 것들뿐이었다. 따라서 내가 앞으로의 실험을 쓰게 된다면 지도자들과 나의 관계를 언급하는 것은 피할 수 없는 일이 될 것이다. 그러나 나는 예의를 존중하는 마음에서라도 당분간은 그것을 쓰지 않을 생각이다. 마지막으로 내가 지금 하고 있는 실험을 통해서 내가 얻은 결론은 아직 결정적인 것으로 여기고 있지 않다는 말을 해두고 싶다. 그렇기 때문에 여기서 이야기를 멈추는 것이 나의 의무라고 생각된다. 실제로 내 붓은, 앞으로 나아가기를 본능적으로 거부하고 있다.

독자들에게 작별을 고해야 한다는 것은 참으로 애석하기 짝이 없는 일이다. 나는 나의 실험에 높은 평가를 내렸다. 내 실험에 공정한 평가를 내렸는지 어땠는지는 잘 모르겠다. 단, 충실하게 이야기하려고 노력했다는 사실만은 분명히 말할 수 있겠다.

진실이 내게 비쳐진 대로, 그리고 내가 진실에 도달한 대로 정확하게 진실을 그리기 위해서 나는 끊임없이 노력해왔다고 말할 수 있다.

수련이야말로 뭐라 표현할 수 없는 신성한 마음의 평화를 내게 가져다주었다. 왜냐하면 방황하는 사람들이 진실과 불살생에 대한 신앙을 갖게 되는 것은 내가 절실하게 바라던 바이기 때문이다.

경험을 통해서 진실 이외의 신은 없다는 사실을 배울 수 있었다. 그리고 이들 각 장, 각 페이지가 전부 진실을 실현하기 위한 유일한 수단은 불살생이라는 사실을 독자들에게 선언하지 못한다면 나는 이 글들을 쓴 나의 노력을 참으로 허망한 것이었다고 생각할 것이다. 그리고 설사 그 점에 있어서의 내 노력이 수포로 돌아갔다 할지라도 나빴던 것은 그 원리 자체가 아니라 수단이었다는 사실을 독자 여러분은 알아주시기 바란다.

불살생 추구에 대한 나의 노력은 진지한 것이었는지는 모르겠지만 오늘날에도 여전히 불완전하고 적절하지 못한 것이다. 따라서 내가 얼핏 본 조그만 진실만을 가지고서는, 진실은 우리가 자신들의 눈으로 매일 보고 있는 태양의 빛보다도 백만 배나 강한, 뭐라 이름 붙일 수 없는 빛을 가진 것이라고 생각한다고 말할 수는 거의 없을 것이다. 실제로 내가 발견한 것은 그 강대한 광채 속의 가장 희미한 섬광에 지나지 않는다. 그러나 나는 모든 실험에 대한 결과로, 불살생을 완전하게 실현한 뒤가 아니고서는 진실의 참된 모습은 볼 수 없다고 확신을 가지고 말할 수 있다.

보편적인, 그리고 모든 것에 내재되어 있는 진실의 정신과 직접 만나려면 사람은 가장 미미한 창조물까지도 동일한 존재로 사랑할 수 있어야만 한다. 그리고 그것을 추구하는 사람은 어떤 생활 분야와도 떨어져 있어서는 안 된다. 바로 이것이, 진실에 대한 나의 헌신이 나를 정치운동 분야에 끌어들인 이유였다. 나는 아무런 망설임도 없이, 그리고 아주 겸허한 마음으로, 종교는 정치와 아무런 관계도 없다고 말하는 사람은 종교가 무엇인지 모르는 사람이라고 말할 수 있다.

자기 정화 없이는 생명을 가진 모든 것을 동일시할 수 없다. 자기 정화 없이 지켜진 불살생의 법칙은 허무한 꿈에 그쳐버려야 한다. 신은 마음이 깨끗하지 못한 자 속에서는 결코 모습을 드러내지 않을 것이다. 따라서 자기 정화는 생활의 모든 행위 속의 정화를 의미하는 것이어야만 한다. 그리고 정화는 전염되기 매우 쉬운 자아의 정화이기 때문에 필연적으로 그 사람의 주위에 대한 정화가 되어가는 것이다.

그러나 자기 정화의 길은 멀고 험난하다. 완전한 순결을 달성하기 위해서 사람은 사상에 있어서나, 말에 있어서나, 행위에 있어서나 절대적으로 희로애락의 감정에서 해방되어 있어야만 한다. 사랑과 증오, 애착과 혐오라는 상반된 흐름을 초월해야만 한다. 그것을 목표로 나는 언제나 끊임없이 노력해왔음에도 불구하고

간디 자서전

아직 이 세 가지 순결[316]에 이르지 못했다. 따라서 세상의 칭찬을 듣는다 해도 내 마음은 움직이지 않는다. 오히려 때때로 나를 괴롭히기까지 한다.

내게 있어서, 종잡을 수 없는 희로애락의 감정을 극복하는 것은 무기에 의한 폭력으로 세상을 정복하는 것보다 훨씬 더 어려운 일처럼 보인다. 인도에 돌아온 이후, 나는 내 속에서 가만히 움직이지 않고 숨어 있는 희로애락의 감정에 대한 여러 가지 경험을 했다. 희로애락의 감정이 무엇인지 깨달은 순간 나는 그것에 압도되지는 않았지만, 모욕을 당했다는 느낌을 받았다. 경험과 실험은 나를 격려해주었으며 커다란 기쁨을 가져다주었다. 그러나 내 앞에는 여전히 오르기 힘든 길이 있다.

내 자신을 무로 돌아가게 해야 한다. 사람은 자유의지로 자신을 동포들의 가장 후미에 서도록 하지 않는 한 구원은 얻을 수 없다. 불살생은 겸양의 극한인 것이다.

독자들에게 한동안의 작별을 고하면서 사상, 언어 그리고 행위에 불살생의 은혜를 베풀기를 진실의 신에게 바라는 나의 기도에 독자들도 함께 참여하기를 바란다.

미주 · 연보

미주

1) 1921년, 봄베이에서 힌두·이슬람 양 교도간의 종파 차이 때문에 일어난 소동(종파 폭동)을 말함. 1920년부터 시작된 제1회 반영비협력운동은 차우리 차우라에서의 경찰서 방화사건 등의 유혈 참사를 일으켰기 때문에 간디의 명령으로 1922년에 갑자기 중단되었다. 이 중단은 힌두교도만을 생각한 간디가 멋대로 결정한 일이라며 이슬람교도들의 반감을 샀다. 인도를 지배하던 영국의 책동도 있었기에 이 반감이 깊어져 결국에는 대소동으로 발전하고 말았다. 이후 인도에서는 종파 소동이 끊일 날이 없었다. 1947년 독립 당시, 힌두교도들의 인도연방과 이슬람교도들의 파키스탄으로 분열된 것도 이 양 교도들의 대립·소동이 최초의 발단이었다.
2) 남의 이름에 붙여 존경을 나타내는 ~님이라는 뜻. Sjt라는 약자로 표시한다. 이름의 일부가 되어 있다.
3) 남아프리카에서의 사탸그라하운동에 대한 연구 저술을 말함. 1928년에 『남아프리카에서의 불복종운동』이라는 제목으로 간행되었다. 간디의 『자서전』이 내면의 정신에 관한 책이라면 이 책은 외면적인 정치운동에 관한 책이다. 이 책에서는 이 '불복종운동'의 일부분을 제6부에 삽입했다.
4) 간디는 6년의 금고형을 선고받았었다.

5) 인도 국민회의파(이하 '회의파'로 줄임)의 간부. 스와미는 힌두교의 성자라는 뜻.
6) '새로운 삶'이라는 의미. 1919년 가을부터 아마다바드에서 간행되었던 간디의 기관지라고도 할 수 있는 주간 타블로이드 판 신문. 그것의 영어판이 『영 인디아』지로, 같은 해 간디가 편집자가 되었다. (80장 참조)
7) 간디는 매주 월요일을 '침묵의 날'로 정해놓고 사람을 만나도 필담으로 이야기를 나눴다. 이 날을 정해놓은 이유는 적어도 일주일에 하루 정도는 사람들의 질문공세에서 벗어나 조용히 물레를 돌리면서 생각에 잠기고 싶었기 때문이라고 간디는 말했다.
8) 남아프리카 그리고 귀국 후 인도에서의 사탸그라하운동을 말함.
9) 마하는 '위대', 트마는 '혼', 즉 성인이라는 뜻. 민중들이 간디에게 이 칭호를 처음으로 바친 정확한 날은 명확하지 않다. 이 말은 인도 고대 철학서인 『우파니샤드』에서 유래한 것이다. 신을 의미하기도 하며, 또한 지와 사랑에 의해서 신에게 귀의한 자를 의미하기도 한다.
  '신은 빛나는 유일한 자, 만유의 창조주, 마하트마.
  언제나 사람들의 가슴속에 깃들어 있으며, 사랑으로, 직관으로, 지로 계시한다. 그를 아는 자는 불멸을 얻는다.'
  1922년 12월, 간디가 투옥되어 자리를 비운 아마다바드의 아슈람(道場)을 방문한 인도의 문호 라빈드라나드 타고르도 이 구절을 인용하여 간디에게 바쳤다. 하지만 간디는 '마하트마'라 불리는 것을 아주 싫어했다. 그 대신 보통 친애를 담아 사용하고 있는 존칭으로 '아버지', '할아버지'라는 뜻을 가진 '바프'나, 단순한 존칭인 '지'를 좋아했다.
10) 1893년경부터 1923년경까지, 즉 남아프리카에서 영국인에게 멸시받던 인도인 이주민의 인간으로서의 존엄과 이익을 지키기 위해 사탸그라하운동을 시작한 이후부터의 기간.
11) '모크샤'는 산스크리트어. 간디는 인간의 원죄는 인정하지만 그 원죄에서 벗어나는 것은 신의 은총에 기대는 것만으로는 얻을 수 없다, 신의 격려를 받으며 인간 자신이 끊임없이 노력하지 않으면 이 '해탈'에 도달할 수 없다고 했다. 그리고 그것은 달성 불가능한 일로, 마치 바닷물을 지푸라기로 한 방울씩 전부 퍼내려는 것과 같은 것이라고 간디는 말했다.
12) 커다란 오산이라는 뜻. (79장 참조)
13) 성전 『라마야나』 속에 기술되어 있는 두 성자의 이름. 바슈바미트라는 원래 힘 있는 임금이었다. 어느 날, 성자 바시슈타가 기르고 있는 소가 탐이 나서 빼앗았는데 바시슈타는 신통력으로 그것을 되찾았다. 그것을 계기로 브라만 신의 힘이 얼마나 강한지를 인정하고 진실에 눈을 떠, 고행을 통해 욕망을 억제하고 브라만이 되겠다는 결심을 이야기했다. 바슈바미트라는 후에 성선(聖仙)이 되었다.
14) 산스크리트어로 사탸는 '진실', 혹은 '사랑', 아그라하는 '견지', 거기서 태어난 '힘'이라는 의미의 말. 즉, 진실의 힘, 혹은 사랑의 힘이라는 의미. 진실 및 사랑은 영혼의 속성을 가진 것이기 때문에 진실, 혹은 사랑의 힘은 영혼의 힘, 정신

력이라는 의미가 된다. 간디는 사탸그라하를 자신이 추구하는 목표로 삼았는데 '그것은 적에 대해서가 아니라 자신의 자아에 고뇌를 부여함으로 해서 진실을 증명하는 것이다.'라고 말했다. 간디는 자신의 일생을 실험무대로 삼아 사탸그라하의 실험을 과학적으로 행해왔으며 그것을 사탸그라하학이라고 불렀다.

15) 아슈람이란 맹세를 하고 수행을 하는 곳, 혹은 도장을 의미하는 산스크리트어. 불교의 승방을 일반의 속세에 개방한 것이라고 이해해도 좋다. 간디는 남아프리카에서 피닉스, 톨스토이 두 농원을 만들었는데 그것이 간디의 아슈람의 전신이었다. 인도로 돌아온 간디는 1915년 아마다바드에 뒤이어 1917년 사바르마티에 아슈람을 만들었다. 그리고 1936년 인도 중부의 와르다 근교에 새로운 아슈람을 만들었다. 간디의 아슈람에는 전부 비폭력, 성실, 도둑질하지 말 것, 무소유, 금욕, 두려워하지 말 것이라는 여섯 가지 미덕에 관한 맹세가 어떤 형식의 말로든 표현되어 있었으며 그것을 지킨다는 것이 아슈람에 들어가는 조건이 되었다. 아슈람에서의 생활은 노동에 의한 자급자족이 기본 방침이었다.

16) '하얀 마을'이라는 의미. 아라비아 해에 면한 인도 서해안 북부에 위치한다. 이 지방은 카티아와르(지금은 사우라슈트라로 불림)라 불렸으며 거기에는 마을을 중심으로 한 조그만 토후국(土侯國)이 몇 개 있었다. 포르반다르, 라지코트, 반카네르, 드라아지, 주나가드 등. 1872년 포르반다르 국의 인구는 7만 2천 명.

17) 영국의 지배하에 있던 인도에는 토후국이 500여 개 있었다. 그 토후국 중 하나의 수상.
18) 국주(國主). 토후에는 힌두교도와 이슬람교도가 있었는데 이것은 이슬람교도 토후임을 나타내는 것.
19) 힌두교에서는 오른손을 신성하게 여기고 있기 때문에 경례를 할 때 왼손을 쓰는 것은 무례한 행동이다. 따라서 힌두교도는 이처럼 절대로 왼손을 사용하지 않았지만, 간디는 두 손 모두 신성하다고 생각, 왼손으로 글씨 쓰는 연습을 했다.
20) 당시부터 인도의 초등학교 교육은 5년제. 영국이 지배하던 시절에는 의무교육이 아니었다. 그 때문에 인도의 문맹률은 독립 전, 90%가 넘었다.
21) 정확히는 브라흐마나라고 한다. 힌두 사회의 네 가지 주요한 신분(카스트) 중 최고의 지위를 점하는 것으로, 그들의 일은 주로 '배우는 것과 가르치는 것'에 한정되어 있다. 나머지 세 가지 신분은 크샤트리아(무사), 바이샤(상인), 수드라(노예, 수공업자)다. 간디는 바이샤 출신. 네루는 브라만 출신이다. 브라만은 브라흐만의 화신이라고 여겨졌다. 브라흐만이란 힌두교에 의하면 눈에 보이는 세계의 동인(動因)이자, 우주에 널리 퍼져 있는 정신으로 거기서 모든 것이 창조되며, 창조된 모든 것이 흡수되는 본질이라고 여겨지는 것이다.
22) 『바가바드 기타』를 말함. 성전의 하나. (주 36 참조)
23) 힌두교의 일파.
24) 라지코트에 있는 사원의 이름.
25) 간디의 출생지인 구자라트에서는 태양이 얼굴을 내밀지 않

는 '우기'가 5월 말부터 9월 말까지 4개월 동안이나 계속된다. 그 외의 8개월 동안이 '건기'인데, 그 '우기'는 단식, 혹은 하루에 한 끼만 먹을 것을 맹세하는 길고 긴 대재(大齋)의 기간이다. 차는 4라는 말로, 따라서 4개월간의 대재기간이라는 의미.

26) 달의 차고 기욺에 따라서 그날의 음식의 양을 가감하는 근행(勤行) 중 한 가지.

27) 카티아와르 지방에서 가장 큰 마을로 토후국.

28) 인도의 학교제도는 주마다 차이가 있지만, 당시부터 일반적으로는 초등학교 5년, 중등교육으로써 6년제 고등학교, 이어서 대학교로 편성되어 있다. 간디는 라지코트에 있는 알트레드 고등학교에 입학했다.

29) 視學官. 인도의 교육은 전부 인도 정부의 보조와 감독하에 놓여 있었다. 영국의 직할 주에서는 주 정부가, 토후국에서는 중앙정부가 감독을 했다. 그리고 그 감독행정에 해당하는 시학관에는 인도인이 아닌 영국인이 임명되었다.

30) 『라마야나』에 바탕을 둔 전설극(傳說劇). 젊고 신앙심 깊은 슈라바나가 앞이 보이지 않는 부모님을 포대기로 업고 순례의 길을 떠난다. 결국 다샤라타 왕이 잘못 쏜 화살에 맞아 죽는 것을 묘사한 연극.

31) 『라마야나』에 나오는 주요 인물 중 한 사람. 자유와 진실의 신봉자로 유명한 아요디야 국의 왕. 신의 계략으로 아내가 사형을 당하는 등의 혹독한 시련과 싸워 끝내 진실을 지켜낸 인물로 수많은 희곡, 이야기에 등장한다.

32) 인도의 지방행정은 가장 위에 토후국(State), 혹은 영국 직할 주(Province)가 있고, 그 밑에 각각 하급 행정구역으로 현(Division), 군(District)이 있었다.
33) 인도의 화폐 단위 중 하나. 1루피의 약 16분의 1. 1루피는 현재(2006년) 약 21원.
34) 유클리드의 『기하학 원론』 제1권의 제13명제. '일직선이 다른 일직선과 만나서 각을 이룰 때 그 직선은 두 개의 직각을 만들거나, 혹은 그 합은 두 개의 직각과 같다.'
35) 인도의 고전어.
36) 힌두교도의 성전으로는 우선 『베다』를 들 수 있다. 이것은 찬가, 기도, 희생의 제사, 주법(呪法), 장려한 자연시 등을 모은 것인데 '알다.' 라는 뜻의 Vid에서 나온 『베다』는 고대에 존재했던 수많은 인간 지식의 결집이다. 최고(最古)의 것은 기원전 1500년경에 완성된 것으로 여겨지고 있는 『리그 베다』로, 틀림없이 인류가 가지고 있는 가장 오래된 책일 것이다. 그 뒤를 이어서 『아타르바』, 『야주르』, 『사마』 등의 각 베다가 성립되었다. 제2 성전으로는 기원전 500년경 성립된 것으로 보이는 『우파니샤드』가 있다. 진실에의 의존, 추구가 이 성전의 특질로 '진실은 언제나 승리한다. 허망은 그렇지 못하다. 신에게로 가는 길은 진실로 포장되어 있다.' 라며 광명과 지식에 대한 추구를 적어 놓았다. 제3 성전은, 인도 고대의 2대 서사시라 불리고 있는 『라마야나』와 『마하바라타』다. 수백 년에 걸쳐서 형성된 것으로 불교 이전의 것이라고 알려져 있지만 그 후에 추가된 부분도 있다. 『마하바라

타』 1부의 「바가바드 기타」 등이 그것이다. 하지만 기원전 1세기에는 성립되어 있었다. 이 2대 서사시의 성전만큼 후세 인도인의 윤리생활에 영향을 준 것도 없다.

37) 인도의 언어는 북방 인도 기간부의 중앙부에서 쓰이고 있는 인도 아리아계 언어와 남방의 반도부에서 쓰이고 있는 드라비다계 언어로 크게 나눌 수 있다. 양 계의 언어 모두 많은 지방어로 다시 나뉜다. 힌디어는 인도 아리아계 언어 지역의 거의 중앙부에서 쓰이는 어군이다. 현재 인도의 상업적 공통어로 쓰이고 있는 힌두스타니어도 그 속에 포함된다. 현재 인도 헌법에 기재되어 있는 언어 중에서 인도 아리아계 언어의 지방어에는 힌디어 외에도 벵골, 구자라트, 마라타, 신드, 펀자브, 오리아, 아삼, 카시미르의 각 어가 있다. 그리고 드라비다계 언어에는 타밀, 테르그, 말라야라므, 칸나다의 각 지방어가 있다. 한편 인도 언어 중 하나로 인도 아리아계 언어 지역의 중앙부에 있는 이슬람교도들 사이에서 사용되고 있는 우르두어는 페르시아 문자로 적기는 하지만 음성언어는 힌디어와 커다란 차이가 없다. 그리고 영어는 인도 전체의 공통어 역할을 담당하고 있는데 인도 헌법의 규정에 의해서 1966년부터 국어가 된 힌디어와 함께 인도 통일의 언어적 토대가 되어 있다.

38) 인도 화폐 단위 중 하나. 1파이세는 3파이, 64파이세가 1루피. (주 33 참조)

39) 그중 한 명은 악우(惡友)라 할 수 있는 셰이크 크리슈나 메타브라는, 간디보다 나이가 많은 친구로 넓이뛰기, 높이뛰기

를 잘했다.
40) 간디의 유년 시절, 즉 19세기 후반의 인도는 질풍노도의 시기였다. 인도 전반에 걸쳐서 정신적, 육체적인 개혁을 요구하는 목소리가 높았던 시대였다. 그 진보와 개혁의 풍조를 '개혁'이라 불렀으며 그 풍조를 따르는 사람을 '개혁주의자'라고 불렀다. 또한 고대 인도의 재발견이 행해져, 종교부흥도 성행하던 시대였다.
41) 19세기 후반에 많은 평론과 시를 지었던 구자라트 지방의 작가.
42) 산스크리트어로 스와는 '자기', 라지는 '통치'를 의미한다. 따라서 이 말은 '자치', 혹은 '독립'이라는 말. 이 자치라는 문제에 대해서 간디는 독자적인 정의를 내렸으며, 그 특유의 자치 획득 방법을 밝힌 『힌두 스와라지』라는 소책자를 발간했다.
43) 아힘사는 '비폭력'을 말하는 것으로 '해를 주지 않는다.', '살생하지 않는다.'는 의미의 산스트리트어. 분노, 원한, 공포 등을 물리칠 수 있는 마음가짐으로, 이 아힘사가 있기 때문에 인간은 존재할 수 있다고 인도의 성전은 말하고 있다. 고대 이후, 인도 사상의 저변을 흐르는 관념으로 인도에 평화, 비폭력에 대한 생각이 강한 것은 이 아힘사 사상에 바탕을 두고 있기 때문이다. 이 아힘사 사상은 힌두교 정통파보다 불교, 자이나교에 의해서 인도에 널리 퍼졌다.
44) 원래는 '순결'이라는 의미의 산스크리트어. 성전에 의하면 힌두교도의 일생은 브라마차리아(학생생활), 그라하스차(가

장생활), 바나프라스타(은자생활), 사니야스(탁발생활)의 네 가지 아슈라마(단계)로 나뉘어 있다고 규정되어 있다. 여기서 브라마차리아는 독신, 금욕생활이라는 의미가 되었다. 간디는 1906년, 37세가 되던 해에 이 생활에 들어가기로 결심하고 아내 카스투르바의 협력을 얻어 죽을 때까지 특이한 부부생활을 하는 것에 성공하여 한걸음 더 신에게 다가갈 수 있었다고 했다. (46장 참조)

45) 쌍떡잎식물 통화식물목 가지과의 한해살이풀.

46) 원문에는 다르샹이라고 적혀 있는데 그것은 '신과 위인을 뵙다.'는 의미의 산스크리트어. 손을 모아 빌었다는 것도 일종의 축복의 형식이기는 하지만 신의 화신이라고 여겨지는 성자, 위인, 예를 들자면 간디, 네루 등을 자신의 눈으로 똑똑히 보거나, 혹은 발밑에 무릎을 꿇거나, 성자가 입고 있는 옷, 손이나 발을 만지는 것만으로도 신과의 일치가 가능한 안심입명의 느낌을 얻을 수 있다는 것이 인도인 일반에게서 볼 수 있는 축복의 형식이다. 이와 같은 축복을 얻으려고 몇만, 몇 십만이나 되는 군중이 그곳을 찾은 간디, 네루에게로 쇄도한 것으로, 회의파의 지방선전 등에 수많은 군중이 모인 것은 반드시 민중들의 정치의식이 높다는 것을 보여주는 것은 아니며 이와 같은 종교의식에서 태어난 것이라고 이해하는 것이 옳을 것이다. 하지만 군중이 모여드는 모임은 정치적으로 커다란 의의를 가지고 있었다는 사실은 말할 필요도 없다.

47) 주30 참조

48) 인도에 예부터 전해오는 의술서 『아유르 베다』를 바탕으로 치료를 행하는 의사.
49) 일반적으로 이슬람교도의 의사를 이렇게 불렀다.
50) 기도의 말. 인도의 성전 『라마야나』의 주인공인 라마를 비시누 신의 화신으로 받들고 그 이름을 따서 기도의 말을 만든 것.
51) 민중시에서 흔히 사용되는 표현 형식. 도하는 2, 초는 4라는 뜻.
52) 간디의 출생지인 구자라트 지방에서는 인도의 다른 지방과는 달리 시인이자 사상가인 툴시다스(1532~1623)가 『라마야나』를 힌디어로 번역하여 『라마 행적의 호수』라는 제목으로 유포했기 때문에 인도의 다른 지방과는 달리 『라마야나』가 민중 속에 깊이 침투해 있었다. 북방 인도인에게는 거의 성경과도 같은 교화적 의의를 갖고 있다. 간디도 이 『자서전』 곳곳에서 그 내용을 인용했다.
53) 인도 파괴의 신인 시바를 최고신으로 모시는 힌두교의 일파.
54) 『라마야나』의 주인공인 라마를 주신으로 섬기는 힌두교의 일파. 바이슈나바 파와는 자매 종파.
55) 자이나는 지나(승자, 수행을 완성한 사람)의 가르침이라는 의미. 불교와 거의 같은 시기에 마하비라(위대한 영웅이라는 뜻)가 연 종교. 마하비라는 사물에 관해서는 절대적이고 일방적인 판단을 내려서는 안 된다고 주장했다. 만약 어떤 판단을 내리려고 한다면 '어떤 점에서 보자면'이라는 제한을 덧붙여야 한다고 말했다. 마하비라는 이러한 관점에 서서 베다 성전의 권위를 부정하고 브라만이 행하고 있는 일

상의 제사는 무의미, 무가치한 것이라고 주장했으며, 카스트에 반대하고, 보편적인 법(다르마)이 존재한다고 생각했다. 신도 중에는 상인이 많았다.
56) 인도의 조로아스터(배화, 拜火)교도. 기원전 7세기, 종교적 박해 때문에 페르시아에서 벗어나 인도 서해안 구자라트 지방에 정착하여 오늘에 이르고 있다. 영국의 인도 지배에 협력한 결과 여러 가지 활동의 편의를 얻었기 때문에 그들 속에서 타타 재벌과 같은 대자본가가 나타나게 되었고 그 종족이 오늘날 인도의 토착 자본가를 대표하게 되었다.
57) 당시 인도의 총 인구 중 기독교도는 약 2~3%, 약 천만 명이었다. 교도 중에는 아웃카스트와 영국인·인도인 사이의 혼혈인이 많았다. 그 문화도 선교사를 통해 받아들였기 때문에 평범한 인도인과 의복이나 관습에 차이가 있었다. 스페인, 포르투갈 그리고 영국 등 각 세력의 도래와 함께 인도에 들어온 것이 시작이었다. 한편 여기서 간디가 기독교를 싫어했다고 말한 것은, 선교사가 영국의 권력을 등에 업고 독선적으로 행동했기 때문이다.
58) 구자라트 지방의 민중시인 샤마르 바트 작.
59) 원래는 왕위라는 뜻인데 그것이 높은 자리라는 뜻이 되었다.
60) 간디의 고향 부근에 많이 살았던 상인 카스트의 이름, 혹은 그 카스트들.
61) 간디가 속한 모드 바니아라는 상인 카스트의 우두머리를 말한다. 셰드라는 성을 가진 사람들도 있다.
62) 인도의 자격시험에 합격하여 변호사가 된 사람을 말한다.

영국에서 자격을 딴 바리스타(법정변호사)에 비해서 한 단계 아래라고 여겨져 대법정에는 나설 수 없었다.
63) 파르시 인(人), 인도 민족운동의 선구자(1825~1917). 자세한 숫자를 들어, 영국이 인도의 부를 빼앗아 인도를 가난에 몰아넣고 있다는 사실을 증명하여 이른바 인도의 '부의 유출' 이론을 제출, 독립운동의 이론적 정당화를 꾀했다. 1906년 회의파가 처음으로 자치(스와라지)를 선언했을 때의 회의파 의장으로 '회의파의 아버지'라 불렸다. 1892년 영국의 자유당에서 입후보하여 인도인 처음으로 하원의원에 당선됐다.
64) 인도인(힌두교도)에게는 친애의 정을 나타낼 때 쓰다듬는 습관이 있다.
65) 신도가 페르시아 만과 홍해 사이의 해상교통의 요충지였기 때문에 신도 인은 인도인 중에서도 아라비아인, 특히 아라비아 상인의 피를 가장 많이 물려받은 사람들이다. 신도의 상인들은 상술에 능하기로 우리나라에서도 유명하다. 지금은 파키스탄에 속해 있다.
66) 바이슈나바 파 힌두교도, 혹은 자이나교도는 엄격하게 불살생(아힘사)라는 교의를 지켰기 때문에 육식을 금했으며, 그들이 먹을 수 있는 것은 야채, 과일, 씨앗 이외에는 거의 없었다. 간디가 태어난 구자라트 지방은 채식주의 지방으로 인도에서도 유명하다.
67) 스킬라는 그리스 신화에 나오는 머리가 여섯 달린 괴물로 이탈리아 반도와 시실리 섬 사이에 있는 메시나 해협의 이탈리아 쪽에 살고 있다. 그 반대편인 시실리 섬에는 또 다른

간디 자서전

괴물 카리브디스가 살고 있다. 따라서 이러지도 저러지도 못할 절체절명의 위기에 직면했다는 의미를 나타낸다.
68) 세 종 모두 런던에서 발행되고 있는 주요 신문. 모두 보수적이기는 하지만 『데일리 뉴스』는 대중지, 『데일리 텔레그래프』는 외교문제, 『더 팰맬 가제트』는 인도 문제를 자세히 다루는 것이 특징이다.
69) 1마일은 1.6km.
70) 간디는 1890년 파리에서 열린 만국대박람회를 구경하기 위해 파리로 가, 프랑스 견학이라는 숙원을 풀었다. 간디는 7일 동안 파리에서 머물면서 지도를 손에 들고 여기저기를 돌아다녔는데 노트르담 성당 등의 정숙하고 장엄함이 아주 마음에 든 듯했다. 단, 박람회의 인기의 초점으로 높이 312m, 완전 철재로 만들어진 에펠탑에 대한 간디의 감상은, 그 속에 예술은 없다고 극단적으로 말하며 '인간의 지혜가 아닌, 바보들의 기념탑'이라고 했던 톨스토이에 공감했다.
71) 영국의 옛날 금화. 21실링이 1기니에 해당한다. 급여, 보석, 회화의 가치, 기부금 등을 계산하는 단위로 쓰였다.
72) 영국의 시인(1832~1904). 1856년부터 1861년까지 인도의 푸나에 있는 산스크리트어 학교 교장으로 있었으며, 부인은 일본인이다. 간디는 부처의 생애를 노래한 그의 장편시 『아시아의 빛』을 영국에서 읽고 크게 감명 받았다고 말했다. 그리고 『천상의 노래』라는 시는 『바가바드 기타』를 번역한 것이다.
73) 포츠머스 앞바다의 와이트 섬 남쪽 기슭에 있는 해수욕장.

74) 영국인 헬레나. P. 블라바츠키 부인이 창시한, 초자연적인 영체를 믿는 일종의 신비주의. 인도 중산계급에 신자가 많았으며, 인도의 독립운동과도 밀접한 관계를 가지고 있었다. 네루도 한때 이 영향을 받은 적이 있었다. 네루는 그때의 일을 『자서전』에 다음과 같이 적었다. '나는 영체를 꿈에서 봤으며, 광막한 공간을 날아다니는 자신을 상상했다. 공중 높이 비상하는(기계를 사용하지 않고) 나의 이 꿈은 내 생애를 통틀어서 종종 보이는 꿈이었다. 그것은 때로 생생하고 현실적인 것으로 보였으며, 커다란 파노라마가 되어 시골 풍경이 내 발밑에 펼쳐진 것처럼 생각되는 적도 있었다. 근대적인 꿈의 해석자인 프로이트는 과연 이 꿈을 어떻게 해석할까?

75) 런던에 있는 접신론자들의 집회 장소를, 창시자의 이름을 따서 블라바츠키 로지(오두막)라고 불렀다.

76) 애니 베젠트(1847~1933). 아일랜드 출생. 무신론에서 접신론으로 개종, 접신론자로서 인도 민족의 독립운동에 뛰어들었다. 스스로 인도 자치연맹을 조직했으며, 특히 제1차 세계대전 중인 1917년에는 회의파 의장을 맡는 등 지도적인 역할을 담당한 적이 있었다. 지금의 베나레스대학의 설립자 중 한 사람.

77) 이스라엘 갈릴리 호반의 산 위에서 예수가 준 교훈. 신약성경 '마태복음' 5장~7장이 그것이다.

78) 간디의 종교에 대한 이해는 '산상수훈'을 통해서 기독교를, 기타를 통해서 힌두교를 알게 되었으며, 이 무렵 워싱턴 어

빙의 『마호메트의 생애와 후계자들』과 토머스 칼라일의 『영웅 및 영웅숭배』를 읽고 예언자로서의 마호메트를 알게 되었다.
79) 변호사 자격을 취득하기 위해서는 대학생 자격이 필요했을 뿐만 아니라 법학원이라는 특별 루트를 통해야만 했다. 간디가 회식이라고 말하는 것은 이 법학원에서의 일을 말하는 것이다. 예전에는 변호사 자격을 취득하려는 학생 전부가 법학원에서 살면서 현역 변호사, 판사들과 밀접한 관계를 유지하고 있었지만 간디가 영국에 간 1888년부터는 학생은 어디에 살아도 상관없다로 바뀌었다.
80) 로마법은 게르만법과 대립되는 유럽의 2대 법 중 하나인데 게르만법과 달리 유럽의 많은 국가에서 채용하고 있다. 습관법이라는 것은 전 영국의 지방이나 마을에서 지방치안판사가 몇 세기에 걸쳐서 여러 가지 계쟁(係爭) 사건을 처리해 온 판례 기록의 집대성이다.
81) 구자라트 사람. 당시 인도 법조계의 제1인자라 불렸던 언변에 능했던 변호사. 회의파 지도자로 온건파에 속했다.
82) 바드루딘 차프. 뛰어난 언변으로 유명했던 변호사. 초기 회의파의 지도자.
83) 전 6권으로, 앞 두 권은 J. 케이가 뒤의 네 권은 G. B. 맬러슨이 집필했으며 1889년~1893년에 출판되었다.
이 반란은 일반적으로 '세포이의 항쟁' 혹은 '제1차 반영 독립전쟁'이라고 불린다. 이 반란을 계기로 영국의 인도 지배가 확고해졌지만, 한편으로는 인도인의 민족적 자각, 독립

의식이 태어나 오늘날의 신 인도 출현의 길을 연 인도 근대사 중 획기적인 사건. 중국의 태평천국의 난, 일본의 메이지 유신과 함께 아시아 근대사의 3대 사건 중 하나로 꼽는다. 반란은 1857년 5월, 인도 북부의 메러트 병영에서 영국의 동인도회사에 고용된 인도인 용병(세포이)이 종교적 풍습을 무시한 영국군 당국에 대해 반란을 일으킨 것이 계기가 되어 델리, 라크나우 등의 각 병영으로 퍼져갔고 그것이 대반란이 되어 각지로 파급되었다. 그래서 세포이의 항쟁이라고 불리게 된 것인데 반란은 매우 끈질기게 전개되었다. 병사들의 반란은 1857년 여름부터 점점 수그러들기 시작했지만 농민들의 반란이 병사들의 반란보다 더욱 넓은 지역으로 퍼져나가 동으로는 캘커타에서 서로는 봄베이에 이르는 인도 북부 일대가 반란의 무대가 되었다. 하지만 반란의 지도 세력은 무굴 제국의 잔당, 영국에 의해 피해를 본 힌두교도의 봉건 영주들이었다. 이처럼 2대 교도가 반란에 참가하여 반영에 대한 열정을 불태우기는 했지만 상호 단결력이 부족했다. 그 때문에 본국에서 파병된 영국군에게 각각 격파되어 1858년 3월에는 세찬 탄압에 의해 대부분 진압되었다. 반란이 완전히 끝난 것은 1859년에 들어서서였다. 반란의 역사적 의의에 대해서 칼 마르크스가 저술한 유명한 논문이 있다.

84) 레프 니콜라예비치 톨스토이(1828~1910). 『전쟁과 평화』, 『안나 카레니나』 등의 명작을 남긴 러시아의 문호.

85) 존 러스킨(1819~1900). 영국의 작가, 문명비평가.

86) 봄베이 지방에 많은 힌두교도 상인 카스트 중 하나.

87) 변호사이기는 하지만, 소송 의뢰인을 만나는 일은 절대로 하지 않고 법정에서만 직무를 수행했기 때문에 그런 이름이 붙었다. 영국 제도에서 변호 사무는 솔리시터(사무변호사)가 행한다. 영어의 아토니도 변호사지만 이것은 한 사람을 대리해서 사건의 처리를 맡는 사람을 말하는 것으로 발리스터와 솔리시터 모두 아토니다. 이 책에서는 직무, 자격을 확실하게 해둘 필요가 있을 때는 법정변호사라고 했다.
88) 영국은 인도에 있는 수많은 토후국을 정복한 뒤, 그것을 직할지로 편성하는 대신 보호국으로 두었고 각 토후국에 전권을 부여한 영국인 정치 이사관을 파견해 감시를 하게 하여 지배 체제를 굳혔다.
89) 영국 사람에 대한 존칭.
90) 봄베이 카티아와르 지방에 사는 이슬람교의 일파, 주로 상인들이 많다.
91) 벵골 식 터번. 푸그리란 벵골어로 터번을 뜻하는 말.
92) 아주 귀찮은 존재라는 뜻.
93) 당시 간디의 복장과 생활양식은 벌거벗은 간디로부터는 상상할 수도 없을 정도로 유럽적이었다. 한참 유행인 프록코트, 주름을 잘 잡아놓은 바지, 번쩍번쩍 빛나는 구두, 거기에 깨끗한 터번. 터번은 일반적으로 힌두교도들이 쓰는 것이 아니었지만, 자신이 일반 인도인과 다르다는 점을 나타내기 위해서 상류의 힌두교도들은 터번을 썼다. 간디도 그들 중 한 사람이었다. 이런 것에도 신경을 써야 할 만큼 남아프리카 사회는 인종차별뿐만 아니라 사회 상하층의 차별

이 심한 사회였다.
94) 이 마리츠버그 역에서의 일에 대해서 간디는 말년에, 미국인 선교사 존 모트 박사에게 '일생 중에서 가장 창조적인 경험이었다.'고 말했다.
95) 남아프리카의 인종차별 정책은 뿌리 깊은 것으로, 간디가 남아프리카에 오기 8년 전부터 인종차별이 법률로 제정되어 있었다. 특히 네덜란드인 이주민의 자손인 보어인이 만든 오렌지 자유국과 트란스발 공화국에서의 인종차별이 심했다(이들 양국은 보어 전쟁에서 패전하여 영국령의 한 주가 되었으며 간디가 머물던 기간 중, 그러니까 1910년에 영국의 식민지 케이프와 나탈이 하나가 되어 남아프리카 연방을 만들었다). 오렌지 자유국에서는 1888년부터 인도인의 권리를 완전히 박탈, 거기에서 살고 싶은 인도인은 호텔 급사나 그와 비슷한 직업을 가져야만 했다. 상인은 외국으로 추방되었다. 트란스발에서도 크게 다를 바가 없었다. (23장 참조)
96) 일반적으로 아시아계 육체노동자를 일컫는 말로 특히 중국인, 인도인 노동 이주자를 낮춰 부르는 말.
97) 힌두교의 성자, 주인을 나타내는 말. 스와미가 변해 사미가 되었다. 하지만 남아프리카에서는 인도인을 무시해서 부르는 말로 쓰이고 있었다.
98) 나탈에 있는 압둘라 셰드. 뒤에 나오는 셰드 압둘라 가니는 다른 사람으로 요하네스버그에 살고 있었다.
99) 인도인을 부를 때, 남아프리카에서는 사미라는 말과 함께 쿨

리(육체노동자)라는 말도 사용했다. 인도 상인은 쿨리 상인이라고 했다. 간디도 쿨리 변호사라는 이름으로 알려졌다.
100) 1파운드에 해당하는 영국의 금화.
101) 정확히는 프렌드 파. 17세기 중반 영국에서 일어난 기독교의 일파. 사람은 신으로부터의 직접적인 계시를 마음으로 받을 수 있다고 주장했으며, 그것을 '내면의 빛'이라고 불렀다.
102) 힌두교도들이 성스러운 나무로 믿고 있는 나무.
103) 처음에는 포르투갈어였던 것이 영어가 된 말로 보통 인도의 4대 사회집단(계급) 및 무수한 사회집단을 일컫는 말이다. 카스트에 해당하는 산스크리트어는 두 가지가 있다. 하나는 바르나, 고대 인도에서부터 존재했던 것으로 알려진 4대 계급을 일컫는다. 다른 하나는 자티로 그 외의 잡다한 사회집단을 일컫는다. 바르나는 아리아 족이 침입해서 원주민인 드라비디아 족을 남쪽으로 내쫓았을 때는 이미 발생되어 있었다. 『리그 베다』의 찬가에 이 4대 카스트(브라만, 크샤트리아, 바이샤, 수드라)에 관한 내용이 실려 있다. 바르나의 발생 원인에 대해서는, 바르나가 색이라는 의미의 말이라는 데서 원주 종족과 피부 색이 다르다는 점을 들 수 있겠지만 노동의 분업설도 있다. 기원전 2세기경에 성립된 『마누의 법전』에 의해서 이 4대 카스트의 직무가 자세하게 결정되었다. 자티의 발생에 관해서도 바르나 제도의 분할세분화설 등이 있지만 정설은 없는 듯하다. 현재 바르나, 자티를 포함해서 약 3천 종의 카스트가 있는데 카스

트는 출생과 동시에 이미 결정되며 출세를 해도 여기에는 영향을 주지 못한다. 카스트 별로 직업이 한정되어 있으며 식사, 사교에 대해서도 엄격한 규칙이 정해져 있다. 또한 세탁, 이 닦는 법, 의복, 앉는 법, 눕는 법에도 카스트 별로 각각 규칙이 있다. 다른 카스트와의 결혼은 허용되지 않으며 혈족간의 결혼 범위도 한정되어 있다. 관혼상제 의식에도 각각의 규칙이 정해져 있는데 인도에 서양 문화가 들어와도 그 영향을 좀처럼 받아들이지 않을 정도로 뿌리 깊은 습관이 되어 있다. 한편 카스트에서 문제가 되는 것은 수많은 인도인을 아웃카스트라며 카스트 밖으로 추방하여 비인간적인 취급을 한다는 점에 있다. 간디는 분업제도로써의 카스트에는 완전히 반대하지 않았지만, 이 아웃카스트의 존재에는 강하게 반대하여 그것의 철폐를 위해서 후반생을 바쳤다.

104) वेद라고 쓴다. 원래는 Vid, 즉 '보다'에서 온 '앎', '지식', '성스러운 지식'이라는 의미의 말이었다. 인도에서 가장 오래된 책을 말하며 그것은 종교적 성질을 갖추고 있는 고대 인도문학의 모든 특색을 보여주고 있는 성전이다. (주 36 참조)

105) 남아프리카 체류 초기에 간디는, 나는 무엇인가에 대해서 많은 생각을 했다. 그때 기독교로 개종하라는 권유를 받은 적이 있었다. 하지만 간디는 태어나면서부터 힌두교도였기 때문에 힌두교를 버리지 못하고, 힌두교에 대한 여러 가지 연구를 진행하던 중에 톨스토이의 이 책(제목은 신약성

경 '누가복음' 6장 20절에서 따온 것)을 읽고 커다란 감동을 받아 처음으로 기독교에도 눈을 뜨게 되었다.
106) 주95 참조
107) 각자에게 같은 액수의 세금을 부과하는 것.
108) 1825~1900. 케이프 식민지의 네덜란드계 이주민의 아들로 태어났다. 트란스발 공화국 건국의 공로자로 1883년에서 1898년까지 대통령.
109) 간디는 '사실이야말로 법의 4분의 3'이라는 신념을 가지고 있었으며 소송에서도 사실 조사를 매우 중히 여겼다.
110) 나탈 주 더반 부근에 있는 해수욕장.
111) 봄베이에서 발행되고 있는 유력 영자 신문.
112) 영국에서 가장 유력한 고급 신문. 보수계.
113) 간사, 서기를 두는 등 간단한 조직이었지만 회원이 되려면 1개월에 5실링을 납입해야 했다. 조직은 주로 기부금으로 운영되었다.
114) 인도 반도 동쪽 해안 남부, 마도라스 지방에 살고 있는 드라비다 족 계통의 주민.
115) 치안 단속을 위해 임명되어 경범죄를 벌했다. 보통은 명예직이다.
116) 영국의 인도사 연구가.
117) 현재 남아프리카 공화국 나탈 주 북부 산악지대의 원주민. 영국인, 네덜란드인이 오기 전에는 남아프리카의 주인으로 행세했지만 점점 불모의 산악지대로 밀려나게 됐다.
118) 1862년 3월부터 1863년 11월까지, 그리고 1894년 1월부터

1899년 1월까지 재임.
119) 이 경우 자녀가 남자의 경우는 16세 이상, 여자의 경우는 13세 이상이 되면 과세 대상이 되었다.
120) 당시 라지코트에서는 형인 라크시미다스 간디가 변호사를 하고 있었다.
121) 인도 아라하바드에서 발행되었던 영자 신문.
122) 간디는 여기서도 흥분해버리는 버릇 때문에 연단에서 몸이 굳어버리고 말았다. 처음에는 몸이 부들부들 떨려왔으며 옆에서 페로제샤 경이 '힘내.' 라고 격려하자 목이 더욱 막혀버려 결국에는 연설 초고를 다른 사람이 읽고 말았다.
123) 발 강가다르 틸라크(1856~1920). 라트나기리 출생. 회의파 중 과격파의 지도적 인물. 산스크리트 학자로 기타에 새로운 해석을 가해 힌두교가 염세적인 종교가 아니라 행동을 요구하는 종교라는 사실을 밝히고 『케사리』, 『마라타』 등의 신문을 통해서 인도인, 특히 청년들의 분발을 촉구하는 데 힘썼다. 1905년 벵골 분할에 반대하는 반영운동을 지도하다 체포, 6년 형을 선고받고 비루마의 만달레에 투옥되었다. 출옥 후, 간디와 함께 회의파를 지도하다 1920년에 병으로 숨을 거뒀다. 민중들로부터 경애를 받았으며 로카만야('인민에게 사랑받는 사람' 이라는 뜻)라는 칭호를 받았다.
124) 고팔 크리슈나 고칼레(1866~1915). 마하라슈트라 지방 출생. 푸나의 퍼거슨 대학에서 경제학과 영어를 가르쳤다. 그리고 '인도 봉사협회' 를 만들어 회장직을 맡았다. 회의파

의 온건파에 속해 있었으며 1905년에는 의장직을 맡았다. 간디의 스승이라고 할 수 있다.
125) 누나인 라리아트벤의 아들과 장남 하리랄과 차남 마니랄.
126) 신문기자 출신으로 간디의 동료. 인도 구자라트 지방 스라트 출신으로 서기와 같은 일에 수완이 좋기로 유명한 화이트 컬러들의 카스트인 카야스타에 속해 있었다. 스리자트는 경칭.
127) 나탈 주의 검사 총장.
128) 더반에 살고 있는 파르시 인 상인. 간디의 지지자.
129) 조셉 체임벌린. 차남 네빌은 제2차 세계대전 발발 당시 영국의 총리.
130) 영국이 남아프리카의 트란스발 공화국, 오렌지 자유국 두 나라를 공격하여 정복한 전쟁. (주 133 참조)
131) 이것은 인도에서 흔히 체험할 수 있는 것이다. 서양 양식을 도입하지 않은 곳에는, 상류의 민가나 호텔에조차도 일반적으로 변소는 없고 각 방마다 요강과 손 씻는 물을 담아놓은 항아리가 놓여 있다. 그 항아리의 물로 몸의 땀을 씻는다. 그것은 종교적인 것이라기보다는 오랜 관습에서 온 것이다.
132) 간디와 카스투르바 부인이 통상적인 부부가 아닌, 시련을 함께 한 친구 관계가 된 것은 1906년 줄루 족의 반란으로 6주간 종군생활을 했을 때, 들것을 들고 전장 여기저기를 뛰어다니다 문득 가정에서 완전히 해방되고 싶다고 생각, 그것을 위해서 부부의 한쪽을 정욕의 대상으로 보지 않는다

는 맹세, 다시 말하자면 브라마차리아의 맹세를 한 뒤부터 였다. 그런 맹세를 하게 된 동기가 무엇이었는지에 대해서 그 자신이 확실하게 밝힌 적은 없었다. 어떤 때는 공공의 의무에 따르기 위해서라고 말했고, 어떤 때는 이미 아이들이 넷이나 되기 때문에 더 이상 가질 필요가 없기 때문이라는 이유를 들었다. 또한 카스투르바 부인이 심한 내출혈로 간신히 목숨을 건진 적이 있었기 때문에, 모체가 임신을 견딜 수 없었기 때문이 아닐까 라고 생각하는 사람들도 있다. 어쨌든 간디는 신을 만나기 위한 수단으로 브라마차리아를 실행하려 두 번 계획을 세웠다가 실패했다. 부부가 침대를 따로 쓰기도 하고, 하루의 일에 완전히 지쳐서 침대에 들기도 하는 등 여러 가지 방법을 강구했다. (46장 참조)

133) 1899년부터 1902년까지 남아프리카에서 영국인과 네덜란드 계 이주민인 보어 인 사이에서 벌어졌던 전쟁. 영국의 지도자는 세실 로즈였으며, 보어 인의 지도자는 크루거 장군이었다. 이 전쟁의 원인은 풍부한 금광이 발견된, 보어 인들의 두 나라 오렌지 자유국과 트란스발 공화국을 남쪽에 인접해 있는 케이프와 나탈 지방을 근거지로 삼고 있던 영국이 빼앗으려 했던 것이다. 결국 보어군은 영국군에게 패배했고 두 나라는 영국의 지배하에 들어갔다. 1910년, 이 4개 지방을 각각 주로 삼아서 지금의 남아프리카 공화국이 탄생했다.

134) 간디는, 개인적으로는 보어 인을 동정하면서도 영국 편을 들었던 이유를 두 가지 들었다. 하나는, 인도인은 영국인의

간디 자서전 | 537

노예가 되기는 했지만 영국 제국 안에서의 지위를 개선하려 하고 있는 이상 이번 전쟁에서는 영국을 지지하는 것이 지위 개선을 꾀하는 데 좋지 않을까 생각했던 점. 다른 하나는, 영국 시민으로서의 편의 제공을 요구하고 있었으니 시민으로서의 의무를 다해 둘 필요가 있다는 점이었다.

135) 보어 전쟁 중의 격전. 영국군은 일시적으로 패배, 위기에 몰렸었다.

136) 15세기 사람. 인도 라자스탄 족의 왕비로 종교 시인. 크리슈나 신을 열렬히 신앙, 숭배했기 때문에 신상이 열려 그 틈으로 사라져버렸다는 전설이 있다. 북방 인도의 부인들에게 깊은 감화를 주었다. 간디가 좋아하는 종교 시인 중 한 사람.

137) 간디는 직업 정치가가 아니었다. 그리고 이전까지 간디의 활동 무대는 인도 본국이 아니었기 때문에 회의파에는 가입하지 않았었다. 이때 간디는 회의파가 대회를 연 자리를 빌어서 남아프리카의 인도인 문제를 호소할 생각이었다.

138) 봄베이 출신. 페로제샤 메타 경의 한쪽 팔로 활동한 회의파 간부.

139) 회의파는 1년에 한 번, 연말과 연시에 걸쳐서 대회를 연다. 이것이 초기 회의파의 모든 활동이었지만 해를 거듭될수록 대회에 출석하는 대표, 방청객이 늘어나 참가자가 일천 명을 넘었기 때문에 회장 정리를 위해 지원자를 모집하여 대회 경비를 맡게 했다. 한편 회의파의 역사는 다음과 같다. 1885년 영국인 옥타비안 흄에 의해서 창립되었다. 창

립 초기에는, 인도 도시에 살고 있는 상류 지식층 중 영국의 통치에 협력하는 사람들을 위한 정치 살롱적 성격을 가지고 있었지만, 20세기 초부터 민족주의적 성격을 강화하여 독립운동을 지도하는 정당으로까지 성장했다. 간디가 지도할 무렵에는 노동자, 농민까지 가입한 독립운동을 위한 모든 사회계층의 공동전선조직이 되었다. 인도 독립 후에는 늘 제1정당으로 정권에 관여해왔다. 1954년에는 당원이 650만 명이었으며, 운영위원회라는 지도부가 생겨났고 운영위원회는 중요한 문제가 있을 때마다 열렸다.

140) 수렌드라나트 바네르지 경(1845~1925). 회의파 초기의 온건한 지도자.

141) 1899년에서 1904년까지, 그리고 1904년 말에서 1905년 11월까지 두 차례에 걸쳐서 인도 총독이 되었다. 그 동안 인도를 기지로 해서 근동(近東), 중국 등 제정 러시아의 남하를 막기 위한 광역 방위체제를 구축했다. 하지만 그를 위해서 광대한 벵골 주를 2개 주로 분할하려다 인도인 사이에서 벵골 주 분할 반대운동이 일어나 민족운동을 격화시키는 빌미를 제공했다.

142) 인도 총독이나 인도 토후가 행하는 접견 의식을 힌디어로 '다바' 라고 한다. 뒤에 나오는 '레비' 는 프랑스어.

143) 토후 중 힌두교도를 '라자' 라고 했는데 그 의미는 '통치자' 다. 마하라자는 대(마하) 토후.

144) 남자가 느슨하게 허리에 감는 천.

145) 찰스 하딩. 인도 총독. 1910년 11월에서 1916년 4월까지 재임.

146) 판디트 마단 모한 말라비야지(1861~1946). 인도의 연합 주(지금의 우타르 푸라데슈 주) 출신의 변호사 1909년에 회의파 의장이 되었던 장로. 많은 마하라자들과 친구로 지냈으며 힌두 제1주의 성향이 강해, 후에 반이슬람교 정치단체인 힌두 마하사바의 의장을 역임했다. 후에 회의파를 탈퇴, 국민당을 만들었다. 보수적이고 주의도 달랐지만 언제나 간디를 도왔다. 베나레스대학의 설립자 중 한 사람.

147) 조금 긴 박스형 상의.

148) 바이슈나바 파의 수도승인 라마난다(1370~1440, 베나레스 사람)가 주장한 것으로, 특히 신에 대한 바크티(헌신)로 해탈에 이르는 길을 강조했다. 그는 무엇보다도 비슈누 신의 숭배자에게 카스트의 구별은 존재하지 않는다고 주장하고 누구나 교단에 들어올 수 있게 했다. 교단에서는 속어를 사용했으며 청순하고 정절을 지키는 라마와 그 왕비 시이타의 숭배를 이끌었다. 그후, 바크티 사상은 전 인도, 특히 하층계급에 널리 전파되었다.

149) 이 무렵 간디는 벵골에 대한 사정을 잘 알아보기 위해서 부지런히 여기저기 돌아다니며 유명 인사들을 방문했다. 양을 죽여서 그 희생의 피로 죄를 씻는 시바 종(힌두교의 일파)의 사원을 참배하고 희생된 양들에게 동정을 표하며 이것이 종교인가 의심했다. 그리고 벵골에서 발생한 근대 인도의 각성 운동인 브라모 사마즈의 본부를 방문해 서로 의견을 교환하기도 했다. 문호 라빈드라나트의 아버지인 마하르시(大師) 데벤드라나트 타고르를 방문했지만 안타깝게

도 타고르 쪽의 형편이 좋지 않아 만남이 이루어지지는 않았다. 그리고 라마 크리슈나 미션(종교단)을 만들어 전 세계의 대동단결을 주장한 인도 근대 종교의 위인 비베카난다(1863~1902)가 은거하고 있던 베랄 마트까지의 먼 거리를 걸어서 찾아갔다. 하지만 병 때문에 캘커타에 누워 있었기 때문에 결국은 만나지 못했다. 비베카난다는 그 후 얼마 지나지 않아서 숨을 거뒀다.

150) 다르마샤라는 힌두교 사원에 있는 숙소, 판다스는 이슬람교 사원에 있는 숙소.

151) 간디 집안과 친분이 있으며 간디의 영국 유학을 권했던 마브지 다베의 아들. (8장 참조)

152) 간디는 봄베이에 자리를 잡기로 결심, 봄베이의 인도인 거리인 기르가운에 집을 빌리고 봄베이 시내에다 법률사무소를 열었다.

153) 육촌 형제. 사탸그라하라는 말은 마간랄이 수동적인 저항 대신 '사다그라하(선행의 힘)'라는 말을 떠올린 것을 간디가 수정해서 만들어낸 것이다. 이처럼 마간랄은 간디의 좋은 동료로서 그를 도왔으며 간디로부터는 참된 후계자로 신뢰를 얻었다. 하지만 1928년 4월, 병으로 사바르마티의 아슈람에서 숨을 거뒀다. 간디는 그 해 4월 26일자 『영 인디아』지에 다음과 같은 추도문을 실었다.

'내가 나의 모든 후계자로 지목했던 그는 이제 없다. 그는 내 정신적 발전 경과를 면밀하게 연구했고 그에 따랐다. 내가 브라마차리아를, 진실을 추구하기 위한 생활의 규율로 삼고 그것을 이미 결혼한 동료들에게 피력했을 때, 그는 그것의 실행의 아름다움과 필요성을 인정, 아내에게 자신의 견해를 강요하는 것이 아니라 인내심을 가지고 그녀를 설득하는 무시무시한 싸움을 치른 후에 실행으로까지 옮겼다. ……그는 나의 팔이자, 다리였으며 눈이었다.'

154) 아시아인 담당 관청을 말함.
155) 접신론자 협회는 신지(神智) 협회라고도 번역할 수 있다.
156) 힌두교에 의하면, 태어날 때 사람은 모두 슈드라이며, 일정한 의식을 행한 뒤에야 비로소 브라만, 크샤트리아, 바이샤로 재생한다고 한다.
157) 라자 요가란, 정통 요가 수행법이라는 의미다. 요가의 철학은 개인의 신령적 배경을 찾으며, 그것으로 인해서 어떤 종류의 지각과 정신의 제어를 발견케 하는 하나의 실험적 학파다, 라고 네루는 그의 저서 『인도의 발견』에서 말했다.
158) 요가 수행으로 인간은 해탈(모크샤)에 도달할 수 있다고 보고 그 근본적인 가르침을 모아놓은 격언(수트라)집. 오늘날에도 네 권이 남아 있는데 세 권은 기원전에, 한 권은 5세기 무렵에 완성됐다.
159) 간디는 이 '수탁' 이라는 사고의 중요성을 영국에서 법률 공부를 하던 중에 알게 되었으며, 기타에도 그 사상이 담겨 있다는 사실을 발견했다. 간디는 이 사고를 경제 불평등을 바로잡는 데 사용하려 했다. 지주를 농민이 경작하고 있는 토지의 수탁자로 보고, 지주는 수탁자답게 행동해야 하며 소작료를 많이 받아서는 안 된다고 주장, 네루와 그 외의

사람들로부터 반대, 비판을 받았다.
160) 봄베이의 의사 메타 박사의 형으로 실리 레바샨카르 자그 지반을 말함.
161) 봄베이 출신의 인도인으로 요하네스버그 재주. 초등학교 교장을 지낸 후, 더반 시에서 『인디안 오피니언』지를 발행했지만 경영난으로 이 신문을 간디에게 양도했다.
162) 영국인 신문편집자. 요하네스버그에서 간디를 만난 것은 1903년의 일이었다. 간디의 요청에 따라 더반으로 옮겨 『인디안 오피니언』의 편집인이 되었다. 피닉스 농원에서 살았으며, 웨스트 부인은 구두 공장의 여공이었기 때문에 샌들 등의 제조를 지도했다.
163) 헨리. S. L. 폴락. 1882년 영국 도버 출생. 톨스토이에 심취해서 채식주의자가 되었다. 요하네스버그에서 간디를 만난 것은 1903년의 일로 당시에는 『트란스발 클리틱』지의 편집 차장이었다. 간디의 권유로 스코틀랜드인인 밀리와 결혼, 피닉스 농원 이어서 요하네스버그로 거처를 옮겼다. 그는 뛰어난 실행력으로 간디를 도왔다. 간디가 귀국한 후에는 영국으로 돌아갔다.
164) 당시 간디는 차츰 변호사 일을 멀리했으며, 민중 봉사에만 전념을 다하겠다는 뜻을 세웠다. 그리고 러스킨의 저서에 감명 받은 것을 계기로 농원 개설을 위한 걸음을 떼어놓았다. '피닉스'라는 이름은 간디 자신이 명명했다.
165) 1에이커는 약 4,000㎡.
166) 1피트는 약 30㎝.

167) 독일 라이프치히의 의사인 쿠네 박사가 시작한 빵 굽는 법. 쿠네 박사는 자연요법 연구가였는데 간디는 『치료의 신과학』이라는 그의 저서를 읽고 감명을 받았다.
168) 하리랄은 통상적인 학교교육을 받고 싶다고 고집을 부리며 부모님 곁을 떠나 봄베이로 갔다.
169) 반란이라고는 하지만 사실은 줄루 족에 대한 영국의 징벌작전이자 경찰권의 발동이었다. 줄루 족은 19세기 초 샤카라는 민족적 영웅이 출현하여 나탈, 트란스발에 걸친 강력한 왕국을 건설했다. 왕국은 1879년 영국군과의 전투에서 패배, 영국의 세력하에 들어가게 됐으며, 1898년에는 나탈의 일부로 편입되어 줄루랜드라고 불렸다.
170) 옛날부터 줄루 족이 살아오던 줄루랜드 중에서 비옥한 지역은 영국에게 점령당했고, 불모지만이 그들에게 남겨져 있었다. 영국 상인들은 그곳까지 들어가지 않았으며, 인도인 행상인들이 줄루 족 부락(크랄)을 상대로 장사를 했다.
171) 간디에게 있어서 금욕은 육체적 금욕만을 의미하는 것이 아니었다. 식사, 감정, 말의 절제를 비롯하여 증오, 분노, 폭력, 불성실 등 사상, 말, 행위의 억제를 의미했으며, 그것을 '3중의 순결'이라고 불렀다.
172) 찬가 혹은 기도의 말. 불교 용어로는 '진언'이라고 한다. 『베다』는 전부 이 만트라와 산문인 브라흐마나로 나뉘어 있다. 브라흐마나는 제의서라는 말로 풀이된다.
173) 간디 부인은 아마다바드 아슈람 이후, 아슈람의 어머니로서 바(어머니)라 불리게 되었으며, 본명인 카스투르바이라

부르지 않고, 카스투르바라고 본인도 부르게 되었다.
174) 전부 내출혈에 의한 빈혈.
175) 간디는 병을 고치는 데 약을 사용할 필요는 없으며, 몸 안의 저항력을 증대시켜 치료를 하는 것이 좋은데 그를 위해서는 규칙적인 식사와 흙 요법, 혹은 물 요법과 그 외의 가정요법이 효과적이라는 의견을 가지고 있었다. 식사로는 신선한 과일과 호두가 좋다고 했다. 흙 요법은 간디의 말에 의하면, 차가운 물에 적신 오염되지 않은 흙을 깨끗한 플란넬 위에 바르는 약처럼 얹어 아랫배 부분에 대고 감는 것이다. 잠들기 전에 그것을 감았다가, 새벽이든 아침이든 눈을 떴을 때 그것을 푼다. 물 요법은, 독일인 의사 쿠네가 창안한 것으로 간디가 소개한 바에 의하면 하루에 몇 차례씩 3분 동안 반신욕을 하기도 하고, 전신을 젖은 수건으로 감싸고 머리에도 젖은 수건을 얹는 요법이다. 간디는 후에, 자기 사업의 일환으로 인도 서부 푸나에 위치한 딘샤 메타 박사의 자연요양연구소를 지지, 응원했다.
176) 간디가 처음으로 투옥된 것은 1908년 1월 21일에서 30일까지 요하네스버그 형무소였다(52장 참조). 그리고 두 번째 투옥된 곳은 포크스러스트 형무소로, 당시 간디의 수인 카드를 차남인 마니랄이 가지고 있는데, 크림색으로 가로 2와 8분의 7인치, 세로 3과 8분의 1인치다. '성명'은 M. S. 간디로 잘못 적혀 있으며, '직업'은 하급변호사인 솔리시터, '펜네임' 없음, '판결 내용과 일시'에는 25파운드 과료, 혹은 2개월의 금고, 1908년 12월 13일이라고 적혀 있

다. 뒷면에는 '감옥 내 상벌 없음'이라고 적혀 있으며, 그는 모범수였다.
177) 간디의 말이 정신주의적이라고 일컬어지는 이유가 바로 여기에 있다. 자기 자신이 의식적으로 정신 자체를 개조하려 하지 않는 한, 외적 조건이나 육체적 개조 정도로는 인간 생활을 개선할 수 없다. 중심이 되는 것은 정신이라는 것이다. 간디가 좋아했던 기도의 노래 중에 '아무리 노력한다 해도, 욕망을 버리지 않고, 대상만을 버리면, 그것은 오래 지속되지 않는다.'는 뜻을 가진 것이 있다.
178) 11일째라는 의미의 말. 힌두교도는 달이 차기 시작한 지 11일째 되는 날, 기울기 시작한 지 11일째 되는 날을 각각 신성한 날이라고 여기고 단식을 했다.
179) 이슬람력(曆)의 9월을 말하는 것으로 이슬람교도들은 그 달 내내 해가 질 때까지는 단식을 한다.
180) 저녁까지의 단식.
181) 『바가바드 기타』 제2장은 총 72송(頌)으로 되어 있는데 이 구절은 59번째 송. 간디는 이 제2장을 그의 사상과 행동의 가장 커다란 근거로 삼았다.
182) 주 44 참조.
183) 형제라는 뜻.
184) 간디는 1897년 더반에서 영국인 폭도에게 당한(29장 참조) 이후, 자기를 억제하는 생활에 엄격함을 더했으며, 1906년에는 드디어 브라마차리아의 맹세(46장 참조)를 하기에 이르렀다. 그러는 한편, 가난한 계약 노동자와 고통을 나누

며, 그 속에서 부딪치며 그들의 구제에 한층 더 자신의 생활을 바쳤다. 그가 『바가바드 기타』의 가르침에 따라서 진실의 힘, 정신의 힘의 위대함에 대한 실험을 자기 자신, 자신의 가정에서부터 더욱 범위를 넓혀 인도인 거주민을 대상으로 행하려 했던 것은 1906년 악법 반대 투쟁부터였다. 그 단계에서 발견한 투쟁 원리가 사탸그라하였다.

185) 간디는 『힌두 스와라지』 속에서도 '수동적 저항'이라는 장을 두어 그것을 설명했다. 이것은 틀림없이 톨스토이의 반교회, 반 황제에 대한 '수동적 저항'에서 명칭을 따온 것이다. 하지만 정신력을 가지고 있는 투쟁은 수동적 저항이 아니라고 봤기 때문에 사탸그라하와는 구별을 하게 되었다.

186) 보어 전쟁 이후 영국의 직할 지배하에 있었던 트란스발은 1907년 1월 1일부터 자치를 인정받게 되어 의회가 설치되었으며 의원이 선출되었다.

187) 판디트라는 칭호를 가진 사람은 브라만 카스트에 속하는데, 인도인 사회 속에서는 그것만으로 높은 지위에 있는 것이며 깊은 존경을 받았다.

188) 1온스는 약 28g.

189) 요하네스버그의 일간지인 『트란스발 리더』의 편집장 알버트 카트라이트는 간디가 투옥된 이래, 스마츠 장군과 인도인 사이에서 알선에 노력했는데 그것이 성과를 거둬 간디는 1908년 1월 30일에 석방되었다. 스마츠 장군과 프리토리아에서 회견한 결과로 악법 철회에 대한 간디·스마츠 협정이 성립되었다.

190) 장 크리스티안 스마츠(1870~1950). 케이프타운에서 태어난 보어인 계 정치가. 트란스발 공화국의 요직에 올랐으며 보어 전쟁에서는 군사령관으로서 영국과 싸웠다. 전후, 대영협력방침을 추진, 남아프리카 연방을 성립시키고 국방장관이 되었다. 제1차 세계대전에서는 영국의 전시 내각에 입각, 귀국 후에는 1919년부터 1924년까지, 그리고 1939년부터 1948년까지 연방 수상의 자리에 올랐다. 연방당 당수.
191) 인도 서북부 및 아프가니스탄 동부 산지에서 사는 이란 계 주민. 이슬람교도가 많으며 용맹하기로 알려져 있다.
192) 오! 신이시여, 라는 뜻. 1948년 1월 30일 간디가 암살되었을 때 그의 입에서 흘러나온 말도 바로 이 말이었다.
193) 조세프. J. 도크. 영국 침례교의 목사. 도크가 쓴 간디 평전 『남아프리카의 인도인 애국자』는 로망 롤랑의 『마하트마 간디』와 함께 전통 있고 흥미 있는 것이다.
194) 그 무렵 트란스발의 요하네스버그에서 발행되던 일간신문은 전부 금광 주인의 소유였는데 그들의 이익에 반하지 않는 한, 편집자는 아무런 구애도 받지 않고 의견을 발표할 수 있었다고 간디는 평했다.
195) 하만 카렌바하(1871~1945). 유태계 독일인으로 건축가. 불교에 흥미를 가진 것이 계기가 되어, 요하네스버그가 내려다보이는 언덕 위의 호화로운 집을 버리고 간디의 공동생활자, 동지가 되었으며 간디에 버금가는 사탸그라하 운동의 지도자가 되었다. 그러한 관계는 간디가 인도로 돌아간 뒤에도 계속되었다. 카렌바하는 간디와 동행하기를 바랐

지만 독일이었기 때문에 인도 입국을 정부가 허락하지 않아 두 사람은 일단 헤어지게 된다. 하지만 그 후에 입국 허가를 얻어 카란바하는 죽을 때까지 와르다의 아슈람에서 간디와 침식을 같이 했다. 간디는 그에 대해서 '확고한 의지와 깊은 동정심, 어린아이와 같은 단순함을 가진 사람이다.' 라고 평했다.

196) 농장에 있던 천여 그루의 나무들은 전부 살구, 자두 등으로 때가 되면 전부 먹을 수 없을 정도로 많은 열매를 맺었다. 음료수를 얻을 수 있는 곳은 숙소에서 약 500m 정도 떨어져 있었는데 매일 아침 멜대로 메어 물을 날랐다.

197) 톨스토이 농장에서만도 세 가지 언어가 사용되고 있었는데, 인도 전체를 놓고 보면 헌법에 명기된 지방 언어만도 30종이나 되니 인도의 언어문제는 의사를 소통시키는 문제, 공용어를 결정하는 문제 등 정치, 경제, 사회적으로 커다란 문제였다. 특히 구자라트의 인도인에게 남쪽 지방의 타밀어는 외국인의 말과도 같은 것이다. 우리의 방언 정도라고 생각해서는 안 된다. 간디는 힌디어 외에도 타밀어를 조금 알고 있었지만 벵골어는 공부 도중에 중단을 했다. 그 외에도 영어를 구사했다.

198) 루이스 보터(1862~1919). 남아프리카 출신 보어인 계 정치가로 보어 전쟁에서는 트란스발군 사령관으로 영국에 저항했으며, 1907년 트란스발 자치정부 성립과 함께 그 수상이 되었다. 스마츠 장군과 어깨를 견줄 만한 정치가였다.

199) 1910년, 연방 성립 이후부터 남아프리카 전체는 케이프타

운에 있는 중앙정부에 의한 통치를 받게 되었다. 이 글에 있는 '남아프리가 정부의 판정'이란, 케이프타운에 있는 연방 최고재판소의 판사인 시아르가 한 소송사건의 판결 중에 이와 같은 판정을 내린 것을 일컫는 말이다.

200) 투쟁에 참가한 여자는 11명이었다.
201) 16세 이하 어린이를 제외한 피닉스 농원 정착자들로, 그중에는 『인디안 오피니언』의 편집자도 몇몇 포함되어 있었다. 이때 카스투르바 부인은 자원해서 투쟁에 참가했다.
202) 1913년 9월 23일의 일이었다.
203) 나탈 주의 주도.
204) 1파운드는 16온스로 약 453g.
205) 찰스타운의 위생담당관.
206) 노래 형식을 빌린 기도문.
207) 간디가 지도한 순례자들의 부관 격인 사람.
208) 체포에 흥분한 노동자들을 설득해서, 노동자들이 체포되도록 했기 때문이다.
209) 오렌지 자유주 블룸폰테인 형무소.
210) 1910년, 영국은 이전까지 자치주였던 트란스발, 오렌지 자유 두 주와 케이프, 나탈의 두 직할 주를 합병하여 남아프리카 연방을 만들고, 케이프타운을 정부 소재지로 삼았다.
211) 로드 라셀. 전 마드라스 주지사. 1904년의 임시 총독으로 간디의 친구.
212) 자유당의 지도자(1858~1945). 당시에는 식민지 수상. 이 외에도 추밀원 의장, 인도 사무장관, 육군 장관을 역임했다.

213) 간디는 1914년 8월부터 이듬해 1월까지, 5개월 동안 영국에 머물렀다.
214) '평화가 깃드는 곳'이라는 의미. 문호 타고르는 청년들의 교육을 위해 1901년에 이 땅을 개방했다. 1926년에 비슈바 바라티(세계) 대학이 개설되었다.
215) 인도의 토후국은 형식적으로는 독립국이었기 때문에 영국 직할식민지 각 주와의 경계에는 세관이 설치되어 있었다. 하지만 커다란 토후국이 아니면 세관의 검사는 그리 엄격하지 않았다.
216) 찰스. F. 앤드루스(1871~1940). 이 사람만큼 장기간에 걸쳐서 간디와 가깝게 지냈던 유럽 인도 없었다. 기독교의 목사로, 1904년에 뉴델리에 있는 기독교대학에서 교편을 잡기 위해 영국에서 건너왔다. 1912년, 남아프리카 인도인의 문제가 커다란 이슈가 되었을 때 그는 자원해서 남아프리카로 향했다. 더반의 항구에서 간디를 소개받자마자 무릎을 꿇고 간디의 발밑에 손을 댔다. 간디와의 교우는 그 이후부터 27년간, 죽을 때까지 계속되었다. 1924년 간디는 그에 대해서 '피를 나눈 형제 같다.'고 말했으며, 앤드루스 역시 유럽 인 중에서는 유일하게 간디를 '모한'이라고 불렀다. 그리고 그는 문호 라빈드라나드 타고르와도 친하게 지냈다. 그는 인도인이 많은 피지 섬, 남아메리카, 남아프리카를 찾아다니는 등 널리 세계를 돌아다니며 인도인들을 돕기에 전 생애를 바쳤다. 그는 유럽 인 중에서도 가장 뛰어난 간디의 소개자였으며, 그가 편찬한 『간디 자서전』

이 있다.
217) 윌리엄. W. 피어슨. 영국인. 앤드루스와 함께 남아프리카에 가서 간디를 만난 뒤, 그의 숭배자가 되었다.
218) 문호 타고르를 말함.
219) 인도의 현악기. 5줄.
220) 산티니케탄에서 푸나로 가려면 부르드완에서 기차를 갈아타야 한다.
221) 이후 간디는 건강상의 이유로 이 삼등 객차로의 여행을 계속할 수가 없었다.
222) 삼등 침대차는 한가운데 좁다란 통로를 끼고 한편에는 일반 좌석이, 다른 한편에는 2단, 혹은 3단으로 된 침대가 늘어서 있는 것이 많았다. 위쪽 침대를 튼튼히 지탱하기 위해 쇠사슬로 묶어놓았다.
223) 간디가 이 도장의 명칭에 대해서 친구들과 논의할 때, 세반시람(봉사의 집)이나 타포반(단정한 집) 등 여러 가지 의견이 나왔었다.
224) 간디의 동료. 케다에서의 사탸그라하 투쟁에도 참가했다.
225) 다니벤의 벤은, 밀라바이의 바이와 마찬가지로 부인의 이름에 붙여서 친근감을 나타내는 말. 또한 부인의 이름의 일부가 되었다.
226) 비하르 주 북부에 있는 지역의 이름.
227) 이 농민은 아웃카스트였다.
228) 라이오트란, '지배받는' 이라는 의미에서 '토지를 경작하는' 이라는 의미로 변하여, 농민을 가리키는 말이 되었다.

영국이 지배하던 시대의 인도에는 크게 자민다르, 라이오트와르라고 하는 두 가지 토지제도가 있었다. 라이오트와르(와르는 '~하는 자'라는 뜻)는 토지를 경작하던 농민을 그대로 토지의 소유자로 인정, 그 농민에게서 직접 지대를 받던 제도였는데 이 제도하에 있던 농민도 라이오트와르라고 불렀다. 한편 영국은 인도 정복 이전부터 지대(조지세)를 징수하던 징수인을 그대로 지주로 인정할 것을 법제화하여 봉건적 착취관계를 그대로 유지하며 지배를 해나갔다. 이것이 자민다르(자민은 '토지', 다르는 '소유자'라는 뜻)제도로 그 토지에 거주하지 않는 지주가 많았다. 이 제도하에 있던 경작지는 인도 경작지 면적의 약 4분의 1에 해당했는데, 벵골, 비하르, 두 주의 대부분의 경작지, 오리사 주의 약 절반에 해당하는 경작지, 마드라스 주의 약 3분의 1에 해당하는 경작지가 이 제도하에 있었다. 그리고 이 제도하의 지주 중, 그 토지에 살고 있는 지주를 타르카다르(타르크는 '영주'라는 뜻)라고 불렀다.

229) 비하르 주의 주도.
230) 인도의 초대 대통령인 라젠드라 프라사드(1884~1963). 참파란의 농민 쟁의에서 간디를 사숙(私淑), 고등법원의 변호사가 되겠다는 꿈을 버리고 회의파 운동에 참가했다. 간디에게 충실한 회의파 지도자 중 한 명이었지만 1947년에는 간디의 반대를 무시하고 회의파 의장, 1950년에는 대통령에 취임했다. 간디를 만났을 때 그는 33세, 간디는 48세였다. 바부는 지식인에 대한 존칭으로 ○○ 선생님, 이라는

뜻. 간디 할아버지를 의미하는 간디 바푸와는 다르다. 바푸는 구자라트어로 간디에 대해서만 사용되었다.
231) 인도 동해안에 있는 성지.
232) J. B. 클리팔라니. 간디와 처음으로 만난 것은 1915년, 타고르의 샨티니케탄에서였다. 1917년 참파란의 농민 쟁의에서도 간디를 도왔다. 1946년 회의파 대회의 의장이 되었다. 1951년, 회의파에서 탈퇴, 인민사회당의 당수가 되었다. 간디는 젊은 클리팔라니가 슈체타와 연애 끝에 결혼하려 하자 이에 반대하고, 슈체타를 불러 결혼은 일생을 봉사에 바쳐야 할 클리팔라니에게 아무런 도움이 되지 않는다며 결혼하지 말라고 설득한 적이 있었다. 하지만 후에 간디는 마음을 고쳐먹고, 슈체타를 자신의 딸처럼 여기며 클리팔라니에게 시집보냈다.
233) 비하르 주 서북부를 차지하고 있는 지방. 정치 중심지는 무자파르푸르.
234) 카이트어는 비하르 주 북부의 지방 언어. 우르두어는, 음성언어는 힌디어와 별반 차이가 없지만 페르시아 문자로 표기를 한다. 주로 북인도 중앙부의 이슬람교도가 사용하고 있다.
235) 라젠드라 프라사드와는 다른 사람.
236) 인도 정부의 특별 고등 경찰을 일컬음.
237) 학교에서 행할 무명 짜기에 필요한 면 등의 재료를 말함.
238) 인도 봉사협회의 지도자로 간디의 동료.
239) 참파란에서 투쟁을 할 때, 간디는 1917년의 처음 7개월 동

안을 참파란에서 지내며 의료센터와 여섯 개 부락의 초등학교를 세웠으며, 그 후에도 수차례에 걸쳐서 참파란을 방문 지도했다. 여기서 학교 교사의 지원자로 받아들인 것이 후에 간디의 비서 겸 기록담당자가 된 마하데오 데사이(1892~1942)와 나라하리 파리크 두 청년이었다. 그 외에도 사바르마티의 아슈람에서 넷째 아들인 데바다스와 카스투르바 부인도 그를 도우러 달려왔다. 부인은 식사 준비를 담당했으며 마을 사람들에게 청소와 몸가짐에 대해서 가르쳤다.
240) 팅카티아 제도에 의해 인디고 염료를 강제적으로 재배하게 하던 것을 폐지시킨 법안. 이 농업법의 성립과 인공 염료의 발달로 농원 주인들은 토지를 농민들에게 팔거나, 혹은 재배 품목을 사탕수수로 전환했다. 그 후 얼마 지나지 않아서 인디고 염료 재배는 쇠락했다.
241) 1918년 2월, 아마다바드에 있던 방적공장에서의 쟁의가 시작되었을 때, 참파란의 인디고 염료 문제는 아직 해결되지 않은 상태였다.
242) 간디의 고향인 구자라트의 일부. 아마다바드에서부터 남서쪽으로 캄페이 만에 이르는 사바르마티 강 유역 일대의 농업지대를 말함.
243) 시리마티는 부인의 성 앞에 붙이는 존칭. 아나수야벤은 아마다바드 제일의 방적공장 주인인 암바랄 사라바이의 동생으로 간디 아슈람 근처에서 살고 있었다. 쟁의가 일어나자 간디 쪽을 도왔으며 그 이후부터 아슈람의 일원이 되었다.

244) 참파란 지방에서 우유 생산을 직업으로 삼고 있는 카스트.
245) 그는 아슈람의 총 관리자였다.
246) 1875~1950. 아마다바드의 변호사. 1918년, 직공들의 파업 때 간디와 만났으며, 수입이 많은 변호사를 포기하고 간디의 충실한 사도가 되었다. 1920년, 간디와 협력하여 발드리 지구(구자라트 지방)의 농민을 조직, 제1회 반영 불복종 운동에서 활약했다. 인도 독립 후에는 부수상으로 토후국의 통합에 힘썼으며, 민중들로부터 사르다르라는 칭호를 얻었다. 회의파 우파의 지도자.
247) 케다 지방의 농업 카스트.
248) 인도의 토지세 징수 세목에는 화폐 단위를 이용한 '안나 기준'이라는 독특한 토지세 조정 기준이 제정되어 있다. 이 기준에 의하면 평년작의 수확량을(5년마다 조정) 1루피(16안나)로 삼고, 어떤 해의 수확량이 평년작의 절반이면 그 해의 수확량은 1루피의 절반인 8안나로 조정 표기한다. 본문의 '수확량이 4안나'라는 것은 평년작의 4분의 1에 해당하는 수확량이다.
249) 변호사. 간디의 영자 기관지인 『영 인디아』의 발행인.
250) 지역 관공서의 관리.
251) 베젠트 부인은 틸라크와 함께 1916년, 자치연맹(Home Rule League)을 결성한 뒤, 전국의 대도시를 돌아다니며 불과 같은 연설로 삽시간에 중산계급의 지지를 얻어 전토에 연맹지부를 만들었다. 간디도 이 연맹에 참가했다.
252) 간디가 이 운동을 시작한 것은 1918년이었다.

253) 간디의 친구인 샤우카트 알리(형)와 마호메드 알리(동생). 두 사람 모두 이슬람교도의 저명한 지도자로 킬라파트(주 257 참조) 운동을 지도, 1920년대의 인도 민족운동, 반영 비협력운동에서 커다란 역할을 담당했다. 모하마드는 1924년 회의파 의장을 역임했다.
254) 두 곳 모두 마디아프라데시 주의 형무소가 있는 곳.
255) 인도 이슬람교도 근대화의 아버지인 아마드 칸 경이 1877년 펀자브(지금의 동펀자브)의 알리가르에 세운 대학.
256) 인간을 인도해 신의 문에 들어가게 하는 이슬람교의 행자.
257) 칼라파트라고도 한다. 칼리프(이슬람 교주)제도를 말하는 것으로 터키의 술탄이 겸하고 있었다. 제1차 세계대전에서 독일이 패하자, 영국을 비롯한 연합국은 독일 편을 들었던 터키의 칼리프제도를 폐지하기로 합의를 봤지만 인도의 이슬람교도는 영국에 반대하여 칼리프 존속 운동을 일으켰다. 1919년 11월 말, 제1회 킬라파트회의가 열렸다. 킬라파트는 우르두어로 '반대하다.'는 의미도 있었기 때문에 일반 이슬람교도들의 지지를 얻었다. 마침 힌두교도들 사이에서 일고 있던 반영 기운과 하나가 되었고, 그 결과 양 교도가 협력하는 반영운동이 일어났다. 양 교도들의 융화와 일치를 바랐던 간디는 시종 이것을 지지, 지도했다.
258) 데이비드 로이드 존(1863~1945). 영국 자유당의 지도자로 제1차 세계대전 시의 총리.
259) 찰스. F. 앤드루스에게 바쳐진 존칭으로 '빈자의 친구'라는 뜻.

260) 1868~1933. 1916년 4월부터 1921년 4월까지 인도 총독이었다. 그 동안에 인도 사무장관인 몬타구와 함께 몬타구·쳄스퍼드 개혁법이라는 인도 통합법을 만들었다. (주297 참조)
261) 힌두스타니어는 힌디어를 모체로 거기에 우르두어를 섞어 만든 인조적인 말로, 상업 어로써 널리 사용되고 있다. 힌디·힌두스타니어란 이 힌두스타니어를 이야기할 때 힌디어식으로 말하는 경우를 말하는 것이다. 우르두어식으로 말하는 경우는 우르두·힌두스타니어라고 한다.
262) 인도의 기차여행에 없어서는 안 될 물건이다.
263) 육식을 금하고 있었던 간디는 체내에 주입하는 주사액도 종교적인 이유로 식물성으로만 한정하고 있었다.
264) 힌두교의 성전을 의미하는데, 수학에서 무용에 이르기까지 온갖 종류의 지식이나 학문의 교과서를 일컫는다.
265) 파르시 인 의사.
266) 암소의 몸에 공기를 주입하거나 다른 이물질을 넣어 자극함으로 해서 다량의 우유를 짜내는 방법.
267) 영국은 인도 자치의 확대를 꾀하는 한편, 영국인인 시드니 롤럿을 위원장으로 하는 비밀 조사위원회를 두어 새로운 치안 입법을 준비토록 했다. 그 위원회의 보고가 1918년 여름, 정부에 제출되어 그 일부가 신문에 공표되었다. 간디를 놀라게 한 것은 그 신문의 보도였다. 법안이 법률이 된 것은 1919년 3월이었다. 이 법률은 3년 시한의 입법으로 영장 없는 체포, 재판 없는 투옥 등을 내용을 하고 있었다.

268) 봄베이의 방적공장 주인. 간디의 기관지 발행을 위해 자금을 제공한 사람 중 하나.
269) 1879~1949. 마드라스 출신. '인도의 휘파람새'라고 불리던 여류시인. 극작가인 동시에 간디의 인간성과 사상에 경도되어 1930년에 간디가 행한 '소금의 행진'에도 참가하는 등 인도 민족운동의 지도자로서 헌신했다. 1925년 회의파의 의장을 역임, 독립 후에는 여성 최초의 주지사가 되었다. 그녀에게 있어서 정치는 '사랑의 한 표현'이었다. 시집 『황금 문턱』, 『시간의 새』, 『찢어진 날개』 등이 유명하다.
270) B.G. 호르니만. 영국인. 회의파 계열의 주간 신문인 『봄베이 크로니클』의 중심 편집자.
271) 이 모임은 1919년 2월에 열렸는데 참석자 전원이 '사탸그라하의 맹세'를 행했고 그것이 인도 본국에서의 사탸그라하 운동의 도화선이 되었다. '맹세' 속에서 '이들 법안이 법률이 될 경우, 우리는 이들 법률 및 불복종에 적합하다고 생각되는 그 외의 법률에 따를 것을, 시민으로서 거부한다.'는 내용과 '이 투쟁에서 우리는 진실을 충실히 따를 것이며, 생명, 개인 및 재산에 대한 폭력을 자제할 것'이라는 내용을 굳게 맹세했다.
272) 사바는 '모임', '집회'라는 뜻.
273) '사탸그라하의 맹세'를 위한 서명 운동이 시작되자, 뜻밖에도 2주일 만에 1,200만이나 되는 사람들이 서명에 참가했다.
274) 남인도의 저명한 정치가.

275) 실리 차크라바티 라자고파라차리. 1919년의 사탸그라하 투쟁에 참가한 이후 간디의 동료가 되었다. 회의파의 극우파. 그의 딸인 라크시미(브라만 계급)는 간디의 4남(바이샤 계급)과 결혼했다. 처음 간디는 강경하게 반대했지만 두 사람의 강한 인내심에 꺾여 허락을 했다. 인도 독립 후인 1948년부터 영국인 마운트배튼에 이어 최초의 인도인 총독이 되었다. 1950년 총독 사임 후, 회의파 장로로 있다가 1958년, 농업협동조합 경작문제로 네루와 의견이 대립, 회의파에서 탈퇴하여 스와탄트라(자유) 당을 창립했다.

276) 남인도의 방갈로르와 마드라스 사이에 있으며, 지금은 공업의 중심지가 되었다.

277) 모든 일을 중지하고 모든 가게의 문을 닫는, 비폭력시위의 한 형식.

278) 원래 이 사탸그라하 투쟁은 회의파와 관계없이 간디와 사바의 회원들이 독자적으로 계획, 시작한 것이었다. 회의파는 그 해의 연말이 되어서야 비로소 간디를 맞아들여 반영 비폭력, 비협력 운동을 결의했다. 그때, 네루의 아버지인 모티라르 이외의 저명한 지도자들은 모두 거기에 반대했다. 그 때문에 베젠트 부인처럼 정치적 생명을 잃은 사람까지도 있었다.

279) 델리 사탸그라하 투쟁의 지도자로 스와미 슈라다 난드지는 힌두교도, 하킴 사헤브는 이슬람교도.

280) 델리에 있는 이슬람교의 대사원. 거기에 힌두교도가 들어가서 연설을 한다는 것은 미증유의 사건이었다. 두 교도들

의 마음이 얼마나 잘 일치됐는지를 보여주는 사건이었다.
281) 사이프딘 키치레우. 펀자브 지방 이슬람교도의 지도자. 회의파에 속했으며 1952년에 인도 평화회의위원장이 되었고, 1953년에는 스탈린 평화상을 수상했다.
282) 아라비아 해에 면한, '인도의 문'에서 마라바르 언덕에 이르는 봄베이의 해안을 말한다. 이곳에서 종종 대집회가 열린다.
283) 스와는 '자기', 덴은 '만들다.'는 뜻. 자력생산이라는 의미지만 국산장려라는 의미로도 사용되었다.
284) 가난한 사람들이 죽이나 빵을 맛있게 먹을 수 있었던 것은 소금이 있었기 때문이었는데, 그렇게 귀중한 소금에 세금을 매겼다는 이유로 염세 철폐운동을 행했다.
285) 러스킨의 『최후의 사람에게』의 구자라트어 역본. 사르반다야는 '만인에게 행복을 주는 세계'라는 뜻. (42장 참조)
286) 인도 서북부에 있는 주. 펀자브는 '다섯 개의 강'이라는 뜻. 시크교도와 이슬람교도가 많은 지방이다.
287) 반데 마타람은 모국 찬가라고 하는 것인데, 벵골인 작가인 반키므 찬드라 차테르지가 당시 이슬람교였던 영주의 탄압에 저항, 피투성이가 되어 싸움을 전개한 벵골 힌두교도들의 이야기를 소재로 쓴 소설의 일부를, 문호 타고르가 작곡한 것으로 한때는 '회의파의 노래'라고 불렸을 정도로 많이 불렸다. 그러나 이슬람교도들은 반이슬람교의 노래라며 싫어했다. 알라호 아크바르는 '신은 위대하다.'는 이슬람교도의 기도의 말이다.

288) 봄베이는 영국인이 개설한 식민지 도시로, 처음 개설되었을 때 영국인은 포르투갈 해군과 전쟁을 치르거나 당시 마라타 사람들이 세운 왕국 마라타 연방의 습격을 막기 위해 항구에 면한 곳에 요새를 만들었다. 포트란 그 요새를 말하며, 지금은 상점, 회사들이 많이 들어서 있다.

289) 주 270 참조.

290) 인도 신문의 발행부수는 문맹과 가난 때문에 일반적으로 매우 적다. 4만 부라는 숫자는 매우 많은 숫자다.

291) 1864년 인도의 시므라에서 태어나 아일랜드의 미들턴 대학에 입학하고 1885년에 영국 육군에 들어갔다. 서북 변경주의 패턴 족 제압 작전, 미얀마 전쟁, 제1차 세계대전에 종군했다. 암리차르로 출동하라는 명령을 받았을 때 펀자브 주의 자란다에 주둔했던 여단의 사령관이었다.

292) 손으로 자은 실로 만든 천. '카다르'라고도 함.

293) 주37 참조.

294) 제1차 세계대전 후 연합국 대표와 터키 정부가 교섭 중이던 강화조약을 말함. 이 교섭 결과 1920년 8월부터 칼리프 제도가 폐지되는 등의 불평등 조항이 담긴 세이블 조약이 조인되었다. (주257 참조)

295) 1919년에 처음으로 전 인도에 걸쳐서 사탸그라하 투쟁이 펼쳐져, 암리차르와 그 외의 각지에서 참혹한 사건이 일어났는데, 그 해 12월에 열린 회의파의 암리차르 대회는 20세기 개막 이후 계속해서 회의파를 지도해왔던 온건파와 대중을 배경으로 고양되어 온 민중파가 세력을 교체하는

무대가 되었다. 대회의 결의 자체는 영국의 자치 확대 의향을 반영하여 '완전한 책임을 가진 정부를 가능한 한 빠른 시간 내에 수립할 수 있도록 개혁을 위해 노력한다.'는 크게 눈에 띄게 달라진 점이 없는 것이었다. 그러나 주목할 만한 것은 간디의 등장이며 그의 주장이었다. 이 대회에서 간디는 암리차르 및 아마다바드에서 일어난 영국인들의 살해를 포함한 대중 행동을 비난한 동의를 제출했으며 '만약 대회에서 이 결의가 통과되지 않는다면 회의파에서 탈퇴하겠다.'고 협박까지 했다. 대회는 '많은 인명과 재산에 손실을 가져다준 지나친 행동에 대해 유감을 표명하며 그것을 비난한다.'는 결의를 채택했다. 이 외에도 그 대회에서 통과된 결의로는 다음과 같은 것들이 있다. 스와데시(국산장려), 우유 수출 금지와 암소의 육성, 각주의 금주정책, 삼등 객차 승객의 고통 개선. 그 외에도 킬라파트 문제에 관한 대영 항의, 이슬람교도에 대한 소 살해 금지 요청 등이었다. 한편 온건파는 같은 해 12월에 캘커타에서 대회를 열어 자유당(리베랄스)라는 신당을 만들어 회의파에서 탈퇴했다.

296) 자와하를랄 네루의 아버지.
297) 인도 사무장관인 몬타구, 인도 총독인 쳄스퍼드가 함께 서명한 인도 통치개혁안에 바탕을 둔 '인도 통치법'으로 1919년 12월에 실시되었다. 이 통치법의 특징은 중앙집권을 개편하고 지방의 권한을 확대하여 인도인의 정치 참여를 허락하는 한편, 지사의 강대한 권한은 그대로 남겨두는

간디 자서전 | 563

이른바 '양두정치제도'를 만든 것, 중앙에 상하 2원의 입법의회를 두고 그 의원들의 과반수를 민선으로 뽑게 한 것, 인도에 연방제를 수립할 것을 명백히 한 것 등이었다.

298) 신하 경은 1915년의 회의파 대회에서 의장직을 맡았을 때, 새로운 세대를 만족시켜 무정부적 경향으로 치닫지 않도록 하기 위해서 영국은 앞으로의 목표로써 민주주의를 약속하지 않으면 안 된다고 영국에게 호소했다. 그의 지론에 의하면 선정보다 중요한 것은 자치라는 것이다. 신하의 냄새라는 것은 이를 두고 한 말이다.

299) 1870~1925. 데샤반두라 '나라의 친구' 라는 의미. 벵골의 변호사. 그의 높은 인격과 나라에 대한 헌신은 널리 국민의 신망을 얻었다. 1919년 반영비협력운동에 가담하여 체포되었다. 회의파의 의장을 역임했지만 간디의 대영비협력 방침을 비판했으며 죽기 직전에는 모틸랄 네루와 함께 의회투쟁을 주장하는 스와라지(자치) 파를 만들었다.

300) 마호메드 알리 진나(1876~1948). 카티아와르 출생의 유복한 변호사. 처음에는 이슬람교도와 힌두교도의 통일론자였지만 후에 간디, 네루와 사이가 벌어져 1934년에는 전 인도 이슬람교도연맹(1906년 창립. 연맹이라 부른다.)의 지도자가 되었다. 이후 이슬람교도만의 나라, 파키스탄 수립 운동을 시작, 끝까지 회의파와 경합하면서 파키스탄의 수립에 성공했다. 파키스탄의 아버지이자 초대 총독이었다. '케이 드 아잠(정의에 봉사하는 사람)이라 불렸다.

301) 벵골 출신. 20세기 초반에 활약했던 회의파 속 벵골 과격

파의 지도자. 간디의 반영비협력운동에 반대했기 때문에 틸라크, 베젠트 부인, 라지파트 라이 등과 함께 대중의 지지를 잃고 말았다.
302) 간디의 착각으로 사실은 1909년의 일이었다.
303) 간디는 손으로 자은 실을 이렇게 불렀다.
304) 회의파는 1906년, 스와라지 획득을 목표로 내건 이후부터 민족 교육을 중시하여 정부의 노예교육에서 인도인을 떼어내려 노력했다. 그를 위해 각지에서 교육회의가 열렸다. 브로츠(구자라트 지방의 한 지구)에서의 회의도 그 중 하나.
305) 인도의 유력한 토후국 중 하나로, 그곳의 토후는 유복하기로 유명했다.
306) 실을 뽑기 전의 상태의 것. 면사를 만드는 공정에는 생면의 씨앗과 불순물을 제거하기 위한 타면, 개면, 전면이 있으며 다음으로 실을 뽑는 데 적합하지 않은 섬유를 제거하여 양질의 섬유를 평행하게 모아 직경 1.5cm 정도의 끈처럼 만드는 소면이 있다. 이렇게 해서 만들어진 것을 이대라고 하며 여기에 얼레를 걸어 자아 면사를 만든다.
307) 봄베이에 있는 방적공장의 주인.
308) 시어와 톨라 모두 인도에서 사용되던 무게의 단위.
309) 고칼레의 아내.
310) 강가벤 마줌다르와는 동명이인.
311) 회의파의 운동을 친영 온건에서 반영 과격으로 전환시킨, 초기 인도 민족 독립운동사상의 획기적인 사건. 1905년 7월, 총독 로드 커즌은 이전까지 하나의 주였던 벵골·비하

르・오리사를 두 개의 주로 분할하자는 안을 발표했다. 이 벵골 분할 안은 '벵골이 가면 인도도 그에 따른다.'는 말이 있을 정도로 민족적 자각이 뚜렷했던 벵골인을 자극하여 격렬한 반대운동을 불러일으키게 되었다. 그럼에도 불구하고 같은 해 10월에 분할이 강행되었기 때문에 결국 영국 당국과 벵골인 사이에 정면 충돌이 일어났다. 비핀 파루와 오로빈드 고슈(근대 인도 최고의 힌두 철학자, 1872~1950)의 인도하에 회의파의 과격파가 일거에 힘을 확립하였고, 거기에 봄베이 지방에서 틸라크가, 펀자브 지방에서는 랄라지파트 라이가 호응했기 때문에 벵골 분할에 의한 소동은 인도 대부분의 지역을 휩쓸었다. 그 기간 동안에 영국 무명에 대한 보이콧, 스와데시(국산장려), 스와라지(자치・독립), 민족교육의 목소리가 높아졌으며 인도의 민심은 반영 쪽으로 크게 기울었다. 영국 당국은 규제법을 남발하기도 하고 틸라크를 비르마에서 추방하는 등의 강압책을 썼지만 결국에는 1911년에 분할을 취소하고 수도를 캘커타에서 뉴델리로 옮겼다. 이 사건을 계기로 회의파는 1906년부터 스와라지를 목표로 내걸게 되었으며, 같은 해에 힌두교도들의 힘에 두려움을 느낀 이슬람교도는 회의파에 대항하여 자신들의 이해를 중심으로 한 전 인도 이슬람교도연맹을 창립했다.

312) 임시대회의 회기는 1920년 9월 4일에서 9일까지였다. 당시 인도 각지에서는 간디의 지도하에 8월 1일부터 이미 반영비협력운동이 시작되었다. 모든 칭호 및 명예직이 반환

되었다. 법정의 변호, 학교, 입법기관에의 참가, 정부의 공식 접견 거부, 군무의 거부, 외국 상품의 보이콧, 국채 응모 거부 등 온갖 비협력 행동이 취해지고 있었다. 이 임시대회의 특색은 카디로 만든 옷을 입은 대표가 압도적으로 많았다는 점이다. 간디 시대의 개막을 알린 대회였다.

313) 1865년~1928년. 펀자브 출신. 랄라지라 불렸다. 펀자브 자치운동을 지도했으며, 회의파 내 과격파의 리더로 1915년 국외추방령이 내려져 수개월간 일본에서 생활하다 다시 미국으로 쫓겨났다가 1919년에 귀국했다.

314) 1920년 12월에 열렸는데 그에 앞서 열렸던 캘커타 임시대회에서의 결의를 전면적으로 승인했다. 이 대회 이후 '비협력으로 스와라지를 획득하자.'가 회의파의 공약이 되었다. 또한 간디의 발의로 규약을 개정해, 지도부의 운영위원회 설치를 비롯, 회의파 조직의 대중화 · 전국화를 꾀했다. 이후 회의파는 1년 임기의 의장 밑에 서기장, 재정위원 등 10여 명의 운영위원회, 약 3, 4백 명으로 이루어진 회의파 전국위원회(AICC), 각 지방의 회의파 주위원회(PCC), 그리고 그 밑에 몇 단계의 위원회가 최하위 조직인 부락위원회까지 존재하는 피라미드형 조직을 갖추게 되었다.

315) '골격에 해당하는 중심적 부분'이라는 뜻.

316) 주171 참조.

간디 연보

1869 10월 2일 포르반다르에서 출생
1876 가족 모두가 라지코트로 이사함. 초등학교 입학.
1881 중학교에 입학함.
1882 카스투르바와 결혼.
1887 사말다스대학에 입학. 영국으로 유학.
1891 변호사 자격시험에 합격. 인도로 돌아옴. 인도에서 변호사 사무실 개업.
1893 남아프리카의 더반으로 감. 인도인회의라는 단체를 만들어 인도인들의 권익을 위해 앞장 섬.
1896 아내와 아이들을 데리러 인도로 옴. 인도 전역을 돌아다니며 강연을 함.
1899 보어 전쟁에서 인도인 야전병원 부대를 지휘.
1906 트란스발 공화국이 만든 '아시아인 등록법'에 반대, 운동을 전개하다 투옥. 줄루 족 반란 때 다시 야전병원 부대를 조직하여 활동하던 중 금욕을 맹세함.
1907 사탸그라하, 즉 진실을 위한 비폭력 투쟁을 발전시킴.
1908 스마츠 장군과 협상.

1913 '결혼법'이 새로 만들어지자 반대 운동을 벌여, 아내와 함께 감옥에 갇힘. 남아프리카 공화국 정부가 새 인종차별 정책을 펼치자 6만 명의 인도인 광부들이 파업에 돌입. 간디는 9개월의 징역형을 선고 받음.
1914 간디와 스마츠 장군의 협상 타결. 인도로 돌아옴.
1915 아마다바드에 도장(아슈람)을 건설.
1918 정부의 부당한 세금에 반대하는 시위를 벌여 승리. 아마다바드 방적공장 노동자들의 파업을 중재.
1919 롤럿 법안에 대한 반대운동 전개. 시민적 불복종운동을 시작.
1921 인도 전역에서 국산장려운동과 파업이 일어남. 6년형을 선고받음.
1924 병으로 가석방. 자신의 개혁운동 계획을 알리기 위해 인도 전역을 여행함.
1930 회의파가 독립선언을 했지만 영국 정부의 승인을 받지는 못함. '염세' 반대 시위를 벌임. 5월에 체포됨.
1932 인도 전역에서 시민적 불복종운동이 펼쳐짐. 감옥에서 간디는 아웃카스트를 위한 단식을 실행. 곧 사원과 우물, 거리 등이 아웃카스트에게도 개방되었고 동등한 선거권을 얻음.
1934 정통 힌두교도들이 간디를 암살하려다 실패.
1936 범인도적인 농부 조직을 만듦.
1943 간디는 21일 동안 단식을 실행, 영국은 전 세계적인 반대운동에 직면. 영국은 전 세계적으로 야만적인 국가라는 비난을 받게 됨.

1944 카스투르바 사망.
1947 영국 총독과 양도 교섭. 6월에 회의파는 공식적으로 인도의
 분할을 선포, 8월에 회교도 국가 파키스탄의 건국이 선포.
1948 이슬람교도와 힌두교도들의 살인행위를 중단시키기 위해
 단식을 시작. 두 종교 지도자를 화해시킴. 1월 30일, 이슬
 람교와의 화해를 반대하는 힌두교도에 의해 암살.

Memo

Memo

Memo

Memo

Memo

옮긴이 박선경
성심여자대학교 국어국문학과 졸업 후, 잡지사 기자를 거쳐 지금은 교직에 몸담고 있다. 아이들 교육에 힘쓰는 한편, 평소 관심을 가져왔던 고전에 대한 열정으로 이번 작업에 참가했다. 풍부한 지식으로 깊이 있는 해석을 가했다. 옮긴 책으로는『톨스토이의 위대한 인생』『간디자서전』이 있다

옮긴이 박현석
목원대학교 국어국문학과 졸업 후, 에이전트 및 전문 번역가로 활동 중이다.
역서로는『어리석은 자의 철학』,『오만과 편견』,『월든』,『톨스토이의 위대한 인생』등 다수가 있다.

간디자서전

2007년 9월 5일 1판 1쇄 인쇄
2012년 5월 5일 1판 6쇄 펴냄

지은이 | M.K 간디
옮긴이 | 박선경, 박현석
기 획 | 김정재
마케팅 | 홍의식
디자인 | 하명호
발행인 | 하중해

펴낸곳 | 동해출판
등록 | 제 302-2006-48호
주소 | 경기도 고양시 일산동구 장항1동 621-32(410-380)
전화 | (031) 906-3426
팩스 | (031) 906-3427
이메일 | dhbooks96@hanmail.net

ISBN 978-89-7080-165-0 03340

* 잘못 만들어진 책은 구입하신 서점에서 교환해 드립니다.
* 값은 뒤 표지에 있습니다.